◇现代经济与管理类规划教材

市场调查与预测教程

（第 2 版修订本）

韩德昌　李桂华　刘立雁　编著

清 华 大 学 出 版 社

北京交通大学出版社

·北京·

内 容 简 介

本书在参考国内外有关市场调查与预测的最新文献基础上，比较系统地介绍了市场调查与预测的理论和方法。内容包括：市场调查方案与问卷设计，市场调查抽样方法，定性研究与定量研究的调查方法，市场调查的实施，市场调查资料的整理与分析方法，市场预测的原则和程序，经验判断预测法，传统时间数列预测法，时间数列因素分析预测法，近代时间数列预测法及回归分析预测法等。

本书可作为高等院校相关专业的本科生和研究生教材，也可供相关专业人士和自学者使用。

图书在版编目（CIP）数据

市场调查与预测教程/韩德昌，李桂华，刘立雁编著. —2 版. —北京：北京交通大学出版社；清华大学出版社，2013.11（2018.7 重印）

（现代经济与管理类规划教材）

ISBN 978 - 7 - 5121 - 1682 - 5

Ⅰ. ① 市… Ⅱ. ① 韩… ② 李… ③ 刘… Ⅲ. ① 市场调查-高等学校-教材 ② 市场预测-高等学校-教材 Ⅳ. ①F713.5

中国版本图书馆 CIP 数据核字（2013）第 243477 号

责任编辑：吴嫦娥　　　特邀编辑：林 欣

出版发行：清 华 大 学 出 版 社　邮编：100084　电话：010 - 62776969　http：//www.tup.com.cn
　　　　　北京交通大学出版社　邮编：100044　电话：010 - 51686414　http：//www.bjtup.com.cn

印 刷 者：北京时代华都印刷有限公司

经　　销：全国新华书店

开　　本：185×260　印张：18.75　字数：451 千字

版　　次：2018 年 7 月第 2 版第 1 次修订　　2018 年 7 月第 3 次印刷

书　　号：ISBN 978 - 7 - 5121 - 1682 - 5/F·1267

印　　数：6 001～8 000 册　　定价：45.00 元

第2版前言

　　《市场调查与预测教程》第 1 版于 2008 年 6 月由清华大学出版社和北京交通大学出版社联合出版发行。 出版五年来，本书在国内受到同行专家和教学人员广泛好评与厚爱，进而被各财经类大中专院校广泛采用，累计销售 1 万 3 千多册。 对此，编者表示万分感谢。

　　在教材的使用过程中，众多同行专家在表示赞赏的同时，也提出了许多宝贵意见，建议最多的是希望增加教学案例。 在吸取专家反馈意见基础上，加之市场环境和市场调查与预测理论及方法的变化，作者和出版发行单位决定对原教材进行修订。

　　本次修订没有打破原有框架，而是在坚持原来教材"既全面又简单易懂"风格基础上，增加、修改和补充一些新的内容。 一是为了满足教学和学员学习讨论需要，各章后增加了教学案例。 这些案例来源主要是网上的有关数据库和经典教材，多数案例资料结合本章教学内容作了相应修改，并设计了讨论的问题。 教师在使用案例时也可以修改或增加讨论题。二是考虑时间的时效性，本次对原来教材中的数据都进行了更新，尽量使用新近的资料，阅读起来更有现实感。 三是对原来教材中描述不准确或不确切的语言、文字或公式，甚至段落进行了修改，使语言变得更为通畅。

　　本教材在修订过程中，作者查阅了国内外近几年新出版的文献资料，参考了包括本人近期翻译出版的《当代市场调研》（第 8 版，机械工业出版社）等最新教材。

　　本次修订由李桂华独立完成，由于水平和时间所限，错误和疏漏在所难免，敬请广大读者和专家继续提出宝贵意见和建议。

李桂华

2013 年 11 月 15 日于南开园

前　言

在经济全球化、市场化、信息化、竞争白热化的背景下，信息对于企业的生存越来越重要，但目前我国企业特别是中小企业的信息化能力还远不能适应环境的变化。经过改革开放20多年的发展，企业发展的内外部环境正在发生急剧变化，它们都面临着自身升级换代和发展的问题。现在市场经济已经逐步趋于成熟，社会分工达到精细化，市场被充分切分，企业要想立于不败之地，必须提高自身的经营管理水平。不仅在自身的专业领域进行高效商业协同，同时还要融入整个产业链条，才能在大市场中分得属于自己的一杯羹。在此过程中，企业急需信息化手段支撑，实现自身信息化与相关产业信息应用的对接，提升市场拓展能力和经营管理水平。然而，据调查，我国有64%的中小企业因为缺乏准确、前瞻的客户需求关注，导致反复做无用功，浪费资源，造成高成本。因此与在不断变化的市场环境下的用户需求对接，成为企业首先要解决的问题。如果从静态观点来看，企业可以满足现有客户需求而获得收益的话，那么，用户需求在动态变化情况下，企业就必须不断更新客户信息，进而科学合理地确定营销策略。同时，企业下游所面对的最终用户使用信息技术和信息基础设施的日益多元化和复杂化，基于最终用户对信息手段的依赖，企业只有应用信息手段，才能准确地锁定用户，高质量地满足客户需求，获得收益。在这个转化过程中，无疑市场调查与预测技术将发挥应有的作用。

市场调查与预测是一门针对特定市场的研究项目，运用科学理论与方法对市场营销环境、市场需求和营销活动进行调查、分析和预测的技术。为了适应企业信息化建设和高等院校企业管理专业教学的需要，我们编写了这本《市场调查与预测教程》。本书内容由两个部分共13章构成。第一部分包括第1～7章，主要介绍市场调查的基本理论和方法；第二部分包括第8～13章，主要介绍市场预测的理论和方法。其中第1～6章由李桂华撰写；第7章由李桂华、李剑文撰写；第8～11章由刘立雁撰写；第12～13章由王薛撰写；最后由韩德昌和李桂华进行全书修改和总纂。

全书内容比较翔实、全面，既适用于高等院校相关专业的本科生和研究生作为教材，也可作为相关专业人士和自学者的读物或参考书。

本书在撰写过程中参考了国内外的最新文献，有的直接引用，有的经过删减后引用，这里对有关作者表示衷心感谢。

编　者
2008 年 5 月

目　录

第 1 章　市场调查导论

第 2 章　市场调查方案与问卷设计

第 3 章　市场调查抽样方法

第 4 章　定性研究调查方法

第7章 市场调查资料的整理与分析方法

第8章 市场预测导论

附录 A 相关系数检验临界值表

附录 B F 检验临界值表

附录 C t 检验临界值表（双侧检验用）

参考文献

第 **1** 章

　　市场调查是以现代市场营销观念为理论指导，反过来又服务于营销管理过程的行为。本章将围绕这一观点，讨论市场调查的概念与特征、市场调查的意义、市场调查的类型和内容、市场调查的步骤等问题。

市场调查导论

1.1 市场调查的意义

1.1.1 市场调查的概念

所谓市场调查，简单地说，是指为了进行有效的市场营销所进行的调查与研究活动。早在 20 世纪 30 年代，由于市场竞争日趋激烈，许多企业为了把已经生产出来的产品卖出去，需要对市场进行经常性的分析，有的企业就开始设立调查部门。这时候市场调查的任务，主要是了解市场供需状况和竞争情况，寻找适当的推销产品的方法。如这个时期的美国皮尔斯堡面粉公司成立商情研究部门，目的就在于分析面粉市场的供销情况、销售渠道和竞争状况，寻求更为有效的推销面粉的技巧。

在现代市场营销学中，市场调查[①]是与营销观念相适应的概念。营销观念（Marketing Concept）是一种以顾客的需求和欲望为导向的经营哲学。按这一观念作为企业经营的指导思想，营销管理的职能不仅仅是如何把已经生产出的产品卖出去；更重要的是以满足消费者或用户的需求为中心，参与企业生产经营全部活动的决策。市场调查应是搜集、记录、分析影响企业活动的外界因素，以及与企业购产销活动有关的全部情报资料，对市场环境、营销机会及营销战略和策略等提出理论性报告，供企业上层管理人员或决策者作出判断和决策。

关于市场调查的概念，美国著名的营销学家菲利普·科特勒（Philip Kotler）认为："市场调查是为制定某项具体的营销决策而对有关信息进行系统的收集、分析和报告的过程。"例如，某企业准备生产一种新产品，在作决策之前，有必要对该产品的市场潜量进行较准确的预测。对此，无论是内部报告系统还是营销情报系统都难以提供足够的信息并完成这一预测，这就需要组织专门力量或委托外部专业研究机构来进行市场调查。

美国的另一学者大卫·拉克（Dawid J. Luck）认为："市场调查是为了特定的市场营销决策，面对有关资料进行系统的计划、收集、记录、分析和解释。"这个定义与上述定义的主要区别是增加了计划阶段。它认为市场调查应花较大精力于计划这个环节上，同时在对资料进行分析后，应再根据所作的决策进行认真的解释，相当于报告。

美国市场营销学会（AMA）为市场调查所下的定义是："市场调查是通过信息资料的收集而使组织与其市场相适应的功能性手段。这些信息资料可以使市场营销的机会和问题得到定义和确定；可以使市场营销活动发生，并得到评估和改进；可以使市场营销过程得到监控，并且有利于对作为一个过程的市场营销的理解。"这个定义强调的只是为了使企业等组织机构与市场相适应才进行信息材料的收集，因此这种市场调查必然要贯穿于市场营销活动的全部过程之中，而且市场调查的本质是一种手段，是服务于市场营销的手段。

归纳上述观点，理解市场调查应把握下述几个要点。

① 市场调查并非对市场营销的所有问题盲目地进行研究，而是为了作出某项市场营销决策所进行的研究。

② 市场调查是服务于市场营销而又监控营销管理过程的主要手段。

---

① 有人将 Marketing Research 翻译成营销研究或市场调查，本书认为译为市场调查更准确一些。

③ 市场调查是具体的营销决策的重要环节和前提。

④ 市场调查是一个系统，包括对有关资料进行系统的计划、收集、记录、分析解释和报告的过程。

按照上述观点，我们认为，市场调查是指运用科学的方法和合适的手段，系统地搜集、整理、分析和报告有关营销信息，以帮助企业、政府和其他机构及时、准确地了解市场机遇，发现市场营销过程中的问题，正确制订、实施和评估市场营销策略和计划的活动。

1.1.2　市场调查的特征

作为重要的企业管理行为，市场调查有 6 个方面的明显特征。

1. 目的性

市场调查是一项有计划、有组织、有步骤进行的活动，目的性很强。每次进行市场调查总要首先预定研究的范围和努力达到的目标，不能盲目地进行。总的目的就是为企业营销决策服务，保证决策的正确、科学、可行和最后的成功。

2. 实践性

市场调查有明显的实践性特点，主要表现在：研究工作人员须深入实践才能搜集到具体全面的研究资料；企业管理部门或有关负责人根据研究人员所提供的情况进行决策时，所有一切决策无不与企业营销实践直接有关；企业据此作出的决策是否得当，还须通过多种实践活动信息"反馈"，接受实践的检验。总之，市场调查不能脱离实践，否则将是空谈。

3. 普遍性

市场调查工作不能只停留在生产或经营活动以前的阶段，在生产和经营过程中，售前、售中和售后阶段都需要进行研究，搜集一切可以为企业所用的信息资料，以便随时调整对策，适应市场不断变化的形势。

4. 经营性

市场调查是以某种产品的营销活动为中心开展的具体工作，它总是与营销业务有直接关系。日本企业在第二次世界大战后考虑打入和渗透美国市场时，由于对美国市场了解甚少，于是开展了被人们称为"疯狂的情报活动"，而且当他们成功地进入美国市场后，仍然大规模地进行情报的搜集和研究工作，并在决策中充分利用获取的情报，从而保证了已占有的市场份额。

5. 不确定性

市场调查的结果由于多种因素的影响使其具有不确定性的特点。

被调查者千变万化的心理状态有时会增加研究的难度；顾客身临购买现场时对商品的选择与被调查时有意识地回答问题的心理状态就有所不同，这必然导致研究结果与实际有所偏差。如有些研究人员发现，当他们向被调查者询问洗发液的问题时，得到的回答经常是——洗发液最重要的是能够把头发洗干净；但当研究人员把货样拿给人们看时，却有很多人总是闻一闻有无香味。在美国，肥皂商曾在很长时间内搞不清粉红色香皂是否受欢迎，因为每当把不同颜色的香皂摆在人们面前时，他们总是指着粉红色的香皂，但在商店里粉红色的香皂却很少成为热销货。

这种不确定性有时会使研究人员无所适从，在工业品市场调查中，由于工业品的特殊用途，这种不确定性并不明显；而在日用消费品的研究中，这种不确定性有时会表现得很明显，因此研究结果只能是决策的一个依据，最后的决策还是要由经理作出。

6. 时效性

市场调查都是在一定时间范围内进行的，它所反映的只是特定时间内的信息和情况，在一定时期内研究结果是有效的，过一段时间会出现新情况和新问题，以前的研究结果就会滞后于形势的发展，变为无效。此时企业仍沿用过去的结论，只会使企业延误时机，甚至陷入困境。如前些年有些企业进行电视机产品决策时，以过去的电视机生产供不应求的结论作为决策依据，盲目引进外国设备或扩大生产能力，其结果是产品大量积压。其实这些企业决策时，电视机生产能力早已超过需求量，但只是还未在市场上表现出来而已。

1.1.3 市场调查的意义

随着市场竞争的日益激烈，市场调查对于经营者来说，显得愈来愈重要。这种重要性主要体现在以下几个方面。

1. 市场调查既是营销管理的开始，又贯穿于营销管理的过程

可以说，市场调查的好坏决定着营销管理过程的成败。所谓营销管理过程，是识别、分析、选择和发掘市场营销机会，以实现企业的任务和目标的管理过程，即企业与其最佳的市场机会相适应的过程。这个过程包括5个步骤，它与市场调查的关系可用图1-1表示。

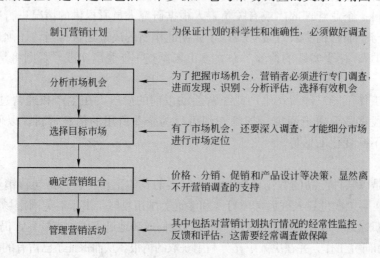

图1-1 营销管理与市场调查的关系

可见，市场调查是融合在营销管理过程中，保证营销的目标顺利实现的重要手段。这里所体现的这种重要性，实际可概括为两方面：一是前四个阶段，反映出市场调查是企业营销决策的基础；二是最后阶段，反映出它在决策实施过程中起"矫正"作用，市场调查取得的情报资料，可检验企业的战略与计划是否可行，哪些方面还有疏漏、不足甚至失误，或者客观环境是否有新变化，为企业管理人员提供修改计划的方案。

2. 市场调查是市场营销信息系统中四个子系统之一，它支持着营销信息系统的运行

所谓营销信息系统，是指由人、设备和程序组成的一个持续的、彼此关联的结构。其任务是准确、及时地对有关信息进行收集、整理、分析、评估和使用，供决策者运用，以便使营销计划、执行和控制具有高度的科学性和准确性。营销信息系统由内部报告系统、营销情报系统、市场调查系统和营销分析系统等4个子系统组成，它们共同合作支持着信息系统的运行。营销信息系统与市场调查的关系可用图1-2表示。

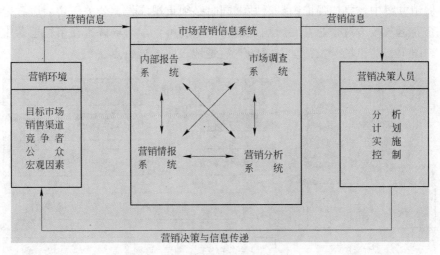

图 1-2　营销信息系统与市场调查的关系

　　内部报告系统主要是反映企业目前的销售额、存货、费用、现金流量及应收应付款等方面的情况。营销人员经常需要使用的企业内部信息包括：与销售活动有关的信息；产品系列、区域和顾客等方面的情况；当前的销售额和市场占有率；产品存货信息；产品成本、销售费用及利润等方面的信息等。

　　营销情报系统是指向营销决策人员提供营销环境发生变化情况的一整套信息来源和程序。它与内部报告系统的区别在于：它主要提供企业外部营销环境变化方面的信息；而内部报告系统则是提供本企业内部各部门、各产品经营成果的信息。

　　营销分析系统是指分析营销数据的统计库和统计模型。统计库（Statistical Bank）一般包括一系列统计过程，这些过程可帮助分析者了解一组数据中彼此之间的关系及其统计上的可靠性。

　　市场调查系统是指为某项具体的营销决策而对有关信息进行系统的收集、整理、分析和报告的过程。市场调查系统的主要职能是针对企业出现的重要问题而全面提供信息。它与前两个系统有密切关系，但又有其独特的运行方式和作用。从西方企业实践来看，小企业一般是委托专门的市场研究公司或咨询公司进行研究；大企业一般自设研究部门，在营销副总裁领导下进行研究。如美国 73％以上的大公司都设有市场调查部门。当然，即使自己有研究部门，也不排除将一些大型复杂的研究项目委托给专业公司来完成。

　　由此可见，市场调查信息系统是非常重要的子系统，缺少它必然影响整个营销信息系统的运行，影响企业生产经营的正常进行。从这方面来看，市场调查的重要性是显而易见的。

　　3. 市场调查是市场营销运营的四大支柱之一

　　市场调查、促销计划、商品计划和运营政策是市场运营四大支柱[1]，而且须以市场调查为出发点。企业营销部门可担任的工作并不单纯是销售工作，还包括市场开发工作。市场开发的出发点是市场调查，以及以市场调查为基础的商品计划或策划，促销计划及相关的运营

---

① 樊志育. 市场调查. 台北：三民书局，1995.

政策。在促销方案中，要加强推销员激励，同时必须重视广告、公关、售后服务等机构的促销活动。企业运营政策对企业发展影响也很大。由此可见，市场调查在市场运营中的地位是很重要的。图1-3"市场开发活动系统图"清楚地表明了这一点。

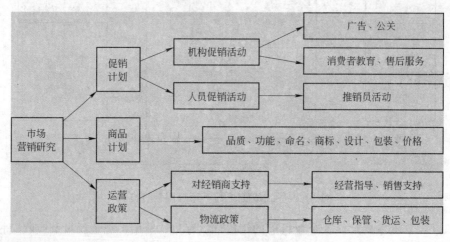

图1-3 市场开发活动系统图

从上述三个方面的分析不难看出，市场调查对现代企业营销来说是非常重要的。西方国家一些有远见的企业管理者，就是由于对市场调查的重要意义有足够的认识，因此他们取得了极大成功。如美国柯蒂斯出版公司的帕林，早在20世纪初就曾以读者为对象，系统地搜集、记录、分析多种读者的习惯和爱好，以及其他与人口统计有关的资料，作为公司经营管理决策的依据，获得了巨大成功。杜邦公司、通用汽车公司、通用电气公司、西尔斯公司等都曾因重视研究取得过显著的经营成果。

然而我国企业管理人员，有许多人对市场调查的作用还认识不足，运用也不得法。主要原因为：他们虽然也经常搜集、分析市场情报资料，但只把它当作推销现有产品的工具，而不是当作经营决策的需要；有的管理人员囿于已有的传统经验，忽视不断变化的新形势，没有把市场调查贯穿于企业营销管理全过程；还有些企业害怕市场调查的开支大，会相应提高产品成本。而事实上，通过市场调查，认真进行可行性研究，可以降低风险，减少不必要的损失，从而给企业带来更大的收益。

1.2　市场调查的类别与内容

1.2.1　市场调查的类别

市场调查从不同角度观察可以有不同类型，若按其性质、目的及其在研究过程中的位置进行划分，主要有探索性研究、描述性研究、因果关系研究和预测性研究等。

1. 探索性研究

探索性研究是一种非正式的或试探性的研究。一般是在研究的开始阶段为了明确问题，寻找机会或缩小问题的范围所进行的研究。如管理人员或决策者发现了一个问题，但这个问题需要初步研究才能对其有基本的认识和定义，这时就需要探索性研究支持。例如，企业有闲置资金，想进行投资，但资金投向何处会有最好回报？这时就必须对市场进行探索性研究，先对周围环境作一般性了解，而后再调查，以寻找有利的机会。

再比如，假定中式快餐连锁店打算扩大其生产线，增加品种，在正式研究之前，对少数顾客进行一次试探性研究，发现有些顾客对菜单中的辣类食品有很强的抵触反应。于是这种探索性研究就帮助决策者发现了问题，为未来的正式研究确立了基本方向。

2. 描述性研究

描述性研究是指目的在于描述一个总体或一种现象的基本特征的研究。市场营销经理经常需要了解谁购买产品、市场规模有多大、竞争对手情况如何、分销渠道状况如何等。描述性研究就是把有关这些方面的事实资料进行收集、整理，如实地描述、报告和反映。因此，描述性研究主要是回答"谁"、"是什么"、"何时"、"何地"和"怎样"等问题。

例如，美国一本杂志为想了解其读者的特点，进行了一次描述性研究。该杂志名称叫《青少年博览》，读者对象是十几岁的青少年。该杂志经理感觉到 12～15 岁的少女很关注香水、口红和眉笔睫毛膏等，但他们缺少数量的依据。而描述性研究发现 12～15 岁少女中 94.1％ 的人使用洗面奶，有 86.4％ 少女使用香水，有 84.9％ 的少女使用口红。在使用香水的女孩中，有 27％ 的少女使用自己喜爱的品牌，17％ 的少女使用共同的品牌，6％ 的少女使用别人推荐的品牌。结果表明，大多数少女使用化妆品；对品牌的忠实程度很高，且开始得如此早，12～15 岁少女就开始选择并忠实自己喜爱的品牌。这种研究即是一种描述性研究。

准确性是描述性研究中至关重要的问题。即使他们不能完全避免误差，作为一个好的研究人员也应尽量描述这种精确度。假如要描述某种产品的市场潜力，如果不能准确地测量和描述其销售量，就会误导生产者依此作出不切实际的生产计划、预算和其他决策。由于描述性研究是客观情况的反映，因此在市场调查过程中会经常使用这种研究方法。

3. 因果关系研究

因果关系研究是指目的在于确定多个变量间的因果关系的研究。从位置关系来看，因果关系研究总是在探索性研究和描述性研究之后，即在探索性研究或描述性研究的基础上，进一步查清变量间的相互关系。例如，"西装热"会带来领带、皮鞋和高档衬衣需求量的增加；职工收入增加使消费品需求量的增加；基本建设投资增加或减少，则会使建筑业、机械设备产品需求量增加或下降；居民住房面积的扩大会带来家具、装饰品需求的增加；等等。如果查清了变量之间的关系，一般就能预见市场的变化趋势，为决策提供依据。因此，企业经理应时常观察价格、包装及广告等因素变化带来的影响，及时调整经营策略。

比较典型的因果关系研究方法是：控制并改变一个变量（如广告），然后观察另一变量（如销售额）的变化结果如何。

4. 预测性研究

预测性研究是为了估计未来一定时期内某市场营销变量发展趋势和状态的研究，这种研究在市场调查中也比较常见。这方面的研究结果主要是用于支持营销战略的决策。

1.2.2 市场调查的内容

市场调查现已逐渐从市场营销学中分离出来，形成了一门相对独立的学科。在美国所有大学的工商管理学院，学生大约要用 100 学时来学习市场调查（Marketing Research）这门课程。我国近些年也以"市场调查学"或"市场调查与预测"等名称在大学里开设这类课程，但理论体系与前者差别较大。多数都叫做"市场调查与预测"，而实际上"市场预测学"也早已形成一门相对独立的学科。

最早使用市场调查这一术语的是 19 世纪 80 年代的美国，但在当时仅用在农业方面。到 20 世纪 20 年代，就有很多公司开始设立研究机构，但这些机构当时主要限于收集统计资料。

发展较快的时期是在 1929—1936 年之间。30 年代初美国商业部第一次出版了关于市场营销机构的统计调查资料，接着又出现了有关市场调查机构地理分布的著作。1936 年首次出版了两本有关市场调查的书，建立了美国市场营销协会。那时美国经济正处于严重萧条时期，而上述工作对市场调查的开展起了很大的推动作用。同时，由于经济萧条，企业经理开始注意到市场营销管理上的失误及他们的无知所造成的影响。因此，导致研究部门迅速增长。

第二次世界大战以后，市场调查学更是不断进步，现在它已发展成为以营销学、决策学、统计学、社会学、心理学等多学科为基础的新兴管理类学科。

那么，作为这样一个管理类学科，研究对象是什么呢？按照上述市场调查的概念，市场调查是关于市场营销信息资料的收集、记录、整理分析和报告的理论和方法的科学。具体包括：市场调查与决策的关系；收集资料和研究设计的理论和方法；传递信息的理论和方法；抽样设计的理论和方法；营销数据资料处理的理论和方法；资料分析和解释的理论和方法；如何提出研究成果；等等。

总的来说，市场调查的内容覆盖营销管理的全过程，从识别市场机会、确定目标市场、市场定位，到分析营销效果，都可能成为市场调查的内容。经常研究的内容如下。

1. 个人消费者市场研究

市场调查中最重要的内容就是消费者市场调查与研究。它主要包括：消费者数量研究、消费者结构研究、消费者购买力研究、消费者支出研究、消费者品牌偏好研究、消费者行为研究及消费者满意度研究等。个人消费者市场研究的目的主要是支持个人消费品的营销管理过程，最大限度地满足个人消费者需求，从而获得最丰厚的利润。

2. 产业市场研究

产业市场研究又称为生产者市场研究。它主要包括：宏观经济环境研究、产业市场结构研究、客户情况研究、竞争对手研究、组织购买行为研究、市场占有率和竞争力研究等。产业市场研究的目的主要是支持企业对企业营销（B to B Marketing）的管理过程，提高客户满意度，开拓市场。

3. 目标市场研究

这方面研究内容主要包括：宏观环境因素界定与分析、微观环境因素研究、市场机会与威胁分析、市场细分分析、市场现有规模和潜在规模研究与预测、市场定位研究与预测等。目标市场研究的目的主要是通过对总体市场需求和变化趋势的研究，最终使企业寻找到理想的目标市场并成功地进行市场定位。

4. 产品研究

产品研究内容主要包括：产品生命周期研究、新产品创意或构思研究、消费者对产品概念的理解研究、新产品市场检验研究、新产品发展前景研究、产品品牌价值和品牌忠诚度研究、产品包装测试、品牌名称开发与测试、产品支持性服务的研究。产品研究的目的主要是支持企业的产品发展战略决策。

5. 价格研究

价格研究内容主要包括：成本分析、价格弹性分析、消费者对产品价值的认知研究、消费者对价格变化的理解或反映研究等。其主要目的是支持企业的价格决策和价格战略。

6. 分销渠道研究

分销渠道研究内容主要包括：分销渠道的结构研究、分销渠道覆盖范围研究、批发商和零售商研究、分销渠道关系研究、分销效果研究、运输和仓储研究等。分销渠道研究的目的主要是支持企业的分销战略决策，使分销渠道达到最佳组合。

7. 促销与广告研究

这方面的研究内容也比较丰富，主要包括：各种促销手段的组合结构研究，广告主题研究和广告文案测试，广告媒体研究，电视收视率、广播收听率及报纸或杂志阅读率等的研究，为评价广告效果而作的广告前消费者态度和行为研究、广告中接触效果和接受效果研究，广告后消费者态度和行为跟踪研究，广告媒介监测，销售人员区域结构研究，各种优惠措施（如优惠券）研究，等等。促销与广告研究的目的主要是支持企业的促销战略与战术决策，使促销组合达到最佳，以最少的促销费用达到最大的促销效果。

8. 市场竞争研究

市场竞争研究主要是侧重于本企业与竞争对手的比较研究，其内容主要有两个方面。首先，对竞争形势的一般性研究，包括不同企业或企业群体的市场占有率，他们的经营特征和竞争方式，行业的竞争结构和变化趋势等。其次，针对某个竞争对手的研究，包括对比分析产品质量、价格、销售渠道、产品结构和广告等，识别企业的优势和劣势。市场竞争研究的目的主要是支持企业营销的总体发展战略，做到知己知彼，发挥企业竞争优势。

1.3 市场调查的基本步骤

从管理上讲，任何研究都要遵循一定的工作程序，否则就不能很好地完成研究任务。市场调查按其目的和范围及决策的需要，所采取的步骤有所不同。一般来说，市场调查应有 4 个阶段：市场调查准备阶段、市场调查策划阶段、市场调查实施阶段和市场调查追踪阶段。

1.3.1 市场调查准备阶段

准备阶段工作对进入实质性的市场调查具有重要意义。在这个阶段应做好几项工作：一是发现和确定问题；二是问题的环境分析；三是确定市场调查目标；四是进行探索性市场调查。

1. 发现和确定问题

市场调查总是从发现问题开始，确定问题是解决问题的第一步。问题主要是通过对日常生产营销活动的观察及对有关资料的分析发现的。发现问题的具体途径主要有：经理人员的观察，管理人员、业务人员与消费者的接触和沟通，从其他问题的市场调查中发现的线索，营销信息系统所提供的数据资料等。

营销信息系统提供或反馈的信息主要有两类：一是经营情况分析，一般由会计系统或统计系统提供；另一种是对客观环境的连续监视所反馈的信息，这类信息是日常业务遇到的新问题和新情况。其中的经营情况分析内容主要有以下几种。

（1）销售情况。企业通过对销售情况进行分类，通过对目标市场、产品、地区和顾客等进行分析并与历史实绩相比较，从而发现问题。

（2）市场占有率情况。计算并分析本企业产品在同类产品总销售额中的比重，对本企业产品在市场上所占的地位及变化趋势作出判断，发现问题。

（3）产品分销情况。很多问题经常可以通过对商品分销情况的分析来发现。例如某些商品，购买者不能随时买到，就要对这些商品的分销数量和结构与竞争对手进行比较来发现问题；通过对分销商的进货情况的分析发现问题。

（4）销售部门业绩分析。产品销售的成败很大程度上取决于推销人员的努力程度。所以集中对销售部门业绩的分析，可以发现许多问题。这种分析应包括销售量（额）分析、费用分析、利润分析，以及销售人员考核与新客户发展情况等。

（5）发现问题的过程一般是首先寻找问题的基本征象，然后再进一步确定真正的问题。问题的征象主要有三类。

① 明显的困难。如企业产品一时销不出去，库存发生积压；企业出现亏损，无法继续生产经营等，这些就是明显的困难。

② 潜在的问题。如产品市场占有率逐年或逐月下降。在这种情况下，虽然企业能继续经营，但潜在问题或困难一定很严重，而又不能确定。可能是产品本身问题，也可能是营销人员问题，也可能是其他问题。

③ 机会。机会也是营销问题中的重要类型。在竞争日益激烈的市场经济条件下，由于消费者习惯和需求不断变化，产品需要不断更新换代或改变促销策略。企业在观察竞争市场变化过程中会发现很多机会。机会就意味着发展，但把握机会就需将其作为问题进行市场调查，不能盲目上马。发现问题的基本征象后，不能说已最终找出了问题，在此基础上必须进一步定义问题或确定问题，以保证后面的市场调查很好地达到目的。例如，某公司销售额下降的原因是多方面的，可能是产品设计有问题，可能是消费者需求发生了较大的变化，可能是推销不力，也可能是渠道不畅等。市场调查人员首先应查阅和分析有关资料，然后进一步确定问题的性质。经初步分析可知，产品设计不如竞争对手，因此市场调查的重点就应放在产品设计的改进方面上。

2. 问题的环境分析

当问题确定后，市场调查人员就要对当时所处的环境和发展趋势进行基本分析。这方面的内容主要包括以下几个方面。

（1）全行业生产经营情况。包括相关产品的产量、产值、原材料、燃料供应、生产发展趋势及市场价格波动情况等。

（2）市场销售情况。包括城乡市场购买力的情况，居民消费习惯的改变情况，消费周期，市场需求弹性大小等。

（3）产品情况。包括顾客对本企业产品的质量、规格、包装、商标设计、售后服务的满意度及产品所处的生命周期等。

（4）分销渠道情况。包括商品分销渠道的结构及口岸的选择，分销策略是否得当等。

（5）促销分析。包括促销策略、广告策略、公共关系及竞争对手在市场上的活动情况，推销人员素质和分布情况等。

（6）成本、价格及利润分析。包括本企业产品的成本、价格与竞争对手的对比情况，各种产品在不同地区所取得的利润及各种差价情况分析等。

3. 确定市场调查目标

对于发现的问题有了背景环境的了解后，为保证市场调查结果的正确性和实用性，必须把具体的市场调查目标确定下来。一般来讲，应该把委托者的决策目标当作服务对象，了解他们的市场调查意图，只有这样，市场调查才是有用的。漫无目标或目标不明确，或不符合委托人的要求，都是一种无用的市场调查。

确定市场调查目标应考虑这样几个因素：为什么要市场调查？谁想知道市场调查结果或研究结果有什么用处？市场调查中想要了解的内容是什么？市场调查的重点是什么？等等。例如，美国阿罗瑞公司是一家空调和冷冻设备制造商。在 20 世纪 70 年代后期当其产品市场占有率一度下降时，由公司工程部门设计了一种自动调频收录机，试图扩大产品类别和范围。这时公司要进行一次市场调查，目标是"确定是否应该增添这个产品项目"，以便进行最终决策。围绕这一目的确定了以下具体目标。

① 这种产品需求如何？

② 对产品特色有什么需求？

③ 应使用什么样的销售渠道？

④ 定什么价格适宜？

⑤ 若增加这一产品，公司组织机构是否适应？等等。

由此可见，市场调查目标应是一组相关命题，而不是一个命题。

4. 进行探索性市场调查

探索性市场调查是市场调查准备阶段经常会使用的方法。为了发现问题可能会使用探索性市场调查；对发现的问题，为了缩小范围，进而确定真正的问题，更需要探索性市场调查提供帮助；在确定问题，分析其环境基础上还需要探索性市场调查来完成市场调查目标的确定。当然这不是说，在这个阶段会进行许多次探索性市场调查，而是在必要的时候应使用它来帮助解决问题。例如，当问题发现后，市场调查人员如果对问题的关键和市场调查范围还不清楚，难以使市场调查目标有的放矢，这时就应借助探索性市场调查，进一步解决这些困难。

1.3.2　市场调查策划阶段

在准备阶段结束后，就要着手进行市场调查策划与设计，这个阶段工作的好坏直接关系市场调查效果和工作效率，它是对市场调查过程管理的重要依据。

市场调查策划阶段主要工作包括确定具体的市场调查项目（资料），选择并设计市场调

11

查方案，确定信息传递的方式、设计抽样方案、估算市场调查经费，制定市场调查计划和市场调查进度表，以及完成市场调查提案（申请书）等。

1. 确定市场调查项目

为了顺利地开展市场调查工作，首先要确定有关的市场调查项目。市场调查项目也就是市场调查资料的概括形式，是市场调查目标的具体化。因此，市场调查项目应围绕市场调查目标进行设置。影响市场调查目标的因素很多，它们都可以成为市场调查项目之一。但是项目过多，会加大市场调查工作量和统计量，所以对所有项目要对比取舍。首先，对项目的重要程度进行比较，然后选择那些与市场调查目标相关程度较高的项目；其次，对有些市场调查人员假设的项目，要考察其与市场调查目的和目标的密切程度，而且要意义明确，便于操作；最后，要根据经费的多少，以及市场调查人员力量和市场调查方式与情况，确定市场调查项目。

2. 设计市场调查方案

市场调查方案是指市场调查的基本类型及其具体的模式（Model）。它主要有四大类，即探索性调查方案、描述性调查方案、实验性调查方案和预测性调查方案。其中每一类中又包括多种具体方案。根据市场调查目的和目标的不同，市场调查者应选择合适的市场调查方案。选择好方案后还要根据具体情况进行设计，以备使用。

3. 确定信息传递方式

信息传递的方式是指市场调查人员与被研究人员之间的信息沟通形式，主要有观察法、直接采访法、电话采访，电子网络和邮寄法等，这些方法各有优势和不足，需要根据市场调查要求、速度及费用等选择合适的方式。

不管使用什么方式传递信息，其中都需要一个很好的问卷或观察表作为工具，因此必须在策划阶段设计一个合格的问卷或观察表。

4. 设计抽样方案

收集原始资料，有时需要抽取样本进行市场调查。这时就需要设计抽样方案。这项工作主要应解决好下述几个问题：抽查哪些人或单位？抽取多少人或单位？如何抽样？等等。

1.3.3　市场调查实施阶段

市场调查实施或操作阶段是市场调查的核心工作。这一阶段要按照市场调查计划和进度表的规定分别完成，并保证质量。这一阶段的主要工作可分三步进行。

第一步，资料的收集和处理。它包括第一手资料、第二手资料的收集与处理。

第二步，对收集来的资料进行分析、筛选、证实和解释。这时会用到一系列科学的解释和分析方法，如差异检验分析法、关联检验分析法、相关回归分析法和多变量分析法等。

第三步，提交市场调查成果。提交市场调查成果的形式主要是编写市场调查报告。市场调查报告应当简明扼要，涉及的内容应与营销决策有直接关系。此外，有时也可以进行口头报告。

1.3.4　市场调查追踪阶段

提交市场调查成果以后，市场调查工作已基本告一段落。但为了解市场调查成果实施情况及成果的可靠性，还应该要追踪市场调查。这阶段工作的主要内容如下：

（1）市场调查成果报告中的数据是否真实可靠。如果发现不真实的数据，应实事求是地进行修正，并考虑对决策是否有影响，以便采取必要的补救措施。

（2）市场调查报告所提供的意见或建议是否切合实际。在追踪市场调查中，如果发现由于一开始对问题的性质有所误解，或市场调查者对委托人的意图理解不透，以致在执行中并不能使提出的报告解决实际问题，这时就要花很大的力量，甚至重起炉灶去解决存在的问题。

（3）市场调查报告中的建议或意见是否被决策者所采纳，帮助程度如何。在追踪市场调查中，也往往会发现某些正确的意见或好的建议未被决策者或委托人所采纳。在这种情况下，首先要检查市场调查报告的表述是否清楚，是否符合决策者的需要；其次要查明未被采纳的原因，以便有针对性地向决策者提出补充说明，也为今后市场调查工作提供借鉴。

（4）在实际执行过程中，执行人员的行动是否与市场调查建议相违背，或是否曲解了市场调查人员的意图。有些市场调查建议或成果已被决策人所采纳，并已付诸实施。但在实践过程中，具体执行人员的行为可能有偏差，以致影响执行的效果。在这种情况下，可以通过追踪市场调查，发现新问题，及时纠正偏差。

以上是对市场调查过程的简要描述。由此可见，市场调查确实是一个"系统工程"。一次市场调查，从提出或发现问题，确立市场调查目标，到写出市场调查报告，是一个严密的科学的"系统"，哪一个环节或步骤也不能出问题，否则就会影响市场调查的有效性。

1.4　我国市场调查业的现状

我国是在 20 世纪 80 年代中后期才开始出现商业性的市场调查研究机构的。随着我国经济的高速增长及企业市场调查意识的增强，我国的市场调查行业正面临着前所未有的发展机遇。根据可查阅的数据，1999 年中国市场调查研究业的总营业额约为 1.33 亿美元（约 11 亿人民币）①，仅占世界同业市场的 1.0%。但到 2001 年，我国市场调查业的营业额即上升到 19 亿元人民币，比 2000 年（14.96 亿）增长了 27%，2002 年增幅约 30%，达到 24.7 亿元人民币。2005 年，我国市场调查咨询业营业额超过 50 亿元人民币。这说明中国市场调查研究业的发展速度是迅速的，充分体现出这一行业的强大生命力。

根据行业专家的估计，目前中国大大小小专业性的调查研究机构已经由当初的几百家增长到上万家，其中业内公认的比较有规模的专业性调查研究机构估计不会超过 50 家，大都集中在北京、上海和广州三个城市。根据最近有关中国市场调查企业 25 强情况分析，有人将其分为三大阵营。

第一阵营：居于业界领导地位的外资独资或合资企业，包括益普索、AC 尼尔森、盖洛普、华南国际和央视市场研究等。第一的阵营优势在于拥有高级研究能力、国际经验和资本实力。

第二阵营：国内规模领先的民营公司或合资公司，包括央视-索福瑞媒介研究有限公司、新生代市场监测机构有限公司、北京慧聪国际资讯有限公司等，营业收入超过 5 000 万元，甚至过亿。其中一些已经上市，如慧聪国际。第二阵营的优势在于基本具备了在某个行业或专业化领域充当市场领头羊的资格。

---

① 　注：市场调查研究业与我们所说的市场调查有所差异，但由于后者没有专门统计，所以只能通过前者给予说明。

第三阵营：跻身实力派阵营的国内公司。北京零点研究集团、新华信市场研究咨询、北京环亚市场研究社等。此阵营中的公司多为国内发展较为成熟的专业化调查公司，但目前在规模上与第二阵营尚存在差距。第三阵营的平均营业收在1 000万～5 000万元以下。第三阵营的优势在于占据细分市场，经营规模和效益具备增长潜力。

从客户的行业类别看，制造业（快速消费品和耐用品）一直是近些年中国市场调查业研究的主要对象（见表1-1）。从表1-1看，快速消费品和耐用品在营业额中所占的比重，除1999年快速消费品为19.7%、耐用品8.3%，不足30%外，其他4年均占4成左右，一直保持相对稳定的比重。在1998—2001的4年中，广播媒介（电视、无线电、有线等）占有非常重要的比率，但呈逐渐下降的趋势。到2002年，已经从1999年比例最高的48.8%下降到了7.4%，而在2003年只排在了第六位，为6.4%。2001—2003年除了快速消费品及耐用品一直保持着较稳定的比率之外，其他产品类别互有升降。在2003年，汽车达到了相当高的比率，排在了第二位，为15.0%，制药/医药列在了第三位，为9.0%。此外，2002—2003年和前几年相比，产品类别比率分布更加分散。在前4年中，前三位的产品就占到了总量的五到六成，而从2002年开始，除了占首位的快速消费品能保持接近30%之外，其他类别的产品分布都比较分散。

表1-1 2007—2012年市场调查客户类别（按产品营业额比重）

年份	第一大类	第二大类	第三大类	第四大类
2007	广播 （30%）	快速消费品 （28%）	耐用品 （11%）	广告公司 （11%）
2008	广播 （48.8%）	快速消费品 （19.7%）	耐用品 （8.3%）	其他专门业务或服务 （6.6%）
2009	广播 （30%）	快速消费品 （25%）	其他 （9.7%）	耐用品 （6.4%）
2010	快速消费品 （30.1%）	广播 （26.8%）	其他 （10.7%）	耐用品 （8.3%）
2011	快速消费品 （29.0%）	电信/邮电 （11.8%）	耐用品 （8.4%）	广播 （7.4%）
2012	快速消费品 （28.0%）	汽车 （15.0%）	制药/医药 （9.0%）	耐用品 （8.5%）

目前，我国市场调查业存在的主要问题如下。

（1）企业对市场调查的认知度还比较低，社会公众对调查数据也不太认可，企业客户对调查数据准确性存有疑问。由于文化心理原因，我们习惯于定性分析方法，本土企业特别是民营企业不太善于借助市场调查结果辅助决策，这直接导致调查行业的市场预期与实际需求之间存在脱节。因此，我国市场调查业的总体规模目前与世界水平相比差距较大。

（2）"专业化程度低"是目前调查行业发展最大瓶颈，专业化取向较弱导致业内分工不明。很多公司没有核心业务能力，泛而不精，导致了在很多行业的研究方面缺乏丰厚积淀，只能解决客户的初级问题或者咨询公司嫁接的调查业务。

（3）面对市场的高度竞争，目前市场调查研究行业也存在着一定程度的无序的"低层次竞争"即价格竞争，这也是与上述专业化程度低互相关联的一个问题。这种价格竞争很可能导致行业的恶性循环，即低价位—低质量—更低价位—更低质量。这种继续的低价竞争势态不但会对调查研究业产生极大的负面影响，更主要的是在这样的竞争下，会最终降低调查研究的质量，损害客户的利益。这不但阻碍了调查研究业的发展，同时对中国市场经济下企业的信息决策进程形成了强大的阻滞。

（4）调查企业自身在对外推广方面也有欠缺。有关调查显示，55％的调查公司通过客户间口碑来推广自己，另有约30％的企业则通过同行业口碑；而通过定期发布调查报告和主动做广告者少之又少。调查企业自有其拓展客户的渠道，即同行和客户评价，这一点诚然是发达国家商业服务中介企业不成文的规定；然而置于经济全球化背景下的中国市场，本土企业参照此一规矩办事并不可行。

为了促进行业的可持续发展，1998 年 9 月中旬，联席秘书处在北京组织召开了《中国市场调查研究业的现状与发展研讨会》。这次大会是市场调查研究业在我国诞生 10 多年来第一次全国性的大规模盛会，有近 150 家单位近 300 位个人参会，其中专业性的市场调查研究机构 126 家。会议期间，代表们认真地讨论了筹备成立我国第一个市场调查研究行业协会的有关事宜。通过反复的酝酿和正式的无记名投票，民主地选出了中国市场调查协会筹备委员会成员，为调查业行业协会的正式成立做出了必要的准备，并于同年正式申请成立中国信息协会市场研究业分会。

中国信息协会市场研究业分会（China Marketing Research Association, CMRA）于 2001 年 2 月经中华人民共和国民政部正式批准成立。市场研究业分会是中国信息协会下属的分支机构，市场研究业分会设立会长、常务理事会、专业工作委员会和秘书处，管理分会工作。

中国信息协会市场研究业分会现有团体会员单位 200 余家，个人高级会员 68 人，个人普通会员数百人。团体会员单位的营业额估计占我国内地市场研究营业额的 90％以上。

市场研究业分会的主旨是：努力推动国民经济和市场研究事业的发展，在政府部门与企事业单位之间发挥桥梁和纽带作用；为会员、政府、企业及社会各界提供信息服务，加强与国家有关部门的沟通；促进对政策法律的理解和执行，加强行业自律，提倡有序竞争，确定行业道德准则、常规技术标准和参考报价体系，推动我国市场研究行业的健康发展，加强国际交流，形成对外交流的窗口；努力培育开发国内市场，提高国内企业对市场调查及其科学理论的认知水平。

市场研究业分会的具体任务是：推动市场调查标准化、安全化、数据库等基础工作的建设；组织市场调查人才的培训，宣传普及市场调查知识，推进各项市场调查咨询服务活动；促进国际研究交流和合作，不断推进我国市场研究业的进程；推动各类市场市场调查机构和会员单位之间的横向联合与合作，促进市场市场调查资源的开发、利用和共享；对市场市场调查的方法及应用的理论与实践问题进行研究、探讨和交流；组织研究中国市场研究事业的发展战略、方针政策、行业规范等，向政府和有关领导机构提出建议；组织全国范围的各种新技术、新产品的演示推广和业务交流活动；协助制定本行业的发展规划；组织有关技术研究、开发、用户销售、维护等方面的协作；反映本行业的需求和意见，维护本行业的合法权益；组织形式多样的培训班，宣传普及市场研究技术，组织出版有关的技术资料、刊物书籍等。

案例分析

丰田进军美国

1958 年，丰田车首次进入美国市场，年销量仅为 288 辆。丰田进入美国的第一种试验型客车，是一场灾难，这种车存在着严重的缺陷：引擎的轰鸣像载重卡车，车内装饰粗糙又不舒服，车灯太暗不符合标准，块状的外形极为难看。并且该车与其竞争对手"大众牌甲壳虫"车 1 600 美元的价格相比，它的 2 300 美元的定价吸引不了顾客。结果，只有 5 位代理商愿意经销其产品，而且在第一个销售年度只售出 288 辆。1960 年，美国汽车中心底特律推出了新型小汽车 Falcom、Valiant、Corvair 与"甲壳虫"竞争，尽管丰田公司并非底特律的竞争对手，但由于美国方面停止进口汽车，迫使丰田公司进行紧缩。

面对困境，丰田公司不得不重新考虑怎样才能成功地打进美国市场。他们制定了一系列的营销战略。其中重要的一步就是进行大规模的市场调研工作，以把握美国的市场机会。

调研工作在两条战线上展开：（1）丰田公司对美国的代理商及顾客需要什么，以及他们无法得到的是什么等问题进行彻底的研究；（2）研究外国汽车制造商在美国的业务活动，以便找到缺口，从而制定出更好的销售和服务战略。

丰田公司通过多种渠道来搜集信息。除了日本政府提供信息外，丰田公司还利用商社、外国人及本公司职员来收集信息。丰田公司委托一家美国的调研公司去访问"大众"汽车的拥有者，以了解顾客对"大众"车的不满之处。这家调研公司调查了美国轿车风格的特性、道路条件和顾客对物质生活用品的兴趣等几个方面。从调查中，丰田公司发现了美国市场由于需求趋势变化而出现的产销差距。

调查表明，美国人对汽车的观念已由地位象征变为交通工具。美国人喜欢有伸脚空间、易于驾驶和行驶平稳的美国汽车，但希望在购车、节能、耐用性和易保养等方面能使拥有一辆汽车所花的代价大大降低。丰田公司还发现顾客对日益严重的交通堵塞状况的反感，以及对便于停放和比较灵活的小型汽车的需求。

调查还表明，"大众甲壳车"的成功归因于它所建立的提供优良服务的机构。由于向购车者提供了可以信赖的维修服务，大众汽车公司得以消除顾客所存有的对买外国车花费大而且一旦需要却经常买不到零配件的忧虑。

根据调查结果，丰田公司的工程师开发了一种新产品——皇冠牌（Coronn）汽车，一种小型、驾驶和维修更经济实惠美国式汽车。

经过不懈努力，到 1980 年，丰田汽车在美国的销售量已达到 58 000 辆，两倍于 1975 年的销售量，丰田汽车占美国所进口汽车总额的 25%。

资料来源：北京弘业百成管理咨询有限公司官方网站，http://www.hybc168.com.cn/article.asp? article_ID＝256.2011－6－9发布. 作者：佚名，2013－7－28搜集整理。

思考题：

1. 丰田公司首次进军美国市场失败的原因是什么？

2. 丰田公司的市场调研包含哪些内容？

3. 丰田公司的调研属于基础性调研还是应用性调研？为什么？

4. 如果你是此次调研的负责人，你认为还有什么需要改进的地方？

思考题

1. 什么是市场调查？市场调查有哪些特征？

2. 市场调查与营销管理是什么关系？

3. 什么是探索性研究、描述性研究、因果关系研究和预测性研究？它们之间是什么关系？

4. 市场调查的内容有哪些？

5. 市场调查工作一般分哪几个阶段？各阶段工作的主要内容是什么？

6. 如何认识我国现阶段的市场调查市场？

第 2 章

　　市场调查的前期准备工作内容主要是设计调查方案和调查问卷。本章介绍市场调查方案的概念和格式，市场调查问卷设计的基础、技巧和方法。

市场调查
方案与问卷设计

2.1 市场调查方案概念和格式

2.1.1 市场调查方案的概念

市场调查方案，就是根据调查研究的目的和调查对象的性质，在进行实际调查之前，对调查工作总任务的各个方面和各个阶段进行的通盘考虑和安排，以提出相应的调查实施方案，制定合理的工作程序。

市场调查的范围可大可小，但无论是大范围的调查工作，还是小规模的调查工作，都会涉及相互联系的各个方面和全部过程。这里所讲的调查工作的"各个方面"，是指要考虑到调查所涉及的各个组成项目。例如，对某市超市竞争能力进行调查，就应将该市所有（或抽选出）超市的经营品种、质量、价格、服务、信誉等方面作为一个整体，对各种既相互区别又有密切联系的调查项目进行整体考虑，避免调查内容上出现重复和遗漏。

这里所说的"全部过程"，是指调查工作所需经历的各个阶段和环节，即调查资料的搜集、调查资料的整理和分析等。只有对此事先做出统一考虑和安排，才能保证调查工作有秩序、有步骤地顺利进行，减少调查误差，提高调查质量。

2.1.2 市场调查方案设计的重要性

市场调查是一项复杂的、严肃的、技术性较强的工作，一项大规模的市场调查参加者众多，为了在调查过程中统一认识、统一内容、统一方法、统一步调，圆满完成调查任务，就必须事先制定出一个科学、严密、可行的工作计划和组织措施，以使所有参加调查工作的人员都依此执行。具体来讲，市场调查方案设计的重要性有以下 4 个方面。

第一，从认识上讲，市场调查方案设计常常是从定性认识过渡到定量认识的开始阶段。虽然市场调查所搜集的许多资料都是定量资料，但应该看到，任何调查工作都是先从对调查对象的定性认识开始的，没有定性认识就不知道应该调查什么和怎样调查，也不知道要解决什么问题和如何解决问题。例如，要研究某一行业的生产经营状况，就必须先对该行业生产经营活动过程的性质、特点等有详细的了解，设计出相应的调查指标及搜集、整理调查资料的方法，然后再去实施调查。可见，调查设计正是定性认识和定量认识的连接点。

第二，从工作上讲，调查方案设计起着统筹兼顾、统一协调的作用。现代市场调查可以说是一项复杂的系统工程，对于大规模的市场调查来讲，尤其如此。在工作中会遇到很多复杂的矛盾和问题，其中许多问题是属于调查本身的问题，也有不少问题则并非是调查的技术性问题，而是与调查相关的问题。例如，抽样调查中样本量的确定，按照抽样调查理论，可以根据允许误差和置信度大小，计算出相应的样本量，但这个样本量是否可行，要受到调查经费、调查时间等多方面条件的限制。再如，采用普查方法能够获得较为全面、准确的资料，但普查工作涉及面广、工作量大，需要动用的人力、物力十分庞大，而且普查工作时间较长，这些都需要各方面的通力协作，像人口普查、第三产业普查等全国性的调查，通常要由国家有关部门牵头组织协调，并非某一调查机构的力量所能胜任。因此，只有通过调查设计，设置调查流程，才能分清主次，根据需要和可能采用相应的调查方法，使调查工作有序地进行。

第三，从实践要求上讲，调查方案设计能够适应现代市场调查发展的需要。现代市场调查已由单纯的搜集资料活动发展到把调查对象作为整体来反映的调查活动，与此相适应，市场调查过程也应被视为是市场调查设计、资料搜集、资料整理和资料分析的一个完整工作过程，调查设计正是这个全过程的第一步。

第四，从市场竞争角度上讲，目前的市场调查项目委托方一般都采取招标的方式选择最理想的合作者。为了能在竞标中获胜，调查机构提供一份高水平的方案设计书是至关重要的。

2.1.3　市场调查方案的基本格式和主要内容

市场调查方案是在完成了市场调查方案的设计工作之后提交的一份书面形式的市场调查研究策划报告，也称为市场调查研究计划书。它包括了市场调查研究过程的主要阶段和关键内容，主要有以下内容。

(1) 摘要。摘要是方案（报告）的第一部分，它高度概括了整个调查研究项目的主要内容和特点，以及调查研究的重要意义。

(2) 背景。它主要描述与调查研究项目相关的背景和主要的历史资料。

(3) 调查研究目的和主要内容。

(4) 调查对象和调查单位。

(5) 调查项目。

(6) 调查研究方式和方法。

(7) 数据收集、整理和分析方法。

(8) 调查时间和调查工作期限。

(9) 调查研究经费预算报告。

(10) 报告。

(11) 附录。包括其他各种有价值的信息资料。

现以某市居民住宅消费需求调查为例（简称该调查），对方案设计的主要内容加以说明。

1. 确定调查的目的和内容

确定调查目的，就是明确在调查中要解决哪些问题，通过调查要取得什么样的资料，取得这些资料有什么用途等问题。衡量一个调查设计是否科学，主要就是看方案的设计是否符合调查目的的要求，是否符合客观实际。例如，该调查的目的就规定得十分明确，即"通过对某市部分居民的收入水平、住房现状、住宅消费与购房意向、存贷款观念等方面的实地调查，分析金融机构开展住宅储蓄及购房抵押贷款业务的市场需求与潜力，为某银行在这两项业务上推出新举措提供客观可靠的参考依据"。

在确定了调查目的的基础上，才能确定调查的内容，否则就会列入一些无关紧要的调查项目，而漏掉一些重要的调查项目，无法满足调查的要求。例如，在明确调查目的的基础上，该调查的内容包括：

① 被调查者及其家庭的基本情况；

② 被调查者家庭的住房现状及改善意向；

③ 被调查者的储蓄观念；

④ 被调查者对住宅存、贷业务的看法；

⑤ 部分企事业单位对其职员住房问题的计划。

2. 确定调查对象和调查单位

明确了调查目的之后，就要确定调查对象和调查单位，这主要是为了解决向谁调查和由谁来具体提供资料的问题。调查对象就是根据调查目的、任务确定调查的范围及所要调查的总体，它是由某些性质上相同的许多调查单位所组成的。调查单位（或称调查单元）就是所要调查的社会经济现象总体中的个体，即调查对象中的一个个具体单位，它是调查实施中需要具体回答各个调查项目的承担者。

在确定调查对象和调查单位时，应该注意以下三个问题。

第一，由于市场现象具有复杂多变的特点，因此在许多情况下，调查对象也是比较复杂的，必须以科学的理论为指导，严格规定调查对象的含义，并划清它与其他有关现象的界限，以免造成调查实施时由于界限不清而发生的差错。例如，以城市职工为调查对象，就应明确职工的含义，划清城市职工与非城市职工、职工与居民等概念的界限。

第二，调查单位的确定取决于调查目的和对象，调查目的和对象变化了，调查单位也要随之改变。例如，要调查城市职工本人基本情况时，这时的调查单位就不再是每一户城市职工家庭，而是每一个城市职工了。

第三，不同的调查方式会产生不同的调查单位。如果采取普查方式，调查总体内所包括的全部单位都是调查单位；如果采取抽样调查方式（绝大多数情况），则用各种抽样方法抽出的样本单位是调查单位。为此，要明确地给出具体的抽样设计思路。

3. 确定调查项目

调查项目是指对调查单位所要调查的主要内容，确定调查项目就是要明确向被调查者了解些什么问题，也是问卷设计的前期工作。

在确定调查项目时，除要考虑调查目的和调查对象的特点外，还要注意以下几个问题。

第一，确定的调查项目应当既是调查任务所需，又是能够取得答案的。凡是调查目的的需要又是可以取得的调查项目要充分满足，否则不应列入。

第二，项目的表达必须明确，要使答案具有确定的表示形式，如数字式、是否式或文字式等。否则，会使被调查者产生不同理解而得出不同的答案，造成汇总时的困难。

第三，确定调查项目应尽可能做到项目之间相互关联，使取得的资料相互对照，以便了解现象发生变化的原因、条件和后果，便于检查答案的准确性。

第四，调查项目的含义要明确、肯定，必要时可附以调查项目解释。

4. 确定调查方式和方法

在调查方案中，还要规定采用什么组织方式和方法取得调查资料。搜集资料的方式有普查和抽样调查等。具体调查方法有文案法、访谈法、观察法和实验法等。在调查时，采用何种方式、方法不是固定和统一的，而是取决于调查对象和调查任务。例如，在该调查中，对于中、高收入阶层和普通工薪阶层采取分层随机抽样调查的方式；对于企事业单位则采取非随机抽样调查的方式。在市场经济条件下，为准确、及时、全面地获得市场信息，尤其应注意多种调查方式的结合运用。

5. 确定数据整理和分析方法

采用实地调查方法搜集的原始资料大多是零散的、不系统的，只能反映事物的表象，无法深入研究事物的本质和规律性，这就要求对大量原始资料进行加工汇总，使之系统化、条理化。目前这种资料处理工作一般可借助计算机进行，这在设计中也应予以考虑，包括确定是采用定性分析还是定量分析的方法；当定量分析时需采用何种操作程序以保证必要的运算速度、计算精度及特殊目的。

随着经济理论的发展和计算机的运用，越来越多的现代统计分析手段可供我们在定量分析时选择，如回归分析、相关分析、聚类分析等。每种分析技术都有其自身的特点和适用性，因此，应根据调查的要求，选择最佳的分析方法并在方案中加以规定。

6. 确定调查时间和调查期限

调查时间是指调查资料所需的时间。如果所要调查的是时期现象，就要明确规定资料所反映的是调查对象从何时起到何时止的资料；如果所要调查的是时点现象，就要明确规定统一的标准调查时点。

调查期限是规定调查工作的开始时间和结束时间。包括从调查方案设计到提交调查报告的整个工作进度，也包括各个阶段的起始时间，其目的是使调查工作能及时开展、按时完成。为了提高信息资料的时效性，在可能的情况下，调查期限应尽可能缩短。

通常一个市场调查项目的进度安排大致要考虑以下几个方面：

① 总体方案论证、设计；

② 抽样方案设计；

③ 问卷设计、测试、修改和定稿；

④ 调查员的挑选与培训；

⑤ 调查实施；

⑥ 数据的整理、录入和分析；

⑦ 调查报告的撰写；

⑧ 有关鉴定、发布会和出版。

7. 确定调查经费预算

市场调查费用的多少通常视调查范围和难易程度而定。不管何种调查，费用问题总是十分重要和难以回避的，故对费用的估算也是调查方案的内容之一。在进行经费预算时，一般需要考虑以下几个方面：

① 调查方案策划费与设计费；

② 抽样设计费；

③ 问卷设计费（包括测试费）；

④ 问卷印刷、装订费；

⑤ 调查实施费（包括培训费、交通费、调查员和督导员劳务费、礼品费和其他费用等）；

⑥ 数据编码、录入费；

⑦ 数据统计分析费；

⑧ 调查报告撰写费；

⑨ 办公费用；

⑩ 其他费用。

8. 确定提交报告的方式

主要包括报告书的形式和份数，报告书的基本内容、报告书中的图表量等。

2.2 市场调查问卷设计的基础

问卷是国际通行的调研工具和作业方式，在我国也越来越流行，它被广泛应用于社会调研、经济调研和市场营销调研等各个领域；同时，问卷也是将定性问题转化为定量分析的重要手段，因此对问卷设计的研究是非常必要的。

2.2.1 问卷的特点和作用

问卷又叫调查表或询问表，它是调研人员依据调研目的和要求，以一定的理论假设为基础提出来的，由一系列"问题"和备选"答案"及其他辅助内容所组成，是向被调查者搜集资料和信息的工具。

1. 问卷的特点

（1）主题突出，问题相互关联。整个问卷服务于同一资料目标或主题，将主题分解为不同的类别和细目，每个问题的询问形式都具体清楚，问题之间既不重复，又相互关联。从某种意义上说，一个科学合格的问卷就是一个完整的理论体系。

（2）用语准确规范，易于被调查者接受。问卷都尊重被调查者的社会阶层、行为规范等社会文化特征，采用过滤性问题设计，使被调查者感到问题提法有礼貌，不唐突；加之在问题排列上注意到时间和类别顺序，符合回答者的思维习惯，所以容易被回答者接受和配合。

（3）问题形式多样，易懂易答。为了达到资料目标，问卷中要设计各种各样的问题，而且多数都采用封闭式答案设计，列出完备的可能答案，尽可能让回答者少写字，因此被调查者容易读懂，容易回答。

（4）易于统计整理和分析。问卷中问题的设计都使用可测量的尺度，尤其是较高级别的测量尺度，使定性或定类的问题均可转化为定量分析；再加之科学的编码，使得问卷既可获取丰富的信息资料，又便于下一步的统计整理和分析。

2. 问卷的作用

由问卷的上述特点所决定，调研机构和调研人员非常重视其在市场营销调研实践中的应用，研究人员早已清楚地认识到问卷的作用。问卷的作用主要表现在以下几方面。

（1）问卷是市场调查不可缺少的工具。市场调查的方法有许多，但除了实验法较少使用问卷（一般使用特殊的提纲）外，观察法和各种询问法都离不开问卷。特别是在现代市场调查实践中，这一作用越来越重要。因为在调研中广泛应用计算机以后，规范的科学的问卷作为调研的工具或手段是不可缺少的。

（2）设计合理的问卷有利于全面、准确地搜集资料。有了问卷，对于抽样总体内的每一个被调查者均可以询问同一系统的问题，范围广泛全面，对问题的认识又容易深入、准确；尤其是当被调查者自填问卷时，就更有利于全面准确地反映被调查者对所询问问题的基本倾向，提供可靠的资料。

（3）使用问卷还可以节省调查时间。使用问卷调查，无须由调查人员就调查目的向被调查者作详细的解释，也可以避免在与被调查者的交谈中，谈话游离于主题之外的现象。如果问卷内容的说明清楚明了，调查人员对被调查者只需稍做解释，说明意图，他们即可答卷。在答卷中，除非有特殊情况，一般不需要被调查者再对各种问题作文字方面的解答，只需对所选择的答案做上记号即可。这样就节省了调研时间，从而可以提高调研工作效率。

2.2.2 问卷的结构

根据研究项目规模大小和调研内容多少，问卷可长可短。但无论问卷长短，一份完整的问卷都由标题、引言、指导语、问题与答案及调研过程记录等五部分组成。

问卷的标题是调研主题的概括说明，可使被调查者对要回答的问题类型有一个大致了解。例如，"曲奇牌饼干市场调研"，一看便知是饼干食品类问题；"洗发护发香波使用情况调研"，肯定是护发美容产品类的问题。问卷标题要简明扼要，点明调研目的或资料目标，但又不要过于笼统或雷同。

引言又称卷首语，主要是向被调查者介绍调研目的、意义、主要内容和调研机构背景的情况。对于较短的问卷，它位于问卷的最前部；对于较长的问卷，它可以在封面或封二上。引言的主要作用在于引起被调查者对调研工作的重视，以期取得高质量的调研结果。

指导语又称填表说明，主要是告诉问卷填写者（对于"他填问卷"是调研人员，对于"自填问卷"是被调查者）如何填写问卷，注意什么事项等。指导语如果是针对个别复杂问题的，则紧跟该问题之后；如果是针对问卷中全部问题及答案的填表说明，应单独作为问卷的第三部分，在引言后列出。单独列出的好处是更加清楚，更能引起回答者的重视。

问题与答案也就是调查的内容，是问卷中的最主要部分。所有要调查的内容都可以转化为经过精心设计的问题与答案，有逻辑地排列在问卷中。为便于数据处理，有时要将问题与备选答案给以统一编码。这部分的设计是达到调研目的、实现资料目标的关键。

调研过程记录是指调研员对与调研作业有关的人员和事项的记载，包括调查人员姓名或编号、调研开始和结束的时间、调研地点、审核员的姓名等。这有利于对问卷的质量检查的控制。如有必要，还应记载被调查者的姓名、单位或家庭地址、电话号码等，可供复核或追踪调研之用。但如果是涉及回答者的个人隐私的问卷，上述被调查者的情况则不宜列入。调研过程记录在较长的问卷中应印在封面，在单页问卷中可印在最后。

2.2.3 问卷设计的理论基础

设计一个科学完整的问卷需要多方面的理论知识和操作技巧。从所需要的理论基础来看，它主要包括两个方面：一是建立假设并提出操作定义；二是测量理论与测量尺度。其中前者关系到问卷项目（问题与答案）结构的完整性和严密性；后者则是选择提问角度和方式的基础。

1．建立假设并提出操作定义

提出假设是直接与问卷设计有重要关联的前奏性工作。所谓理论假设，是指问卷设计必须依据一定的市场营销学理论或营销现象，对有关本次市场营销调研的主题"因素"或"概念"之间关系的推测性判断。在设计初期，设计者应尽可能列出所有想到的假设，并以清楚的文字表达出来。表达假设的方式可以多种多样，常用的方式主要有下述三种类型。

① 条件式假设："如果 A，则 B"。

② 差异式假设："不同的 A，则 B 不同"。

③ 函数式假设："B 是 A 的函数"或"B 是 A 的递增（减）函数"。

当列出所有可能的假设之后，就可得到本次营销调研项目的基本框架。在该框架中可能包含一些需要通过查阅文献等非询问方式收集信息的项目，经筛选后，就得到了本次调研问卷的基本项目结构。这一项目结构不仅紧扣营销调研主题，与计划中的资料目标相吻合，而且指明了要与哪些非调研问卷所包含的项目相连接，得到设计者的充分注意。例如，当一项调研的主题为"关于某产品市场价格与营销策略"时，问卷的设计者通过大量探索性研究，得到以下假设：

① 不同的产品或成本会有不同的定价；

② 不同的市场竞争状况会有不同的定价策略；

③ 产品的性质和特征不同，其价格变动对供需的影响也不同；

④ 消费者的心理状态不同，其定价的策略也不同；等等。

经过讨论，上述假设中有的可采用文献收集得到有关资料，不包含在本次问卷调研项目之内；有的则构成本次营销调研问卷的项目结构。

问卷设计者的下一步任务就是指出三个假设中所涉及的基本"因素"或概念的确切含义，并提出相应的测量指标。例如，假设②中的"市场竞争状况"是指市场中同类产品生产和销售的状况，是完全竞争的还是垄断性的，这就需要进一步指出何为"完全竞争"和"垄断性竞争"，并提出在本次营销调研中它是指"在市场上有多少类同质的同种商品及分属多少个厂商"，以及"这些商品在品牌商标、质量、服务等方面都有哪些差别，如商品的保质期、服务措施和三包期限"等。

对于假设④中的"定价策略"概念，则需指出其含义为"定价的自由度"，在本次调研中测量各种同质同种商品的历史价格和先行价格。

通过上述两个步骤的分析，可初步设计出调查表。例如，在该调查中，调查项目包括了 5 个方面，最后的问卷共 43 个问题。具体如表 2-1 所示。

表 2-1   同质同种商品调查表

被调查商店名称：   调查时间：

商品名称	商　　标	质量等级	服务措施	上市年/价格	现　　价

如果表 2-1 的调查表按照上述问卷结构安排设计，引入测量尺度理论，就可以进一步转化为标准的问卷。

需要说明的是，问卷中的操作定义一定要有操作性，即指标要明确、客观。例如"质量"在本次调研中指"保质期"；"服务"指"三包期限"，而不笼统地说"质量较好"或"服务优良"等。这样就可以由研究人员根据收集的市场信息对质量和服务的状况分类，从而避免出现因销售人员主观标准不同而导致含义不清的问题。

2. 测量理论与测量尺度

从普通意义上讲，所谓测量，是指用标准尺度和仪器对长度、重量、时间、温度、湿度和压力等物理化学属性差异进行度量或计量。它是对自然现象进行定量研究的前提和不可或缺的重要手段。在社会科学研究中，应用测量比较多的领域是各种社会经济现象的调查研究活动。

在市场调查中所使用的"测量"，是指用预先设计的特殊尺度和量表对调查对象的行为、态度和有关人文背景等方面的属性差异进行度量。如"调查对象是否购买了人寿保险"是行为属性；"他喜欢名牌服装吗"是态度属性；其性别、年龄和种族就是人文背景属性。调查对象属性的差异是绝对的，而其属性的相同性是相对的。在营销调研中，往往是根据调研目的，选定具有一个或多个相同属性的事物或消费者构成调研总体，再从总体中选取调查对象进行调研。也就是说，确认调查对象依据的是属性的同质性，一旦调查对象确认完毕后，我们感兴趣的就是属性的差异了。因此，测量过程就是对同质总体中每一个体在各个异质属性上的具体差异进行精确观察或仔细询问，并对观察和询问的结果加以系统记录和分析。

测量过程包含着三个必不可少的要素：测量客体、数字或符号及操作规则。测量客体就是调查对象，是营销调研所要测量的各种异质属性的载体。例如，在一项以居民为调查对象的调研中，要测量的不是居民本身，而是他们的性别、年龄、文化程度、收入水平等属性；居民只是这些属性的载体。然而，属性不能脱离载体而单独存在，因此，测量客体是测量活动的首要要素。在调研实践中，测量客体可分为个人客体和企业等组织机构客体。

各种属性的差异在调研结果中表现为数字或符号的不同。例如，某种特征的存在与否、某种表现的强弱、某种事物的规模大小、某种现象出现的频率等，这些都是测量客体的属性差异，要确切描述这些属性差异，就需要使用有关数字或符号对其计量和记录。因此，数字或符号也是测量活动中必不可少的要素。

测量的第三个要素是向不同属性表现分配数字或符号的操作规则。没有操作规则，测量就无法实施。操作规则一旦被确定，某一测量客体的特定属性表现，就只能用唯一的数字或符号来表示；同时，各个测量客体在特定属性上的差异程度，就由一系列不同的数字或符号系统地描述出来。当然，究竟用什么样的数字或符号表示测量结果，并不是唯一的，这可在调研的设计阶段具体确定。

可见，市场调查中所实施的测量与普通意义上的测量有很大的区别。其一，它的测量客体比后者要复杂而广泛；其二，测量的直接目的是将属性差异转化为数值差异，从而将定性问题转化为定量研究；其三，由上述两特定所决定，测量的准确性比后者要差得多。因此要求调研人员在具体操作时，不能对测量结果单纯地进行数字推理，而应把定量分析与定性研究有机结合起来。

1）测量的理论依据

现代统计学将社会经济领域的变量按数学处理的复杂程度划分为定类变量、定序变量、定距变量和定比变量，这就是测量的理论依据。

（1）定类变量是指有类别属性差异的变量。它的取值或变量值只能反映类别如何，而无大小或程度之分。例如，婚姻状况，可用 1 和 2 分别表示已婚和未婚两类；民族，可用 1，2，3，4，…分别表示汉族、回族、藏族、维吾尔族等。前者的 1 和 2 之间，后者的 1，2，

3，4，…之间反映的只是类别，无法比较大或小。

（2）定序变量是指具有逻辑顺序或等级位次属性差异的变量。观察它的取值或变量值，可反映等级次序的差别，因此有大小或程度之分。例如，受教育程度，可用1、2、3、4、5、6分别表示文盲、小学、初中、高中、大学和研究生；产品质量，可用1、2、3分别表示低档、中档和高档。观察前者的1、2、3、4、5、6之间的差别和后者的1、2、3之间差别，就可反映出高低等级顺序，比较好坏和大小。

（3）定距变量是指具有等距间隔属性差异的变量。观察定距变量的取值或变量值，可反映等级次序的差别及差别的距离，因此不仅有大小、程度之分，还可以进行加减数学运算。例如，关于消费者对某商品的喜爱程度，可用1、2、3、4、5分别表示很不喜欢、不喜欢、一般、喜欢和很喜欢等。假设1、2、3、4、5之间的程度距离相等，5和3比较，就说明"很喜欢"比"一般"高两个级别，"5-3=2"是有意义的。再如，对货物周转量分析，也可以分不同级别，而且可以计算目前货物周转量比以前快或慢多少，其间的差距有多大等。

（4）定比变量是指具有可形成比率关系的等距间隔属性差异的变量。观察等比变量的取值或变量值，它不仅有定距变量的全部特性，而且还可以进行加减乘除运算。定距变量的取值虽然可以进行加减分析，但是它的缺点是没有绝对零点（可以有人为规定的零点），造成不同种类之间的不便比较。例如，上述的货物周转量分析，如商品之间在质量、体积上的差别较大时，就无法比较不同种类商品周转量的差异。但如果用销售金额来比较，就可互相比较了，因为"销售金额"的单位不是等距的，而且有绝对零点（即没有销售一件）。于是我们可以说"销售100万元是50万元的2倍"。此外，像年龄、身高、体重等也属于定比变量。

2）测量尺度

依据上述变量分类理论，在市场调查中就可以设计出度量和研究不同变量的测量尺度。相对于4种类型的变量，就可以有4种不同的专用测量尺度，即名义尺度、定序尺度、间距尺度和比率尺度。

（1）名义尺度（Nominal Scale）。名义尺度是最简单的测量尺度，它仅仅是一种表示类别的符号，具有分类作用。因此，它专用于测量和研究定类变量的尺度。例如1、2只表示将消费者按性别分为男、女两类；或按其对某种新产品的反映，分为"已购买"和"未购买"两类等。在使用名义尺度测量时，数码大小没有比较意义，是平等的，因此数字之间也就不能进行加减乘除运算，只能确定相等或不相等。对其测量结果的平均测量值或代表值，不能用算术平均数或中位数来表示，而应该用众数表示其代表性倾向。

（2）定序尺度（Ordinal Scale）。定序尺度是比名义尺度高一个级别的尺度。它在具有分类作用的同时，还依程度、大小或多少的不同表示出各类之间的顺序关系，是一种类别顺序符号。因此，它是专用于测量定序变量的尺度。它与名义尺度的区别是，在使用定序尺度测量时，数码之间有比较关系，不能随意颠倒；其平均测量值或代表值可用中位数表示。例如，前述我们用1、2、3分别表示产品质量的低档、中档和高档，那么1、2、3就表示产品质量由低档到高档的逻辑顺序；同时，还可判断出3大于2，2大于1；其平均水平是2。在具体设计时，尽管可以将整个顺序颠倒过来，用3、2、1表示由高档到低档，但不能随意倒换任意数码。

（3）间距尺度（Interval Scale）。间距尺度是专用于测量定距变量的尺度，它除了分类和定序以外，还可确定顺序位置之间的距离。它与前两者相比，更接近"量具尺度"的概念，更科学化，因此它又是高一个级别的尺度。在使用间距尺度测量时，数码之间除有内在顺序关系外，数码之间的距离也是可知的，而且一般都设计为等距关系，以便度量和计算。但在计算时只能加减，不能乘除。其平均测量值或代表值可以用算术平均数表示。例如，前述我们用 1、2、3、4、5 表示消费者对某种产品的态度分别为很不喜欢、不喜欢、一般、喜欢和很喜欢，那么 1 与 2，2 与 3，3 与 4 和 4 与 5 之间的距离都是相等的，其平均测量值可通过简单算术平均法计算为 3（因这里假定是一组数值，否则要用加权平均法）。但应注意的是，不能说 4 分是 2 分的两倍，因为 0 分并不是一个真正的零起点或起始点。好像 $Y=A+BX(A\neq0)$，当计分 $X=0$ 时，消费者喜欢程度 Y 并不为 0，所以 $Y(4)\neq2Y(2)$。

（4）比率尺度（Ratio Scale）。比率尺度是专用于测量定比变量的尺度。它除了间距尺度的所有功能外，还具有真正零点（原点）这一特性。从尺度本来意义和数学处理角度来看，比率尺度具备了数轴的全部要素，是最高层次的尺度。因此，对比率尺度的测量值，不仅可以做加减运算，还可以做乘除运算；而且测量值的平均值可以用众数、中位数、算术平均数、几何平均数和调和平均数等任一量数表示。例如，长度的度量是典型的比率尺度，无论用公制、英制，还是其他任意长度单位，它们都具有绝对的零点，因而其测量结果必然可进行加减乘除和比率关系的运算。

通过上述对 4 种测量尺度特点的分析，调研者不仅可以明了什么样的变量适于利用哪种尺度去测量，还可以明了哪类测量值或变量值适于使用什么样的统计描述方法。总的来说，名义尺度、定序尺度、间距尺度和比率尺度依次从低级向高级递进，其测量值的数量化程度也依次加深；但在调研实践中，有时也可以用较低级的测量尺度来测量较高层次变量的属性差异。而且，营销调研的目的多数是要了解变量的属性类别和次序，因此低层次的测量尺度使用频率相对要高。

2.3　市场调查问卷设计的技巧

2.3.1　问题的类型

1. 从问题的作用来划分

1）心理调节性问题

心理调节性问题是能引起回答者兴趣，烘托合作气氛的问题。这类问题应是容易回答而又不太直接，且口气和蔼的问题。由于在询问正式问题之前一般要设计一两个这类问题，因此又称其为前导性问题。例如，在调查对电子商务的看法之前，可问：

"现在许多人都在谈论电子商务，您注意到了吗？"

2）过滤性问题

过滤性问题是将采访对象限于有符合要求的经历或回答富有意义的回答者的问题。例如研究课题涉及酸奶市场，那么那些未曾用过或不食酸奶的消费者，不应作为正式调研对象。于是在确定访问对象之前，应提问一系列合适的问题，以便使被访者符合研究酸奶市场的目的。例如：

> "您曾购买或亲自食用过下列哪些食品？"
> ○ 全脂奶　　　○ 脱脂奶　　　○ 酸奶　　　○ 黄油

如果遇有回答未食用过酸奶的人，应中止提问或提其他问题。有时为了缩短答卷时间，也可以把前导性问题和过滤性问题结合起来提问。

3）试探性和启发性问题

试探性问题的作用是对一些敏感性或接近敏感性的问题探询被访者是否愿意讨论，以减少阻力，争取配合。启发性问题是唤起被访者的回忆，以提高回答速度和准确性的问题。例如：

> "您上次喝酸奶是在什么时候？"
>
> "是纯净的还是加味的？什么味道？"
>
> "大约在多长时间以前？味道怎么样？"
>
> "请回想一下，您喝酸奶大约用多长时间？是否在吃饭的时候喝？还有其他有关喝酸奶的事吗？"

4）背景性问题

背景性问题是指有关被访问者个人背景的问题，包括性别、民族、年龄、住址、职业、职务和文化水平等，有时还包括其心理状况的描述。这类问题对于后续的资料整理和分析是非常重要的。

5）实质性问题

实质性问题是指要调查的全部事实或信息，是问卷的核心问题。从某种意义上说，上述的所有问题都是服务于实质性问题的，因为只有通过这类问题的询问才能达到调研的基本目的。因此这类问题的量也应是所占比重最大的。从实质性问题所涉及的内容来看，它包括事实性问题、行为性问题、动机性问题、态度性问题和预期性问题等。如上例中要了解酸奶销路如何，至少应设计安排以下一些问题：

> "您第一次食用酸奶是在哪里？"
>
> "是自己选择的还是别人推荐的？"
>
> "您是在哪里购买的？"
>
> "在第一次食用酸奶之前，您有什么期望？"
>
> "您是否喜欢喝酸奶？"
>
> "喜欢的程度如何？"（等等）
>
> "在食用酸奶后，您对它有何感觉？"等等。

2. 从问题间的联系来划分

1）系列性问题

系列性问题是指围绕一个调研项目逐步深入并展开的一组问题。例如，向被访者出示一份"市场导报"，并询问以下几个问题：

A. 您是否阅读过这份报纸？　（对回答"是"的，接着提问）
B. 您一周看几次？　（在圆圈内打钩）
○ 7　　○ 6　　○ 5　　○ 4　　○ 3　　○ 2　　○ 1
C. 您是从哪里得到的？
○ 自己订阅的　　　○ 零买的　　　○ 借阅的　（对回答"借阅的"的，接着问）
D. 在哪里借阅的？
○ 单位图书馆/资料室　　　○ 朋友　　　○ 其他场合

2）非系列性问题

非系列性问题是指设计的各问题之间无递进关系，而是一种平行的关系。例如第 1 章中关于评价某商场综合服务质量的一组问题，就属于非系列性的问题。

3. 从问题与答案的联系来划分

1）伪装问题

所谓伪装问题，是指问题后不列举明确答案，从而隐瞒具体目的的问题。在探索性调查中，在使用联想法和故事完成法时，常设计使用这类问题。

例如：A. 您对这种新品牌的奶粉有什么看法？
　　　B. 您饮用过什么品牌的奶粉？

2）非伪装问题

非伪装问题是指把询问的具体目的即答案列举出来，由被调查者按要求选择。问卷中使用的多数都属于这类问题。如上述系列性问题举例就是非伪装问题。

2.3.2　问题的筛选

设计问题的初期，只能围绕着调研目标粗略地列举一定数量的问题；最后进入问卷的问题数量应该足够多，但又不是多多益善。这就要求调研人员对每个问题仔细斟酌筛选，直到每个问题都是必要的，可行的。在进行问题筛选时除了使用的间接测量法以外，还应该考虑以下几个方面。

1. 问题本身的必要性

最终所使用的问题都应该是必要的，有用的。不必要的问题应该舍弃。考虑某个提问是否必要，主要应参照所研究的问题和调研目标，参照其他提问的内容。例如，有一项婴幼儿食品的营销调研，其问卷中若有这样两个问题："你家里有无小孩？""小孩的年龄多大？"这样的设计就不妥。因为现在研究的是婴幼儿食品的营销问题，其消费只与学龄前小孩有关，没有必要涉及大孩子。如果前一个问题改为"你家里有无学龄前小孩"，而舍弃后一个问题，并不影响调研的结果。

2. 问题细分的必要性

筛选过程包括增加和减少问题两个方面。有时，将一个问题分割成两个或几个问题可能更有利于获取确切的信息。例如，对有电视机和录像机的家庭只询问："您为什么使用易录宝？"就过于简单。因为，这时有人可能回答："为方便录取电视节目。"有人也可能回答："广告和朋友都说这个产品好。"显然，这两个回答是从不同角度考虑所提的问题，前一答案

31

是回答了使用易录宝的目的，后一答案是回答了刺激其购买的因素。这种情况下最好分解成以下两个问题：

> "您购买易录宝的目的是什么？"
> "您购买易录宝的促动因素是什么？"

3. 被调查者是否掌握所问信息

被调查者是否掌握所问的信息，对此调研者应有一个基本估计。如果多数被调查者对所询问的信息基本不了解或不清楚，这类问题就不要保留；否则，据此获取的信息会有很大的误差。美国有一个这方面的实验。他们向被调查者询问了下面一个问题：

下列哪条陈述与您对"贵金属法"① 的意见更加相吻合？

- 对美国来说是个好举动；
- 虽然是好事，但是应该交给各州自己决定；
- 对外国还可以，我们这里不需要；
- 毫无价值；
- 不知道。

调查结果显示，上述 5 种意见的人所占比率分布为 21.4％、58.6％、15.7％、4.3％和 0.3％。实际上，根本不存在这样一个所谓贵金属法，因此这个调查结果除了实验目的以外，根本就不能说明什么问题。被调查者之所以要回答，是因为你问了他。保留这类问题显然是毫无意义的。因此在问卷中，有时还需要使用过滤性问题，排除那些对所问信息不了解的人。如先确定"您是否有过这方面的经历？"回答"是"的才是合格的被调查者，才可提出进一步的问题，否则就要被排除。

4. 被调查者是否提供所问信息

尽管被调查者有所寻求的信息，但有时他们最终没有提供给调查者，其原因可能有三种情况：一是问题敏感而不愿意回答；二是缺乏回答问题的能力；三是所设计的问题回答起来很麻烦。对于敏感问题，一般人都不愿意正面回答，最好不要问；如果实在需要问也要讲究技巧和策略。对于缺乏回答问题的能力，又有两种情况：或者回答者素质较低，或者问题过于专业化。设计专业化的问题就要考虑被调查者的回答能力。例如，调查消费者喜欢什么样的汽车，如果要求被调查者用语言文字描述，恐怕除了内行人其他多数人都不可能回答清楚。这时候，可以提供一些汽车图片让被调查者说喜欢哪一种，喜欢什么地方，即"图解量表法"。这三种原因中的第三种情况较多，在问题设计时尤其要注意这点。一般来说，如果设计的问题需要用数值来回答，而且又需要回答者算来算去才能得到答案的，最好就不要提，否则多数人会嫌麻烦而放弃回答，或者随便给一个不准确的答数。这样的问题如果必须要回答，也应该选择一个有利的设计法，如数值分区间式封闭答案。

2.3.3　问题设计的原则

问题设计的好坏直接关系到能否达到调研目标和调研目的，因此在设计时应遵循以下一

---

① 这里的"贵金属法"是一种主观臆断的概念，只是为了进行测试的需要。

些原则。

1. 要使被调查者容易并且充分理解问句的含义

这是问题设计的最基本原则。要符合这一要求，就应注意下述几点。

(1) 问句要尽量短而明确，少用长而复杂的语句。问句太长容易使被调查者抓不住提问的重点，甚至使其感到厌烦。需要更多的信息时，可将长句细分成几个小问题来询问。

(2) 问句要尽量口语化，避免用双重否定来表示肯定的意思。例如："是否有许多食品商不愿意不在标签上注明保质期？"这显然不利于对问题的理解。可改为"食品商是否愿意在标签上注明保质期？"

再比如："您染发的频度如何？"就不如改为"您通常隔多长时间染一次发？"

(3) 用词应尽量浅显明白，避免用生僻的或模棱两可的词语。如"您常用哪种剃须刀？"其中"哪种"既可指电动剃须刀或机械剃须刀，也可指某种品牌的剃须刀，含义不明确。又如"作为推销员，您是否接受过系统的培训？"其中的"系统"一词也可能引起不同的理解。有些字眼，如"普通"、"时常"、"很多"、"一般说来"等，都是模棱两可的词语，应在问句中避免使用。

2. 所提问题应是被调查者能够且愿意回答的，避免提出困窘性问题

困窘性问题是指应答者不愿意在访问人员面前直接回答的问题，一般属于个人隐私，或有损声誉的问题，或不为一般社会道德所接受的行为和态度等。例如，许多人对年龄、收入、受教育程度等问题就非常敏感，不宜直接询问。如果问"您一个月能赚多少钱？""您平均每月打几次麻将？"等，这可能会使很多人感到窘迫。他们往往不愿意回答，或者回答也是不真实的答案。因此，要想了解这方面的信息，也要讲究技巧。

3. 要对问题确定界限，避免混淆

在这方面应注意以下两点。

(1) 每个问题只能包含一项内容，避免一个问句中包含两件事或两个方面的问题。例如，不能问"您是否喜欢看电视和电影？"，否则会使得回答者难以回答，因为有些人可能只喜欢其中一种。即使勉强回答，结果也是不准确的。

(2) 问句中对时间、地点、人物、事件、频率等界限都应该有一个特定的范围，而不应只概括的表示。例如："您最近经常看电影吗？"其中"最近"可能是指近几天，也可能是指一个月或半年。"经常"可能是每周几次，也可能是每月几次或每年几次。每个被调查者回答的标准就有区别。因此，应改为"过去的三个月您看过几次电影？"

4. 问题要尽量获得具体或事实性的答案

人的意见和感觉通常表现为主观臆断的概念，在询问时很难具体地表述，问题设计时对此必须加以注意。在设计征求意见或询问感觉问句时，要避开笼统的意见，而尽量用具体的或事实性的问题来设问。

(1) 避笼统求具体。例如，"您认为李宁牌鞋好吗？"其本意是要询问消费者对这种品牌鞋的感觉如何，但是好与不好如何区分，是一个很笼统的概念。因此，应尽量将这类问题询问得具体些，例如，可分别询问鞋的样式、颜色和舒适程度等，回答者就容易判断。

(2) 化意见为事实。许多意见性的问题都可以用事实来说明。如对某件事情的爱好程度

就可以通过参与次数的多少来说明，例如，如果问"您是否爱逛商场？"对于有些被调查者来说，可能自己也很难判断，而且爱好的标准是什么也各不一样。因此最好将其改为："过去的三个月里您逛过几次商场？"调研人员可事先定好标准——多少次属于非常爱好，多少次属于一般爱好，多少次属于不太爱好和多少次属于不爱好。这样，通过一个事实来判断是否爱逛商场的程度比上述直接询问更巧妙，回答者也容易判断。

5. 问题要中性化，避免提带有倾向性或诱导性的问题

提问时，调研者的态度要"中立"，不要流露出自己的倾向或暗示，否则就会影响回答者的答案。或者回答者不假思索地顺从倾向性意见，或者回答者很反感而不认真回答。例如，"您是否和大多数人一样认为'诺基亚'手机最好？""别人都说'海尔'电冰箱好，您是否也是这样的看法？"其中的"大多数人"和"别人都说"等就是明显的暗示，应避免出现这类词语。

6. 问题要单纯明朗，避免暗含答案或暗含假设的问题

如果问题暗含答案或假设，势必影响调研结果。在这方面，国外有人对单纯提问与暗含答案的提法可能引起的区别作过研究。所用的一对问题是：

方案Ⅰ：通过立法要求汽车驾驶者系安全带是个好办法。
○ 同意　　　　　　○ 不同意　　　　　　○ 不知道
方案Ⅱ：应通过一项法律对不系安全带的驾车者罚款。
○ 同意　　　　　　○ 不同意　　　　　　○ 不知道

这两个问题，方案Ⅰ是单纯提问，方案Ⅱ显然暗含着假设，即"如果不系安全带，结果是被罚款"。那么，两种提问方式的调查结果有明显差别（见表2-2）。

表2-2　两种提问方式调查结果对照

方案	赞成/%	不赞成/%	不知道/%
Ⅰ	73	21	4
Ⅱ	50	47	3

2.4　市场调查问卷中的答案设计

一般来说，"问题"与备选答案的设计是密切相关的。当调研者构想出要提出的问题时，期待的答案就同时在脑海里形成。但对于不同的采访形式来说，并非完全如此。按照答案设计对采访的重要程度划分，采访形式可分为非标准式采访、自由回答式采访和封闭回答式采访。备选答案的设计对于封闭回答式采访显得最更要，因此，下面将重点讨论封闭回答式采访问题的备选答案设计。

2.4.1　非标准式采访与答案设计

所谓非标准式采访，是指没有固定的标准程序和形式，在采访过程中由采访者灵活掌握的采访。进行这种采访之前，管理者没有对采访者具体的词语表达、问题的格式等提出要

求，在回答者如何表达答案方面，更没有确切的内容。采访者只要铭记调研目的和资料目标，即可以以任何形式或从任何方面去寻求有用的信息。

常见的非标准式采访主要有中心小组座谈访问、深入访问法和投射式采访。中心小组座谈访问（Focus Group）已有相关介绍，这里不再讨论。

所谓深入访问法（Depth Interviewing），是指利用适当的心理分析方法和渗透性问题，来深入探索被调查者的经验、态度，或者探索任何所要研究的现象。这种采访一般时间较长，需要 1~2 小时，而且往往是独自一人去完成采访任务。

所谓投射式采访（Projective Techniques），是指采访者通过向被调查者提供某种促动因素，在其无意识的情况下，使被调查者的真实意图"具体化"（Project），或展现回答者的真正看法。

非标准式采访主要适用于以下两种情况：一是调研者正在寻求各种意见，或者寻求某些人在回答时提出的各种"假设"；二是采访的次数很少，并且又是集中性的采访。

可见，非标准式采访注重的是问题和询问方法的设计，而对备选答案设计没有也不可能有严格的要求。因此，它一般也不用于结论性调研。

2.4.2　自由式采访与答案设计

所谓自由式（Open-Ended）采访，是指提问的问题事先构思好，而如何回答是自由的、开放的，即回答者不论用什么资料和什么词语来回答都可以。在这种类型的采访中，采访者的任务是尽可能以准确的措辞来记录答案。自由回答式可分为两类：任意答复（Free Response）和追问答复（Probing）。任意答复是一问一答式，没有追问。例如：

> (1) 回顾您在商场购货时的体验，对这家商场，您喜欢什么或不喜欢什么？
> (2) 回顾您的体验，对这家商场的店员，您喜欢谁或不喜欢谁？

这两个问题分别要求被调查者对商场某一方面直接答复，完全使用自己的措辞自由回答，回答完毕即告结束，不再有追问的问题。

追问答复是跟随在特定的主题问题之后再进行追问采访，逐步深入讨论主题。例如：

> 如果对上述"问题（1）"答复：
> "和其他商场相比，它的售价比较合理。"
> 于是追问："还有其他要说的吗？"
> 答复："我刚才在那里买东西，了解他们的商品和服务的质量。"
> 追问："还有什么要说的吗？"或"为什么您那样说？"或"还有您不喜欢的吗？"等。

这种追问方式一般都是首先提出一个规范性的问题，然后根据回答者的答复再进行追问。但追问不应离开主题，而且也要适可而止。

自由回答式采访的优点是：拟定问题不受严格限制，容易发挥采访者的能动性；有利于直接了解被调查者的态度；答案不拘形式，不拘范围，可探讨被调查者的建设性意见等。

自由回答式采访的缺点主要有：对不能明确申述意见者，对想不出答案的人，他们可能容易只回答"不知道"的含糊词语；调研结果由于受访问员访问方式和表达能力的影响，容易产生误差；其结果不利于进行资料的整理和分析。因此，这类采访只可在一定的条件下使用。

2.4.3　封闭式采访与答案设计

所谓封闭式（Closed-ended）采访，是指提问和答复的范围都事先构思并落实在提纲或问卷中的一种访谈形式。这种采访下的问题都有一定充分的答案，回答者只能按要求从备选答案中进行判断和选择。因此，封闭式采访的优点是便于资料的整理和分析，便于被调查者选择，节省调查时间。但是它也有缺陷，即限制了被调查者的自由发挥，他们的答案可能不在备选答案中，因此就随意选择一种不太确切的答案。

符合封闭式采访要求的答案设计有多种形式。从答案使用的符号来看，可分为词语式答案、数值式答案和图解式答案三种。

词语式答案是指每一个备选答案都用字词表示。例如，"您喜欢这则广告语吗？"答案有"喜欢"和"不喜欢"。这样的答案就是用字词表示。用字词表示答案是最常用的形式。

数值式答案是指备选答案用相应的系列数字表示。例如，数值量表法的答案就是这种形式。

图解式答案是指用相应的图形表示备选答案。例如，图解量表法的答案就是这种形式。

从封闭式回答的答案结构来看，答案设计主要有以下一些类型。

1. 是非两分型

是非两分型又称"二项选择型"，它是指对问题只给出两个合理的答案，且这两个答案一般还是具有相反意义的，回答者选其一即可。常用的答案词语有：是或否（或不是）；有或没有；买过或没买过；喜欢或不喜欢等。例如：

（1）您的性别？	○ 男	○ 女
（2）您是否在未来三年内购买汽车？	○ 是	○ 否
（3）您喜欢诺基亚手机吗？	○ 喜欢	○ 不喜欢
（4）您看过这个广告吗？	○ 看过	○ 没看过

是非两分型答案设计的优点是便于填表者回答；简单明了，易于统计；强制性强，可使中立意见者偏向一方。其缺点是调查统计结果只能反映被调查者的一种态度或一种状态，忽视了程度的差别，因此这种设计只适用于简单真实的具体问题调查或适用于引导回答者转移到合适的问题上（即所谓分叉式问题）。例如：

（1）您是否购买了汽车？
　　○ 是（请转到第 2 问题）　　○ 否（请转到第 3 问题）
（2）您购买的是新车还是旧车？
　　○ 新车（请转到第 5 问题）　　○ 旧车（请转到第 12 问题）
（3）为什么没有购买？
　　○ 收入水平低　　　　　　○ 没有必要

2. 多项单选型

多项单选型是指预先给出三个或更多的备选答案，被调查者可以选择其中一个最合适的答案。例如：

> 贵公司属于下列哪一类商业企业？
> ○ 批 发 商　　○ 零 售 商　　○ 批发兼零售商

这种答案设计的优点是缓和了非两分型强制选择的程度，考虑了比较全面的情况；统计时也比较方便。但设计时也要注意，答案须包括所有的可能情况，各答案之间要互斥，避免答案交叉重复。例如，上述例子中的三个答案合起来就穷尽了各种可能情况，如果没有"批发兼零售商"这一答案，就不是好的设计。

对于多项单选型，在选定全部备选答案后，应该按照随机原则对答案的排列顺序作不同的处理，以便尽可能抵消某些被调查者在回答时极端倾向带来的负面影响。

3. 多项多选型

多项多选型答案设计是预先给出三个或三个以上答案，被调查者可以选择其中符合自己想法的一个、多个或全部答案，或者也可不选。它与多项单选型设计的主要区别在于：答案不一定穷尽所有可能情况，答案之间也不互斥，因此可以选择一个以上答案。例如：

> 此前的一个月内，您购买过下列哪些商品？
> ○ 水果罐头　　　○ 蔬菜罐头　　　○ 熟肉罐头
> ○ 袋装方便面　　○ 饼干　　　　　○ 速冻食品

对此问题，被调查者可以根据自己的经历选择 0～6 个答案。但有时根据研究分析的需要，也可限定最多选择若干项，如最多选三项。

这种多项多选型答案设计的优点是有利于获得多角度、多类别的信息。在数据分析时，可以计算每一种单项情况的百分比，从而分清楚各种分类情况的重要性。但在设计时也要注意，供选择的答案不能太多，一般应控制在 10 个以内，以免引起被调查者的厌烦。

4. 半封闭式

为了弥补封闭式答案设计的缺陷，在调研实践中经常将封闭式答案设计与开放式答案设计结合起来，形成半封闭式答案，即在一系列备选答案之后，留出一空白，标明"其他"或自由填写。例如：

> 您选择购买"海尔"电冰箱的原因是什么？
> ○ 制冷快　　　○ 容积大　　　○ 价格便宜
> ○ 维修方便　　○ 外观漂亮　　○ 质量好
> ○ 噪声小　　　○ 结构合理　　○ 其他

半封闭式设计主要适用于下述几种情况：当探索性调研不深入而导致备选答案不能包容所有可能情况时；根本不存在穷尽可能时；类别情况太多，没有必要一一列出，或列出后过于烦琐时。在这几种情况下，设计半封闭式答案是最好的选择。

5. 答案结构相同问题的排列设计

如果有多个问题的备选答案内容、数量结构相同，就可以将它们压缩组合在一起，以使问卷显得紧凑，同时也便于回答和数据处理。一般如果将各种直接测量表转化为问题与答案时，多出现这种情况。这种组合排列设计的具体形式有矩阵式（见例2-1）和表格式（见例2-2）。

例2-1 选购家电产品时，您认为下述因素重要程度如何？（请将你认为合适的选项前的圆圈涂黑）

	很不重要				非常重要
	1	2	3	4	5
结构先进	○	○	○	○	○
性能可靠	○	○	○	○	○
外观漂亮大方	○	○	○	○	○
耗电量小	○	○	○	○	○
名牌产品	○	○	○	○	○
售后服务好	○	○	○	○	○
物有所值	○	○	○	○	○
广告宣传好	○	○	○	○	○

例2-2 您在作出购买决策时，下表左侧各因素所起的作用如何？
（请在你认为合适的空格内打"√"）

因　素	极重要	很重要	重　要	不甚重要	最不重要
价格性能比					
型号多样化					
售后服务					
易　保　养					
易　操　作					
耐　　用					

不管是"矩阵式"还是"表格式"的设计，都应注意：罗列的各项目或因素的排列顺序应是随机的，而不是根据预计回答的重要性或等级来决定；而且在项目的最后有时可留出空白，供回答者列出其他项目，以使调查结果更全面、准确。

2.5　市场调查问卷的整体设计

2.5.1　编制问卷的程序

上述所谈内容都是为了最终设计出实际表格，这个表格就是询问表或问卷。编制问卷的工作需要有技艺性，它不能勉强产生，否则就不利于调研人员与回答者之间的信息传递或沟通，达不到预期目的。在编制问卷时，首先要按一定的程序去工作，不能一拥而上。一般来说，编制问卷应包括 6 个步骤：预先准备；将必须收集的资料列表；设计提问标题的顺序；决定每个标题下所提问题的数量和方式；写出提问的问题及其备选答案；预先检查和修改等（见图 2-1）。

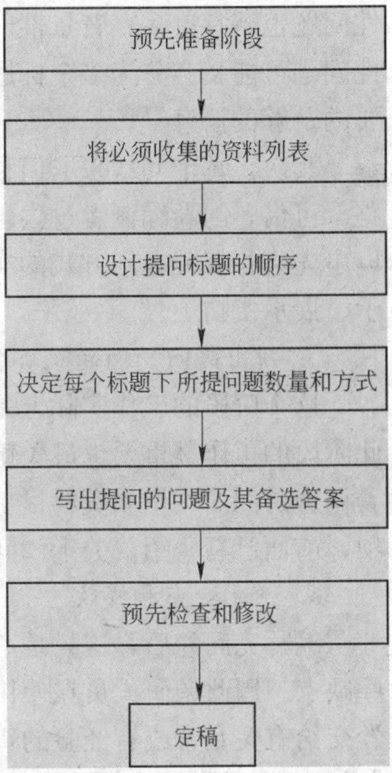

1. 预先准备阶段

在预先准备阶段要设想问卷的全部工作。包括确定问卷的目的，确定信息提供者，与信息提供者的联络手段，使用的测量方法，要求得到的资料的确切含义，信息提供者的态度等。这些内容都要落实在文字上，以便使其起到工作指南的作用。

2. 将必须收集的资料列表

这个阶段，首先应制定出十分完美的资料收集表，将各种不同信息提供者可能供给的具体资料列成表，准确地阐明要寻求的资料。此时，调研者应检查每一项资料是否与研究目的有关，要弄清它对最后结果的分析会有什么帮助等。

预先准备阶段

将必须收集的资料列表

设计提问标题的顺序

决定每个标题下所提问题数量和方式

写出提问的问题及其备选答案

预先检查和修改

定稿

图 2-1　编制问卷程序图

其次，在列表工作完成后，由于一般还有一段时间，这时可利用这个时间检查表格和所有项目是否必要。如不必要的，就应删除。另外，还要考虑回答者是否有可能提供每一项资料。总之，应排除那些不相干的或超出回答者能力的项目。

3. 设计提问标题的顺序

问卷的结构和标题的顺序要做到易于实施问卷和使回答者易于回答。为此，一般应从引言开始，使被调查者对访问人员和本次调研有一个大致了解，消除顾虑。其次，可安排填表说明即指导语（关于引言和指导语设计见 2.5.3）。然后就出现一系列提问标题和问题。在写出问题之前，应设计好各标题（问题的类型）的顺序。顺序设计经常使用的方法是"花瓶法"（Flowerpot）。

花瓶法也是一个重要原则，它是指将问题按其作用划分为五大类，形成 5 种标题，然后按其所涉及的广度或普遍性分层排列，确定各标题的顺序：一般先安排最普遍的问题，以后的问题变得越来越具体或范围越来越小。这 5 个类型的问题安排的结果如果用图表示，就像一个花瓶（见图 2-2）。这 5 类问题已在 2.3 节介绍过，分别为前导性问题、过滤性问题、试探性和启发性问题、背景性问题及实质性问题等。

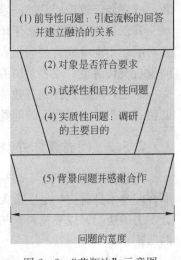

(1) 前导性问题：引起流畅的回答并建立融洽的关系

(2) 对象是否符合要求

(3) 试探性和启发性问题

(4) 实质性问题：调研的主要目的

(5) 背景问题并感谢合作

问题的宽度

图 2-2　"花瓶法"示意图

4. 决定每个标题下所提问题的数量和方式

标题顺序确定后，紧接着就要决定每个标题下问题的数量和方式。每个标题下问题的数量不是固定的，它取决于调研目的和目标资料的要求。从上述 5 个类型的问题的结构来看，前导性问题一般只有一个或两个即可；过滤性问题不宜超过 5 个，而且有时可以和前导性问题合并；试探性和启发性问题也不宜过多；背景性问题也是有限的；问题数量最多最丰富的应是实质性问题。实质性问题可能又会分为多个标题，而每一标题下都应有足够数量的问题，以利于获取调研所需要的足够的信息量。

其次，每个问题采取何种提问方式最合适，也应该事先确定。考虑这个问题时有几种思路：可借鉴问卷编制者过去曾使用过的提问方式的经验；可参考有关文献中他人的经验；可以事先进行有关提问方式的实验。此外，有的问题在提问时，需要对回答者补充以说明或图示、展示实物等。

5. 写出提问的问题及其备选答案

这个阶段的工作实际上是要完成问卷的编制工作，落实所有的问题和对应的备选答案。此阶段的工作最重要也最关键，因为这个阶段工作的好坏决定着问卷的完美程度，进而决定着调查访问的质量和资料目标的实现程度。有关"问题"和"答案"的设计技巧和注意事项，前面已有介绍。关于"问题"排列的原则在 2.5.4 再讨论。

6. 预先检查和修改

编写完问卷后，这只是一个草稿。如果将草稿直接用于现场调查，有可能还会暴露出某些缺点。因此调研人员在使用问卷之前应反复推敲，设想各种可能的情况；有时也可以把问卷交给有关专家或有经验的管理者，请其对问卷草稿提出意见，发现不妥之处及时修改。在条件许可的情况下，最好经过试用，以便对问卷进行实际的检验和评价，这样效果会更好。

所谓试用，就是在被调查者总体中抽取一个小样本，让他们试答。这个小样本不必是随机样本，但要有代表性。试用的问卷回收上来后，要进行逐卷逐题查阅和统计分析。分析的目的在于总结试用过程中出现的问题，并计量回收率和有效率。回收率是指问卷回收的数量占问卷发放总量的比率；有效率是指扣除废卷后的有效卷占问卷发放总量的比率。回收率低说明问卷设计失败；如果回收率高而有效率低也说明问卷中有需要调整之处。

出现废卷有多种可能，对于不同废卷应具体分析并加以修订。其一是弃而不答。弃而不答的问卷具体又分为两种情况。一是在已答出的问题中间出现一两个未答问题。对此，应检讨那些未答题是否不为被调查者所理解，或他们不掌握这方面的信息，或答案设计方式有问题等。二是出现连续成片的未答问题。对此应检讨成片空白的第一个问题是否属于敏感性问题，或者属于较难回答的问题，以至于使其放弃合作。

其二是填答错误。属于填答错误的问卷也有两种情况。一是所答非所问。这说明被调查者对问题不理解或有些词语容易引起误解。二是填答方式错误。这主要是由于问卷的填表说明没有交代清楚，或者是填答方式太复杂。

总之，应通过行之有效的方法或途径，分析问卷草稿中的缺陷，并在正式使用之前进行调整和纠正。经修改后的问卷就可以定稿交付使用了。

2.5.2 问卷整体外观设计

问卷的外在质量对于动员被调查者参与合作具有重要的作用。既然希望对方认真合作，那么问卷本身就应该是庄重大方，以显示对被调查者的尊重。如果是重大调研课题，或者是有实力的执行者或委托者参与的课题，更应该使问卷做到印制精良，以引起被调查者对调查的珍重感。

就问卷的尺寸规格而言，应该尽可能采用小型纸张。如果页数不多，则可以采用折叠式；如果页数较多，则应装订成册。问卷的每一页都应当印有一个供识别用的顺序号，以免在整理时各页分散。

文字的大小要适当，在行距不使人感到过密的情况下，要尽可能把内容排印得紧凑些，尽量减少页数。这样可以给被调查者留下问题不多的印象，避免一开始就产生厌烦情绪。

问题应当只印在纸张的一面，而且必须为答案留出足够的空白，特别是自由回答的问题。

有些问卷为了方便填答，对于问题和答案可分别使用不同字体。例如问题用黑体字，答案可用宋体字。对于关键的词或句子还作画线或加大字号的编辑处理。

2.5.3　引言和指导语设计

引言设计应瞄准被调查者对调研项目的关注和兴趣，以促使其很好地合作。引言一般包括以下内容。

（1）调研者自我介绍。一开始调研者应当交代自己属于什么调研咨询公司，项目委托单位（资助单位）是谁，包括单位名称、地址、电话号码、邮政编码、联系人或项目负责人等。这可以使被调查者认识到这一调研项目的正规性，以尽可能打消他们拒绝合作或应付的念头。

（2）调研目的和中心内容。对此不宜泛泛而论，一带而过。应尽可能让被调查者认识到本次调研的具体意义，有的还可以让他们感到自己就是调研结果的间接乃至直接受益者。

（3）选样方法和保密承诺。为了打消被调查者的戒心，可在此处说明并保证。例如，"本次调研使用科学的抽样方法，而您有幸被选中为其中的一位。本次调查是匿名调查，所有个案材料只作为统计分析的基础，我们将对您的回答严格保密。"

（4）感谢词。一般在引言的最后向被调查者表示衷心的感谢。如果附送纪念品或礼金的调查，可在此处说明。有的调查还可以征询被调查者的意见，例如，"如果您对本调查感兴趣的话，请明确提出，并写清姓名、通信地址和联系电话。我们将向您提供一般性的资料整理结果。"

关于指导语，如果是单独列出的话，它一般紧跟在引言之后，而在正式问题之前，并标有"填表说明"字样。对于各种封闭式的问题，要讲清对所选答案作标记，或圈点、书写符号、序号，或连线的方法，有的应列出回答样例。对于开放式问题要写明答案的字数要求和填写方式要求。对于"问句与备选答案"中所用的重要概念，如果估计填写者不太明确，应作出解释。

对于访问问卷，应把访问人员应该说的话、应该做的事的内容要求和时间限定等，都写清楚，以免实地调查中出现随意性。如果调查内容很重要，且对访问人员要求的内容又较多，可以另行编写"访问人员操作须知"。

2.5.4　标题内问题的排列原则

前面曾谈到如何设计提问标题的顺序。实际上，每个标题下的所有具体"问题"，尤其是实质性"问题"也有合理的排列顺序。这些具体"问题"的排列不仅要有逻辑性，而且还要考虑被调查者的心理因素。以下是这些具体"问题"排列的主要原则。

（1）"花瓶"原则。上述介绍的花瓶原则不仅是提问标题顺序安排的原则和方法，它同样是所有具体问题排列的最重要原则。花瓶原则应用于此，就是要求在安排一类或一个系列问题时，"从最一般的问题逐渐过渡到把焦点放在一些特定的、有限制性的问题上"；从宽泛的问题逐步过渡到个性特征问题上。例如，下面这组关于特定品牌轿车广告的问题，就是按花瓶原则设计的。

> 最近您听到或看到一些关于轿车的广告吗？
>
> 这些广告中有一些是关于进口轿车的吗？
>
> 这些进口轿车广告有一些是电视广告吗？
>
> 这些进口轿车电视广告中有一些关于××牌轿车的广告吗？
>
> 关于××牌轿车的电视广告讲了些什么？等等。

（2）对不同类别的实质性问题，应先事实、行为类问题，后动机、态度类问题。因为事实、行为类问题是现实的客观存在，被调查者比较容易回答；而动机、态度类问题涉及个人舆论、看法、社会评价等，安排靠后一些，有缓冲的作用。如果一开始就提问动机、态度类问题，容易使被调查者感到突然或感到问题富有进攻性，他们可能会躲闪或不提供准确信息。

（3）不同类别问题内，应先问简单易答的问题，后问复杂难答的问题；先问被调查者较熟悉的问题，后问他们感到生疏的问题；先问能引起被调查者兴趣的问题，后问他们可能感到乏味的问题。

（4）在内容转折处应使用提示语或引导语句，保持问题的流畅，以避免被调查者对提问有唐突感。

（5）对于分叉式问题要用"接问"、"跳转到第几题"等指示词合理衔接，跳跃要注意逻辑。所谓分叉式问题，是指答案为"是非两分型"的问题，回答"是"者和回答"否"者将被分开回答不同系列的问题。例如：

> 1. 您是否看过《泰坦尼克号》这部电影？
>   ○ 是　　○ 否（跳转到第 6 问题）
> 2. 您是如何知道这部电影信息的？
> 3. 您是否喜欢这部电影？
>   ○ 是　　○ 否（跳转到第 7 问题）
> 4. 您一个月内大约看几次电影？
> 5. 您喜欢哪类电影？
> 6. 您为什么没有看这部电影？
> 7. 您为什么不喜欢这部电影？

案例分析

调 查 问 卷

大屏幕、多制式、多功能、高性能、新技术的电视机正在快速进入消费者家庭，圈内人士普遍看好这一热点品种。某家电视机生产厂为了进一步了解这类热点品种的市场情况，以便做好产品的改进设计和市场促销及价格的确定，决定做一次市场调查。

以下是一些该厂调研部门设计的调查问卷中涉及的问题：

1. 你家庭的月收入是多少？＿＿＿＿＿＿＿＿＿＿＿＿＿＿＿＿＿。

2. 你经常看电视还是偶尔看一会儿？＿＿＿＿＿＿＿＿＿＿＿＿＿。

3. 你喜欢月球牌电视机吗？＿＿＿＿＿＿＿＿＿＿＿＿＿＿。

4. 假如你的住房宽敞的话，你准备购买大屏幕的电视机还是小屏幕的电视机？＿＿＿＿＿＿＿＿＿＿＿＿＿＿。

5. 你是否准备买带下列性能/功能的大屏幕电视机（可有多种选择）？

卡拉OK＿＿＿＿＿，立体声环绕＿＿＿＿＿，多制式＿＿＿＿＿，带小屏幕＿＿＿＿＿，省电＿＿＿＿＿，带录音＿＿＿＿＿，带数字输入接口＿＿＿＿＿，100 Hz逐行扫描技术＿＿＿＿＿，绿色电视机＿＿＿＿＿。

6. 如有下列品牌的电视机可供你选择，你选择的顺序是什么？

西湖＿＿＿＿＿，松下＿＿＿＿＿，索尼＿＿＿＿＿，海信＿＿＿＿＿，长虹＿＿＿＿＿，北京＿＿＿＿＿，金星＿＿＿＿＿，月球＿＿＿＿＿。

7. 你上个月在电视机中看到几次月球牌电视机的广告？＿＿＿＿＿＿＿＿＿。

8. 你认为电视机应该具备下列哪些制式？

SECAM ＿＿＿＿＿，PAL ＿＿＿＿＿，NTSC3.58 ＿＿＿＿＿，NTSC4.43 ＿＿＿＿＿，MESECAM ＿＿＿＿＿。

9. 在选购电视机时，你所考虑的因素主要是（用"1"表示最重要的因素，"2"表示次重要，依次类推）：

功能＿＿＿＿＿，价格＿＿＿＿＿，品牌＿＿＿＿＿，服务＿＿＿＿＿，质量＿＿＿＿＿，式样＿＿＿＿＿，其他＿＿＿＿＿。

10. 有些电视机厂在当前旺销季节提价销售，你觉得这样做合适吗？＿＿＿＿＿＿＿＿。

11. 如果你准备购买月球牌电视机，下列哪一种价格最能接受？

3 350元＿＿＿＿＿，3 700元＿＿＿＿＿，3 850元＿＿＿＿＿。

资料来源：市场营销教学资源库，案例库，http://scyx. lszjy. com/aspcms/news/2012 - 5 - 25/97. html. 2013 - 07 - 28搜集整理.

思考题：

1. 请根据调查问卷设计的要求，评价上述问卷中的问题。

2. 上述问题有何不妥之处？你认为应如何修改这些问题？

思考题

1. 什么是市场调查方案？如何设计市场调查方案？

2. 请结合实际设计一个可操作的市场调查方案。

3. 市场调查问卷的特点和作用是什么？

4. 一份完整的问卷的结构包括哪些内容？

5. 问卷设计的理论基础是什么？

6. 举例说明什么是定类变量、定序变量、定距变量和定比变量？它们在数据处理方面有什么区别？

7. 问卷中的问题有哪些类型?

8. 进行问卷设计时如何筛选问题?

9. 问卷中的问题设计原则主要有哪些?

10. 对于封闭回答式采访,问卷的答案设计可采取哪些形式?从答案结构看,有哪些具体类型?请对各答案类型进行评价。

11. 编制问卷的程序分哪几个阶段?

12. 如何理解"花瓶法"或"花瓶原则"?

13. 引言一般包括哪些内容?

14. 请上网查找一份调查问卷并对其进行全面评论。

第3章

市场调查人员在搜集第一手资料时，要经常使用抽样调查法确定调查对象。因为，一般来说，对于将要研究的现象总体不可能进行全面观察或访问，有时也是不必要的。因此，本章将介绍有关抽样调查的基本方法和技术。

市场调查抽样方法

3.1 抽样调查的基本概念

3.1.1 全及总体和样本总体

所谓全及总体，就是抽样调查要了解其情况的现象客体，它由反映这一现象客体的全部元素或单位组成，一般简称为总体。由于全及总体是抽样推断的对象或目标，因此又称其为目标总体，构成全及总体的每一个具体元素或单位称为总体单位。

所谓样本总体，就是从全及总体中抽选出来的部分元素或单位所组成的小总体。这个小总体是作为全及总体的代表抽选出来的，故又简称其为样本或抽样总体。组成样本的每一具体元素或单位叫样本单位。

例如，某一运动衣制造商，以前将其产品主要售给女大学生，现在打算占领男大学生市场。对这位制造商来说，男生的身高是一重要数据，于是他派调查人员到一些大学获取这些数据，新入学的男大大学生共有 20 000 人，调研人员没必要统计所有男大学生的体检报告资料，而只是从中抽取 500 名学生进行抽样推断学生身高的数据。这里的 20 000 人就是全及总体或目标总体，总体单位数是 20 000；被抽中的学生构成样本总体或抽样总体，样本单位数是 500。

3.1.2 抽样框

抽样框又叫抽样构架或抽样结构，实际上，它就是指可以备选作为样本的全部抽样单位（总体单位）的顺序或编排形式。这个概念最早出现在美国的农业抽样调查中。他们认为，目标总体确定后，还是比较抽象的，应该把全部应该作为备选的单位编排成目录，使总体包括的单位的名称、地址、编号等落实在文字上。这样也可保证各单位既不遗漏，又不被重复抽取。

在实践中，抽样构架有三种形态。

1) 具体的抽样结构

即抽样单位可列成表册的形态。包括目录结构、区域结构和目录区域复合结构。上例中的 20 000 学生花名册即属目录结构。在进行整群抽样时，我们将城市居民按习惯的区段位置排列作为备选的居民群，就是区域结构。如果对抽中的居民群不进行全面调查，而是再抽选部分居民，又需要一个居民花名册，这就变成了复合结构。

2) 抽象的抽样结构

即抽样单位没有表册而是开放的形态。只要符合调查条件就是抽样结构中的元素。例如，在大型零售商场对购买者或消费者进行随机访问调查时，其抽样结构就是抽象的，隐含的。

3) 阶段式抽样结构

在采用分段抽样设计时，按照抽样阶段不同，可产生不同的抽样结构。

3.1.3 参数和统计量

总体和样本都可以用平均数、成数（比率）和标准差等综合指标来描述它们的特征。这些综合指标用来描述总体特征时即称其为总体参数；当它们用来描述样本的特征时即称其为样本统计量（统计数）。为叙述方便，统计学上常用大写字母表示参数，用小写字母表示统计量（见表 3-1）。

表 3-1　总体参数和样本统计量的定义、特征数与符号

定　义	总　体　参　数	样　本　统　计　量
	描述总体特征的综合指标	描述样本特征的综合指标
特征数符号定义	总体大小（单位数）$=N$ 总体平均数 $\mu=\dfrac{\sum X}{N}$ 总体成数 $P=\dfrac{N_1}{N}$ 总体平均数标准差 $\sigma_x=\sqrt{\dfrac{\sum(X-\mu)^2}{N}}$ 总体成数标准差 $\sigma_P=\sqrt{P(1-P)}$	样本大小（单位数）$=n$ 样本平均数 $\bar{x}=\dfrac{\sum x}{n}$ 样本成数 $P=\dfrac{n_1}{n}$ 样本平均数标准差 $S_x=\sqrt{\dfrac{\sum(x-\bar{x})^2}{n}}$ 样本成数标准差 $S_P=\sqrt{P(1-P)}$

3.1.4　概率抽样和非概率抽样

按照抽选样本的过程是否遵循随机原则，抽样方法可分为概率抽样和非概率抽样。所谓随机原则，是指在抽样时总体结构中的每一个单位被选为样本单位的概率相同，完全排除主观意向影响。所以概率抽样又叫随机抽样。概率抽样有科学的统计理论基础，可以用概率理论给以解释，在营销调研中大多采用概率抽样。

非概率抽样与概率抽样相反，在抽样时，总体结构中的每一个单位被选为样本单位的概率是不相同或不可知的。样本可以按照调研人员设定的标准抽选。在营销调研中有时为了简单或方便也可使用非概率抽样，而且只要抽样工作适当，其准确度也会达到概率抽样的程度。

3.2　随机抽样方法

3.2.1　简单随机抽样

简单随机抽样又称单纯随机抽样，是指对总体不进行任何分组、归类或排序等，而完全按随机原则抽取样本的方法。其特点是总体结构内的每个单位被抽中的概率完全相等，各单位之间相互独立，没有任何关联性和排斥性。其具体操作有以下两种方法。

1. 抽签法

首先给总体中的每个单位编上号，然后将序号写到标签或卡片上，建立总体构架（Frame）；然后将标签混合均匀，再从中抽选。被抽到的号码所代表的单位即为样本的一员，直到抽足预先规定的样本容量为止。这种方法比较麻烦，工作量大。如前面所举例子，从 20 000 名学生中抽取 500 名，那么调查者要分别建立 20 000 张卡片，才能混匀抽样。此方法费时费力，因此调查者宁可使用下述方法。

2. 随机数表法

这种方法实际上是用随机数表代替了抽签法的标签或卡片，可以省去制作卡片的环节。随机数表是用特别编码机或电子计算机编制成的数字群，完全符合随机原则。为查用方便，一般五位编成一组。

使用随机数字表抽样过程是：首先把总体单位随意编号，建立总体构架；然后从数字表的任何行列的数字开始，向任何方向顺序抽选号码；遇到属于总体构架范围内的随机数即选中，遇上重复的数或构架范围外的随机数即跳过，直到抽够规定的样本容量为止。例如，上例中要求从 20 000 学生总体中选 500 个人，调研人员先将"00000"至"19999"的号数分给每个学生，那么任何大于"19999"的五位数就不考虑了。假如选定从表的一行一列五位数开始，"10009"，小于"19999"，于是将其作为 500 个样本单位之一；然后由此向下（也可能向右），第二个数是"37542"，太大，就跳过去；再下一个数是"08422"，可以选中。这样连续选择，直到选中 500 个五位数码为止，这些数码代表的学生就是我们要选取的样本。

简单随机抽样是最基本的概率抽样方法，是其他概率抽样设计的基础。其优点是在抽样中完全排除主观因素的干扰，理论上最符合随机原则，简便易行。但这种抽样设计也有其局限性，它只适用于总体单位明确、总体单位总量不太大、单位分布较集中和总体单位之间差异较小等情况的调查对象（总体）；否则，会出现样本分布过于分散，给调查工作造成困难，或给编号工作带来不便，或因总体单位特性复杂而使样本缺少代表性。例如，营销调研中常被抽样的总体类型是住户（Households），对住户总体进行抽样时，一般是在样本容量不太大、位置相对固定和集中时，使用简单随机抽样法。

3.2.2 系统抽样

系统抽样又叫等距抽样。它是在随机选取第一个样本单位以后，然后自此每隔 n 个单位再选取其他所有样本单位进行调查的方法。

系统抽样过程可分四步。

第一步，将总体单位按一定标准有序排列，编上序号。如果排列标准采用与调查项目有关的标识，如收入高低、年龄大小等依高低次序排队，则称其为有关标识系统抽样；如果排列标准无特定标识，即与调查项目无关，如以编号、地理位置、地名笔画、工商企业名录等作为排列依据，则称其为无关标识系统抽样。

第二步，按随机原则确定第一个样本单位的位次并抽样。

第三步，计算以第一个样本单位为起点的各样本单位间的抽样距离。公式为 $R = \dfrac{N}{n}$。其中，R 为抽样距离；N 为总体单位总量；n 为样本容量。若遇上计算结果有小数时，要四舍五入划为整数距离，并且将总体单位排列成一个封闭圈，以避免出现不足样本单位量的情况。

第四步，按确定的抽样距离进行实际抽取样本，直到满足样本容量。

例如，某城市有零售企业 5 989 个，拟定样本容量为 100 个，进行企业经营状况调查，使用系统抽样方法的过程如下。

第一步，按零售企业的年营业额（也可按其年利润额、职工人数或营业面积等）多少进行排队编号；第二步，计算抽样距离 $R=\dfrac{5\ 989}{100}\approx 60$（个）；第三步，采用简单随机抽样在 $1\sim$ 60 号内随机抽取一个企业作为第一个样本单位，假定其序号是 18；第四步，以序号 18 为第一点，按上述 60 个单位的距离，依次确定各样本单位编号分别为 78，138，198……直到抽足 100 个样本单位为止。

系统抽样的优点有两个方面。一是它能产生比简单随机抽样更具代表性的样本。因为总体的各部分都能在一定程度上被包括到样本中，能保证被抽取的样本单位在总体中均匀分布。二是在调查的组织工作上有许多方便之处，便于抽样，容易实施。因此在营销调研中经常会使用系统抽样方法。

但是，系统抽样也有其缺点。当总体单位排序恰好与抽样间隔周期一致时，存在着可能选取到一个严重偏差的样本的风险。比如在以家庭为单位的市场调研中，如果按照户口簿上的名单进行系统抽样，而一连串的家庭都是一夫一妻一子女，如每隔 3 人或 6 人或 9 人抽一个作样本，要么全抽中丈夫，要么全抽中妻子或孩子。无论哪一套起点的样本都缺乏代表性。因此，只要第一个样本单位不按随机原则抽取，那么系统抽样就成了非概率抽样。

3.2.3　分层抽样

分层抽样又称类型抽样，它是根据市场调查的目的和要求将总体单位按其属性特征分为若干层（或类型），使同层内的元素差异较小，层与层之间的元素差异较大，然后从每层（或类型）中随机挑选样本。这种抽样设计的依据是同质总体产生的样本其抽样误差小于异质总体。因此，分层抽样设计的理论目的是为了缩小抽样误差。

例如，要抽样调查家庭成员平均消费支出的情况，我们可将家庭总体按家庭人数分层（类），如表 3-2 所示。可以分别在各层中抽取一定量家庭组成样本进行调查，用所得数值推断总体水平。

表 3-2　分层分组举例

家庭大小/人	各层家庭占总体比例/%	家庭大小/人	各层家庭占总体比例/%
1	10	4	4
2	15	4 以上	3
3	68		

分层抽样设计的关键是要解决好以下三个问题。

1. 选择适当的分层（类）标准

在选择分层标准时，主要是考虑调研的目的任务，如上例中，除按家庭大小分层，还可按家庭收入水平分层，区分为高、中、低三个层次。通常在消费者市场调研中，消费者性别、年龄、职业、教育程度及收入水平等都可作为分层标准。在生产者市场调研中，对工业企业进行抽样调查时，通常将企业划分为冶金、电力、煤炭、石油、化工、机械等部门，然后在各部门中随机抽取若干企业进行调查。

2. 科学合理地分层（类）

层（类）的划分应注意的问题是：各层之间应有明显的界限，每一层包括什么，不包括什么，不能模棱两可；不允许既可属于这一层，又可属于那一层；而且各层单位数量之和应等于调查总体单位总量，不允许互相交叉或有遗漏；层的数目不宜太多，否则将失去层的特征，不便于在各层中抽样。

3. 确定好各层中抽选的样本单位数

这是保证样本代表性的关键。一般可根据具体情况采用两种设计方式：成比例的分层样本和不成比例的分层样本。

1) 成比例的分层样本

从各层抽取多少样本单位，可以按各层总体单位数与总体单位总量之比例确定，也可以不按此比例确定，而前者似乎要简单一些。成比例的分层样本也就是按照上述比例确定的样本，它的量的确定等于样本容量乘以各层所占比例的积之和。如前述的家庭总体例子中，如果要抽出家庭的样本，那么第一层要抽选 40 个家庭（400×10％）；第二层为 60 个；第三层为 272 个，第四、五层分别为 16 个和 12 个，合计共 400 个家庭。

2) 不成比例的分层样本

成比例的分层样本的设计和抽取虽然简单易行，但有时其效果可能是不好的。这时使用非比例分层抽样法更好一些。例如，表 3-3 是某地区食品零售企业的分类资料。在这个例子中，如果是成比例的分层样本，则按每层食品店数目的百分比分摊样本。于是在 400 家的样本中，确定连锁店将达 32 家（400×8％），而小型零售店将有 160 家（400×40％）。仔细分析，这种设计显然是不合逻辑的。因为小型零售店所占店数比例虽大，但销售额却只占总销售额的一小部分；相对来说，其对所调研的问题来说并非那么重要。可见，按商店数目的百分比分摊样本是不恰当的。

表 3-3　非比例分层举例

食品店类型	各类食品店占食品店总数百分比/％	各类食品店销售额所占比例/％
连 锁 店	8	26
合 作 店	10	30
大型零售店	12	16
中型零售店	30	19
小型零售店	40	9
合 计	100	100

对本例最好采用不成比例的分层样本抽样，即综合考虑比例以外的其他因素来确定各层样本单位数的多少。这些因素主要有三类。第一类是反映各层在总体中重要性的因素。如上例中的各类食品店销售额百分比因素就属这种情况，于是连锁店应抽取 104 个（400×26％），而小型零售店只抽取 36 家（400×9％）即可。第二类是各层内部单位间的差异程度大小。差异程度大的层应分配其多些样本单位；差异程度小的层应分配其少些样本单位。第三类是各层实现抽样调查的平均费用多少。一般应按最低成本原则确定各层样本单位。此外，样本容量的确定还有一最重要的技术因素，这将在后面介绍。

从以上的叙述来看，分层抽样似乎类似于非概率抽样中的配额控制抽样，特别是按比例抽样设计更明显一些。我们认为它们之间的根本区别就在于：分层抽样在最后的抽样操作阶段是完全按照随机原则抽取样本的，如可以采用简单随机抽样，也可以采用系统抽样。因此，分层抽样有很强的或严密的技术要求，如控制其抽样误差，按期望的置信区间和置信概率进行操作等。这些都是配额控制抽样所不能比拟的。

分层抽样的优点是：它适用于总体单位数量较多且单位间差异较大的调查对象；在样本容量相同时，它比简单随机抽样和系统抽样的抽样误差小，或者在抽样误差要求一定时，它比简单随机抽样和系统抽样所需样本容量小，代表性强。因此，在我国的社会购买力调查、居民家庭收支调查、商品销售调查、产品产量等调查中，经常应用分层抽样法。

当然，分层抽样也有其局限性。主要是它要求调研设计人员必须对总体单位的情况有较多的了解，否则难以设计出科学合理的分层样本。而要做到这一点往往是比较困难的，或者必须花费更多的时间和精力。

3.2.4 整群抽样

上述三种抽样设计，都是要求从总体构架中直接抽取个别的样本单位组成样本，进行调查。而整群抽样则是先把总体按其自然形态（一般是地域范围）分为若干群，然后随机抽选一两个或若干个群作为样本，并对已抽中的群所包括的单位进行全面调查。

整群抽样与分层抽样既相同又有明显区别。整群抽样是按群体来分层的，可看作是分层抽样的特殊形式。但它们之间有两点主要区别。一是分组要求不同。分层抽样中要求各层间差异较大而层内差异较少；整群抽样要求群内差异大而群间差异较小。二是样本单位的分布不同。分层抽样中样本单位较均匀地分布于各层内；而整群抽样中的样本单位集中于抽中的几个群体内。

整群抽样设计的优点有两个方面。一是它适用于没有或难以构造总体框架的总体的抽样调查。比如某地区或城市由于某种原因难以拿出一个全面的总体单位列表；即使有，可能也已过时，这时最好使用整群抽样法。二是调查单位比较集中，工作方便，可以减少调查人员旅途往返时间和费用。但另一方面，也正由于调查单位集中，显著地影响了单位分布的均匀性，导致在样本容量一样的情况下，整群抽样的抽样误差大于其他方法的抽样误差。所以最好在那些由情况大体类同而比较复杂的团体或群体组成的总体内使用整群抽样法，因为这时的样本代表性会强一些。

整群抽样中的"群"的概念范围，应根据市场调研的目的任务具体确定，可大可小。例如，在我国可以有几个经济区域的划分；可以按省、市、自治区、县、乡（镇）等行政区域划分；大城市内可按区、地段、街道、居委会等划分；还可以按企业、机关、学校、村庄等社会组织划分等。在市场营销调研中可以把家庭作为最小的"群"。

针对总体的大小与差异程度不同、样本代表性的要求不同及调研费用等因素，整群抽样可以设计为单阶段整群抽样、两阶段整群抽样和多阶段整群抽样。

1. 单阶段整群抽样

单阶段整群抽样，就是将总体分成若干群后，随机抽取一两个或若干个群作为样本，然后直接对这部分群内每个单位进行普查，用普查数据推断总体的情况。例如，假定调研人员想调查天津市居民对洗涤剂类产品的消费情况，为企业进行市场细分提供决策依据。若采取单阶段整群抽样，其具体做法是：列出天津市的全部街区 N_b；从 N_b 个街区中按简单随机抽样法抽取 n 个街区，作为样本；对 n 个街区内的全部家庭户用直接访问法、电话访问法或邮递访问法，调查其购买使用的洗涤剂类产品的基本情况，并估计出天津市洗涤剂类产品市场的情况。在抽样过程中，只要抽到了"群"，也就等于抽到了样本单位（调查单位），所以称其为单阶段整群抽样。

2. 两阶段整群抽样

在样本容量一定情况下，为了提高样本代表性，有时可将整群抽样设计为两阶段。即先将调查总体各单位按一定标准（一般是区域）分成若干群体作为抽样的一段群体；然后将各一段群体又分成若干小的群体，作为第二段群体；再按照随机原则，先抽选出若干一段群体为一段样本群，然后再在一段样本群体中抽选出第二段样本群；最后，对第二段样本群体进行全面调查以推断总体的情况。就上例来说，可以设计如下。先在天津市总体范围内选取若干街区，再在选中的街区内选取若干居委会。假定天津市有 200 个街区，每个街区有 20 个居委会。拟从这 4 000 个居委会的总体中选取 100 个居委会样本群，于是总的抽样比是 100/4 000＝1/40，也就是平均来说对居委会总的抽样比是 40 个中抽 1 个。在各种情况下，街区抽样比（一段抽样比（$1/P_1$））和居委会再抽样比（二段抽样比（$1/P_2$））的积必定等于 1/40。因此，如果调研人员想要以 $1:P_1P_2$ 的比例抽取第二阶段样本群，可以通过 $1:P_1$ 的比例，选取一段样本群和以 $1:P_2$ 的比例（从所选的一段样本群中）选取第二段样本群来完成。即选取概率为 $\frac{1}{P_1P_2}=\frac{1}{P_1}\cdot\frac{1}{P_2}$。本例中 $\frac{1}{P_1P_2}=\frac{1}{40}$，假如以 1:2 比例选取一个街区样本群，然后可以按 1:20 比例从所选街区中选取居委会样本群。因为第一段抽取 100 个街区 $\left(\frac{1}{2}\times200\right)$，第二段在 100 个街区中又各抽取了一个居委会 $\left(\frac{1}{20}\times20\right)$，这样的抽样结果是抽出 100 个居委会。就这个例子来说，还可设计出其他五种两阶段抽取 100 个居委会群体的方法，如表 3－4 所示。

表 3－4 两阶段整群抽样举例

抽样方法编号	第一阶段抽样比（$1/P_1$）	第二阶段抽样比（$1/P_2$）	总抽样比（$1/P_1P_2$）	第一阶段选取区街数	第二阶段从各选中的街区中选取居委会数
1	1/2	1/20	1/40	100	1
2	1/4	1/10	1/40	50	2
3	1/8	1/5	1/40	25	4
4	1/10	1/4	1/40	20	5
5	1/20	1/2	1/40	10	10
6	1/40	1/1	1/40	5	20

无论用哪种方法抽样完毕，即可确定被抽中的居委会的区域，由调查人员对这些居委会所包括的全部家庭进行调查。

调研人员应当选择哪一种方法，要视具体情况而定。从收集资料的费用来看，第二阶段抽样比值应当取高值。第二阶段抽样比值取高值，就会有许多家庭从所选的每一街区中抽取出来；这样使实地调查集中在少数的街区内进行，因而节省了调查费用。据此原则最好选择表 3－4 中的"抽样方法 6"。

从统计效果来看，则需要较小的第二段抽样比值。因为这样可以使样本单位分布范围更大些、更均匀些，这样的样本代表性是最好的，据此样本推断总体参数，效果也是最好的。按照这个原则就宁可选择表 3-4 中的"抽样方法 1"。在实际的抽样过程中，往往要同时考虑费用和统计效果两个因素，因此在列举的两阶段抽样比之间需要找到一个最佳的折中点。

3. 多阶段整群抽样

上述讨论过的抽样设计，一直限于在单独一个城市或较小的区域范围内。市场营销所涉及的范围往往要比这个范围大得多，如在全国范围内抽样调查各家庭消费洗涤剂类产品的情况。这时两阶段抽样设计就不能满足需要，而要进行多阶段整群抽样设计。这种全国性的抽样，可以从 30 个省级群体抽取部分一段群体，从部分省级群（一段群体）中分别抽取部分区、县级群体作为二段群体；从抽中的区、县级群体（二段群体）中抽取部分乡镇或街区作为三段群体；从三段群体中抽取部分村庄或居委会作为四段群体；最后从四段群体中抽取要求的家庭户组成最后的样本。这就是一种从大群中抽小群的典型的多阶段整群抽样。

由于抽样阶段过多也会带来工作的烦琐，因此一般以设计为三个阶段，至多四个阶段为宜。而且多阶段的各个阶段群体抽取方式，可以用简单随机抽样或系统抽样；各阶段可用同一种抽样方式，也可用不同抽样方式，视具体情况而定。但由于整群抽样要求群间差异要尽量小，因而不宜采用分层抽样方式抽取样本群。

多阶段整群抽样的优点可概括为下述几个方面。

（1）前几个阶段都是过渡性的，直到最后一个阶段才能抽取实地调查单位，因此，多阶段抽样设计，为最后抽取调查单位提供了极大的便利。

（2）在调查总体范围大、单位非常多、情况复杂的抽样调查中，采用多阶段抽样，可以节约大量人力、旅途往返费用和时间。

（3）可以使抽样方式更加灵活和多样化。这种多阶段抽样设计实际上可看作是各种抽样方式结合应用的抽样设计。

多阶段整群抽样设计的基本原则，同样是各阶段抽样比的积等于总的抽样概率，用公式表示为 $\frac{1}{\prod P_i} = \frac{1}{P_1}\frac{1}{P_2}\frac{1}{P_3}\cdots\frac{1}{P_n}$。现将上述两阶段抽样所用例子改为：自 200 个街区中抽取部分街区；从选中的街区中抽取居委会；再从选中的居委会中选取居民户的三阶段整群抽样。假设各街区中每个街区有 20 个居委会，共 400 000 个家庭；最后要抽取 2 000 个家庭作为样本进行调查。于是总的抽样比（概率）为 $\frac{2\,000}{400\,000} = \frac{1}{200}$。按此抽样比可有如表 3-5 所示的三阶段抽样的多种设计方法。

表 3-5 2 000 户家庭的三阶段整群抽样设计

方法编号	一阶段抽样比 $\left(\frac{1}{P_1}\right)$	二阶段抽样比 $\left(\frac{1}{P_2}\right)$	三阶段抽样比 $\left(\frac{1}{P_3}\right)$	总抽样比 $(1/\prod P)$	一阶段选取区街数	二阶段选取居委会数	三阶段选取的家庭数
1	1/2	1/10	1/10	1/200	100	2	10
2	1/4	1/5	1/10	1/200	50	4	10
3	1/5	1/4	1/10	1/200	40	5	10
4	1/8	1/5	1/5	1/200	25	4	20
5	1/5	1/10	1/4	1/200	40	2	25
⋮	⋮	⋮	⋮	⋮	⋮	⋮	⋮

4. 概率与样本容量成比例的抽样

前几种抽样设计中，没有考虑各阶段的同级群体的大小因素，或者说它是以假定各群体大小相同为前提的。在实际调查过程中，这种情况是极少见的，更多的情况是划分的各群体大小不一样。那么，一旦遇到抽样群体大小极不相同时，最好利用抽选概率与样本容量成比例的抽样方法，简称 PPS 法。这种方法实际上是对前述几种方法的修正，使得原先大小不同的群体被抽中的概率变得不同，以保证样本容量大的群体被抽中的可能性大于样本容量小的群体。其具体的操作过程如下。

（1）决定在最后阶段抽取的样本总容量和调查群的平均规模。我们假设要从 1 000 户家庭的总体中选一个总容量为 60 的样本，每户家庭被选取的可能性（总概率）为 60/1 000 即 0.06；从所有居委会中抽选 3 个居委会，平均自每个居委会抽取 20 户家庭。

（2）列出（或估计）各群体实际包括的最终样本单位数。这里只设计两阶段抽样，那么就是列出第一阶段的每个居委会的家庭数（前几种设计是不考虑这个因素的），并将每个居委会按地理位置或容量大小排列，就成了分层抽样构架，这会大大提高样本的代表性。

（3）计算出抽样构架的累计容量。本例就是家庭累计数，并分给每个家庭 1 个 1~1 000 中的号码（见表 3-6）。

表 3-6　概率与样本容量大小成比例的抽样表

居委会序号	各居委会家庭数	家庭数累计	累加号码	抽中单位
1	300	300	001~300	071
2	225	525	301~525	324
3	125	650	526~650	
4	200	850	651~850	
5	150	1 000	851~1 000	953
合　计	1 000	1 000	1 000	3

（4）用简单随机抽样法抽取 3 个居委会，即为第一段抽样。当然，也可用系统抽样法进行第一段抽样。假如这里用随机数表抽到 3 个号分别为 324、071 和 953，于是样本居委会序号是 1、2 和 5（见表 3-6 最后一栏）。这种抽样就使得容量不等的居委会有与其成比例的不同的中选概率，本例中分别为 $\frac{300}{1\,000}$，$\frac{225}{1\,000}$，$\frac{125}{1\,000}$，$\frac{200}{1\,000}$，$\frac{150}{1\,000}$。

（5）检验第一阶段被抽中的群体的有关信息后，即进行第二阶段抽样。第二阶段抽样同样可以使用简单随机法或系统抽样法。本例使用简单随机法，从序号为 1、2、5 的三个居委会中各选取 20 户家庭，组成容量为 60 的调查样本。这种抽样结果中，各居委会中的各家庭的选中概率可按下式计算：

$$\begin{matrix}\text{各居委会内家庭} \\ \text{选中概率}\end{matrix} = \begin{matrix}\text{第一阶段选中} \\ \text{的居委会数}\end{matrix} \times \begin{matrix}\text{第一阶段居委会} \\ \text{选中概率}\end{matrix} \times \begin{matrix}\text{第二阶段各居委会内} \\ \text{家庭选中概率}\end{matrix}$$

$$1\text{号内家庭选中概率} = 3 \times \frac{300}{1\,000} \times \frac{20}{300} = 0.06$$

$$2\text{号内家庭选中概率} = 3 \times \frac{225}{1\,000} \times \frac{20}{225} = 0.06$$

$$3\text{号内家庭选中概率} = 3 \times \frac{150}{1\,000} \times \frac{20}{150} = 0.06$$

因此，不论群体包括的单位数（或次级群体）是多少，有多大差异，各总体单位（或各次级群体）被选中的总概率都将与开始要求的总抽样比完全一样；而且两阶段设计也可以推介到多阶段设计。这与以上所有抽样设计的要求一样，只是更合理一些。因此，这种整群抽样方法应用频率是最高的。

非概率抽样由于对总体中的每个单位被抽中的概率是未知的或概率不相等的，所以非概率抽样不便进行数理上的推断分析，其准确程序不能用概率给以说明。为弥补这一点不足，就要使用概率抽样法，这里只介绍几种常用的方法。

3.3　非随机抽样方法

本节主要讨论在获取市场营销调研的样本时很有用的若干非概率抽样方法的设计。如前所述，非概率抽样基本上是不考虑随机原则的，它属于机会性的（Opportunistic）或目的性的（Purposive）抽样。机会性选择纯粹是为了方便；目的性选择是为了尽快确定有典型意义或代表性的样本单位。非概率抽样方案可划分为方便抽样、配额控制抽样、判断抽样和雪球抽样等。

3.3.1　方便抽样

顾名思义，方便抽样就是建立在抽样过程中的"方便"或"易接近"基础上的一种抽样方法。这种选择样本单位的方法通常用于街头行人访问和柜台前的顾客访问。例如，为测试一种很有潜力的新产品，便简单地在百货商店的适当商品货架中加进这种产品，在与其他同类产品比较中，观察其销售情况并访问柜台前顾客，这显然既便利询问又容易接近样本单位。

这种方法有时可以与探索性设计相结合，用于探索性或实验性调研，这样可以以最低费用迅速地获取所需的近似估计值。另一方面，方便抽样在调研的预检阶段也有应用价值。在预检阶段，可以进行方便抽样，预检一下人们对问卷中问题的反应和理解程度，并发现问题，进而为改进问卷设计提供依据，确保正式调查更有效。总之，方便抽样只适用于营销调研的某些特殊情况。

方便抽样法的缺点有两个方面。一方面，样本只有在目标总体单位差异小的情况下，才有代表性，否则会有很大偶然性，准确性差；另一方面，它不能用于描述性调研或因果关系调研中的对目标总体数据的估计。这也是由第一方面的缺点所决定的。

3.3.2　配额控制抽样

所谓配额控制抽样，是指按某种标准将调查总体单位分类，确定各类中分配的样本单位数，然后由调研人员按分配的比例在各类总体单位中主观判断抽取样本单位的方法。例如，某一地区居民区，有 80% 的汉民、18% 的回民和 2% 的其他少数民族居民，采用配额控制抽样，就要按比例分配样本单位数额，按比例抽取样本单位。

如果按调研主观判断抽选样本时，所考虑的配额标准要求不同，配额控制抽样又分为独立控制配额抽样和相互控制配额抽样。

独立控制配额抽样是指调研人员按一个分类标准的样本单位分配数额，抽选样本的抽样方法。例如，对某地区进行化妆品消费需求调查，确定样本容量为 400 名，确定年龄、性别、收入三个分类标准。于是独立控制配额抽样可设计为表 3-7～表 3-9。

年龄/岁	分配数额
18～34	80
35～44	120
45～60	140
60 以上	60
合　计	400

表 3-7　不同年龄组分配数

性　别	分配数额
男	200
女	200
合　计	400

表 3-8　不同性别组分配数

月收入/元	分配数额
500 以下	40
500～700	100
700～900	140
900 以上	120
合　计	400

表 3-9　不同收入组分配数

从表 3-7～表 3-9 可以看出，对三个分类标准，分别规定了样本单位数额，而没有规定三者之间的关系。因此，调研人员在具体抽样时，抽选不同年龄的消费者，并不需要其性别和收入标准；同理，在抽选不同性别或收入的消费者时，也不必考虑其他两个分类标准。这种设计的优点是调研人员在判断抽选样本单位时有较大的机会或余地；其缺点是为满足三种分类标准要求，必然会加大抽样的工作量。

相互控制配额抽样是指调研人员按两个或两个以上的分类标准分类并符合交叉配额的要求，抽取样本单位的抽样方法。例如，对上例我们可重新对其进行抽样设计，如表 3-10 所示。

表 3-10　相互控制配额抽样

分类/配额/分类		月收入/元								合计/人
		500 以下		500～700		700～900		900 以上		
性　别		男	女	男	女	男	女	男	女	—
年龄/岁	18～34	4	4	10	10	14	14	12	12	80
	35～44	6	6	15	15	21	21	18	18	120
	45～60	7	7	17	18	24	25	21	21	140
	60 以上	3	3	8	7	11	10	9	9	60
小　计		20	20	50	50	70	70	60	60	—
合计/人		40		100		140		120		400

从表 3-10 可见，调研人员在抽样时必须同时考虑符合三个标准的要求进行操作。例如，年龄在 18～34 岁月收入在 500 元以下的男性可抽选 4 人，女性可抽选 4 个；而 35～44 岁月收入 500～700 元的男性可抽选 15 人，女性可抽选 15 人，等等，依此类推，直到满足 400 个样本容量。

配额控制抽样的具体实施过程如下。

(1) 根据营销调研目的、要求及总体中各单位的性质和客观条件，选定调查的分类标准，作为总体分类依据。

(2) 确定各分类标准的样本分配比例。这一步一般是按选定的标准将总体分类后，再综合考虑以下四方面因素确定样本分配比例：

① 各类单位占总体单位总量的比例；

② 各类单位内部差异程度；

③ 在实现调查目的过程中各类单位所处的地位和作用；

④ 在各类中抽选样本和实现调查的难易程度。

确定在各控制标准中的样本配额比例后，一般要列出配额比例表（见表 3 - 11）。

（3）确定各分类标准下的样本单位配额（见表 3 - 10）。表中的配额是由样本配额比例表中的比率（表 3 - 11）乘样本单位总数求得的，如：$400 \times 1\% = 4$ 即为月收入 500 元以下，18～34 岁的男性人数。

表 3 - 11　配额比例表

分类 配额比例 分类		月收入/元								合计/%
		500 以下		500～700		700～900		900 以下		—
性　别		男	女	男	女	男	女	男	女	—
年龄/岁	18～34	1	1	2.5	2.5	3.5	3.5	3	3	20
	35～44	1.5	1.5	3.75	3.75	5.25	5.25	4.5	4.5	30
	45～60	1.75	1.75	4.375	4.375	6.125	6.125	5.25	5.25	35
	60 以上	0.75	0.75	1.875	1.875	2.625	2.625	2.25	2.25	15
合计/%		10		25		35		30		100

（4）配额指派，抽选样本单位（调查单位）。即由调查员根据派到的配额范围，判断抽选出单位。

总的来看，配额控制抽样法的优点是：如果现场访问人员进行实际选择工作时，诚实而准确地按分配好的比例完成配额，则样本将与选定的总体参数相符，样本代表性较强；而且操作起来也较容易。因此，市场营销调研中经常采用配额控制抽样方法。

但是，配额控制抽样法也有其潜在的缺点，这些缺点有时可能破坏所取样本的有效性。例如以下几种情况。

（1）有时会遇到总体单位的情况不清楚，或难于确定总体的有关特征，这时确定样本配额比例难度就大，就不宜使用配额控制抽样设计，否则会影响样本的有效性或代表性。

（2）由于现场访问人员必须承担完成规定特征的人数配额的任务，有时他们是有压力的。不负责的调研人员容易敷衍了事，比如他正在寻找一位非常难找的人，而找到他进行访问即可完成配额，这时他可能急中生智地用他人替代。如果这样的事多了，肯定对样本的有效性是不利的。

（3）即使样本确定符合配额中所使用的特征要求，有时也可能由于其他因素使其在研究中失真。例如，访问人员只能在白天去访问他所分配的区域，完成配额；同时恰好是要进行家庭访问。这时就往往找不到符合要求的先生或女士，即在家里的人员很少是符合特征要求的调查对象。

这种配额控制抽样方法在美国市场营销调研中应用非常广泛，一些营销学家说，"该方法甚至比随机抽样法应用要广泛"。在美国有许多大型的全国性的"调查对象网络"（National Panels）。这种调查对象网络是一种半永久性的样本，样本中的成员都事先已同意提供资料或意见，网络组织与样本成员用信函联系即可，所需费用很少。这些调查对象网络组织就经常使用配额控制抽样法完成调研任务，效果非常好。在这方面做得最好的是美国市场调研公司（Market Research Corporation of America）和全国家庭意见研究公司（The National Family Opinion INC.）。

3.3.3 判断抽样

判断抽样是一种经思考或主观判断来抽取样本进行调查的方法。判断抽样的样本代表性如何，完全取决于调研人员本身的知识、经验和判断能力，因为具体样本单位的抽选完全由主观判断而定。

按照判断抽样方式不同，又分为见解抽样法和统计判断法。所谓见解抽样（Sampling by Opinion），是指由熟知总体情况的人（如专家或调研人员）来判断并决定总体中哪些成员可构成与调研有关的合适的代表（样本单位）。

所谓统计判断法（Statistical Judgment），是指以事先明确选择标准，详细研究有关选择标准的资料为基础，寻找出合乎标准规格的样本成员而进行调查的方法。因此，这里的样本单位的选择是有意识、有目的的，而不是随机的。

判断抽样法要求调研人员必须熟悉总体的特征，尽量选择多数型或平均型的单位为样本，以控制调查结果误差。

判断抽样法的优点是操作简单、方便；在多层或多阶段抽样过程中有应用价值。但其缺点是主观性、随意性强，不容易保障样本代表性，抽样误差难以控制。因此，使用判断抽样法应以严格的管理为前提。

3.3.4 雪球抽样

雪球抽样是指先利用随机方法或社会调查选出原始受访者，抽样后再根据原始受访者提供的信息去联系其他受访者。当总体很难寻找或十分稀少时，可采用此法。例如，对单亲家庭的抽样最好使用此法，因为单亲家庭是稀少的，是难寻找的现象。

3.4 抽样误差与样本容量

3.4.1 影响样本容量的因素

在进行抽样设计时必然要确定样本容量，因为适当的样本容量不仅保证样本指标具有充分的代表性，而且也是顺利进行抽样调查的重要条件。从抽样效果来看，要求抽样数目越多越好；但从调研效益角度看，抽样数目又不能无限增多，否则，人力、物力、财力都可能支出太多，因此应从两个方面都有利的角度确定样本容量。确定样本容量之前，应首先弄清影响样本容量的因素，这些因素主要有以下几个方面。

（1）总体的规模大小。总体规模与样本容量有密切关系。当总体规模很大时，样本容量肯定要相应大些，但与总体相比还是占有一个很小的比率；当总体规模缩小时，为使样本具有较好的代表性，样本容量不可能按照同样比例缩小，而应具备一定的规模。

（2）被研究总体内部单位间的标志变异程度大小。变异程度大，则样本容量应大些；反之则可小些。

（3）调研项目预算的情况。投放到某调研项目上的资金充足，即可按常规确定样本容量；如果资金不足时，就只能缩小样本容量。但是，当样本容量缩小到危及调研项目所要求的精确性和可靠性时，就需要增加预算或者放弃该项目的调研。

（4）抽样误差控制范围的大小。样本容量受抽样误差许可范围的制约，许可的抽样误差范围要求越小，则样本容量就越大；反之，样本容量可小些，但两者并不是保持按比例的变化。例如，如果是重复抽样，在其他条件不变情况下，当误差范围缩小一半时，则样本单位数必须增加 4 倍；而误差范围扩大一倍时，则单位数只需原来的 1/4。所以在抽样设计中对抽样误差的许可范围要十分慎重考虑。抽样误差范围计算公式是 $\Delta_{\bar{x}}=t\sigma_{\bar{x}}$ 或 $\Delta_{\bar{p}}=t\sigma_{\bar{p}}$；其中 $\sigma_{\bar{x}}$ 和 $\sigma_{\bar{p}}$ 分别是推断总体平均数和总体成数时的抽样平均误差；t 表示概率度。如果是简单随机重复抽样，则：$\sigma_{\bar{x}}=\sqrt{\sigma^2/n}$，$\sigma_{\bar{p}}=\sqrt{p(1-p)/n}$，其中的 σ^2 和 $p(1-p)$ 是总体方差。

（5）抽样推断结果的把握程度（置信概率）和概率度大小。置信概率用 $F(t)$ 表示，概率度用 t 表示。如果要求的把握程度和概率度高，则样本容量应大些；反之，样本容量可小些。通常只要确定把握程度就可通过查阅"概率表"得知其对应的概率度；或反向查阅亦可。例如，当 $t=1$ 时，$F(t)=68.27\%$；当 $t=2$ 时，$F(t)=95.45\%$；当 $t=3$ 时，$F(t)=99.73\%$。再如，通常选用的把握程度为 90%、95% 和 99%，其对应的 t 值分别为 1.65、1.96 和 2.58。

（6）抽样设计方案及抽样操作方法也与样本容量有关。假定其他条件相同，一般来说，简单随机抽样（包括重复抽样和不重复抽样）和整群抽样比系统抽样和分层抽样所需样本容量要大些；重复抽样比不重复抽样所需样本容量要大些。

3.4.2　确定样本容量的统计方法

在上述讨论抽样方案设计过程中，已经涉及样本容量的确定问题，而且也有了一定的技术方法，但相对于统计方法来说，那只是方便操作的经验方法。对于概率抽样设计，严格地说，必须使用统计方法确定样本容量，即将上面的影响样本容量的因素量化，依据抽样统计原理要求进行推算。例如，对于简单随机抽样设计而言，抽样平均数的平均误差公式是：

重复抽样，$\sigma_{\bar{x}}=\sqrt{\sigma^2/n}$

不重复抽样，$\sigma_{\bar{x}}=\sqrt{\sigma^2/n(1-n)/N}$　（N 为总体单位数）

我们可以通过抽样误差范围公式来推算必要的样本容量。

在重复抽样的条件下，由 $\Delta_{\bar{x}}=t\sigma_{\bar{x}}$ 得

$$\sigma_{\bar{x}}=\Delta_{\bar{x}}/t$$

又由 $\sigma_{\bar{x}}=\sqrt{\sigma^2/n}$ 得

$$\Delta_{\bar{x}}/t=\sqrt{\sigma^2/n}$$

推出必要的样本容量计算公式为：

$$n=t^2\sigma^2/\Delta_{\bar{x}}^2$$

在不重复抽样条件下，可按上述原理推出必要的样本容量计算公式为：

$$n=Nt^2\sigma^2/(N\Delta_{\bar{x}}^2+t^2\sigma^2)$$

同理，可推导出抽样成数的样本容量计算公式分别为：

在重复抽样条件下，　　$n=t^2p(1-p)/\Delta_p^2$

在不重复抽样条件下，　　$n=Nt^2p(1-p)/[N\Delta_p^2+t^2p(1-p)]$

在抽样设计时，又如何取得上述公式中总体方差 σ^2 和总体成数 $p(1-p)$ 数据呢？一般可用下列方法估计。

（1）可以用以往的类似调研资料来估计。如过去的抽样调查资料，或与要研究的标志密切相关的另一标志的资料等。如果从不同的途径算出对方差的几种不同的估计时，一般应选用其中最大的；对于总体成数（p）代用值应取最靠近 0.5 的数值，因为这时得到的 $p(1-p)$ 的计算结果最大。

（2）可以从被估计总体中抽出一个前导样本或预选样本，把从这个样本中算出的样本方差（s^2）或样本成数（p）作为总体方差（σ^2）或总体成数（P）的估计值。在这种情况下，前导样本中抽出的单位可作为正式样本中的一部分。因此在抽取前导样本后，再需抽取的样本单位数应为 $n-n_1$；其中的 n 为计算出的样本容量，n_1 为前导样本的容量。

在营销调研中，要研究的总体通常都是有限总体，而且多使用不重复抽样方式，因此下面我们列出使用各种抽样方案时不重复抽样条件下的样本容量计算公式（以平均数推断调查为例），以供直接计算使用。

简单随机抽样： $\quad\quad\quad n=Nt^2\sigma^2/(N\Delta_{\bar{x}}^2+t^2\sigma^2)$

分层抽样（等比例）： $\quad n=Nt^2\sum N_i\sigma_i^2/(N^2\Delta_{\bar{x}}^2+t^2\sum N_i\sigma_i^2)$

分层抽样（不等比例）： $n=t^2\left(\sum N_i\sigma\right)^2/(N^2\Delta_{\bar{x}}^2+t^2\sum N_i\sigma_i^2)$

整群抽样： $\quad\quad\quad\quad r=t^2R^2\delta^2/(N^2\Delta_{\bar{x}}^2+Rt^2\delta^2)$

式中：N_i 和 σ_i^2 分别表示第 i 个次总体的单位数和方差；r 表示应抽取的群数；R 表示总体所含群数；δ^2 表示群间方差。

关于系统抽样的必要样本容量的计算，一般可借用简单随机抽样的必要样本容量计算公式。当按有关标识进行排队且还可估计出各段段内方差时，也可以使用分层抽样的公式来计算系统抽样的必要样本容量，此时，就是将系统抽样的每个段看作一个层。

案例分析

201 校园卡的市场需求调查

随着电话的日益普及，电话装机的市场正逐渐由卖方市场向买方市场转变，如何挖掘潜在的电话用户，开拓话源，为客户提供更满意的服务来增加收入，成为各地电信部门正极力探索的问题。各大高校及各寄宿制学校是人口非常集中的区域，学生对电话又迫切地需求，尽管已有各种类型的公用电话，但远远难以满足学生们地要求。一方面，学生们有迫切的电话需求但自己又不可能出资装机；另一方面，电信部门因不能很好地为之提供服务，当然也就无法增加收入。201 校园卡的问世，使这一矛盾得到了很好地解决，为目前处于缓慢增长形势下的市话发展找到了一个新的增长点。

201 电话卡也称校园卡，类似于密码付费的 200 卡，其不同之处在于使用 201 卡不仅可以用来打市话，还可以用来打国际长途电话；不仅可以发话，还可以受话。近几年来，201 电话系统基本上垄断了全国大学校园。大学校园里的 201 电话越来越普遍，除了宿舍里安装 201 电话外，校园道路旁、教学楼里安装的也是 201 电话。作为在校大学生，除了用 201 校园卡打电话外，几乎没有别的固话来选择。

由于目前来讲，201 电话卡面临的主要竞争对手有手机、小灵通、IC 卡、话吧等，我们想通过此次调查，获得有关学生使用的联系方式类型、每月用于 201 电话卡的费用、对 201 电话卡收费标准的看法，以及在选择不同通信方式时的考虑因素和在打长途电话、市话、校内电话时，对不同通信方式的选择倾向，以及 201 卡在其通信费用中所占比例等数据，从而进一步分析，不同的通话范围和学生选择使用 201 电话卡之间的关系。

分析的结果主要用于评价 201 电话卡的市场状况，包括现有需求量、潜在需求量、用户满意度、竞争情况、优势与劣势等。另外，希望能够通过此项调查，提出对 201 电话卡的改进方案，以使其不断完善、吸引更多的新老客户，在学生通信市场的激烈竞争中立于不败之地。

由于 201 电话卡主要用户是大学生，因此我们的调查总体应为全国的大专及以上院校的在校学生。但由于我们受山西省电信公司西安分公司的委托，而且 201 电话在不同省市的收费及销售价格有差异，因此我们进一步将调查的总体缩小到陕西省西安市的在校大学生，并选取了西安交通大学作为调查的样本，即我们最终的调查对象。我们认为西安交通大学是可以代表陕西省各高校的，因为不同学校的学生对 201 电话卡在打电话方面的需求是类似的。

由于学校各年级的人数差别不大，故在抽样过程中，我们将各年级人数规定为总人数的 25%。

2012 年西安交通大学学生的相关数据

年级	总人数	男生人数	女生人数
一年级	4 800	3 547	1 253
二年级	4 989	3 641	1 348
三年级	5 252	3 692	1 560
四年级	4 853	3 293	1 560

因此我们获得如下数据：陕西高校男女比例大约为 537：35，所以我们在发放问卷时采取男女生 5：3 的比例。

本次调查中，根据费用资助情况，我们准备抽样 320 位学生作为样本，其中，每个年级 80 份，女生 30 份，男生 50 份。为了保证能够获得 320 份有效问卷，实际发放的数目会大于 320 份。

我们采取以下程序发放和收回问卷。

首先，抽取样本。由于一个宿舍只有唯一的一个电话号码，所以我们先从物业管理处获得校内各个宿舍的电话号码，并根据年级和性别将其分类，在每个年级的女生宿舍电话号码中随机抽取多于 8 个，在每个年级的男生宿舍电话号码中随机抽取多于 13 个。

其次，在发放问卷时，先确定被选中号码的宿舍号，逐一去发放。

最后，将回收的问卷进行整理，剔除无效问卷，并进行分类，保证每个年级女生填写的问卷数为 30 份，男生填写的问卷数为 50 份。

资料来源：庄贵军. 市场调查与预测. 北京：北京大学出版社，2007：239.

思考题：

1. 本项调查的抽样元素、抽样单位、抽样范围和抽样时间是否清楚？各自内容是什么？

2. 你认为本案例中的抽样设计可行吗？

3. 本项调查采取了什么抽样框架？

4. 如果你是此项调查的负责人，你们会怎么设计样本？为什么？

思考题

1. 什么是概率抽样？概率抽样有哪些类别？
2. 什么是非概率抽样？非概率抽样有哪些类别？
3. 举例说明什么是单阶段整群抽样和两阶段整群抽样。
4. 举例说明什么是配额控制抽样。
5. 影响样本容量的因素有哪些？从纯统计学角度看应如何确定样本容量？

第4章

定性研究和定量研究所使用的市场调查方法是不一样的。本章先介绍定性研究的方法，包括文案调查法、观察调查法、焦点座谈法、深度访谈法和投射技法等。

定性研究调查方法

4.1　文案调查法

文案调查是指对已存在的文字资料和典型的统计数字进行搜集、整理、衔接、融会，以归纳或演绎等方法予以分析，进而提出相关研究报告及建议。其研究成果有时作为企业相关人士决策参考，有时可帮助正式研究人员理解与研究问题有关的概念、理论和研究思路等。

文案调查应在弄清研究目的的基础上，详细列出各种可使用的资料及来源；预计使用的时间及日程表；研究成本预算及各类协助研究人员情况。需要指出的是，在使用各种方法时，必须有严密灵巧的手段，例如，通过电子计算机来取得人们所需要的文字资料和统计数字就已很普遍。

例 4-1　K 公司是一家欧洲船运集装箱制造商，在 20 世纪 70 年代，它对美国的潜在市场很感兴趣，因为集装箱化运输方式在美国很少使用。该公司拟定要了解美国在这方面的市场状况来预测营销机会。该公司详细查阅了有关文献后发现，美国对这种集装箱化持有一种消极态度，并了解到产生这种消极态度的若干原因。这样就知道，如果公司继续在美国进行经营，要取得成功应该克服什么。

文案调查有时也叫二手资料调查，其方法有公开的和秘密的。所谓秘密的方法，一般是窃取商业情报性质的，是不符合商业道德的，甚至是违法的。公开获取二手资料才是正当的方法。这方面的方法主要有文献资料筛选法、报刊剪辑分析法、情报联络网法和电子网络搜索法等。

4.1.1　文献资料筛选法

文献资料筛选法就是从各类文献资料中分析和筛选出与研究项目有关的信息和情报。在我国主要是从印刷型文献资料中筛选。印刷型文献资料按照文献内容编辑出版的形式不同，主要分为图书、科研报告、会议文献、论文、专刊文献、档案文献、政府政策条例文献、内部资料及地方志等。采用文献资料筛选法搜集情报资料，常常是根据市场调查项目的目的和要求，有针对性地去查找有关文献资料。

例 4-2　日本公司要进入美国市场，就查阅了美国的有关法律和美国进出口贸易法律条款。阅后得知，美国为了限制进口、保护本国工业，在进出口贸易法律条款中规定美国政府收到外国公司商品报价单后，一律无条件地提高 50% 税收。而美国法律中，本国商品的定义是"一件商品，美国制造的零件所含的价值，必须在这一商品总价值的 50% 以上"，日本公司针对这些规定，谋划出一条对策：生产一种具有 20 种零件的商品，在本国生产 19 件零件，在美国市场上购买一件零件 这一零件价值最高，其价值比率在 50% 以上，在日本组装后再送到美国销售，就成了美国国内的商品，就可以直接和美国公司竞争。

文献资料筛选法的特点是所得情报资料记录方便，传播广泛，积累系统、便于长期保存和直接利用。它是企业获取技术、经济情报最基本、最主要的来源。

4.1.2　报刊剪辑分析法

报刊剪辑分析法是指研究人员平时从各种报刊所刊登的文章、报道中，分析和收集情报信息。市场形势的瞬息万变在日常新闻报道中都有所体现，只要我们用心去观察、收集、分析便可以从各种报刊上获得与企业生产经营有关的情报信息，以扩大视野、灵通耳目。例如，上海有家制药厂，从报纸上刊登"多毛姑娘"反映的苦闷中获得信息，集中力量研制出一种脱毛霜，产品投放市场后，果然供不应求。在信息社会里企业间的竞争，实质上是信息竞争，只要企业善于利用公开发行的报纸和杂志，就可以获得对企业有用的信息，收到意想不到的经济效果。在市场竞争的实践中，报刊上一条信息救活一个企业的实例不胜枚举。为此，企业要积极订阅各种报纸、杂志，收集情报信息，以便及时发现市场机会、夺取和占领市场。同时，还应充分利用广播、电视等现代通信宣传渠道。

4.1.3　情报联络网法

情报联络网法是指企业在全国范围内或国外有限地区内设立情报联络网，使情报资料收集工作的触角伸到四面八方。情报联络网的建立是企业进行二手资料收集的有效方法。一个企业情报网的建立，自然要受到企业资金和人力上的制约，因此可以采取重点地区设立固定情报资料收集点，由企业派专门人员或驻地人员兼职的办法。一般地区可与同行业、同部门及有关的情报中心挂钩，定期互通情报，以获得各自所需要的资料。这样，以联络网内各地区的有关市场供求趋势、消费者购买行为、价格情况、经济活动研究成果、科技领域最新发明创造乃至政治形势等情报都可以及时地通过情报联络网传输给企业。

在一般情况下，中小型企业、乡镇企业及个体私人企业无力建立自己独立的情报网，可以借助于其他部门的情报网。例如，我国各级工商银行在全国范围内有较为健全的情报信息网络，并配有现代化信息收集和传输设备。它们根据货币流通和信贷工作的需要，对所有工、商、贸、农等企业的产、供、销和经济管理状况，系统地掌握重要经济情报信息。又如，各地设有的信息开发公司、咨询服务中心等，它们都有自己的信息渠道和情报网，拥有大量信息，企业可以利用它们获取所需信息。

情报联络网法的特点是：涉及的范围广，获得的情报信息量大，综合性强，各种不同企业均可采用。

4.1.4　电子网络搜索法

Internet（即因特网）是近几年发展起来的现代信息传输方式，通过上网查询可以获取大量的二手资料。与其他方法相比，电子网络搜索法更有其方便、快速、费用低等明显优势。因此，这种方法在获取二手资料方面将发挥越来越大的作用。

4.2　观察调查法

4.2.1　观察法的概念与形式

观察法是观察人员直接到调查现场进行观察、测量并记录以获取第一手资料的方法。在观察过程中，观察人员既可以用肉眼观察，手工记录，也可以利用仪器设备收录或拍摄，以取得现场的真实现象或数据。例如，可用此法调查顾客流量、购买行为、顾客对商品的选择和态度等；还可以下车间、站柜台、参加订货会来直接观察产品质量，搜集顾客意见，掌握销售实况等信息。这是一种简便实用的方法。

观察法的具体形式一般有纵向观察、横向观察和纵横结合观察等三种形式。

（1）纵向观察。它是指在一定时间内，就不同的时间观察同一现象或事物，进行一连串的记录，并保持时序性，以供分析研究之用。例如，对广告处理的研究即可用此种方法：第一次刊播广告后记录一次产品销售情况；第二次、第三次逐次刊播后，分别再观察记录产品销售情况；依此类推。这样一方面可测定出广告总体效果，另一方面还可以寻找到最佳广告次数。

（2）横向观察。它是指在某一特定时间内观察同类现象或事物的状况，取得横断面的记录，以作分析研究之用。例如，有关产品在商场中的陈列位置的决策，即可使用此法。A产品分别被摆放在甲、乙两个位置，观察甲位有505人经过，其中有32%的顾客停下来看；乙位有870人经过，其中有38%的人停下来看。可见，A产品摆放在乙位更容易引起人们的注意。

（3）纵横结合观察。为保证观察结果更准确，在有时间和精力情况下，可以将纵横观察两种形式结合使用。这种观察方式操作起来比较麻烦，但它更容易了解到研究对象的真实情况。例如，关于品牌、商标对顾客影响力的研究可使用此法。

观察法的优点有三个方面：①由于被调查者没有意识到自己正在接受调查，因此调查者可以了解到真实可靠的资料；②可记录纯实际发生的情况，没有历史的或将来意愿的影响；③观察者到现场进行观察，不仅可以了解到事件发生和发展的全过程，而且可以身临其境，取得其他方法无法得到的更深入的资料。

观察法的缺点有4个方面。①费用较大，时间长。观察的行为可能间断地发生或持续时间很长，因此要花很长时间和很多费用，尤其是用仪器观察时更是如此。②难以观察到事物的内在因素。观察法一般只报告事实发生的（包括已发生和正在发生的）外在现象或结果，而难以观察到其内在因素，如原因、动机、态度等思想变化。③当人们知道被观察时，可能会改变他们的行为，从而导致观察结果失真。④对观察人员素质要求较高。因为有时观察人员容易被表面现象所迷惑，主观理解非常重要，否则也会使结论失真。

4.2.2 观察法的任务和作用

观察法的任务和作用主要有以下几个方面。

1. 搜集资料

也就是搜集已有记载的信息，或了解已经定性的客观事物；如果描述不明确就用实例具体说明。例如，现场观察人员要负责搜集各零售商店或批发商各有关品牌商品销售方面的信息，包括检查各店购进商品的记录，以及商品库存等有关资料。另外，还要观察商品价格、商品陈列和货架摆放等因素。

在实践中利用观察法来完成搜集资料任务的典型形式，就是"店铺调查"，即到零售店去了解和记录销售情况。例如，从消费者实际购买或询问商品的品种、商标、规格、花色、包装等，可了解消费者需求；从统计购买人次，可观察客流量、客流规律；从展览会、展销会、订货会等可观察产品销售情况和顾客反应等。

2. 观察和记录消费者的行为

如在设计新商店时，如何布置才能吸引顾客，这需要观察研究。可以派员观察类似商店，或用摄像机摄下顾客在类似商店中的活动情况，作为参考资料；还可以通过顾客对橱窗布置的反应行为，观察、确定广告内容和商品陈列。

3. 行人观察

这主要是从观察行人的穿着和携带商品来确定流行款式、消费者的偏好，以此作为产品改进设计的依据。

4. 食品橱观察

这主要是指通过深入居民家庭，去观察其电冰箱或食品橱内的食品结构和存量，来了解人们喜欢什么商标品牌的食品。当然，此方法也可推广到对其他个人消费品的观察。

5. 替代品的替代程度调查

即将观察法用于调查消费者对某些商品的需求强度及同类替代品的替代程度。例如，当顾客需要某一特定商标的产品，而商店却代之以另一商标的同类产品时，顾客接受程度如何，观察者可将顾客接受替代品的百分比记录下来，便可大体确定替代程度。

从观察的任务作用来看，它对观察人员（研究人员）的要求是相当高的。观察人员的学识、敏感性、责任心等都影响着任务完成的好坏。因此，加强对观察员的培训、指导和监督是非常必要的。

4.2.3 应用观察法时注意的问题

1. 针对不同情况选择不同的观察方法

（1）按观察结果的标准化程度，可选用控制性观察或无控制性观察

控制性观察是指观察对象、观察范围处在某种程度上人为控制的环境中的观察；而无控制性观察是指观察对象处在完全自然的环境当中的观察。例如，进行购买行为观察时，如果将消费者请入一个实验室内观察其购买行为，就是控制性观察；如在一般购物场所中观察消费者购买行为，就是无控制性观察。

实施无控制性观察，观察人员不露痕迹地观察项目的各方面，容易取得较真实的资料和取得意想不到的更多的宝贵资料，但它容易受外部环境的影响。无控制性观察适用于机会研究或探索性研究，或有深度的专题研究。控制性观察适用于因果性研究。

（2）按是否置身于观察过程，可选用参与观察或非参与观察

参与观察是指观察者置身于观察活动之中进行观察。如通过深入班组，与职工共同劳动来了解职工工作时间和利用情况。参与观察不仅能了解一些表面现象，而且能通过本身参与和感情交流，了解到产生某些现象的原因，取得更深入的资料。参与观察还能更快地掌握事态的发生、发展情况。但参与观察容易受周围因素的影响，使观察结果产生偏差。实施参与观察的程序为：①进入观察现场，与被观察者建立良好的关系；②确定观察内容，拟订观察计划；③做好实地观察和观察记录；④退出观察现场，进行分析研究。

非参与观察与参与观察相反，它是指观察者不参与观察活动之中，而是以"局外人"身份客观地观察事件的发生、发展情况。这种观察结果的可信度较高，但无法取得深入细微的资料，也无法了解现象的原因。因此，非参与观察一般只用于试查、探索性调查和简单

观察。

（3）按是否有预先的观察设计，可选用结构式观察或非结构式观察

结构式观察是指观察前制定好观察计划，对观察对象、范围、内容、程序等都作出严格的规定，在观察过程中必须严格按照计划操作。其特点是观察过程的标准化程度高，所得到的资料便于整理和进行定量分析。实施结构式观察的程序可概括为：①选择观察对象，确定观察内容；②将观察的内容设计成具体项目，并据此编制观察表；③按计划进行观察，做好记录；④对资料进行整理和分析。

非结构式观察与结构式观察相反，它是指对观察的内容、程序等预先不作严格的规定，只要求观察者有一个总的观察目的和原则，然后结合实际情况进行观察。其特点是观察的灵活性大；在观察过程中，观察者可以在预先拟订好的初步提纲基础上，充分发挥主观能动性，抓住自己认为重要的现象集中观察，可能取得较为深入的资料。但是，非结构式观察所得到的资料一般不系统，不规范，不便于整理和分析。一般来说，描述性研究、因果性研究和预测性研究应使用结构式观察法，而探索性研究应使用非结构式观察法。

（4）按选择观察对象的角度，可使用直接观察法或间接观察法

直接观察法是指直接观察拟研究的人物的行为或现象本身，并记录有用的信息。例如，观察并记录某种商品柜台前顾客停留与否，停留下来的顾客购买商品与否，买的是什么品牌的商品等。

间接观察法是指通过从侧面观察与拟研究的人物的行为或现象有关的环境因素，记录有用的信息，并据此做出推测性结论。例如，要研究各种品牌饮料的销售情况，观察者不是观察某种品牌的饮料被消费者购买情况，而是观察废品收购站、居民小区、饭店、歌舞厅等地扔掉的垃圾内各品牌饮料罐（瓶）的情况，然后据此判断各品牌饮料在消费者心目中的偏好位置。市场营销研究中经常采用的是直接观察法，但对于那些直接观察有困难的现象就只能采取间接观察法。

2. 合理调动使用不同的观察工具

随着科学技术的不断进步，营销研究领域也越来越多地使用现代技术作为辅助手段。在观察法实施过程中，就可调动使用不同的观察工具，以提高观察的效果。这方面的工具主要有照相机、交通流量计量器、行为观察仪、测录器等。

照相机能自动拍下人们的眼部活动和注意力所在，它可用以测定人们对广告画面的心理反应，对商品尤其是实验商品的反应，对橱窗布置、商品陈设等方面的反应。

行为观察仪可安装在商场的特定位置，用以记录顾客进入商场后的眼神、表情和挑选、购物行为等。使用这种仪器不仅能够比较细致地观察顾客行为，还可以免去人为观察的不方便和不礼貌所引起的顾客的反感。

测录器可安装在电视机上，用以记录电视机主人及其家庭成员收看电视节目的行为及相关的情况，如收视的起止时间、哪些成员收看电视、何时收看哪个频道等。观察的数据通过电话线自动传送到数据处理中心，从而能够了解家庭成员对电视节目和电视广告等的偏好情况。例如，美国著名的研究公司尼尔森公司就常使用被称为"尼尔森电视指数（Nielson TV Index, NTI）"的电视收视情况记录系统，在全美选择了 4 000 个家庭进行观察。

超市（Super Market）里的信息管理系统，对印有产品统一条形码的商品通过收款终

端，经光电扫描仪扫描，不仅可以自动记账结算，还可以存储售出商品的品种和数量的信息，这也是一种仪器观察手段。

3. 其他注意事项

在选择好具体的方法后，还应注意以下事项。

（1）为了使观察结果具有代表性，应选择那些具有代表性的环境中的典型对象在最适当的时间进行观察。

（2）要全面深入地观察客观事物的发展变化过程，就有必要坚持长期反复地观察并进行对比分析。这包括纵向观察和对比、横向观察和对比及纵横结合的观察和对比等。

（3）在同一时间内最好只观察一件事物或一种现象，以求集中精力，掌握调查对象的全部情况和发展过程。

（4）观察结果必须随时记录，以免事后追记而发生误差。

（5）要尽量避免使被调查者感到自己正受别人注意或"监视"，以保证被观察者的自然状态；否则观察法就失去了意义。

（6）要经常训练、培养观察员，提高其综合能力。观察不仅要有敏锐的观察力、良好的记忆力、深刻全面的分析能力，还要掌握必要的心理学知识，以避免从观察员角度出现的误差。

4.2.4　常用的观察技术

1. 神秘购物者

即由管理者派雇员假扮成顾客去自己或竞争者的商店购买商品，以了解商店的经营情况，这些人员被称为神秘购物者。例如，美国西尔斯公司的特派员定期查访竞争者的零售店，观察其设备陈设、商品陈列、顾客流量等；麦当劳快餐店经常派经过训练的雇员假扮成顾客去各个分店，以了解各个分店出售的汉堡包是否符合规定的质量标准，柜台服务员是否礼貌，店铺是否干净等。

神秘购物者不仅要观察购物环境，而且要观察雇员们对购物者的行为做出怎样的行动和反应。例如，美国捷运公司的神秘购物者常去异地甚至国外的分支机构，诉说自己的信用卡丢失或被偷，要求赶快兑现并提出一系列其他要求，以此观察这些分支机构的反应，最终为进一步改进对顾客的服务要求提供依据。

2. 单向镜观察

即营销研究人员邀请有关消费者到配有单向镜的观察室，要求他们对某一新产品或广告展开讨论，隔壁的研究人员则通过单向观察镜观察消费者对新产品包装做出的不同反应及他们说话时流露出来的表情。例如，玩具设计师利用单向镜观察孩子们玩耍的情景，以了解孩子们喜欢何种玩具。

3. 购买模式

这是指零售商通过观察追踪购买者经过商店的路线来分析购买模式。通常，研究人员使用一张通道图和一支笔勾画购买者的脚步，通过各类购买者的不同行走路线，商店经理能够决定在哪里放置最容易因消费者的一时冲动而购买的商品。另外，过一段时间，商店还可以改变摆设，观察这样的改变对购买者的购买行为有何影响。总之，零售商们要设法使商店中的商品尽可能多地暴露在购买者面前。例如，超级市场往往把必需品放在商店的后部，希望购买者沿着通道走到牛奶、面包或其他必需品的专放地时把更多的东西放进自己的篮子里。

在观察购买模式时，音乐也可用来作为观察购买行为的工具。研究表明，播放慢节奏的音乐能减慢购买者的步伐，于是商店可以增加销售额。经对餐馆的观察表明，当演奏慢节奏音乐时，顾客停留的时间会更长，于是会消费更多的饮料，但不影响其消费食物的数量。

4. 人种学研究

这是一种新的用于市场研究的观察技术，它源于人类学的研究。人种学研究主张观察人员要深入系统内部而不像传统的观察人员站在系统外部进行观察，西方学者将其称为"研究人员侵入"，即研究人员成为其正在研究的小组的一部分。研究人员深入到研究对象所处的环境中去，可仔细观察、评判他们的行为，了解他们的背景和习惯，这样才能获得隐藏在他们内心的真正的东西。

美国一位人种学研究人员对撒克逊人的消费价值和生活类型很感兴趣，于是她对弗吉尼亚、南卡罗来纳等地的撒克逊人进行了 18 个月的实地访问。她加入了这一族群中，观察他们的工作、娱乐、餐饮、宗教、政治参与、在百货商店或超级市场购物等行为，并写下了有关她整个参与过程的两本日记。日记的内容及其所获得的结论对人种学研究和市场研究都有很大的价值。人种学研究技术作为观察技术主要用于新产品开发和广告策划。

5. 痕迹观察

它是指观察人员不直接观察被调查者的行为，而是观察被调查者留下的实际痕迹。例如，美国航空公司从在各航班的飞机内收集到的垃圾中发现在一些短途航班上不能继续供应黄油，因为没有人吃；零售商们在促销传单上打上不同色彩，并根据邮政编码来发送，以便通过返回的各色传单的数量来决定零售区域；根据杂志上每页的指纹来判断广告的阅读情况，等等。

4.3 焦点座谈法

4.3.1 焦点座谈法的概念和特点

所谓焦点座谈法（Focus Group），又称小组座谈法，就是采用小型座谈会的形式，挑选一组具有代表性的消费者或客户，在一个装有单面镜或录音录像设备的房间内（在隔壁的房间里可以观察座谈会的进程），在主持人的引导下，就某个专题进行讨论，从而获得对有关问题的深入了解。

焦点座谈法的特点在于，它所访问的不是一个一个的被调查者，而是同时访问若干个被调查者，即通过与若干个被调查者的集体座谈来了解市场信息。因此，焦点座谈过程是主持人与多个被调查者相互影响、相互作用的过程，要想取得预期效果，不仅要求主持人要做好座谈会的各种准备工作，熟练掌握主持技巧，还要求有驾驭会议的能力。

4.3.2 焦点座谈法的实施步骤与要点

1. 做好座谈会的会前准备工作

采用座谈会形式，参加人员较多（一般 8～12 人），会议时间有限（一般 1.5～3 小时）

搞好会前准备就显得十分必要，应注意以下几个方面。

（1）确定会议主题，设计详细的座谈提纲。会议的主题应简明、集中，且应是到会者共同关心和了解的问题，这样才能使座谈始终围绕主题进行讨论。提纲通常要在研究人员、客户（委托人）与主持人三者之间研究，同时要注意讨论话题的次序，通常是先提一般问题，后提特定问题。

（2）确定会议主持人。主持人对于座谈会的成功与否起关键作用。主持人的作用是能把研究目的落实为现场引导。主持人可以由研究项目负责人担任，也可以另找专职的有经验者担任。对主持人的要求如下。①要吃透两头，即一方面要知道通过座谈取得什么信息，另一方面应尽可能了解参加者的基本情况。②要善于引导小组发言按照既定的提纲展开，不能离题太远。尤其是不能开成主持人与小组成员间问答会，而应让与会者之间互相交流。③要善解发言者之意，善于捕捉信息。④应作"友好的领导"，让与会人员感到无拘无束。⑤对研究涉及的问题有所知，又有所不知。如果与会者感到主持人是这方面的专家，他们就不便随意发言了。⑥应有良好的记忆力。这有助于使会议前后连贯，信息收集准确。⑦引导座谈要灵活掌握，随机应变。有提纲，又不是完全被提纲所束缚。⑧善于总结，精于文笔。主持人不仅要提供完整的座谈记录，而且还要提供座谈概要和有关结论与建议。

（3）选择参加人员。如何选择参加讨论的人员是中心组研究的一项重要工作，因为其决定着获取资料的准确程度。一般要注意选择精通专业的专家，更要物色有经验的实际工作者参加讨论。座谈会的规模也要适中。人数一般控制在 8～12 人。人数太少，限制了学科、部门的代表性易使问题的讨论不全面、不深入；人数太多，又不易组织，可能降低座谈效果。同时，还要注意不要把有亲属关系或朋友关系的人排到一个会场上，以免因他们之间的关系而影响到个人的思路和发言。当需要更多的人员参加时，可以将他们分成几个小组，相继召开座谈会。前面小组的意见，可以介绍给后面的小组，以利于问题探讨的深入。

（4）选好座谈会的场所和时间。会场的环境十分重要，应安静，场地布置要营造一种轻松、非正式的气氛，以鼓励大家自由、充分地发表意见。座谈会地点可以选择在研究委托单位的小会议室，或研究公司的会议室，或宾馆等第三单位，也可以征得座谈者的同意后，在其家举行。究竟如何选择地点，应视具体情况而定。

座谈会的时间应比较充裕，时间长度可为 1.5～3 小时。

（5）准备好座谈会所需的演示和记录用具。如录音、录像设备等。

2．组织和控制好座谈会的全过程

（1）把握好座谈会的主题。为避免座谈会讨论离题太远，主持人应善于将与会者的注意力引向讨论的主题，或是围绕主题提出新的问题，使座谈会始终有一个焦点。

（2）做好与会者之间的协调工作。在座谈会进行过程中，有时与会者出现冷场，有时会跑题，而有时小组中某个成员控制了谈话，主持人要妥善做好协调、引导工作（如转移话题），以保证座谈会的顺利进行。

（3）做好座谈会记录。座谈会一般由专人负责记录，同时还常常通过录音、录像等方式进行记录。

3. 做好座谈会后的各项工作

(1) 及时整理、分析座谈会记录。检查记录是否准确、完整，有没有差错和遗漏。

(2) 回顾和研究座谈会的情况。通过反复听录音、录像，回想会议进程是否正常，会上反映情况是否真实可靠，观点是否具有代表性，对讨论结果作出评价，发现疑点和存在的问题。

(3) 做必要的补充调查。对会上反映的一些关键事实和重要数据要进一步查证核实，对于应当出席而没有出席座谈会的人，或在会上没有能充分发言的人，如有可能也最好进行补充访问并记录。

4.3.3 焦点座谈法的优势和局限性

焦点座谈法的优势如下。

(1) 资料收集快，效率高。因可同时访问若干个被调查者，这样就能节约人力和时间。

(2) 取得的资料较为广泛和深入。由于有多个被调查者参加座谈会，在主持人的适度引导下，能够开动脑筋、互相启发，获得大量及有创意的想法和建议。

(3) 结构灵活。焦点座谈在覆盖的主题及其深度方面都可以是灵活的。

(4) 能将调查与讨论相结合。即不仅能回答问题，还能探讨原因和寻求解决问题的途径。

(5) 可进行科学监测。焦点座谈法容许对资料的收集进行密切的监视，研究人员和客户可亲自观看座谈会现场讨论的情况，并将其录制下来，供后期分析之用。

焦点座谈法的局限性如下。

(1) 对主持人的要求较高，而挑选理想的主持人又往往是比较困难的。

(2) 容易造成判断错误。焦点座谈会的结果与其他调查方法的结果相比，更容易被错误地判断，受主持人的影响而出现偏差。

(3) 因回答结果散乱，使后期对资料的分析和说明都比较困难。

(4) 有些涉及隐私、保密等问题，也不宜在会上多谈。

(5) 受讨论时间限制，有时很难进行深入细致的交流。

4.3.4 焦点座谈法的应用

焦点座谈法可以应用于以下场合：

① 消费者对某类产品的认识、偏好及行为；

② 产生对老产品的新想法；

③ 获取对新产品概念的印象；

④ 研究广告创意；

⑤ 获取消费者对具体市场营销计划的初步反应。

例 4-3 在例 4-1 中，K 公司在详细查阅文献之后，由负责营销工作的经理在芝加哥和纽约两个地方分别主持召开座谈会。座谈会进一步证实了美国对 K 公司的集装箱倾向于不定态度，而且这种态度是顽固的。

例 4 - 4　为使大家对焦点座谈法加深了解，现以对某牌号纯净水消费者消费习惯座谈会的设计为例，加以简要说明。

1. 调查背景

市场上瓶装水的品牌多种多样，某种类可分为矿泉、纯净水和蒸馏水三种。它们所含成分和制作方法有着明显的区别。消费者在购买瓶装水时，是如何选择的呢？他们是很清楚地按照类别消费，还是只认品牌？对这一点的确认关系到对××纯净水进行广告策划时以哪一方面作为诉求点的问题。同时，消费者在瓶装水饮用习惯、购买习惯、媒体接触习惯等方面的信息，对该产品以何种方式投放到何种媒介，都有重要的参考价值。

2. 调查内容

(1) 消费者对瓶装水概念的分类理解；

(2) 消费者对瓶装水品牌的认知和忠诚度；

(3) 消费者对瓶装水的消费习惯；

(4) 消费者的媒体接触习惯；

(5) 消费者对该产品品牌的认知。

3. 参加人员及研究方法

由于年龄差距较大的消费者在生活和消费习惯方面会存在较大差异，故在不能增加座谈会组数的情况下，建议参加人员的年龄段宜适当缩小，共分两组（男性组和女性组），每组8 人，具体条件为：年龄在 20～30 岁，家庭收入在 2 000 元，在两周内购买过瓶装水者。

座谈会时间为每场 1.5 小时，聘请经验丰富的主持人主持，并设记录员 2 名，督导员 1名，同时将对座谈会现场进行录音、录像。

4. 会议地点、日程安排、报价（省略）

4.4　深度访谈法

4.4.1　深度访谈法的概念

深度访谈法是一种无结构的、直接的、一对一的访问。在访问过程中，由掌握高级访谈技巧的调查员对调查对象进行深入的访谈，用以提示对某一问题的潜在动机、态度和情感。此方法最适合于做探测性调查。

4.4.2　深度访谈的技术与技巧

1. 常用的深度访谈技术

常用的深度访谈技术主要有三种，即阶梯前进、隐蔽问题探询和象征性分析。

阶梯前进是沿着一定问题的线索进行访谈，使调查者有机会了解被访者的思想脉络。

隐蔽问题探询是将重点放在个人的"痛点"而不是社会的共同价值观上，以了解与个人深切相关的问题。

象征性分析是通过反面比较来分析对象的含义。要知道"是什么"，先要想法知道"不是什么"。例如在调查某产品时，可先了解某产品的不适用方面及对立的产品类型。

2. 深度访谈各阶段的技巧

访谈开始阶段所面临的问题有两个：一是如何做好访谈前的准备工作；二是如何接近访谈对象。

在做访谈准备工作时应注意以下三个方面。

（1）准备访谈计划。调查人员必须对自己所从事的访谈工作有一定的了解，并预先拟订好访谈提纲，提纲内容一般包括谈话目的、谈话步骤和谈话问题等。

（2）预约访谈时间。由于深度访谈一般时间较长，而且访谈的对象常常是身居要职的人员，因此如有可能，最好事先进行电话接触，约定被访者方便的时间进行访问。

（3）准备访谈用品。访谈前，调查人员必须准备好能证明自己身份的证件，如工作证、介绍信等。此外，还要准备访谈必需的物品，如笔、记录本、摄像机等，如要给被调查者一些馈赠物品和宣传资料等，也应准备齐全。

接近被访者是正式访谈前的序幕，也应掌握一定的技巧。一般来说，接近被调查者主要有两种方式。

（1）正面接近。即开门见山，先介绍自己的身份，直接说明调查的意图，之后就可开始正式访谈。

（2）侧面接近。即在某种共同的活动中接近被访者，等到与被访者建立起一定的友谊或有共同语言时，再在一种自然、和谐的气氛中说明来意，进行正式访谈。

3. 访谈主要阶段的技巧

在访谈主要阶段，调查人员应该注意以下几个方面。

（1）调查人员要有一个粗略的访谈提纲，以防止偏离访谈目标，但访谈的方向需要根据被访者回答状况而进行适当的调整。

（2）在访谈过程中，对需要引导和追问的问题，调查人员要做必要的引导和追询。

（3）在必要或时间允许的情况下，可从被访者关心的话题开始，逐步缩小访谈范围，最后问所要提问的问题。

（4）在访谈中，调查人员应始终采取公平、中立的立场。

（5）调查人员应讲文明，有礼貌，用语准确、明了、贴切、恰当。

（6）在可取得所需资料的前提下，尽可能缩短时间。

4. 访谈结束阶段的技巧

首先，在访谈结束时，调查人员必须迅速重温一下访谈结果或迅速检查一遍访谈提纲，避免遗漏重要项目，找出回答中出现的各种问题。

其次，访谈结束时，应再征求一下被访者的意见，了解他们还有什么想法、要求等，不要一回答完提纲中的问题就随即离去，这样有可能会多掌握一些情况和信息。

4.4.3　深度访谈法的优势和局限性

深度访谈法的优点有：①能比焦点座谈法更深入地了解被调查者的内心想法和态度；②能更自由地交换信息，常能取得一些意外资料；③便于对一些保密、敏感问题进行调查。

深度访谈法的缺点有：①调查的无结构性使这种方法比焦点座谈法更受调查人员自身素质高低的影响；②深度访谈结果的数据常难以解释和分析；③由于访问时间长，故所需经费较多，使该法在实际应用中受到一定限制。

4.4.4　深度访谈法的应用范围

深度访谈法主要用于获取对问题的理解的探索性研究，常用于以下几种情形。

（1）试图详细地探究被访者的想法。例如，消费者对于购买私家车问题的看法。

（2）详细地了解一些复杂行为。例如，对员工跳槽行为及其原因的调查。

（3）讨论一些保密的、敏感的话题。例如，个人收入、婚姻状况等。

（4）访问竞争对手、专业人员或高层领导。例如，对出版商出书选题及营销手段等。

4.5　投射技法

投射技法一般主要适用于被调查者没有能力直接给予有意义的回答的场合，常用的投射技法主要有 4 种：联想技法、完成技法、结构技法和表演法。

4.5.1　联想技法

在被调查者面前设置某一刺激物，然后了解其最初联想的事物。最常用的是词语联想法，即向被调查者提供一些刺激词，让其说出或写出所联想的东西，调查者通过回答者的不同反应，分析其态度。词语联想法分以下三种。

1. 自由联想法

自由联想法是不限制联想性质和范围的方法，回答者可充分发挥其想像力。

例如，请说出由下面词语所引发的联想。

□ 酒

回答者可能回答："豪爽"、"醉"、"浓烈"、"营养"、"暴力"等。这从不同侧面反映了酒的特点，为改进工艺和市场定位提供有关信息。

2. 控制联想法

控制联想法是把联想控制在一定范围内的方法。

例如，请您写出（或说出）由下面词语所联想到的食品。

□ 电视

由电视所联想到的食品，有的是电视广告中出现的食品，有的是看电视时消费的食品，有的兼而有之，有的则什么也不是。对此，研究人员在分析结果时可加以区分。

3. 引导联想法

引导联想法是在提出刺激词语的同时，也提供相关联想词语的一种方法。

例如，请您就所给的词语按提示写出（或说出）所引发的相关联想。

□ 自行车

联想提示：代步、健身、娱乐、载物、运动、其他。

引导联想所给出的联想提示带有导向性，如本例的提示，将联想往自行车功能方向引导，回答者的思维也由此向这方面集中。

采用联想技法时，要将被访者对每个词的回答按原意记录下来，再分析它们的含义。对回答的分析可采用下述几种方式：

① 回答中某词出现的频率；

② 作出回答前用的时间；

③ 在规定时间内没有作出反应的人数。

每个被访者的回答方式和回答细节，都可用来分析其潜在态度或情感。

4.5.2 完成技法

在完成技法中，给出不完全的一种刺激情境，要求被调查者来完成，根据其完成情况推测其心理。常用的方法有语句完成法和故事完成法。

1. 语句完成法

一般来说，语句完成法是先给测试者一个包含有关刺激语信息的不完全语句，由测试者用他最先想到的语句来完成整个句子。当然，操作中也可以在语句的最后给出刺激信息，由被测试者补全语句的开头。

例如，在广告媒介调查中，为了了解不同媒介在信息传播中的影响程度，可以设计语句完成法测试调查。

① 最好的新闻＿＿＿＿＿＿＿＿＿＿＿＿＿＿＿＿＿＿＿＿＿＿＿＿＿。

② ＿＿＿＿＿＿＿＿＿＿＿＿＿＿＿＿＿＿＿值得信赖，广告效果好。

③ 广告挺吸引人，所以＿＿＿＿＿＿＿＿＿＿＿＿＿＿＿＿＿＿＿。

④ 最值得信赖的＿＿＿＿＿＿＿＿＿＿＿＿＿＿＿＿＿＿＿＿＿＿＿。

⑤ 展览会是＿＿＿＿＿＿＿＿＿＿＿＿＿＿＿＿＿最好的广告媒介。

⑥ 只有＿＿＿＿＿＿＿＿＿＿＿＿＿＿＿＿＿＿＿＿才看广告。

⑦ 广告不可信，特别是＿＿＿＿＿＿＿＿＿＿＿＿＿＿＿＿＿＿＿。

2. 故事完成法

故事完成法在做法上与语句完成法相似，所不同的是由测试者先提出故事的开头，将被测试者引到测试的话题上来，再由被调查者根据自己的意愿给故事一个结尾。

语句完成法和故事完成法，可以获得较多的消费者心理、态度、感受、偏好等方面的资料，但是由于被调查者回答内容较杂，在资料处理上带来了很大的不便，当调查测试的对象较少时，这种调查不易获得一般性的结论。只有将很多类似的资料综合在一起时，进行合并分析、归类，才有可能得到有关信息。

4.5.3 结构技法

结构技法是指让被调查者看一些内容模糊、意义模棱两可的图画，然后据图画编一段故事并加以解释，由此将其性格和态度反映出来，推测出其内心活动。常用的结构技法可分为图画法和卡通场景法两种。

在利用结构法对消费者消费行为动机进行测试时，要特别注意以下三个方面。

（1）在回答测试时，虽然测试的结果反映了被测试的深层次动机，但测试的主体是图画中的人物，而不是被测试者本人。如果将被测试者当作主体，就有可能造成被测试者的心理压力，进而影响到测试的结果。

（2）为了避免给消费者造成误导，对于图画中的测试对象或人物，在表现上要尽量模糊，不使其对测试者的回答产生诱导或暗示。

（3）对于画中人物的关系应尽可能具体，让被测试者容易体会，譬如为夫妻、母女、朋友等。

4.5.4　表演法

在对消费者购买行为和消费动机调查中，假定人们在设定的场景中表演，可以将自身的内在想法和潜意识中的东西，借助表演中的人物而传达出来。测试者就可利用这种情感的折射、投射，来把握消费者隐藏在内心深处的情感因素。美国 20 世纪 50 年代曾用此法调查速溶咖啡滞销原因。向被访者展示两张购物单，让其说出购买速溶咖啡和新鲜咖啡的两个家庭主妇的特点。结果被访者普遍认为，购买速溶咖啡者是懒惰、不会理财、不称职的家庭主妇。这帮助了公司了解消费者不愿购买速溶咖啡的真实原因。

在研究中，表演法一般是给被测试者提供一种形象化的场景，让被测试者进入该场景进行表现或表演，研究人员将被测试者表现出的态度情感与所提供的场景联系起来，进行推断，分析被测试者的心理特征。

案例分析

打开"奥利奥"神秘之门

1984 年，"奥利奥"这个品牌就开始了对成人市场的开发。就在同一年，奥利奥展开了一场"谁是小孩子?"的广告战，其设计目的为授给成年人享用奥利奥饼干的"特权"。当时，奥利奥的策略就是"口味一流，情趣领先"。1986 年，广告战开始邀请名人加盟，以增加"成年人的特权"这一标语的可信度，并且希望取得轰动性的新闻效应。

1988 年，公司不再使用名人来打广告了。这之后的广告战表明了奥利奥饼干怎样释放了藏在每个人内心深处的童心；这一创意给上述信息增添了许多人情味儿。1989 年，计的广告对最初的广告策略做了进一步的演化，其目的在于通过以前的"特权"主题，再加上一个"往日的怀念"的主题，增强了这个广告的收视率。到 1990 年，奥利奥的品牌在市场上已经取得了一个很大的份额。它的销售量连年上升，它几乎在全世界范围内获得普遍的顾客认可。它有很强的顾客吸引力。优秀的广告文案设计，创意精巧，经久不衰，很富有号召力和刺激性。

然而，新的策略从 1984 年就已经开始在酝酿之中，并且不仅本公司，而且它的代理商 FCB，也认为开发其他商机的时机已经成熟。因为他们是在品牌口碑很好的时候实施这个战略的，所以他们时间充裕，可以深思熟虑——时间足够用于形成和测试既有影响力又有吸引力的奥利奥品牌。

打开奥利奥神秘之门的第一步就是建立一个奥利奥文案设计特别小组。这个小组包括许多关键人物，一部分来自于消费者研究部门，一部分来自于品牌拍卖组织，其他的来自于广告代理商。他们的任务就是：提出"20世纪90年代的广告文案"。紧随其后，这个小组召开了一次会议，用头脑风暴的方法想出各种提出论题的方式。就在这次首次召开的会议上，小组成员排除了各种深藏在人们内心的观点，如"你不能做这件事情"或者"这样做无济于事"，而且还试图让各个与会者相互交流，互相了解他人的观念。这种做法效果明显！它不仅设计出了一个研究规划，还费用低廉，适应性强。不止如此，这种头脑风暴的会议方式还在研究过程中，培养了一种很强的团队精神和分工负责的理念。每个小组成员都吸收了这些精神，随着研究规划的执行，这种精神将显示出永恒的、非凡的价值。

环境测试

首先，让我们看看环境分析以及为什么它被看作整个过程中的重要一环。人人皆知，在每个驰名品牌的发展史上，肯定形成了很多"公理"，奥利奥品牌也不例外，那些很有知名度的"公理"有："人人都吃奥利奥"，"情趣非凡，奥利奥饼干"，"与友共享，奥利奥"，等等。

这个小组还决定进行一项环境分析来测试这些"公理"是否真的已经为大家接受，而且还可以借助这次测试，对这个品牌所处的商业环境有一个综合的了解。但是到底怎么入手呢？首先，他们对目前存在的所有战略规划，以及过去5年内实施的多数的战术研究，完成了一个全面的回顾，显然这个回顾是耗时耗力的。而在战术研究中，他们的回顾对象囊括了市场调研活动、跟踪研究、固定样本、随机数据、目标小组等。这个过程需要很多的假定前提。随着这项工作的进行，研究人员发现奥利奥已经成了美国传统文化的一部分。它和消费者之间建立的强烈情结，已经远远超出它带来的物质利益；它的目标市场看起来几乎是每一个人。

定性分析

在上述假定前提的支持下，我们进入了整个研究过程的第二步——在奥利奥品牌的消费者/购买者之间，选择7个目标顾客小组进行测试。不只是公司自己，它的代理商也认为，通过进一步研究消费者对这个品牌的感觉，可以创造出一个巩固和增加品牌的领先地位的商机。他们希望对奥利奥品牌形象/个性引起的心理做一个透彻的了解，而且通过引出消费者口头或者非口头描述的与奥利奥品牌打交道的经历来找出这个品牌潜在的优势。除了采用传统的与测试者交谈的方式，了解谁吃饼干了、为什么、什么时候等这些情况，这个小组还运用了以下一系列的目标测试技术来发掘消费者对于奥利奥品牌内心深处的感觉和情感。

绘画心理测试：测试对象按照要求画出一些蜡笔画来解释食用奥利奥或者其他品牌的饼干的经历。除了食物和人们的吃相外，他们可以画任何东西。这些画面的分析基于测试对象对它们做出的选择的口头解释，以及心理研究人员对画面做出的心理测试。

拼贴画分析：测试对象（只包括成人和十几岁的孩子）被分为两个分组。每组得到一堆各种各样的杂志，并且按照要求剪下一些图片和文字来组成一幅拼贴画，用来表现他们对奥利奥品牌（A组）或者其他品牌（B组）的看法。等到完成拼贴画——在拼贴画中，与奥利奥品牌或者其他品牌最密切相关的图片放在中央——每一组再接着向另一组解释自己的作品。和绘画心理测试一样，对拼贴画作出的分析也依赖于测试对象的口头解释，和心理学家分析出的他们的含义。照片测试对象们得到一系列的肖像照片，包括各种职业、各种年龄、各种背景、各种心情，并且按照要求选择（还要解释原因）哪张照片最能体现奥利奥品牌的个性。

口头交流：这包括目标顾客的故事讲述——告诉从未食用过奥利奥品牌的人食用奥利奥的感受——以及对以前形成的 6 个奥利奥情感描述的反应。研究小组从这些测试小组中的女士、男士、儿童和少年那里听到的反应令人非常吃惊。最初研究小组认为奥利奥能产生强烈的情感，但是经过这次测试，他们惊异地发现，许多测试对象认为奥利奥品牌几乎可以说是"充满魔力"。它存在于少年时代的每一天，它是温馨家庭的一部分，它帮助成年人回忆起甜蜜的青春。它不仅仅只是勾起一种怀旧情感，含上一片奥利奥饼干，仿佛又变成了小孩子，各种"好东西"纷至沓来。

这项研究：

（1）证实了现存的"释放童心"策略的适宜和威力，它触动了成年人对这一品牌藏在内心最深处的情感；

（2）认清了消费者与奥利奥接触中更为强有力的情感，为定量分析中应用的更有刺激力的广告策略提供了商机；

（3）对奥利奥品牌资产中存在的因素更加系统化，这些因素主要是关于情感和仪式性的表现方面的，它们的系统化将更好地给一些要素做出界定，运用这些要素，广告无疑会更有成效。

资料来源：管理心理学教学网，http://course.zjnu.cn/iopsy/leadbbs/a/a.asp？B=10&ID=26236&ac=nxt&rd=6，2010-10-27，发表作者：佚名　2013-7-28 搜索整理.

思考题：

1. 此次调查运用了哪些定性调查方法？分别解释其优势与不足。

2. 关于改善和提高"奥利奥"品牌的活动，根据已做的定性调查能够作出决策吗？是否能达到预想的结果？为什么？

3. 请考虑此次调查有哪些地方值得我们借鉴？

思考题

1. 定性研究调查方法主要有哪些？

2. 什么是文案调查？具体包括哪些操作方法？

3. 什么是观察法？观察法的具体形式有哪几种？

4. 观察法的优缺点是什么？

5. 观察法的任务和作用是什么？

6. 什么是控制性观察和无控制性观察？

7. 什么是结构式观察和非结构式观察？

8. 常用的观察技术有哪些？

9. 什么是焦点座谈法？如何实施和管理焦点座谈？

10. 请结合实际设计一个可操作的焦点座谈方案。

11. 什么是深度访谈法？深度访谈各阶段应注意哪些技巧？

12. 深度访谈法的应用范围是什么？你怎么看？

13. 什么是联想技法、完成技法、结构技法和表演法？请举例说明。

第 5 章

在讨论了定性研究所使用的调查方法后，本章介绍定量研究的调查方法，主要包括实验调查方法、问卷调查方法和网上调查方法等。

定量研究调查方法

5.1　定性研究与定量研究

按照对市场调查资料的处理方法和结果，我们可将市场调查方法分为定性研究调查法和定量研究调查法。随着市场调查研究业的不断发展，作为市场调查研究最基本的方法，定性分析法与定量分析法得到了长足的发展。

所谓定性研究调查方法，也就是进行定性研究时使用的调查方法，通过该类方法所取得的资料一般不能形成统计量化的结果。所谓定量研究调查方法，就是在进行定量研究时使用的调查方法，通过该类调查方法取得的资料一般要形成各种量化结果，或者说，定量研究是要寻求将数据定量表示的方法，并要采用一些统计分析的形式。于是从这个角度看，定性研究的常用调查方法包括文案调查法、观察法、焦点座谈法、深入访谈法、德尔菲法、投射技法等；而定量研究的常用调查方法包括直接问卷访问法、电话问卷访问法、邮寄问卷访问法、网上调查访问法和实验方法等。

定性研究是探索性研究的主要方法。一般考虑进行一项新的调查研究项目时，定量研究之前常常都要以适当的定性研究，有时定性研究也用于解释由定量分析所得的结果。研究人员利用定性研究来定义问题或寻找处理问题的途径。在寻找处理问题的途径时，定性研究常常用于制定假设或确定研究中应包括的变量。

富有定性研究经验的研究人员将对被访者进行深入的、启发式的访谈，研究得到的结果是探索性的和解释性的，适合回答"如何？""为什么？""怎样？""对一个问题的回答究竟有几种可能性？""问题可能出在哪里？"等类问题。定性研究多用于解决微妙的消费动机和复杂的购买决策等方面的营销问题。尽管定性研究的样本代表性难以与定量研究相比，然而定性研究在访问一些公司决策者、行业专家等难以接近的高层人员的情况下往往是首选方法。

定性研究除了可以帮助研究人员理解潜在的理由和动机之外，利用定性研究分析的原因还有以下几点。首先，并不是在所有情况下都有可能采用完全结构式的或正规式的方法去获取被调查者的信息的；或即使有可能，但研究人员并不想采用这些方法。如被调查者可能不愿意或不能回答某些问题，由于这些问题侵犯他们隐私、让他们为难或对他们的自我形象有消极作用。例如，"你最近购买过卫生巾吗？""服用过治疗焦虑的药品吗？"之类的问题。其次，被调查者有时候可能对一些涉及下意识的问题无法提供准确的答案。下意识的一些动机、欲望等往往是以合理性或自我防护等形式隐蔽起来的。例如，某人可能为了克服自己在素质上低于别人的一种感觉而购买了一套昂贵的西服。不过，如果被问"您为什么要购买这套西服？"时，他可能会说，"因为我最近赚了一大笔钱"或"我的旧西服坏了"。在这些情况下，利用上述定性研究方法可能更容易得到想要的信息。

自 20 世纪 60 年代美国人蒙顿博士和拉札斯费尔德首次应用"焦点座谈会"研究方法以来，人们对定性研究方法的态度有了重大转变：从原来的否定、怀疑转变到今天的肯定和支持。近年来，定性研究方法正呈现快速发展的趋势。美国国内的定性研究调查费用从 1989 年的 3.5 亿美元增长到 1999 年的 10 亿美元，增长幅度达到了 280%。与此同时，定性研究方法在欧洲、拉美和亚洲也获得了长足的发展。

　　事实上，市场对定性研究的需求出人意料的旺盛，且应用领域不断地扩展，研究手段和方法也不断创新。定性研究的应用领域十分广泛，几乎在所有行业都得到成功的实践，并涉及各种事件、各种问题的处理和解决。较为常见的有：

① 新产品市场定位；

② 消费者态度和行为特征；

③ 产品测试；

④ 用户满意度；

⑤ 产品包装；

⑥ 营销传播概念；

⑦ 广告创意和制作的评估；

⑧ 品牌形象研究；

⑨ 行业研究；

⑩ 典型单位调查。

除商业性的应用之外，其他如医院、政府、学校等行业也越来越多地运用定性研究调查法，为其决策提供依据。定性研究也经常用于指导和规范定量研究，对定量调查的内容设置、问卷设计和抽样方法选择具有重要的价值。

　　虽然绝大多数的客户明白，高质量的定量调查项目需要较长的时间来完成，但是它们却愈来愈希望更快更早地得到调查结果。"焦点座谈会"往往在开会后两天获知初步结果，一至两周内得到最终报告。这往往是定量调查所难以想像的。

　　快速、高效正成为定性研究的未来发展趋势。当然，这种趋势对于调查人员的职业熟练程度和分析能力提出了更高的要求。

　　由于定性研究的分析报告提交速度的加快，以及人们阅读习惯的改变，导致了定性研究分析方式的改变：定性研究报告变得更加简短，更富有启发性、战略性，而不再是无边无际、拥挤成堆的数据和文字。如今，研究报告越来越多地采用简单易懂的口语陈述的语言风格，以 Power Point（投影仪）的形式向人们展示研究结果，而不是原来的那种学术性的、大部头的报告书。

　　如今，越来越多的调查公司开始使用先进的技术设备，如视频会议设备（Video-conference Facilities）、室内手动匿名投票装置（Hand-held Polling Devices），访谈专用计算机记录软件等。录像报告或录像剪辑报告的形式日益流行：它们可以让那些没有参加座谈会的管理者们观看到座谈会的全过程，包括与会者的表情、体态语言等。最终调查结果和分析，由于客户的"观看参与"而变得易于理解而被接受。在美国市场上已经出现这样的计算机软件：在访谈进行的同时，计算机可以逐字逐句地即时记录受访者原话，与此同时对话语进行分类和编码。可以想像，在定性研究领域，更直接、更高效的优秀软件将会得到更快的应用。

　　当一个管理者需要作出一个高风险的决策时，他会考虑是否使用定量研究方法来得到及时的、量化的答案。与定性研究不同的是，定量研究能够通过对更具代表性的大样本的问卷访问和分析，得到具有统计意义的结论。定量研究能够回答"多少？""多大比例？""哪个因素是最重要的？"等类问题。

5.2 实验调查法

5.2.1 有效实验研究的特征

探索性研究和描述性研究都是用于事后研究，它对寻找机会、了解问题和情况等有积极的指导意义，但以它得出的结论来作为重要的决策依据是不够有力的。由于实验性研究方案是一种可事先控制的方案，适用于研究营销领域大量的因果关系，并且所作的结论是经过模型实验证明的，因此以它为依据的决策其风险可以大大降低。

实验性研究方案是指在研究过程中，研究人员通过对某些刺激导入或控制实验因素，同时保持其他变量不变，以此来衡量这些实验因素的影响效果，从而取得第一手资料的研究方案。所谓实验因素，是指在实验过程中被研究人员有意识操纵的变化因素。如研究销售量受何种因素影响时，若研究人员有意识地调整价格，那么价格即为实验因素。

实验性研究实际上是物理化学的实验方法在市场调查中的一种应用，以使研究结果更为科学准确。下面是一生物学实验的例子。在寻找治疗某些地方流行性疾病的方法时，首先提出一种可以治疗这种疾病的药物（假设），然后从这种疾病患者中挑选一部分人组成一个实验小组，并提供药物治疗（即导入实验因素）。同时，把患这种疾病的其他患者组成另一小组作为控制组。这个控制组除没有提供药物治疗外，无论从哪方面都和实验组一样对待。最后结果表明，实验组和控制组的痊愈者比例是不同的，这个差异也就是这种药物的试验效果（研究结果）。

那么，有效的实验研究方案应具备什么条件呢？从理想的角度看，实验人员必须能够把握住外在变量，因为各种外在变量对实验的影响是不同的。如上述生物学实验中，就存在两个小组健康状况不同及其所处的环境条件不同的问题。况且市场营销问题的研究更难以做到合乎理想，因为这类研究经常会面临着难以预测的变化和人类行为的复杂性问题。因此，尽管社会科学的研究已发展到接近自然科学实验上使用的实验室试验方法，我们也只能放宽对外在变量控制的要求。

有效的合格的实验性研究方案应有下述三个特征：①在实验中的变量能够被准确地应用，并规定它的性质；②对那些明显地影响实验结果的外在变量是能够识别出来的；③在一定时期，变量的输入所产生的效果或收益是能够鉴别和衡量的。

5.2.2 内在有效性和外在有效性

实验的有效性是指依据实验性方案进行研究所得结论的有效程度。美国学者西摩·班克斯（Seymour Banks）把实验的有效性分为内在有效性和外在有效性。内在有效性是指除了实验本身，不存在任何其他影响观察结果的因素。也就是说，实验的结果假定只受实验因素本身左右而不受其他原因影响时，即为内在有效性。这种内在有效性实验就其本身看是合理的，但实际上这种试验的结果是很难保证的。例如，参与实验的人其知识和态度变化，人们在收集资料过程中的主观判断因素，以及其他客观条件限制等都会不同程度地影响实验结果。

外在有效性是指实验的结论反映了决策者的客观实际问题的基本特点，或者说，实验所作的结论基本上与客观实际相符合即为外在有效。如果某项研究结果全部符合内在有效性的要求，可以被认为是"优良"实验；但从客观上看，班克斯认为，在一个实验中，如果有几方面与客观实际不符，就可以认为这个实验在客观上是无效的。

导致这种无效性的因素主要有：作为实验对象的消费者或单位与实际应用的消费者或单位可能不相同；实验期间的周围环境与决策实施期间的客观环境可能不相同；实验中处理的方法与现实应用方法可能不同；历经一短期实验所作的各种测量结果不能引申作为一种长期的测量结果；等等。

因此，一个合格的有效实验，应该是内在有效性和外在有效性的统一。但实际上，这是很难做到的。

有效的实验要求研究人员能够辨别哪些是属于实验因素作用的结果，哪些不是；同时，要辨别和抑制实验环境中的外在变量，也是最重要的。外在变量就是有可能影响实验过程的各种潜在因素。它可分为原始变量、成长变量、测试效果变量、工具变异、选取偏误和终止变量等多种状态。

1. 原始变量（History）

原始变量是指做实验时已经存在的，非实验本身造成的，且不反复出现的事件（Events）。例如，当人们开展各种广告宣传战，对比其前后销售额时，某些商标或型号的产品受到某些机构或竞争者的不利宣传，那么，广告宣传战实验效果会受到歪曲。

在因果关系研究中往往存在许多变量可能影响我们的观察结果，而其发生又不为研究人员所察觉。就像在物理实验中控制外界环境一样，我们希望在市场调查中也能用某种方法将原始外在变量的作用剔除掉。但要做到这点是很困难的。

2. 成长变量（Maturation）

成长变量是指随着时间的推移逐渐发生变化，进而这种变化在客观上影响了实验单位的变量。它和原始的外在变量的区别是它往往有一个不明显的生长变化直到成熟的过程。这里所说的实验单位也就是受试单位，可以是组织机构，也可以是个人消费者。

作为实验单位的组织机构，随着时间的推移，可能有某些新的变化。例如，在已经建立相当时期的营销网中，有些经销商可能改变他们的经营方法；调整合并后的机构由初期的机械组合，经过一段时间的磨合形成有机的系统等。

作为实验单位的个人消费者，随着时间变化，有可能改变他们的购买行为；他们对包括消费方式在内的生活方式会有新的认识甚至有质的变化；他们会变得年长些或成熟些等。这些外在变量显然影响实验的有效性。

成长变量和时间的推移有关。不过，时间段的长短还必须针对所做实验的具体内容具体对待。在两周这个时间段内，你很难说一个受试者对某一个问题态度的变化是由于年龄增长所致。对于这个问题，两周实在是太短了。在另外一种场合，如果访问持续了两个小时，应答者很可能会感到疲劳，或者感到有些急促。例如，受试者是家庭主妇，她可能想到家里人即将下班回家，但饭菜尚未准备好，在这种情况下，访问的后半段问题的回答质量会比前半段有所下降，从而影响测量结果。对于这样的场合，两小时就显得过长了。

3. 测试效果变量（Testing Effect）

测试效果变量是指实验过程本身对实验单位测试回应结果的影响，具体又分为两种类型。

（1）主测试效果（Main Testing Effect）。主测试效果是指前一次观察对后一次观察所造成的影响。例如，考生上午参加一种题型设计较通常考试特殊的考试，由于不适应，没有考好。而当同一个人紧接着参加下午第二场题型相同的另一科目的考试时，他往往比第一场考得好些，这正是第一次测试本身使得考生有了改进。主测试效果还表现在受试者在稍后的测试中往往有意识地与前面的测试表现保持一致。例如，在回答一张问卷时，应答者在回答稍后的某题时记起了与之相关的前面一题，此时他对后一题的回答就难以独立思考，而倾向于按前一题答案"延伸"下来。

（2）互动测试效果（Interactive Testing Effect）。互动测试效果是指前一次测量引发了实验单位对实验变量的关注而造成的对后一次测量的影响。例如，某市关于市容和环境保护的宣传教育活动就很好地体现了互动测试效果。市里通过新闻媒体经常宣传关于市容和环境保护方面的知识和规章制度。第一次抽查了 1 000 名市民，旨在了解他们对有关这方面内容的了解程度。又经过一段时间的强度和频率如前的宣传教育活动，再次抽查 2 000 名市民，其中有 1 000 名是第一次抽查过的。尽管第二份问卷的具体问题与第一次不同，但两次都被访问过的那 1 000 名市民的问卷得分前后相比有显著提高，而仅在第二次调查中才被访问的那 1 000 名市民的问卷得分与另外 1 000 名的第一次得分无显著不同。这种差异的原因就在于第一次访问之后，不论其答得好不好，应答者受到了刺激，开始或多或少对市容和环保问题有了特别的关注，而后的新闻媒体发出的有关信息会给他们造成更深的印象。

4. 工具变异（Instrument Variation）

工具变异是指测量工具的变化可能给测量结果造成的影响，这或者是工具本身发生了变化，或者是工具的使用操作发生了变化。例如，问卷中措辞和问题顺序的改动属于前一种变化，访问人员访谈作业的不完全重复属于后一种变化。不同的访问人员使用同一份问卷去访问时，不可能做到外在表现形象、谈话口气和举止完全一致，即使是同一个访问者与不同的被访者接触时也很难做到前后完全一致。

5. 选取偏误（Selection Bias）

当研究人员要将受试者的某种变化归因于他们受到了导入因素刺激时，通常安排另一组未接受该因素刺激的被观察者作为对比对象。此时，如果不能确保两组被观察者在刺激发生前具有同样的基础，则不易确定刺激是否起了作用。这种情况称为选取偏误。预防出现选取偏误，可以采取两种做法。

（1）配对分组。不仅为受试组和对比组先取数目相等的单位，而且根据一些外在标准将单位两两配成对，将每对成员都指派到两个组内。

（2）随机处理。将所有参加实验的单位依据随机原则分配到受试组和对比组中。

这两种方法，随机处理比配对分组更多地被采用，这是因为：其一，配对所依据的外在特征很难掌握，往往是偏重了其中某些特征而忽视了其他特征，想要做到两组背景相同很难；其二，如果借以配对的特征恰恰与实验课题关系不大，则是对时间和财力的浪费。

6. 终止变量（Mortality）

这是指在一项实验中，有时出现个别或若干实验单位中途退出，导致无法了解实验单位退出与不退出相比，两者所产生的结果是否相同。这时的单位退出事件属于终止性外在变量。例如，利用消费者协会中的实验小组和控制小组的成员，来测试购买者对某种新产品的态度。在实验过程中，控制小组中有几个被调查对象中途退出消费者协会。这样就无法知道他们的去留是否会对购买态度的测试产生不同结果。此外，这种终止性外在变量还来自对实验工作的管理不善。

5.2.3 实验室实验和实地实验

市场调查中的实验性研究，根据情况可以设计成实验室实验和实地实验。

所谓实验室实验，是指按照一个理想的状态模拟成一个营销实验室，利用模拟实验室来调查研究有关的因果关系及其变化情况。它实际上是借用物理化学的实验室实验方案和方法解决营销问题。如果方案设计全面合理，它可能是一个有效的方法。

实地实验是一种更普遍采用的研究方案。它是指在现实的营销环境中根据研究目的确定一个实验范围或总体，在尽可能地控制其他变量的同时操纵自变量的变化，以观察和测量自变量对因变量的影响情况的研究方案。其中，控制自变量的主要手段就是导入影响因素即实验因素。

上述两种不同环境下的实验各有其特点。实验室实验是在人为环境下进行的实验，因此可能较容易取得较高水平的内在有效性，因为被调查对象能够受到缜密的控制和支配；但这种实验不可能十分准确地模拟实际环境，致使其外在有效性不一定很好。然而，这种实验方案的实施费用一般比实地实验要省。

实地实验不需要模拟实验室，任何一个符合要求的营销环境都可以作为实验基地，因此较容易保证实验的外在有效性。然而，也正因如此，对外在变量很难控制，实验成本也较高。

实验室实验与实地实验的相同点在于：它们都属于真实的实验性研究，因此其研究结果要比任何推断可靠；同时它们所使用方案的基本模式也可能一样或相似。

例 5-1 是一个实验室实验的例子，例 5-2 是一个实地实验例子。

例 5-1　研究人员抽选 200 个家庭主妇为样本进行一次实验，来了解两个问题的答案：一是价格与决定购买的产品型号有什么关系？如果有关系，可用数量来表示吗？二是向家庭主妇提供有关价格的一些信息，会影响她们的购买行为吗？现在选用两种产品——清洁剂和软饮料来做实验。首先，模拟出一种实际购买环境，并告诉所有参加实验的家庭主妇，在实验结束后，她们将得到一定的奖品或现金作为报酬。然后，向她们展示几种普通的清洁剂，并询问她们平常购买哪一种。接着向她们展示一些完全改变包装型号的清洁剂样品，第一次按通常的价格以五种不同的价格标价反复实验 5 次。五种价格分别是：

① P_0 表示所选择商品的现行价格；

② P_1 表示在 P_0 基础上降低 2% 的价格；

③ P_2 表示各种包装型号产品的单价相同的价格；

④ P_3 表示单价随着产品型号大小按比例增加的价格；

⑤ P_4 表示在 P_0 的基础上，单价按产品型号大小大幅度降低的价格。

完成上述询问后，转入到软饮料的询问，然后再回过头对清洁剂进行询问。这次用上述相同的价格给所有型号的产品标价，并且每一种型号的产品都标出五种不同的价格。按照上述规定的条件家庭主妇选择的结果，计算出各种型号选择结果的百分率，然后把前后两次实验的情况制作成一览表进行分析。通过分析可以看到，增加产品单价的种类会大大改变家庭主妇选择产品的花样。

例 5-2 美国伊利诺伊州大学为研究价格变化对品牌选择的影响，曾做过一次实地实验。他们首先在伊利诺伊州选择两个相隔 10 英里的小镇，每个镇内又分别选取两个超级市场。其中一个镇子的两家超级市场为控制店，另一个镇子上的两个超级市场为实验店。控制店的商品（包括可乐和咖啡）价格在整个实验期 8 周内保持在通常水平上，而实验店的可乐和咖啡的售价逐周做出调整。价格标签打在包装上，清晰但不醒目。不采用任何手段来吸引顾客对于价格变化的注意力，其他所有可控因素也尽可能保持一如既往。在此基础上，研究人员每周根据销售量分析各品牌的市场份额，研究价格变化对销售的影响。经对比发现，实验店的可乐和咖啡随着价格的调整，其逐周的销售量与控制店比是有差异的，这说明价格变化对销售是有影响的。

5.2.4 实验方案设计

1. 前实验方案设计

为了便于理解，首先设定实验方案中使用的符号及其含义。

"X"表示实验因素（Experimental Variable）。实验因素又称实验变量，它一般是指假设的或要检验的影响因素（如行动的原因或发生作用的处理方法）。

"O"表示对实验因素作用效果的观察结果。这时所要测量的是与决策者目标或研究人员的意图相关联的决定因素（Payoffs）所带来的效果的种类和数量。

"Y_X"表示对假设的实验因素 X 进行实验的结果。

"A、B、C……"分别表示不同的单位或小组及其顺序。

"R"表示对受试单位进行随机处理。

"EG"表示实验单位或实验组。

"CG"表示控制单位或控制组。

前实验设计特点是何时和向谁导入实验因素（又叫刺激），何时和对谁测量等都不加控制。它的具体形式主要有两种。

1）方案 1——无对比研究

无对比研究是最简单的模式，因此它是实验的出发点。这种方案中只有一组实验单位暴露于实验因素，对其回应也只观察一次。组内单位不存在随机分配问题，而是随意选取的。这种方案可表述为：

$$X \qquad O$$

例如，研究人员在某商场门口对一些读过某一杂志所刊载的一则商品广告的人士进行访问，目的是了解这则广告的刊出效果，其导入的实验因素（刺激）就是这版广告。

由于无对比研究对外在变量的影响不加任何控制，因此它在建立有效的因果关系方面不具有价值。这种设计多用于探索性研究，用来帮助提出假设，而不是用来检验假设。

2）方案 2——单一组事前事后对比方案

顾名思义，这种方案就是比"无对比研究"多了一个事前测试，其模式可用表 5-1 表示。

表 5-1 单一组事前事后对比方案

事前测试	实验因素	事后测试	实验结果
O_1	X	O_2	$O_2 - O_1$

例如，上述广告效果研究，改设计为：对包含若干读者成员的一个方便样本在阅读杂志前后的一段时间内分别被询问对于广告主题产品的态度，广告效果由两次测试的差异（$O_2 - O_1$）来衡量。

这种设计无法排除各种外在变量的干扰，因此对其实验结果不能轻信。

2. 真实实验方案设计

真实实验设计的显著特点是它可以对随机选取的测试单位进行随机处理。于是，研究人员既可以控制住何时和对谁进行刺激，又可以控制住何时和对谁实施测量。

1）方案 1——有控制组的事先事后对比实验方案

这种研究方案是在实验前和实验后这两段时间都进行测量。根据实验的目标，首先观察（或采访）和预先测量，然后引入实验因素（变量），过一段时间后，在事先观察到的一些共同特征的基础上，再进行事后测量。每次实验必须有一个实验单位或小组和一个控制单位或小组。这个方案可以表述为表 5-2 形式。

表 5-2 有控制组的事先事后对比实验方案

单位或小组	事前测量	实验因素	事后测量	对　比	实　验　结　果
EG（R）	O_1	X	O_3	$O_3 - O_1$	$Y_X = (O_3 - O_1) - (O_4 - O_2)$
CG（R）	O_2	—	O_4	$O_4 - O_2$	

最后的实验结果 Y_X 也就是实验研究结果。

2）方案 2——无控制组的事先事后对比实验方案

这是一种单一实验设计的方案。它只选择一个或若干单位（或小组）作为实验总体。事先对其正常经营情况进行测量；然后引入实验因素，再进行事后测量；最后通过前后对比了解刺激的效果，如表 5-3 所示。

表 5-3 无控制组的事先事后对比实验方案

单位或小组	事前测量	实验因素	事后测量	对比实验效果
EG-1（R）	O_1	X	O_4	$Y_{X1} = O_4 - O_1$
EG-2（R）	O_2	X	O_5	$Y_{X2} = O_5 - O_2$
EG-3（R）	O_3	X	O_6	$Y_{X3} = O_6 - O_3$
合　　计	$O_I = O_1 + O_2 + O_3$	—	$O_{II} = O_4 + O_5 + O_6$	$Y_X = O_{II} - O_I$

3）方案 3——有控制组的事后测量方案

这种研究方案是以非实验单位或小组（控制组）同实验单位或小组（实验组）的事后测量结果进行对比的一种实验研究法。它与上述两方案的主要区别就是在实验处理之前不用测量。

它首先选择一个或者若干单位或小组作为实验组，同时选择对应的情况相似或相同的控制组，在同一实验时期内，努力使实验组和控制组同时处于类似实验环境中，然后对实验组引入实验因素，而控制组不变，最后再观察对比两组的测量结果（见表5-4）。可具体设计为简单式和扩展式（见表5-4）。

表 5-4　有控制组的事后测量方案

单位或小组	实验因素	事后测量	实验效果
EG（R）	X	O_1	$Y_X = O_1 - O_2$
CC_T（R）	—	O_2	

5.3　问卷调查方法

5.3.1　直接访问法

直接访问法是指调查访问人员携带事先设计的问卷通过与被调查者面对面交谈和提问，甚至讨论来获得有关信息的研究方式。直接访问的交流方式可以按事先拟定的调查表（问卷）的问题顺序发问，也可以自由交谈；可以安排一次面谈，也可以进行多次面谈。

直接访问的主要特点有两个。①比较灵活。访问的对象、时间、人数、形式等均由研究人员掌握。②便于深入交换意见。由于是面对面交谈，就容易创造出一种融洽的气氛，对问题容易深入探讨，了解的信息也较为真实、深刻。当然，这种方法也有其局限性。具体详见表 5-5。

表 5-5　直接访问法优缺点比较

优　　点	缺　　点
• 访问者可劝导被访问者回答问题	• 寻找回答者的时间和费用往往过多
• 可同时观察到其他有用的信息	• 有些人不愿意同陌生人交谈
• 询问方式灵活多样	• 访问者的外貌、举止及语调可能使回答者多生偏见
• 有访问者的催促，可使用包含较多内容的问卷	• 回答者有时不乐意提供真实信息
• 回答者遇到理解上的困难，访问者能给以解释	• 监督和控制访问者有困难
• 抽样样本的选择可能更准确	• 对访问者要求较高

直接访问法的应用是有条件的。一般只有必要时，如要调查访问的内容多而复杂时，才考虑采用直接访问法。

应用直接访问法，涉及的工作任务很多，可概括为以下五个方面。①在指定的地区范围内履行抽样计划，落实到具体的地点和被访问的人员（Interviewees）。②严格按照抽样说明书要求设计问卷，准备好要询问的问题。③按照已确定的样本范围和问题，访问并记录所回答的问题。④在规定的时间之前，将信息反馈到资料整理中心。⑤在预算的费用内完成研究工作。

直接访问调查是一次面对面的访谈。其中一方知道要提些什么问题，需要搜集哪方面的资料；而另一方一般知道这些问题的答案，但必须经过适当的引导，其所提供的答案才能成为有用的第一手资料。研究访问员（Interviewers）能否善于引导对方提供情况和答复问题，就成为直接访问调查成功与否的关键。虽然研究人员用丰富的经验、技巧及统计学知识，设计出一份合格的调查表，但如果访问员的访问不得法，也会使一切工作变成徒劳无功。因此，访问技巧也是影响市场调查工作成败的重要因素之一。下面将介绍这方面的要领和注意事项。

1．直接访问的安排

具体安排人员访问的方法因主客观条件不同而异。如有可能，最好通过当地有关组织机构或有关人员协助联系安排。如没有这种关系，最好通过书信联系约访。当然，也可通过电话联系约访，以便事先安排，避免扑空，或干扰被访者的正常工作。

安排人员访问，首先要注意的问题是选择适当的访问对象。这点非常重要。如访问对象选择不当，就无法从中获取所需的资料，就会直接影响实地调查的效果。例如，要了解当地工业用户对某种产品的评价，最适合访问的对象就是对方工厂的工程技术人员。如向该厂采购部经理了解情况，他最多可以提供有关该厂经常进货的产品类别、交易条件和某些采购习惯。因此，必须选择适当的访问对象，才能获取较为准确的资料。

1）书信联系

如需通过书信与对方联系安排人员访问时，发出的联系信件一般应使用本公司正式的信笺打印，务求字体整洁清楚，以示庄重；而且最好署名由被访者亲启。如果不知道对方的姓名，亦可直接寄给对方公司的最高层的管理人员，如经理、厂长等亲启，然后通过他们去指派有关部门负责安排适当人选接洽。

草拟联系安排人员走访的信件，应注意下列事项：①首先向对方简要说明访问的意图；②向对方介绍本公司业务范围，以及派谁前往实地洽访；③表明公司派出的访问人员只限于搜集有关调查资料，不承担推销产品的责任；④说明大概需要占用的时间；⑤通知预计到访的具体日期；⑥书信文字流畅，讲究礼貌，不卑不亢。

书信上应写出调查内容、性质、访问者姓名及预计访问时间等。预先通知信函样本如下。

预先通知信函

　　××广播研究中心

　　事由：本公司研究人员××女士即将对您进行访问，了解您对于广播节目的意见。

尊敬的××先生（女士）：

　　鉴于有人常以所谓的调查访问为名向您推销一些您不需要的商品，为避免嫌疑，在××女士与您见面之前，特先向您写这封信。

　　我以私人名义向您保证，××女士不是想向您推销任何商品。如果您对该研究组织有怀疑，可以向当地所属的任一调查信息机构通电话，以证实其声誉。××和其他合法研究公司对您不会有什么隐瞒，会如实地给以证实。

　　××女士在最近几天将打电话给您，相信您对这次调查一定会感兴趣，调查结果将对本广播电台很有价值。它正力求为您提供您喜爱的节目。

　　在××女士打电话约您之前，如果有什么问题，可以用电话与本公司联系。本公司的地址是：×××××××电话号码：××××××××

　　　　谨上

××公司调查负责人

××谨启

　　地址：××××××　　　　　　邮编：××××××

　　电话：××××××××　　　　　E-mail：××××××

有时，也可能用电话联系约访。不过，如双方互不了解，从未有过任何通信联系，一开始就使用电话联系约访，恐怕一时难以奏效，甚至有可能出现某种尴尬的局面。电话联系约访只有在双方认识或确实无法采用书信联系的情况下才使用。

2）时间安排

人员访问的时间安排是否妥当，对实地调查的效果有直接影响。每次访问需要占用多长时间？每天可安排几次访问？研究人员需结合当地交通和访问对象等各方面的具体情况，事先做好安排，尽量减少旅途周折。

一般来说，每次访问的时间最少为半小时，最多不超过两小时。研究人员应在预审测试调查表（问卷）的时候就要估计这次实地调查需要占用的时间。至于每天安排几次访问才算适当，这就要根据当地交通等情况而定。如交通方便，通常每天可安排访问3～4次。

人员访问的时间安排应注意保证重点，有所侧重，较为重要的人员访问尽可能安排在先，其他人员访问围绕重点适当配合，避免互相冲突。

此外，人员访问的时间安排还须注意留有余地，机动灵活。要预计可能出现的其他情况，如对方因事迟到、谈话受干扰、双方为某些枝节问题纠缠等，都会占用一定的时间。而且，每次赴约应在什么时间起程才不至于迟到或来得过早；什么时间与对方结束谈话既不影响调查的质量，又不至于影响下次赴约，等等，均须预先考虑周全。

3）地点安排

直接访问可以在任何地方进行。可能选择的地方主要有：在回答者的家中，即入户访问；在回答者的工作场所；在人行道上或回答者的途中；在被访问人员等候的地方，如公共汽车站、火车站、机场候机厅等；在某个车辆不得入内，只限行人活动的商业区。

对于前两种情况，一般应事先与被访人约定，使其情愿在家中或工作场所接待访问者，否则会得不到很好的合作。对于其他几种情况，在正式访问前，当截住被访问人时，首先应客气地请求对方接受访问，如果对方确实不想合作也不能强迫；有时遇到的对象也不适合做调查对象，也没必要多费时间。在市场调查中常用的就是"购货场所截获情报法"（Mall Intercept Technique），即拦截商场内的顾客，并客气地请求其接受访问；如证明被拦截者合乎调查样本要求，调查访问者就请其到方便的地方开始正式访问。

2. 直接访问的事前准备

事前做好充分周全的准备，是直接访问成功的基础。每当开始访问之前，实地访问人员必须深入研究调查问卷的每一项，明确这次调查所需搜集的资料和具体要求。只有自己做到心中有数，才可能进行有的放矢的访问调查。

每当进行人员访问时，研究人员应随身携带工作证、介绍信、名片，供正式自我介绍时用。名片上应写明本人姓名、单位、通信地址、电话、电报挂号和 E-mail 地址等。类似这些资料研究人员应事先准备好。

如有可能和需要，还应携带某些实物样品、图表、技术资料或其他有关文件，以便在适当时候向对方展示，为的是使双方能更好地沟通，提高研究的质量。

最后，市场调查人员要特别注意准时赴约。另外，还要注意仪表大方，服装整洁，举止得体，给人以良好的第一印象。这对访问的成功同样会造成直接的影响。

3. 自我介绍

访问人员实地走访调查对象，双方在谈话开始时，访问人员应该首先自我介绍，说明来意，即向对方自我介绍姓名，代表哪个单位，需要搜集哪方面的资料，以及这次研究的目的和意义等。

访问人员向对方进行自我介绍时，说话应简明扼要，并应尽量表明对这次专程走访甚感兴趣。要与对话人建立起亲善友好的关系。使对方明确来访调查的目的，争取对方的配合支持，这也是做好工作的前提条件。

4. 提问问题

访问人员自我介绍完毕，并初步创造出融洽的谈话气氛后，即可将话题及时转入第二阶段——提问问题，这是每次人员访问的主体阶段。访问人员应该清楚地说明调查表（问卷）中的各个问题，如果被访者对问题不太清楚或误解了问题，应将问题重新说一遍。在询问时必须遵循下列规定。

（1）每个问题要严格使用调查表上的提问及用词。因为调查表上的提问及用词是经过仔细推敲的，若提问或用词有误，就会影响所得的答案。

（2）严格按照调查表上的问题顺序提问。表上每条问题的顺序是精心安排的，切勿改变已编排好的先后顺序，因为问题的先后顺序对访问是否顺利和整个答案的准确性均有重要的关系。

（3）对调查表上的问题不要加上自己的意见。被访者可能要求访问人员解释表上的某些词句，访问人员回答时，切勿加上自己的意见，以免影响被访者的思考。当被访者对于某一问题或某些词句不甚明白时，访问人员可以清楚地将问题再说一遍，并要求被访者按其理解的意思去回答。

（4）对调查表上的每个问题都应一一问到。访问人员决不能因为访问次数多了，同样的问题重复多遍或认为某些提问不重要而放弃应该询问的问题。

（5）灵活运用不同的询问方式。

5. 特殊情况的处理

在访问过程中，经常会遇到以下几种特殊情况或问题，访问人员应认真考虑，妥当地认真处理。

（1）被访者不在约访地点。访问人员按时赴约，但被访者临时因事不在，则应向在场的其他人打听被访者什么时间有空，并约定再访问的时间。

（2）被访者太忙。如果被访者认为当时太忙而拒绝访问，通常应视为是被访者的"最简捷的推辞借口"。此时，应略加解释这次访问的目的，再开始访问。如果被访者确实太忙，则应尽量设法引起他的兴趣，以便和他预约下次访问的时间。

（3）外界的干扰。电话、门铃频响，紧急事件需要处理，这些都是属于外界干扰，经常会分散谈话的注意力或打断访问而造成浪费时间。此时，访问人员要耐心地记录下被打断的地方，以便尽快地从打断处再开始询问。

（4）无关人员在场。直接访问最好是"一对一"地进行对话。如有其他无关人员在场，容易造成某种心理约束而不便充分交换意见，或无关人员代替被访者作答。遇到这种情况，应想方设法、机智而又得体地规劝无关人员离场，或要求对方另选适当的洽谈地方。例如，可向对方提议："在这里可能会影响其他同事，我们还是到别处谈吧……"，等等。

（5）被访者不愿意发表个人见解。如果对方不愿意发表个人见解，只是提供些道听途说的情况或反映，这时就应试图使他（被访者）意识到他是这方面的专家，或者说是主管这项工作的，应该了解有关这方面的情况，不可能没有自己的见解；再说所有"测题"仅需表示他本人的看法，不用顾虑对或错，访问的资料只供分析统计用，而且资料（包括被访者的单位、姓名）均会绝对保密。与此同时，更要从多方面变换提问方式，耐心引导对方说出看法。

（6）拒绝访问。如果被访者一开始就拒绝访问，或者在访问还没有结束便想中止，这时访问人员应该向其说明这次访问的目的，并强调所收集资料的重要性。如果用尽办法去解释仍然无效，此时访问人员应很客气地向他道谢后离去。

（7）问卷过长。如果问卷过长，被访者自然会提出"访问要花多长时间？"这时访问人员应正面回答问题，含糊其辞会遭谢绝。但同时有条件的可给被访者一些物质刺激，如赠与价值为1～10元礼品，这叫"入门费"（Foot-in-the Door）法。另一方法也可事先与被访者通电话，询问少量问题，如果其乐意回答问题，便可约定另派人员去访问。这时尽管问卷较长，也能得到被访者的理解与合作。

6. 访问时应注意的其他事项

（1）刚开始对话时，不要过早地触及某些机要或难于回答的问题。

（2）在对方回答问题时，应集中精神，耐心倾听，不能表示出有丝毫厌倦情绪。

（3）如不理解对方说的话，或发现对方回答与掌握的情况不一致时，应设法请对方加以澄清。

（4）做好记录。记录的字迹要清楚，内容要全面。每次访问洽谈结束后应及时复核、补充或修改。

（5）要注意引导对方围绕有关调查的问题发表意见，不要离题太远。

（6）如发现对方回答某些问题有疑虑时，应及时改变提问方式，尽力设法消除对方疑虑，保证对话顺利进行。

（7）提问结束后，应留出一些时间与对方进行简短的、非正式的自由讨论，然后再结束谈话，向对方致以衷心的感谢，给人留下良好的印象。

（8）最后，凡在实地访问期间曾向对方作出过的某种许诺，应切记照办，逐一兑现。

人员访问实际是市场调查人员进行的一次现场单独作业，具体操作技巧因人而异，但无论什么人，总需要经历不断地实践和积累经验的过程，才能运用自如，日臻完善。

5.3.2 电话访问法

电话访问法（Telephone Interview）是指通过电话向被调查者询问了解有关信息的研究方法。在西方发达国家，采用电话访问研究往往是以电话用户号码为依据，进行随机抽样，确定被访问的对象。在我国，随着电话的普及，电话访问法的使用会越来越多，因为它是最便利、最迅速，且费用最省的一种方法。电话访问法的优缺点见表5-6。

表5-6　电话访问法的优缺点比较

优　点	缺　点
• 时间短：拨通被访者的电话，立即可获取期望信息 • 费用最低：可节省大量差旅费 • 避免亲自出差到访问地点 • 回答者不与"陌生人"见面 • 适宜访问不易接触到的被访者，如工作繁忙之人 • 容易控制：只要培训和管理好访问员即可收到较好效果	• 总体欠完整：未安装电话的用户往往是排除在外的 • 无法观察到被访者的表情和他在传递信息中的问题 • 不易取得被访者的合作 • 问题询问难以深入，因为交谈时间不宜过长，只能简要问答 • 有时可能使被访者产生猜疑或敌意

电话访问法一般在探索性研究中用得比较多，其目的是为了迅速地查明市场出现的问题，及时把握新的动向。

采用这种方法，研究人员的任务与直接访问法区别不大：①履行抽样计划，接通被抽中的各号码的电话，并寻找预定的接话者；②按要求设计问卷；③与对方接通电话，严格按要求进行询问，准确地记录所给的答复；④把已填好的问卷交给资料编辑专职人员，以备信息处理。

电话访问不需要像外勤记者那样，为了找到被调查对象要费九牛二虎之力。一次找不到被访者，可随时再挂电话找他。因此，完成上述任务应比直接访问容易，当然也需要一些技巧。

电话访问调查法与直接访问调查法相比，所设计的"问题"相对少些。只要在研究管理部门的严密监督下，访问质量是能够得到保障的。下面是一些常规问题的处理方法。

(1) 如何处理未列入电话簿内的电话号码问题。一般可通过随机选取电话拨号来解决，具体方法如下。

方法一：调查者首先选定那些拥有住宅电话号码并且合乎抽样计划的电话局。从电话局了解到电话号码的前缀和电话号码的分布范围，以免范围集中或过小。然后，用随机数位编成电话号码表，电话号码便满足随机性的要求，即后两位数随机确定，而前五位或六位数保持不变。这样，不管电话号码是否在电话簿中登记都可以拨到。

方法二：加一拨号法。即根据作为抽样的那个电话簿中登记的电话号码加 1（或加 2、或加 3 等均可），作为下一个电话号码。例如，随机抽中 7370412 为第一个号码，那么下一个电话号码就是 7370413，再下一个电话号码是 7370414，依次类推。这种方法也可以保证不在电话簿上的号码有同等的被抽中的机会。

(2) 如何减少误差，提高访问效率。

方法一：最好提前寄一封信或一个卡片，提醒应答者将要进行的电话访问及访问的目的，使其有一个心理准备。这样在回答问题时就节省时间，又可能提高准确率。所用信件的格式可参照直接访问法使用的"预先通知信函"。

方法二：询问的方式最好使用是非两分型选择法，要求回答者从两项中选择其一，必要时追踪询问，使其回答态度明确，便于记录和汇总，这也是提高效率的有效方法。

(3) 尽量弥补由于缺少视觉形象所带来的距离感，通过语言技巧与对方建立亲善关系，引导回答者全面合作，真实地回答问题。如果对方很忙，应感谢他并约好改日再联系。

5.3.3　邮递访问法

邮递访问法（Mailing Visit）是指研究人员把预先设计好的调查表（问卷）邮寄给被调查者，由被调查者按照要求填写后寄回给研究人员的研究方法。有时，像"征订单"、"订货单"、"意见单"或"评比选票"等，也可当作调查表加以利用。

邮递访问法的突出特点是：①成本较低，其费用只有印刷费、邮费及管理费等；②被调查者有充分时间考虑要回答的问题；③匿名性强，可得到面谈得不到的信息。其具体优缺点见表 5-7。

表 5-7　邮寄访问法优缺点比较

优　点	缺　点
• 被访者理解和回答问题时不受访问者的影响 • 无论何时回答均可 • 邮寄范围广阔 • 费用较低 • 有时可获取所谓秘密的信息 • 能够利用任何可见的资料，有时还可获得二手资料	• 回收率较低 • 一般回收期较长 • 不能了解问卷以外的信息 • 缺少现场激励或指导回答 • 在回答问题以前，要阅读整张表格，因此后面的问题可能影响前面问题的回答

这种资料收集方法，没有现场调查人员，不必和被调查者直接会面，而是通过邮件这种不受个人感情影响的接触，与被调查者取得联络。因此，研究的具体工作任务都转移到研究中心机构的人员身上。这些任务主要有：①汇编或购买抽样地区范围内拟定调查对象的各种通信地址及邮编目录；②邮寄问卷和其他材料；③对那些在规定的期限内没有回音的被调查者，再寄去请求信和问卷，或加之电话询问；④整理邮寄回收的问卷，为信息处理做好准备。

由邮寄访问法特点决定，其成功与否完全决定于问卷本身。问卷设计科学、合理、明确，就有利于准确地进行信息交流。

传递问卷最典型也最常用的方法就是通过邮政网络寄出和寄回。除此以外，还有其他传递方式，例如发送问卷法、报载问卷法、商品附发问卷法和电子网络传递法。

发送问卷法又称留置问卷法，是指研究人员派员将问卷发送给选定的被调查者，待其答完后再派员收回问卷。发送的具体方法有：①入户发送；②由机构单位向其职工发送并代为收回，或由居委会代向其管辖区居民发送并代为收回；③由研究人员召集选定的被调查人开会，在会上分发问卷，当场收回。

报载问卷法（Media-Carrying Questionnaire）是指采用报纸杂志刊登问卷以收集有用信息方式。某些报刊或厂商还试行有奖评选活动，要求被调查者须按规定填写，按时寄回投票，这是一种有奖征求信息的做法。使用这种方式时，回收率和样本的代表性难以控制，但其好处是在收集资料的同时还可起到广告的作用。

商品附发问卷法（Commodity-Attaching Questionnaire）是指企业通过邮局寄去，或派员向潜在商品购买者送去样品或试用品等，并内附一份问卷，要求接收者回答后寄回。有时对新上市商品一律在包装内附加一份问卷，以征求消费者的意见，或以建立长期服务关系的名义进行调查，及时收集有用的信息。

电子网络传递法（Internet Questionnaire）是指将调查问卷直接制作在电子网络的主页上或通过 E-mail 传递问卷，回答者回答完毕返回。例如，像搜狐、新浪、东方网景等著名网站都有这方面的尝试。

邮递调查法的主要问题就是回收率低，这意味着收回的问卷属于一种高偏差的样本。因此，研究人员应想方设法提高回答率。这些方法主要有以下几种。

首先，在邮寄调查问卷表后，对于应收而未收到问卷的被调查对象，继续采用不同手段催促其寄回问卷。如发一张明信片催促函件或采用电话催促，有助于提高回答率。美国专家卡洛克（Kanuk）和伯伦逊（Berenson）进行的一次研究表明，经 3 次催促，回答率就从 46％提高到 73％，而且电话催促比函件催促更有效。

其次，发送、邮寄一点礼品，以示对回答者的酬谢。除了报载问卷法经常使用有奖征答方式外，其他邮递方式也应适当使用礼品酬谢方式，这既有利于提高问卷回收率，又有利于问卷答案的准确。卡洛克和伯伦逊在 20 世纪 80 年代曾做的调查实验表明：寄去 10 美分银币以示酬谢的调查与不寄任何东西的调查比较，后者的平均回答率只有 37％，而前者的平均回答率则达 52％，平均提高了 15％；若寄去 25 美分银币，回答率可提高 25％。寄去的银币数量与回答率成正比关系。当然，寄多少礼物要取决于研究人员支付能力。

第三，组建几个有代表性的调查对象小组（Panels），需要时从他们那里获取资料，在很大程度上可避免回收率低。因为这些小组内的调查对象与调查者之间订有合作协议，且收取适量的佣金。一般他们是愿意合作的，尽管他们对某些调查项目有时可能缺少代表性，但是可以从这些调查对象中抽出具有代表性的样本。

在美国，应用固定调查对象小组的典型形式是"用户日记典型调查小组"（Diary Panel）。其做法是：小组中的每个成员随时记录下某些个人行为，如电视观感、收听广播、采购特定的商品等行为，然后保存下来，定期或不定期寄给研究人员。美国市场调查公司（Market Research Corporation of America，MRCA）使用和保持这种调查对象日记制已达50 多年，有时政府机构也利用这些小组作为调查对象。

以上阐述了有关提高邮寄调查回答率和减少误差的几种方法技巧，但是各方法也不是十全十美的。研究人员应针对具体情况选取不同的方法，来获取预期回答率。

5.4　网上调查方法

访问研究方法除了传统的直接访问法、电话访问法和邮寄访问法以外，随着电子网络技术的应用与发展，近几年又出现了网上访问方法。

5.4.1　网上访问的具体形式

网上访问法的实质是传统的访问方法与现代电子网络技术的结合，因此其操作方法主要有以下几种。

（1）E-mail 调查。即通过电子网络向被调查者传递问卷，被调查者在规定的时间内回答问卷并再寄给研究人员。使用此种方法，由于问卷出现在被访者的私人信箱中，因此能引起被访者的注意，可以广泛、全面地了解网民的意见和态度；但使用此法的前提是拥有足够多的被访者电子信箱地址，并保证一定的回收率。

（2）互动式调查。即与被调查者约定在某一时间段内进行网上交流，回答问题，收集信息资料。此种方法既可一对一交流，又可"座谈会"式交流。这种方法充分利用了网上访问的优势，可根据被访者回答的情况进行"追问式"访问，及时沟通，使研究工作既有速度，又有深度；但使用此法应事先约访，并负担被访者上网费用，确保被访者按时上网。

（3）弹出式调查。所谓"弹出式调查"，是指将软件安装在网站上，根据一定的比例抽取被访者，当网站的访问者被随机选中时，一个独立的小窗口就会弹出，询问访问者是否愿意完成一份调查问卷。如果被访者单击"否"，该窗口立即消失；如果单击"是"，一份调查问卷就会出现在另一个新的浏览窗口中，被访者即可进行在线答题；当其对有些题目不慎了解时，可随时查看有关说明性内容，直到完成、提交问卷。使用此种方法的优点是尊重被访者的意愿，但据此获得的资料准确性和代表性等均难以控制。

（4）网络固定样本组调查。即研究公司根据自愿注册及有偿参与的原则，只要符合要求的网民，均可注册为样本组成员，研究公司将收到的所有网民的背景资料（包括心理特征）存入网民固定样本组——"网民信息库"中。通过该数据库，研究公司能够提供一个全方位的、精确的和独立的目标网民细分，来满足客户的特殊需求。

（5）转换式计算机辅助电话访问（CATI）系统。CATI 问卷结构语言编写的调查问卷通过 WWW 服务器在网上发送，该 WWW 服务器与接收和储存应答者答案的数据库相连接。CATI 系统的优点是拥有良好的样本及定额管理系统，通过它也可以建立复杂的跳过模式。不像电子邮件问卷，CATI 系统能够马上进行数据确认，并立即对非法输入的数据要求重新输入，在某些情况下，甚至可以监控问卷调查数据收集的过程。但另一方面，CATI 原来是为电话访问者在计算机屏幕上输入数据设计的，所以应答者屏幕的格式在某些方面受到了一定的限制。此外，CATI 语言不能展示图片和声音材料，所以无法最大限度地发挥互联网的综合功能。CATI 的购买和使用也是比较昂贵的。

（6）互联网公共网关接口（CGI）。使用 CGI 的程序是直接用超文本标注语言编写的，此语言是 WWW 上广泛使用的程序语言，因此 CGI 成为最灵活的一种方法。CGI 拥有 CATI 的所有优点，但它又与 CATI 不同。它不属于某种专有的计算机辅助电话访问语言，也不归某个技术开发商所独有。它可以进行编程，以适应调查者对调查报告的特殊需要。

（7）互联网问卷调查系统。互联网问卷调查系统是专门为构造和传输网上调查问卷而设计的软件。从本质上讲，此系统将计算机辅助电话访问的问卷调查管理工具与公共网关接口程序的灵活性结合在一起，问卷设计者、服务器、数据库及为非程序人员设计的数据传输程序综合成一个整体。其最大优点是可以让非编程人员创造出极具视觉吸引力的复杂问卷。

（8）新闻组与邮件名录。

5.4.2　网上问卷调查公司

如果在网上搜索"market survey research"，就会有数以千计的网站可供选择，下面就是一部分国内外的网上问卷调查公司的名录。

（1）从 http：//www. volition..com/opinions. html 的"A Volition to Get Paid for Your Opinions!（有偿征求意见）"上可找到网上市场调查公司的名录，该名录列出了一些向参与调查的网民支付酬金的问卷调查公司。

（2）Goblobal 公司具有开展多种语言问卷调查的能力，网址是：http：//www. GoGlobal. com/ItackS/。

（3）www. worldpoint. com 有全球很多调查公司的名录，可以帮助研究人员从零开始。

（4）Internet Poll（www. internetpoll. com）是一家通过互联网和电子邮件进行网上问卷调查的具有 25 年经验的市场调查公司，它通过选定的电子邮件名录招募应答者来进行网上问卷调查，它用预调查来确定哪种调查方式适合它的大多数应答者，它还为网上问卷调查设置跳过模式。

（5）www. CustomerSat. com 提供网上问卷调查的样本，并容许人们在网站上张贴自己的调查问卷，它专攻网上问卷调查并对互联网问卷调查提供许多有益的指导。

（6）双赢公司（www. 2winservey. 2winnet. com），是中国比较早的专门提供网上调查服务的公司，研究人员可以委托其进行网上调查，也可以进行自助式调查。自助式调查操作程序是：

① 登录 www. 2winservey. 2winnet. com；

② 建立新问卷；

③ 生成邀请被访者邮件列表（写邀请邮件，邀请信测试；网站链接给出地址）；

④ 邀请被访问者（发出邀请信）；

⑤ 发布问卷（在网站上将图标加上链接）；

⑥ 网民回答问卷；

⑦ 观看调查进展状况（报告、统计结果等）；

⑧ 数据传递。

5.4.3 网上访问法的优势与局限性

1. 网上访问法的优势

（1）速度快。进行网上访问时，将问卷直接放在网上，要求被调查者在线答题，被访者只需轻点鼠标就可表明自己的立场，轻而易举完成并很快提交问卷；被访者在填写并提交问卷的同时，也就完成了问卷的录入过程。这些都大大缩短了调查的周期，提高了工作效率，一般资料收集时间可由过去的几周甚至一个月缩短到几天。

（2）样本容量大。由于互联网极大的包容性，在同一时间内可以同时进行多人答卷多人提交，且不会相互干扰，从而在同样的研究费用和时间情况下，可收集到和处理更多的样本单位资料，增加样本代表性，这是传统的研究方法无法比拟的。

（3）成本低。由于网上调查每次只需根据客户的不同需求设计一套问卷及相应的程序，一次上传到网站上，不需要安排大量的访问人员，节约了大量的访问人员工资、差旅费和管理费等，因此研究总成本比传统方法要低得多。

（4）质量高。网上调查通过设计程序可以对问卷进行严格的质量控制，随时检查被访者回答问题的逻辑性和完整性，并及时给予提示，所有被访者都是在完成全部问题并符合逻辑的前提下提交问卷的，所以使用该方法得到的问卷质量比使用传统方法有明显提高。

（5）富有灵活性和趣味性。网上访问法也有一定的灵活性，是否愿意接受调查完全取决于被访者的个人意愿，而且通过互联网出示给被访者的问卷中的问题选项顺序是随机的，可以避免位置排列先后造成某选项被选概率偏高或偏低的误差。同时，网上调查还可以利用互联网的特点，充分发挥声音、图形、动画等表现形式的优越性和亲和力，使调查工作生动活泼，充满趣味性。

2. 网上访问法的局限性

网上访问法的局限性主要是：在上网人数还不足够多的情况下，被调查者只能是网民，因此调查总体欠完整，同时也限制了所研究问题的范围；网上访问所使用的问卷不宜过长，否则被调查者会离线逃跑；填写问卷者的身份难以辨认，由此造成的误差也难以控制。

案例分析

百事可乐的大规模消费者调查

在美国软性饮料市场上"可口可乐"那突出、更漏型瓶子，使得"可口可乐"握起来更舒适、更粗壮，适于自动贩卖机贩卖，使得"可口可乐"握在消费者手中还能让人辨认出来的唯一标志，曾经成为美国民众不可分割的部分，是"可口可乐"最重要竞争优势。

百事可乐花费数百万美元以研究新的瓶子设计。1958 年起 20 年中，"百事可乐"推出"旋涡型瓶子"之标准包装对抗，却不曾为该公司造成像"可口可乐瓶子"为消费者所认同，却被认为是个仿冒者。

"可口可乐"的瓶子，我们必须"消除它的那股无形特殊力量"，这个问题的症结是什么? 史考特再三沉思这个问题。

以寻求"更换竞赛场地的规则"来进行；可能的话，改变整个竞赛场地，设法"向后探本溯源，看看顾客们真正的需要是什么"？（史考特，1970年百事可乐行销副总经理）。

史考特知道百事可乐公司就是对他们顾客认识不足，搞不清顾客真正需要是什么。

他发起一项"大规模消费者调查"，以研究各家庭实际上在其家中如何饮用百事可乐和其他软性饮料。

该公司慎重选择350家庭做长期的产品饮用测试，以折扣优惠价每周订购任何所需数量的百事可乐及其他竞争品牌软性饮料。

史考特回忆说："让我们大吃一惊的是，发现不管他们订购多少数量百事可乐，总有办法把它喝光"。"这让我恍然大悟"，他说，"我们要做的就是包装设计，使人们更容易携带更多软性饮料回家的包装设计。"

"情况已很明白"，他继续说，"我们该将竞争的规则全面变更。我们该着手上市新的、较大且更多变化性的包装设计。"于是，百事可乐把容量加大，让包装更有变化。

戏剧化的成果发生了。

可口可乐未将其著名的更漏造型瓶子转换为更大容器，"百事可乐"已逼使长久以来遥不可改的"可口可乐瓶子"，一个已经让三代以上的美国人熟悉的商标在美国市场上消失了；百事可乐的市场占有率则呈戏剧化扩张。

史考特发现在点心食品上的关键事实，也是目前所有市场人员认知事实——"你能说服人们买多少，他们就吃多少"。

案例来源：中国营销传播网，http://www.emkt.com.cn/article/57/5711.html.2001-12-04，作者：陈辉吉，2013-7-28搜索整理。

思考题：

1. 请问本案例中百事可乐采用的是什么调查方法？
2. 案例中所用的调查方法有何优缺点？

思考题

1. 请举例说明定性研究与定量研究之间的关系。
2. 什么是实验调查法？实验调查方案有哪些类型？
3. 有效合格的实验性研究方案应有哪些特征？
4. 请举例说明实验调查方案的内在有效性和外在有效性。
5. 什么是实验室实验和实地实验？它们有什么区别？
6. 什么是直接问卷访问？它的优缺点是什么？使用直接访问法应注意什么问题？
7. 什么是电话问卷访问？它的优缺点是什么？如何减少误差，提高访问效率？
8. 什么是邮递问卷访问？邮递访问法的突出特点是什么？发送问卷有哪些可选择的方法？
9. 使用邮递问卷访问法时，如何提高问卷回答率？
10. 网上访问的具体形式有哪些？它们的优缺点是什么？

第6章

市场调查的实施及其管理是市场调查过程的重要环节，因此本章重点介绍调查队伍的组织、调查队伍的培训及调查队伍的监督管理等问题。

市场调查的实施

6.1 调查实施队伍的组织

6.1.1 实施主管的职责

一般对于规模不大的市场调查机构，市场调查的实施主管往往就是项目主管（项目负责人）；但如果调查机构本身没有足够的实施能力，则需要通过市场调查协会或通过相关会议的名录、商业广告或网上查询的办法，去寻找、选择并委托专门的调查实施公司或数据收集公司来负责项目的实施。在后一种情况下，项目主管要担负起实施主管的工作。受委托的实施公司将派出督导和调查员，在委托机构的项目主管（实施主管）的监督下工作。一些大型或国际性的市场调查公司，都设有专门的市场调查实施部，负责公司的所有项目的实施。在这种情况下，实施主管和项目主管的职责是完全不同的。实施主管一般要同时负责几个项目的实施，其职责主要有以下几个方面。

① 深入了解调查研究项目的性质、目的及具体的实施要求；
② 负责选择合适的实施公司（如果需要的话）并与之进行联络；
③ 负责制订实施计划和培训计划；
④ 负责挑选实施督导和调查员（如果需要的话）；
⑤ 负责培训实施督导和调查员；
⑥ 负责实施过程中的管理和质量控制；
⑦ 负责评价实施督导和调查员的工作。

实施主管是调查机构的中层职位，需要掌握有关市场调查的基本理论和方法，有比较丰富的工作经历和经验，同时需要具有比较强的组织和运作的能力。一般要求实施主管具有大学本科或以上的学历，有至少两年以上的市场调查经验。

6.1.2 实施督导的职责

实施督导是具体的项目运作监督人员，负责实施过程的检查监督和实施结果的检查验收。监督的方式可以是公开的，也可以是隐蔽的。例如，开展面访调查时，督导应该对调查员开始进行的几个试访问实行陪访，并在整个实施的过程中有计划地进行陪访。使实施有一个良好的开端，而且很有必要经常到实施现场去，以确保调查员没有松懈，没有养成什么坏习惯，也没有投机取巧走捷径。开展电话调查时，开始的几个访问应当有督导在场，督导可以通过分机聆听访问的对话，以便进行必要的帮助。

对调查实施的监督可以是公开的；但是对于训练有素的调查员和动机目的明确的调查员，在没有任何迹象表明其可能有欺骗或错误的情况下，公开的监督是没有必要的。如果在实施的过程中有可能进行隐蔽的监督，那么一定要事先通知调查员，说明可能会有不公开的检查监督的发生；否则如果过后调查员发现他们在受到暗中监督时，肯定会感到极大的不满。

隐蔽的监督之所以有必要，是因为如果调查员知道在受到（公开的）监督时，其行为表现可能会有所差别，这种差别没有必要是故意造成的。隐蔽的监督可以有两种方式：在访问的名单中或在访问的现场中加入一些调查员不认识的人士，要求他（她）将访问的情况向督导报告；或是在调查员不知道的情况下对访问进行监听或录音。

督导应该对调查员的访问结果进行尽可能频繁的和尽可能及早的检查。最好要求调查员每天都将当天完成的访问结果（完成的问卷）上交督导。督导对实施的情况可以一天一检查，一天一报告。实施主管根据实施的进度和完成的配额，可以及时地对计划进行必要的调整。督导也可以及时地向调查员核对一些不正常的访问个案，以便能在调查员还记忆犹新的情况下做出必要的改正。

督导的工作容易集中在检查错误和不足上，似乎算出有错误的访问个数和算出正确的访问个数是等价的，这实际上是一个大错误；应该集中在数出正确的访问个数上。首先，从教学或培训来看，灌输知识比消灭无知要困难得多；其次，集中注意力于负面的而不是正面的访问工作，只会让受监督的调查员感到泄气和打击。重要的是，督导要对调查员所正确完成的工作进行慷慨的表扬和真诚的感谢；绝不能责骂或侮辱调查员，有必要的只是指出错误并告诉他们如何改正。调查员的工作可能会是很困难的，但是有自信心的、受到激励的调查员总是可以做得很好。

实施督导是调查机构的入门职位。对于决心投身调查业的大学毕业生来说，从督导工作开始，负责现场的实施、数据的编辑和编码，可能还会参与一些数据的分析，是最基础的工作。

6.1.3　调查员的挑选

调查员是调查实施的具体执行者，因此调查员的自身素质是调查实施能够成功的最重要的保证。调查员一般都是从申请者中经过认真地挑选后确定的。首先，应当考虑的是访问对象的人口特征（性别、年龄、文化程度、职业等）和社会经济特征，要尽量选择能与之相匹配的调查员。一般来说，调查员和被访者所具有的共同特征越多，成功的可能性就越大。

其次，应当考虑的是调查员完成访问工作的有效性和可靠性：能够按照访问指南工作并坚持始终不变的程度及愿意这样做的程度。也就是说，技能和目的动机是两个最基本的绝对必需的选择因素。

调查员的工作是与被访者进行交流，因此能干的调查员应该既善于向他人做有效的询问，又能细心地倾听、正确地领会和解释他人的回应。虽然一般都希望调查员是比较合群、善于交际、性格外向的，或是有着开朗的个性、愿意并喜欢与他人接触的，但是调查员不能过于活跃。如果他们较啰嗦和健谈，就会无法停歇，无法倾听和领会被访者的回答，从而无法准确地作出解释。也就是说，他们可能既没有给予被访者充分的机会来做完全的和彻底的回答，也没有抓住回答中更细微的或非语言暗示的内容。

由于调查员一般都是临时的或兼职的，靠调查工作的收入也是十分有限的，因此，不能保证调查员不欺骗、不投机取巧或不走捷径从而牺牲了数据的有效性。调查员几乎总是会认为，这些不好的行为被发现的可能性是微乎其微的，事实上也很难侦察出来。因此，作弊的诱惑会是很强的。调查员的信念和个人的道德是避免作弊的最重要的因素。所以，很有必要只接受那些种种迹象都表明是完全诚实的和勤奋的申请者。建议向申请者以往的雇主去了解情况，包括申请者旷工的记录。最好还要获取一些个人的参考资料，询问有关个人的所属、所在的社区，以及其他任何能表示其个人责任感和社会责任感的有关信息。挑选一位尽管在技能和能力方面稍差一些，但是完全诚实和可以信赖的调查员，要远远好于相反的选择。

最后，对于挑选有经验的调查员是否就一定优于没有经验的调查员，这是一个有争议的问题。显然，如果研究人员曾经在以往的项目中使用过这些调查员，而且他们的表现良好，那么就应该再次雇用。但另一方面，这些过去曾在其他机构工作过的有经验的调查员，可能并没有受到过很好的培训，他们可能已经养成了许多难于纠正的坏毛病或习惯。对于没有经验的调查员的确需要更多的培训，但是"从零开始"训练，经常会比消除纠正已有的不准确的或不适当的信念和习惯来得容易。在挑选调查员时，对有经验的也要像对没有经验的调查员那样进行透彻的考评，对有经验者可能还要做得更透彻些。

在我国，兼职调查员从大学生中招聘的情况较多。

6.2　调查实施队伍的培训

6.2.1　培训内容

对调查员的培训有两种情况：入门的培训或常规的培训，以及针对某个具体项目的特别培训。对新雇用的调查员，不管他们是否曾为其他机构或个人工作过，都要进行常规性质的培训和即将实施项目的特别培训。如果调查员在该调查机构内已连续工作了一段时间，并通过多次实施工作积累了一定的实践经验，那么在接受新任务时，一般只需要了解项目、熟悉所要使用的特定问卷和有关的材料就可以了。

对于常规的培训，必须让调查员掌握两方面的内容："怎样做"和"为什么要这样做"。首先，要掌握 8 个怎样做：

① 怎样确定访问的地点（包括抽样的基本方法）；

② 怎样确定访问对象（包括抽样和配额的方法）；

③ 怎样进行接触（包括仪表和谈话方式等）；

④ 怎样问候（包括开场白等）；

⑤ 怎样确认合格的被访者（包括筛选方法）；

⑥ 怎样询问和追问；

⑦ 怎样记录；

⑧ 怎样结束访问。

其次，必须让调查员知道为什么要这样做，为什么遵循所规定的访问指南和访问程序是十分重要的。大多数调查员的培训课程在讲授"怎样做"方面都比解释"为什么要这样做"方面给人印象深刻得多、有效得多。然而，对新调查员灌输这两个方面的内容是同样重要的，因为完成上述的八项工作通常可以有许多方式，而通常培训中指导调查员完成每项工作的方式，一般都会比调查员自己能够找到的其他方式困难得多。对新调查员来说，为什么要按所规定的方式去做，理由一般并不明显。因此，在培训中十分重要的是，向新调查员讲清楚必须这样做的理由及不这样做所造成的后果。

对新调查员除了进行常规的培训和指导外，还要针对即将实施的调查问卷的使用方法作出补充的指导。如果实施工作是委托其他的数据收集机构来完成的，那么对该机构的调查员也应该进行相同的常规培训和特别培训。

如果公司没有对调查员进行过关于职业道德方面的教育，那么在常规的技术培训中，还应增加这方面的内容。主要包括：调查员在实施过程中的重要作用；调查员所应具备的诚实、客观、认真、负责的品德；调查员所应遵循的为被访者保密、为客户保密的职责；等等。

6.2.2　培训方式

培训一般由实施主管负责。如果实施是委托某个数据收集机构进行的，而且是第一次使用该机构，那么实施主管最好要亲自到该机构去指导和培训。但是有时这种做法并不可行，如路途遥远、同时雇用几个数据收集机构或数据收集工作非常简单明了。在这种情况下，必须提供详细的书面的指导，同时通过电话对话或电话会议进行培训。

培训对象是受委托机构的督导，或最好是对督导和调查员都进行培训。一般的做法是：

① 介绍调查项目概况及研究目的；

② 讲解实施的要求、实施指南和注意事项；

③ 分发给培训对象进行访问所需的一份材料，包括问卷、书面指导、必要的卡片等；

④ 将问卷从头至尾"走"一遍，注意每一个问答题、指导语、跳答、记录要求等；

⑤ 以某个督导或调查员为对象，由培训者示范进行一次模拟的访问；

⑥ 讨论可能出现的问题，给出解决的方法；

⑦ 对督导和调查员进行提问，以确保他们已经完全理解了访问工作的所有方面；

⑧ 让每一个调查员都相互练习作 1～2 个访问，使他们熟悉所有的细节；

⑨ 分发现场实施所必需的材料和物品。

如果调查员培训要由所委托的数据收集机构的督导来单独执行，那么应该指示他们一定要严格地按照上述的程序来做。数据收集机构常常会试图缩减培训的程序，因为这样可以降低费用且容易实行。

6.2.3　访问的基本技巧

如果访问是面对面进行，其访问过程和基本技巧主要包括以下几个方面。

1. 确定访问时间和地点

选择一周中的哪一天和一天中的哪一段时间进行访问，是一个很重要的问题。它不但可能会影响到拒绝率或应答率的大小，还可能会影响到对问题回答的性质。如果是入户访问，应安排在上午 9 时至晚上 9 时之间进行，同时应注意避开吃饭时间。为了能得到有代表性的样本，访问应尽可能安排在周末和晚上进行。应当严格要求管理调查员，确保他们按照规定的时间去访问；否则调查员一般都会倾向于选择自己方便的时间，而不是被访者方便的时间或督导所规定的时间。

调查员不太可能理解访问的地点会对答案有影响，因此实施主管要具体规定访问的地点，并要监督调查员，以确保他们认真地执行了关于访问地点的要求。如果是入户访问，调查员要争取得到允许进入被访者的家中，最好是和被访者一起面对面地坐在一张桌子旁边，以便准确地提问和记录。

如果访问将在购物中心、商城、体育馆之类的"公共"场所进行，事先最好要征得有关负责人的书面的批准，并让调查员随身携带有关批文的复印件，以免发生误会造成实施工作的延误。

2. 开场白

调查员与被访者最初的接触，是能否获得被访者合作的关键的一步。最有效的开场白往往是非常简短的。下面给出需要筛选的和不用筛选的两个开场白的例子。

【需要筛选】您好！我叫×××，是×××××调查统计研究所的调查员。我有一些问题要询问那些拥有国产品牌洗衣机的用户。请问您的洗衣机是国产的还是进口的？（如果是国产的，继续访问；如果是进口的，结束访问）

【不用筛选】您好！我叫×××，是××××调查统计研究所的调查员。我有一些关于超市的问题，想了解一下您的看法。（马上问第一个问题）

如果是邮寄问卷或自填式问卷，邀请信要包含充分的信息，如调查的性质、参与的重要性、填答的注意事项等，因此会比面访式的开场白长得多。在面对面的实地访问时，调查员一般对调查项目不作解释。不过，缺乏经验的调查员常常会设计一个包含较多信息的长得多的开场白。实用的一般原则是使开场白尽可能的短，目的是使被访者马上开始回答问题。一旦被访者的精神集中在调查问题上，就不会再去考虑是否应该参与的问题。

开场白的另一个基本原则是：决不要请求获得允许。例如，用"我可以占用您几分钟时间吗？""您能花几分钟来参加这个调查吗？"之类的问话开头都是不合适的，因为很容易得到拒绝的回答。研究表明，与不请求获得允许的（更正确、更有效的）开场白相比，请求获得允许的拒绝率将会高很多。总之，能使被访者越早开始回答问题就越好。被访者一旦开始参与，就不太会中途停止。

3. 提问

调查员向被访者提问时，在措辞、顺序或方式上即使做很小的改动，都有可能会歪曲原意而造成偏差。因此在实施访问时，调查员必须严格地、丝毫不差地按照问卷中的问题和指导语的要求来提问，绝对不能按照自己的理解来修改问卷中问答题的提法。总之，面访提问应当遵循以下基本准则：

① 要对问卷十分熟悉；

② 按问答题在问卷中出现的顺序来提问；

③ 严格地、丝毫不差地按照问卷中的措辞来提问；

④ 提问时说话要慢而清楚；

⑤ 对方不理解的问答题要重新提问；

⑥ 每个问题都要提问；

⑦ 遵照指导语进行提问和跳答；

⑧ 如果需要出示卡片，一般在问答题陈述完以后再出示；

⑨ 在访问过程中，如果因为不可预料的原因使提问中断，如果中断的时间过长（超过几分钟），那么，一般情况下就应放弃该访问。

4. 追问

问卷中可能会有一些开放式的问答题，需要被访者深入地回答。调查员要采取有效的追问技巧，使被访者能够进一步地扩展、阐明或解释他们自己的回答。追问技巧的关键是既深入、客观又不至于诱导产生偏差。常用的追问方法有以下几种。

（1）重复提问。用同样的措辞重复提问，可以有效地引出被访者的进一步的回答。

（2）重复被访者的回答。通过重复被访者的回答，可能会刺激他们，使他们谈出进一步的看法。调查员可以边做记录边重复他们的回答。

（3）利用停顿或沉默。通过停顿、沉默或注视，都可以暗示给被访者提供一个更完全的答案。不过，不要让沉默或注视使被访者感到难堪。

（4）鼓励被访者或让他们放心。如果被访者犹豫了，调查员应想法让他们放心，如可以说，"回答没有什么对与错，我们只是想要知道您的看法"。如果被访者要求对词汇或短语作解释，调查员不应给出说明，而应将解释的责任推还给被访者，如可以说，"按您所认为的那样去理解就可以了"。

（5）启发被访者以引出进一步的阐述。为了促使被访者进一步合作并给出完全的回答，可以做类似的启发，如可以说："我不十分明白您所说的是什么意思，您可以再多谈一些吗？"

（6）利用客观的或中性的问话。例如，可以使用以下一些标准的"追问语"：

其他理由呢？

还有其他人呢？

还有其他呢？

对此您还能再多谈谈您的想法吗？

您是怎样想的？

您指的是什么？

哪一个与您所感受到的形式更接近？

您为什么那样认为？

您可以告诉我您心中所想的吗？

5. 记录

记录被访者的回答看起来似乎很简单，但调查员常常会犯错误。应该培训调查员在访问过程中使用相同的格式、符号和修改方法进行记录。对于结构式的问答题，主要是要求调查员注意选对画圈的号码或空格，对于开放式的问答题，主要是注意逐字逐句地按被访者的原话记录回答。以下是美国密歇根大学社会学研究所的调查中心制定的针对开放式的问答题记录的调查员指南：

① 在访问期间随时记录回答（不要过后补记）；

② 使用被访者自己的语言（记录原话）；

③ 不要对被访者的回答进行归纳总结或解释；

④ 记录与问答题有关的全部内容；

⑤ 记录所有的追问语和对应的回答；

⑥ 边记录边重复所记录的答案。

6. 结束

所有的信息都收集到了以后才能结束访问。正式访问之后被访者自发地发表的评论或议论也要记录下来。调查员也应当回答被访者关于调查项目的提问，要让面访给被访者留下一个好印象。最后，向被访者赠送一个小礼品，并对被访者的合作表示诚挚的感谢。离开访问场所之前一定要再次检查，以确认有关的所有材料（包括问卷、卡片、展示物品等）都没有遗漏。

如果访问是通过电话进行的，上述的大多数访问技巧和注意事项也仍然适用。但是，由于调查员与被访者分别是在电话线的两端，调查员只能完全依靠自己的声音来控制访问的过程，因此在某种意义上对调查员的要求是更高的。调查员的声音要亲切有礼貌，而且必须既清楚又快速，以免拖延访问的时间。一般来说，5 分钟以内的电话访问不太会有提前中断的情况发生；10 分钟左右的访问也还能维持与被访者的友好谈话气氛而少有拒绝或中断发生；但超过了 15 分钟，被访者拒访或提前中断的数量就会明显地增加。

6.3　调查实施队伍的监督管理

6.3.1　调查实施的经费预算和进度安排

调查实施所需的费用主要包括调查员劳务费、被访者礼品费、督导劳务费、交通费、材料费（纸张、录音机、录音带等）、问卷和相关资料的印刷费、实施主管的薪金、必要的办公费用（如电话、传真）等项目，在进行经费预算时要考虑到所有的可能花费。这里主要讨论调查员劳务费的估计和支付方法。

调查员劳务费通常有两种支付方法：按完成的访问份数计算或按工作的实际小时数计算。另外，也有极少数的情况是按月付工资或根据全部工作量付费。最常见的两种支付方法都各有其优缺点。不过不管采用哪种方法，其他可能的直接花费是另外单独支付给调查员的。

按完成的访问份数计算调查员的劳务费有以下优点。

（1）鼓励多劳多得。工作效率高、善于争取被访者合作或工作时间更长的调查员会得到更多的报酬，因此可以鼓励调查员都努力地这样工作。这不管是对调查员还是研究人员来说，都是有好处的。

（2）防止草率的工作。完成的每一份访问都应该是有效的、完全的和有用的，草率完成的不合格的访问是不被接受因而得不到报酬的。

（3）计算准确。研究人员可以准确地估算实施所需的费用，调查员也很容易得知自己应得的报酬。

但是按完成的访问份数计算也有一些缺点，主要是有可能会纵容作弊的行为。调查员有可能采取欺骗的手段去获取更多的份数，或有可能为了赶进度而匆忙地记录，或有可能有意避免那些比较难合作的或反应太慢的被访者。因此，即使是在按完成的访问份数支付劳务费的情况下，研究员也应事先准确地估计访问的难度和所需的时间，从而规定一个既对调查员也对客户都比较公平的付费标准。有时候访问工作的难度是因具体情况的不同而有所差异的，例如，各个调查员所分配到的配额要求可能不同；或对有些被访者需询问全部问答题，而有些却只需提问其中的一部分。因此，按完成份数支付劳务费的方法仅在访问工作的难度大致相等，或对不同难度的工作几乎已经作了平均分配的情况下才是合适的。

按工作的实际小时数计算调查员的劳务费，其优点恰好就是可以有效地克服按份数支付方法的缺点。由于劳务费是按实际工作时间计算的，所以调查员就不太会有意去避免访问那些比较难访的被访者，或不会为赶进度而不顾访问的质量，等等。当访问工作的差异较大时，最好考虑按时间付费。例如，当面访调查员被固定地安排在不同的访问地点（普通居民区或高收入居民区），或电话访问的调查员被固定地安排在不同的时段工作（白天或晚上），这时完成的访问工作量不仅与调查员的能力和努力有关，更与所分配的地区或时段有关。

按工作的实际小时数支付劳务费，其缺点之一是难于事先准确地估计整个项目的花费。为了作出实施的经费预算，事先还是要估计一下每个访问所需的平均费用；缺点之二是需要更严格的管理监督，因为按工作时间的长短付费，调查员比较容易懒散、聊天、拖长休息时间，等等。

实施的进度安排除了要考虑客户的要求外，还要考虑实施期间可以工作的兼职调查员的人数和督导的数量。如果调查员的人数超过了督导所能监督管理的范围，调查的质量控制就会有问题。因此，调查员的人数并非越多越好。此外，对每位调查员每天所完成的工作量也应有一个限制范围。否则，完成的数量太少会影响进度；而如果每天规定完成的数量过多，质量就难于保证，督导的检查也可能无法到位。因此，进度的安排要综合地考虑所有相关的因素。

6.3.2　调查实施的监督管理

1. 来自调查实施的随机误差和系统偏差

调查实施质量的高低决定了研究项目可靠性和有效性的高低。调查员之间、完成的访问之间的变差越大，所引进的随机误差和系统偏差也越大，从而数据的可靠性和有效性也就越低。因此，为了得到可靠的和有效的结果，研究人员应当努力实行质量控制，使所有的访问过程始终保持一致的标准。

随机误差会降低调查数据的可靠性，而系统偏差将减小结果的有效性。随机误差和系统偏差可能来自研究人员（抽样设计、问卷设计等），也可能来自调查员或来自被访者。实施阶段的质量控制主要是针对后两种情况。

1) 实施中可能产生的随机误差

(1) 指导语误差。如果调查员没有完全准确地按问卷中所给出的指导语去访问，那么即使是微小的偏离也会引进误差。偏离书面指导语的情况是十分普遍的。调查员有可能不再直接去看指导语，而是按自己的记忆去背诵指导语。这样不看书面的指导语去作了几个访问以后，所背诵的指导语就很有可能变得不太一样了。如果有了许多次这种微小的措辞变化，调查员记忆中的指导语就会和书面的指导语有很大的差异。

(2) 提问误差。不同的被访者对所提问答题的表达形式不太一样，这也会产生误差。即使是对严格的事实型问答题，问法不同，回答也会不同。例如，"请问您的年龄是多少？"和"你多大了？"这两种问法，前者可能平均上会得到较大的年龄，后者可能会使有些人说出较小的年龄。调查员常常并不理解措辞中十分微小的差异会影响被访者的回答。

(3) 答案提示误差。在访问中有明确的指导语，规定是否要将可供选择的答案读给被访者听，或将对应的卡片出示给被访者看。如果调查员在不该读（出示卡片）时读（出示）了，或在应该读（出示卡片）时没有读（出示），都会引进误差。

(4) 量表转换误差。在使用量表卡片时，可能会产生误差。例如，李克量表卡片上有五个可供选择的答案，"非常同意"为1，"同意"为2，等等。有些被访者看到卡片后可能会回答数字，有些会回答具体的措辞。如果问卷上没有将数字和可供选择的答案同时列出，就有可能产生误差，例如，有些调查员对"非常同意"的答案可能会记录为5而不是1。

（5）记录误差。要求调查员记录的东西越多，产生的记录误差可能也就越大。用文字来记录被访者的回答，比只用一个数字或字母来记录，造成误差的可能性要大得多。调查员倾向于简要地记录被访者的回答，因为手记的速度是远远赶不上口述的速度的。

（6）理解误差。如果调查员在访问的过程中需要去理解被访者的回答，也有可能会产生误差。例如对有些开放式问题，按指导语的要求，调查员不能将问卷中各种可能的答案读给被访者，而必须先听回答，然后再选择一个对应的答案圈上。被访者很少会用与问卷中的答案完全相同的措辞来回答的，因此调查员必须判断答案的意思，然后选择最接近的答案。在实地面访或电话访问时，这种判断是很容易出错的。

为了控制上述访问误差，整个访问过程都必须认真仔细地进行监控管理。首先，在调查员培训时，实施主管或督导要仔细地观看调查员的模拟访问，使问卷中的要求和调查员的表演练习之间的任何微小差异都应该能检测出来。然后是实地陪访或现场观看，看调查员是准确地在"读"有关的材料，还是仅凭自己的记忆在"说"。为了减小答案提示误差，问卷中应该把指导语非常明显地放在括号内，来说明供选择的答案是否要读给被访者。如果要使用量表卡片，那么在问卷中应同时标出数字和对应的文字说明，要和出示的量表卡片相一致，这样才能减小量表转换误差。记录误差是无法仅靠监控访问过程就能发现的。督导在监控调查员的访问工作时，也应对其中的一些回答亲自做记录，然后再与调查员在问卷中的实际记录相比较。为了防止记录错误，重要的是在问卷设计时，要精心地构造问答题的答案，使之能快速、简单、容易地记录。尽量避免可供选择的答案不允许出示或读出的开放题。如果不得不有这样的开放题，那么在培训调查员时，应该重点地指导调查员，让他们彻底地弄清楚选择答案的准则。而且自始至终都应进行监督，以确保调查员对答案的理解是正确的并且是始终一致的。

2）实施中可能产生的系统偏差

（1）回答偏差的放大。

回答偏差放大情况主要有以下几种。

① 社会需要。在询问有关个人的偏好、看法或行为时，如果被访者的情况与社会公认的有较大的差异，被访者就很有可能按照是否被社会接受或受社会尊重为准则来回答，而不是按其真实的想法来回答，从而产生了社会需要偏差。例如，询问"您是否比您的妻子挣得多？"时，大部分男性被访者可能都会作肯定的回答，因为男性的社会作用似乎应该是"挣钱养家的"。这个问答题可以改用另一种委婉一些的问法，使之不那么可能得到与社会需要相关的答案。例如，"您妻子的月收入通常是比您的高一些，差不多，还是低一些？"

② 默认。人们一般都是比较合作的。被访者一旦同意参加调查，就意味着其有合作的倾向。如果他们明显地感到某些答案会更受调查组织者、研究人员或调查员的欢迎，那么他们就有可能会自动地提供这样的回答，从而形成默认偏差。

③ 附和。有些人或多或少会有同意正面答案的倾向，总爱回答"是"、"对"、"喜欢"等；而另一些人则可能会相反，倾向于负面的回答，如"不对"、"不是"、"不同意"等。因此，产生附和偏差。为此，除了要说明真实的回答才更有帮助外，研究人员要尽量设计无明显"正面"答案的问答题。

④ 威望。每个人实际上都是喜欢让自己在他人眼中"显得好一些"的。被访者可能多报一些收入，少报几岁，或夸大一下他们工作的重要性，这种希望得到尊重的愿望可能会引进威望偏差。

⑤ 恐惧。如果调查问答题所涉及的内容和结果对被访者是非常负面的，就有可能构成对被访者的某种心理威胁，应当尽量避免这种问题所引起的恐惧偏差。

⑥ 敌意。有些调查的内容或问题会在某些被访者中产生强烈的敌意或不满。一旦引起了这种强烈的情绪，就不太可能只集中在造成这种情绪的事情上，或很快地驱散它。在这种情况下，感到敌意或不满的被访者有可能将这种情绪"推广"到下面的问答题中，从而产生敌意偏差。

⑦ 主办。如果被访者事先知道是谁主办或赞助该调查项目，那么他们对主办者或赞助者的感情或情绪，就有可能会使他们对问题的回答产生偏差。

对于上面列举的常见的偏差来源，虽然既适用于没有调查员在场的邮寄问卷调查、自填式问卷调查，也适用于通过调查员在场进行的面访或电话问卷调查。但是对于有调查员存在的情况，由于被访者与调查员的相互影响作用，这些偏差很可能会被放大，而不会被缩小。因此重要的是，在使用调查员实施访问时，应该更加努力去防止回答偏差。

（2）回答偏差的产生。除了上述只是由于调查员的存在就有可能产生的影响外，调查员的实际操作也会制造或增加回答的偏差。例如，如果在被访者看来，调查员的语言或非语言动作似乎有些威胁意味，就会制造出恐惧偏差；如果调查员比较粗鲁或过于逼迫，就有可能产生影响被访者的回答的敌意偏差，等等。调查员得到越好的培训、调查员的目的越明确、对调查员的监控越严密，调查员就越不可能成为回答偏差的来源。

因此，在培训或监控调查员时，培训人员或督导应该特别清醒地了解每一种回答偏差的来源；同时，必须严密地注视调查员的操作，看是否有迹象表明调查员在制造或放大某种或某些类型的回答偏差，以便及时地加以纠正。

2. 监督管理的具体措施

除了进行认真严格的培训之外，还要采取充分的措施，以保证调查员确实能按照培训中所要求的方法和技术进行访问。负责监督管理的督导要做好以下几方面的工作。

1）质量控制与检查

督导必须按照一定的比例，如 15％ 左右，采取公开的或隐蔽的方法，监视调查员每天的工作。如果发现操作问题，应及时纠正解决，必要时还要对调查员进行进一步的培训。为了理解调查员的问题，督导也应亲自做一些访问。

督导应该每天回收当天完成的问卷，并且每天都要对每份问卷做检查，看是否所有该回答的问答题都回答了，字迹是否清楚，跳答的问答题是否按要求进行了，等等。对调查员的反馈应该是正面的反馈。

督导应每天记录调查员所做的工作（完成的访问数或访问的小时数），以便掌握实际进度与计划进度的差距，以及调查员存在的问题。

督导还应该每天都如实地向项目主管或实施主管报告项目实施的进展情况；如果可能无法按预期的进度完成，要事先通知有关部门或单位；要对所有的调查材料和结果保密。

2）抽样控制

监督管理的一个重要方面是抽样控制，要保证调查员是严格地按照抽样方案去抽取样本，而不是根据方便或接近的难易来挑选样本的。

督导应每天记录每个调查员访问的数量、不在家的数量、拒访的数量、完成的数量、完成的配额情况（如果有配额要求的话），以及每天全部调查员完成的数量和配额。

为了随时向项目主管或实施主管准确报告抽样控制的情况，最好准备一份抽样控制表格，包括：对配额变量的完成情况，已完成的部分样本的人口特征分布，对关键变量的回答情况，等等。

3）控制作弊

除了通过培训、监督和检查的方法使作弊程序减至最小之外，还可以使用一些"撒胡椒面"的方法，检出作弊的行为。方法之一是在问卷中"撒"上一些检查用的问答题，这些题与问卷中的某些题是高度相关的或几乎是相同的，调查员如果作假自己填答问卷的话，很有可能会在这些题中出现矛盾，从而被发现。方法之二是在访问的名单中"撒"上一些"查账者"，所谓"查账者"，可能是调查公司或委托客户公司中的工作人员。调查员会把这些"查账者"当成一般的被访者进行访问，因此如果有任何作弊的行为，都会很容易很快地暴露出来。

4）复查验收

对于经督导检查上交的调查结果，实施主管或项目主管还要进行必要的核实和复查后才能验收。一般来说，要抽查 10%～25% 的被访者，询问调查员是否真的认真地按要求进行了访问。要了解访问的时间长度和访问的质量、对调查员的印象、有无收到礼品或收到什么礼品，等等。在某些情况下，还要重复询问一些事实型的问答题，如人口基本特征等，看与问卷中的答案是否一致。

6.3.3　对调查员的评价

评价调查员是一件很重要的工作，对他们的工作情况作出反馈，并由此识别较高水平的调查员，从而建立起一支较高素质的调查员队伍。评价的准则应在培训调查员期间就明确地告诉他们，主要有以下几条。

1. 费用和时间

在可比的地区或范围内，比较各位调查员完成一份问卷的总费用（劳务费或工资和其他费用）。还要评价他们如何花费自己的时间，如实际访问时间、路途时间和组织管理时间等。

2. 回答率、合作率、拒绝率和接触率

根据美国民意调查研究协会（AAPOR）1998 年 5 月提供的关于电话调查和入户调查的各种比率计算的标准定义，回答率（responserates）指的是完成的访问单位数除以样本中合格的访问单位数。根据对部分完成的访问数和对合格性未知者的处理，回答率有不同的定义。一般来说，合作率（cooperationrates）指的是接受访问的单位数占所接触的所有合格单位数的比例，拒绝率（reusalrates）指的是拒绝接受访问或中断访问的单位数占所有潜在合格单位数的比例，接触率（contactrates）指的是找到的（到达的）被访单位数占全部待访单位数的比例。

访问实施全部结束后，要计算项目的总回答率和有效率，同时还要算出每个调查员的回答率和有效率，以确认较好的调查员。

3. 访问的质量

通过督导的陪访或其他监督检查的方式，观察调查员的访问过程，主要从以下几个方面来评价调查员访问的质量：

① 开场白的恰当性；

② 提问的准确性；

③ 以无偏差的方式进行追问的能力；

④ 提问敏感性问题的能力；

⑤ 在访问期间所表现出来的与人交往的能力；

⑥ 结束访问时态度举止的恰当性。

4. 数据的质量

要评价调查员所完成问卷的质量。质量高的数据表现在以下几个方面：

① 记录的数据清楚（包括字迹、画圈、打钩等）；

② 完全按指导语提问（包括限选一项、可选多项、跳答等）；

③ 开放式问答题的答案是逐字记录的；

④ 对开放式问答题追问的答案是有意义的，回答是比较完全的；

⑤ 未答的项目比较少。

为了使调查员能够更加明确应该做的和不应该做的，可以让他们携带一份简明的访问指南。例如，在美国调查研究协会的调查员面访工作指南中，要求调查员做到以下几点：

① 如果被访者问起，调查员应该将自己的全名及调查机构的电话告诉被访者；

② 完全按问答题的书写格式提问，如有问题要尽快向督导报告；

③ 按问卷指示的顺序提问题，遵照跳答的顺序；

④ 对被访者的提问以中性的态度阐述；

⑤ 不对被访者进行诱导；

⑥ 除非委托方允许，一般不暴露其身份；

⑦ 对中断的访问做上记号，并记录中断的理由；

⑧ 在访问期间保持中立的态度，对被访者的见解既不表示同意，也不表示不同意；

⑨ 说话要慢而清楚，使被访者能理解所提的问题；

⑩ 逐字记录所有的回答，不要作任何的解释；

⑪ 避免与被访者作不必要的聊天；

⑫ 如果把没有什么别的指导，对开放式的问答题一般都要进行追问，以获取尽可能充分的回答；

⑬ 书写要整齐清楚；

⑭ 在交给督导之前要检查全部的访问结果；

⑮ 如果需要中断对某人的检查，要以适当的方式进行，如可以说："我们的样本在这个范围的配额已经满了，不过还是要谢谢您。"

⑯ 对所有有关的材料，包括问卷、培训资料、卡片、名单、访问指南等，都要保密，访问工作结束后要全部交回；

⑰ 对任何问答题、任何答案、任何访问对象，都不能弄虚作假；

⑱ 对被访者要表示感谢。

案例分析

县乡市场调查三部曲

随着市场竞争的日益惨烈，渠道下沉、深度分销及精益化营销已成为业界共识，而作为三、四级市场的县乡、农村也因为人口基数庞大，消费水平日渐提高，而越来越吸引众多厂商的眼球。但县乡市场又不同于一、二级市场，它自有其内在的差异和特征，因此，要想更好地占领县乡市场，从而在广阔的县乡天地里大显身手，那么，充分地进行市场调研以及科学分析，正确决策，将必不可少，它也是在市场的角逐中"知己知彼、百战不殆"的有力保障。但如何进行县乡市场调查呢？

县乡市场调查的目的

在进行县乡市场调查之前，一定要多问几个为什么，即我们为什么要进行县乡市场调查，通过调查我们要达到什么样的目的，市场调查的作用是什么，它对我们的市场决策将有什么样的指导意义？具体要调查哪些内容？等等。这些都是我们在进行详细的市场调查之前，都必须要弄明白的事情。"凡事预则立，不预则废"，只有弄清楚了县乡市场调查的目的，我们才能有计划、有针对性地进行准备和组织，从而有目标、有步骤地一步步去落实；县乡市场调查的目的明确了，我们的调查才能思路清晰、工作条分缕析，才能有行动的方向和指南。

常见的县乡市场调查的目的不外乎以下几种。一是企业产品还没有进入市场，为更好地切入市场，从而适销对路，打开局面，而进行的市场调研，其目的是了解当地的风土人情、区域差异、消费习惯、经济水准、竞品信息等。二是企业产品已经进入市场，为深度分销，有效实施市场细分与产品区隔，进一步提升铺市率，以建立强有力的产品垄断地位，提高产品市场占有率，而进行的市场调查。三是在一些强势的县乡区域市场，实现产品升级、品牌升级，通过对市场的全面而立体式的调查，查漏补缺，扬长避短，从而建立牢不可破的"根据地"市场。实施科学、合理的县乡市场调查，将对企业的正确决策、合理制定切合市场实际的运作方案，从而有效打击竞争品牌，树立企业的良好形象，将会有着十分重要的指导意义。

县乡市场调查我们要得到什么样的信息？另外，我们要调查哪些项目呢？归结起来，县乡市场调查包括以下三个方面的内容：一是要调查当地的人口数量、分布状况、经济消费水平以及当前市场容量；二是要调查和确定产品进入市场的最佳时机和最佳切合点；三是竞品的具体市场表现及其在市场上的实际覆盖率，从而避实就虚，寻找对手市场拓展"短板"以及市场切入的突破口。目标搞清楚了，县乡市场的调查工作就有章可循了。

县乡市场调查的步骤

县乡市场调查事关企业市场开发、网络布局、长远规划等发展大局，做好县乡市场调查，需要以下步骤及准备工作。

第一步：确定县乡市场调查的机构及人员。即此项工作应该由谁去做，并合理定岗定员。按照现行做法，此工作一般由企划部或市场部的有关市场调查或调研人员来完成。当然，作为大公司，也有委托专业的市场调研机构来完成的。

第二步：确定县乡市场调查的内容及时间。即县乡市场调查应该设计哪些内容、完成时间等。市场调查的重要程度不同，出发点不同，调查内容及时间长短也往往不同，但一个原则是，即要讲究调查内容的全面性和囊括性，也要讲求时效性，毕竟市场是时刻变化着的。

第三步：确定县乡市场调查的实施过程。对县乡市场调查的细节要责任到人，落实到人。要强调市场调查的真实性、有效性，要时刻关注市场调研的实施全过程，要建立调研过程跟踪制度，以确保市场调研的准确性和可参考性。

县乡市场调研要做哪些准备工作呢？首先，"不打无准备之仗"，要对一些市场调查所需要的工具做充分的准备，比如，调查内容、表格的设计和印刷、调研市场的行政、交通地图，通过这些"道具"的准备，进一步摸清当地的人口状况、资源状况、分布状况、消费差异等。其次，确定需要调查的城区或乡镇，调查的地区或乡镇要有代表性，要能从整体上代表县乡市场状况，能够"窥一斑而知全豹"。最后，调查的人数和随机性，调查的人数既不能过多，也不能太少，要以能代表县乡市场基本情况为基准，从而能全面而准确地反映当地市场的实际的竞争格局和发展概况。

县乡市场调查的方法

县乡市场调查的方法有很多种，现就常见的几种方法作一阐述。

一、实地调查法：了解一个市场最直接的方法就是切身处地地到市场上进行周密调查。如果你到一个县乡市场，想详细了解一个产品的市场销售状况，那么，最直接、最好的方式就是能到城区的"死角"或农村的村落里去走一走，看一看，通过城区"垃圾堆"、废品收购站或田间地头各品牌产品的废弃包装物料数量散落的多少，你就可以知道哪个产品的销量最大，市场占有率最高，哪个产品销得最好。通过此种方式，我们可以不被市场上琳琅满目的堆头、陈列等一些表面"假"象所迷惑，从而更加清楚市场上产品的实际销售状况。

二、问卷调查法：县乡调查的另外一个方法就是问卷调查法，即可通过当地报媒的形式进行，亦可直接对调查当事人问卷调查。通过调查问卷，特别是施以一些"小恩小惠"的有奖调查，有时能够激起调查受众的积极性，从而达到快速、全面调查市场的目的。问卷调查法往往侧重于市场宏观情况的调查，比如，品牌、服务、产品、促销在市场上的总体表现、还需在哪些方面予以强化与完善等。问卷调查法由于方式规范、受众直接，并且往往是一对一、面对面，因此，调查的信息相对真实和准确，并且还有可能收集到一些对企业有用的市场或竞品信息，因此，也是一种十分有效的市场调查方法。

三、追根溯源法：如果你想去寻找一个理想客户，想了解一个市场的最真实的情况，最好的办法就是采用"追根溯源"法。单从县乡一些市场经销商门店的大小、装潢的豪华程度来看，已经不能完全真实地去评判一个客户了。很多客户门面很大，但往往都是终端零售商，不具备分销的条件；相反，有些大客户却为了合理规避费用，往往采取"小门店，大仓库、专业配送"的方式，真正的销售大户往往是这些"不显山，不露水"的经销商。市场调查如果能从终端零售店特别是乡镇市场的终端零售网点做起，通过"望、闻、问、切"进行分析判断，往往就可把"大鱼""钓"出来。望，是看县乡终端及批发、分销商产品陈列的多寡与终端建设的程度；闻，是听渠道分销商对市场主产品的评价与预测；问，是有针对性、有目的地询问一些有关本品与竞品市场的问题；切，是根据以上三点，对市场进行准确诊断与评析，从而达到自己的市调目的。通过终端客户、批发商、分销商等一点点向上"追溯"，我们就可以逐渐了解本品或竞品的市场占有率状况、覆盖率状况，从而了解市场该品类产品的销售大户及其销售的真实状况，以便找到自己所要找的"金龟婿"，最终寻找到心目中的"白马王子"——理想的经销商。

四、填写表格法：通过让调查受众填写表格而进行的市场调研是一种最为直观、最为具体的调查方法，由于该方法调查方向明确、内容具体，犹如目前的标准化"考试"，操作起来简便、易行，因此，它被大多数企业的市场调研部门所广泛采用。但填写表格法，需要对调查内容进行格式化、数据化、细化及量化，比如，调查题目：

1. 你对本品的售后服务如何评价？A. 优，B. 良，C. 一般，D. 差。

2. 你怎样看待当地的消费水平？A. 高，B. 中等，C. 一般，D. 低。

3. 你认为以下哪组数据代表了本地的收入水平？A. 2 万元/年以上，B. 1～2 万元/年，C. 0.5～1 万元/年，D. 0.2～0.5 万元，E. 0.2 万以下。

通过填写表格的设计与实施，以及专业人员的数据统计、处理、分析等，从而获得企业所需要的一线市场资料，为企业的正确决断提供决策依据。

县乡市场调查的准确度决定了企业产品能否顺利、快速地进入市场，抢占市场，一个企业只有做好了最基础的市场调查工作，并能"吸取精华，剔除糟粕"，明辨市场的真伪，才能审时度势，整合企业优质资源，充分利用天时、地利、人和之优势，果断出击，打压竞品，从而达到企业的战略发展规划与目标。

资料来源：中国传播营销网，www. emkt. com. cn/cgi-bin/search. cgi？query＝％CF％，2005.6.23，作者：崔自三，2013－7－28 搜索整理。

思考题：

1. 在进行市场调查时，如何对实施过程进行监督管理？

2. 选择合适的市场调查员对市场调查的成功至关重要，如何选择合适的市场调查员？

思考题

1. 市场调查实施主管的职责有哪些？

2. 如何挑选合适的市场调查员？

3. 调查员的培训内容有哪些？

4. 如何对市场调查的实施过程进行监督管理？

5. 应从哪些方面评价市场调查员？

第 7 章

本章介绍市场调查资料的接收与编辑，调查资料的编码与录入，调查资料的统计分析方法与理论分析方法，以及市场调查报告的撰写等。

市场调查资料的
整理与分析方法

7.1 市场调查资料的接收和编辑

7.1.1 市场调查资料的接收

调查数据的整理计划应该在研究设计阶段就制定好，但真正着手整理是从仍在实施的现场中回收的第一份问卷开始的。因此，如果一旦发现问题，还可以及时纠正或改进正在实施的工作。

接收调查资料（完成的问卷）工作的要点有以下 7 个方面。

（1）认真仔细地管理好数据的收集和问卷的回收工作，要掌握每天完成的问卷数和每天接收的问卷数。

（2）在完成的问卷后面记录下问卷完成的日期和接收的日期，以便于工作有必要时在分析过程中可对先接收的数据和后接收的数据做比较。

（3）多个项目同时实施时，必须清楚地记录：交付实施的项目数、仍在实施的项目数、已经完成并返回的项目数。

（4）每一份返回的问卷都要记录一个唯一的、有顺序的识别号码，作为原始的文件。

（5）在有人进行资料的核对、有人进行事后的编码、有人进行数据的录入等工作时，必须按识别的号码，准确地记录。清楚是谁拿着哪些原始文件（返回的问卷）。

（6）要让所有参与资料整理工作的人员都知道，他们不但负有保证工作质量的责任，还负有保证不丢失任何原始文件的责任。

研究人员通常有必要非常仔细地控制数据收集和整理的过程。从实施一开始，就要通过实施主管，每天一次或至少每周两至三次，从每一个调查员或督导那里获取工作进度的报告。

完成的问卷就是获取调查数据的原始文件。设计一套系统来处理原始文件，并在接收资料的过程中自始至终地坚持这个工作系统。此工作系统的第一步通常就是打开所收到的材料，记录收到的日期和交付人的姓名。

有经验的研究人员发现，按顺序的号码来记录所有接收的问卷是十分有用的。这些唯一的号码不但记录在原始文件上，也同时记录在数据中。因此，如有必要进行查错时，研究人员可以随时找到原始的资料。这些原始文件的识别号码可以手写，也可以用打号机。重要的是，要注意所使用过的最后一个号码，以免重复编号。

很有必要规定并坚持一套系统的记录制度，以明确什么人拿着什么原始文件。这些原始文件是十分宝贵且不可替代的。那些工作中需要接触原始文件的人应该十分小心，不得错放或丢失，并负有保管的责任。如果事后发现任何问题或错误，应能找到责任所在。在数据整理的全过程中，花费时间和精力来坚持做这样的记录是十分值得的。

7.1.2 市场调查资料的检查

资料的检查一般是指对回收问卷的完整性和访问质量的检查。目的是要确定哪些问卷可以接受，哪些问卷要作废。这些检查常常是在实施过程中就已经开始。如果实施是委托某个数据收集机构去做，那么研究人员在实施工作结束后还要进行独立的检查。其要点如下。

① 规定若干规则，使检查人员明确问卷完整到什么程度才可以接受。例如，至少要完成多少，哪一部分是应该全部完成的，哪些缺失数据是可以容忍的，等等。

② 对于每份看似完成的问卷都必须彻底地检查，要检查每一页和每一部分，以确认调查员（被访者）是按照指导语进行了访问（回答）并将答案记录在了恰当的位置上。

下面情况的问卷一般是不能接受的：

● 所回收的问卷是明显不完整的，如缺了一页或多页；

● 问卷从整体上是回答不完全的；

● 问卷的几个部分是回答不完全的；

● 问卷只有开头的部分才是回答完全的；

● 回答的模式说明调查员（被访者）并没有理解或遵循访问（回答）指南，如没有按要求跳答等；

● 答案几乎没有什么变化，如在用 5 级量表测量的一系列问答题中，只选了第 3 个答案，等等；

● 问卷是在事先规定的截止日期以后回收的；

● 问卷是由不合要求的被访者回答的。

一般情况下，会有一些令检查人员难于判断的问卷，这些问卷应该先放在一边，通知研究人员来检查以决定取舍。因此，通常最好建议检查人员将原始文件（问卷）分成三部分：可以接受的、明显要作废的、对是否可以接受有疑问的。

如果有配额的规定或对某些子样本有具体的规定，那么应将可以接受的问卷分类并数出其数量。如果没有满足抽样的要求，就要采取相应的行动，如在资料的校订之前对不足份额的类别再做一些补充的访问。

7.1.3　资料的校订

1. 检查不满意的答案

为了增加准确性，对那些初步接受的问卷还要进一步地检查和校订。校订的工作通常包括检查问卷，找出任何属于下列情况之一的答案：

① 字迹模糊的；

② 不完全的；

③ 不一致的；

④ 模棱两可的；

⑤ 分叉错误的。

同时对这些不满意的答案作出适当的处理决定。

如果调查员记录做得不好，特别是当问了大量无结构的（开放的）问答题时，答案就可能会字迹模糊。如果有些问答题没有回答，答案就是不完全的。

有些明显不一致的答案是很容易被检查发现的。例如，一个年龄为 16 岁的被访者却回答其职务为高级经理，或一个回答月收入低于 300 元的被访者却拥有一辆高级私家车。

一些开放式问题的答案可能是模棱两可的和难于清楚地解释的；可能用了缩写的字或意思不清楚的字。对于要求单一答案的封闭题，也可能选了多个答案。

119

对于以上这些校订中发现的问题，校订人员应该用红笔将这些答案圈出来或写出来，使之与问卷中用于记录数据的方式有明显的区别。

有些市场调查问卷可能要求很多的分叉或许多有排除条件的项目。可能根据对某一个关键题的答案，要求被访者跳过整段的内容，例如，问答题可能是这样问的：

> Q4 这是您第一次来这个百货商店购物吗？
> 是   ——1 继续回答 Q5
> 不是 ——2 跳答 Q8

或者有些项目要受前面问答题条件的限制，例如，问答题可能是这样开头的：

> "如果是这样的话，那么就……；否则，就……"

如果问卷中有许多这样的分叉和排除条件，校订工作就变得更加需要。重要的是，校订人员要认真地检查这样的项目，并对被访者完成的本不应回答的项目作必要的修改。

校订的几个小窍门如下。

① 最有效的方法之一是给每个校订人员一份空白问卷，问卷中可能需要排除的项目或段落都用红笔圈出来。把它用作检查每一份完成问卷的"参照问卷"。

②"参照问卷"上用作判断下面部分是否需要回答的"准则题"也要用红笔清楚地圈出来，同时标记出用于指示下面部分是否排除的答案。

③ 这样，校订人员就可以将完成的问卷和这个"参照问卷"作逐页的比较，以确保没有不恰当的答案。

对每一个校订人员来说，在还没有十分熟悉所有应该被排除的部分或项目，以及没有十分熟悉排除的准则之前，用上述方法去处理前几份问卷中的分叉问题和排除问题是至关重要的。

2. 处理不满意的答案

处理不满意的答案，通常有三种处理办法：

① 退回实施现场去获取较好的数据；

② 按缺失值处理；

③ 整个问卷（被访者）作废。

把有不满意答案的问卷退回实施现场，让调查员再次去接触被访者。在商业性的市场调查中，有时样本量是比较小的，而且被访者是比较容易识别的。不过，由于访问时间和所采用方法的不同，第二次得到的数据可能和第一次的会有些差别。

如果将问卷退回实施现场的做法无法实现，校订人员可能就要把不满意的答案按缺失数据来处理。在满足以下条件的前提下，这种方法是可行的：

① 有不满意答案的问卷（被访者）的数量很小；

② 每份有这种情况的问卷中，不满意答案的比例很小；

③ 有不满意答案的变量不是关键的变量。

最后一个方法就是简单地将有不满意答案的问卷扔掉作废。如果满足以下条件，这种方法是可行的：

① 不满意的问卷（被访者）的比例很小（小于 10％）；

② 样本量很大；

③ 不满意的问卷（被访者）和满意的问卷（被访者）之间没有明显的差别（如人口背景资料、产品适用特征等）；

④ 每份不满意的问卷中，不满意答案的比例很大；

⑤ 关键变量的答案是缺失的。

不过，不满意的问卷与满意的问卷之间一般都会有差异，而且将某份问卷（某个被访者）指定为不满意的问卷也可能是主观的。按缺失数据处理或将整个卷作废，都可能会使数据产生偏差。如果研究人员决定要扔掉不满意的问卷，应该向客户报告识别这些问卷（被访者）的方法和作废的数量。

7.2　市场调查资料的编码和录入

7.2.1　事前编码

数据编码就是给每一个问答题的每一个可能答案分配一个代号，通常是一个数字。编码可以在设计问卷时进行，也可以在数据收集结束以后进行，分别叫事前编码和事后编码。

如果问卷经过适当的组织和构造，那么大多数问答题都会是"有结构的"，以致大多数的答案都会落入事先确定的类别中。此外，事先编码的问卷通常是将每个答案的对应值印在问卷上，数据文件用的记录格式常常放在最右边或放在某处的括号内。以下的部分问卷（资料来源：MORI 的搭车调查）给出了一个事先编码的格式。

现在具体地考虑一下体育运动：

QE　出示卡片 C　这些体育运动中哪些是您感兴趣的？还有吗？您可以只读出对应的号码。

选项不限

QF　再次出示卡片 C　这些体育运动中哪些是您经常在电视中观看的？

选项不限

QG　再次出示卡片 C　这些体育运动中哪些是您经常参加的？所谓经常，我的意思是指至少一月一次。

选项不限

	QE	QF	QG
	(10)	(13)	(16)
A　美国足球	1	1	1
B　体操	2	2	2
C　羽毛球	3	3	3
D　篮球	4	4	4
E　拳击	5	5	5

	QE	QF	QG
	(10)	(13)	(16)
F　板球	6	6	6
G　标枪	7	7	7
H　足球	8	8	8
I　高尔夫球	9	9	9
J　曲棍球	0	0	0
K　赛马	X	X	X
L　冰球	Y	Y	Y
	(11)	(14)	(17)
M　赛车	1	1	1
N　橄榄球联赛	2	2	2
O　橄榄球联盟	3	3	3
P　落袋撞球	4	4	4
Q　滑冰	5	5	5
R　滑雪	6	6	6
S　橡皮球	7	7	7
T　游泳	8	8	8
U　网球	9	9	9
V　水上运动	0	0	0
其他（请具体写出并用"X"编码）	X	X	X
不知道	Y	Y	Y
	(12)	(15)	(18)
全都不是	1	1	1

　　上述例子不但指示了问卷设计的方法，还说明大多数编码工作都是很容易几乎在调查实施的同时进行的。在许多情况下，为了简化，表示列位置的括号内的数字是省略的。因为列位置可以在数据录入时才规定，或采用自由格式录入。

7.2.2　事后编码

事后编码指的是给某个没有事先编码的答案分配一个代码。通常需要事后编码的有：
① 封闭式问答题的"其他"项；
② 开放式问答题。

封闭式问答题可能有几个供选择的答案，再加上需要被访者具体说明的"其他"类别。例如在前面的例子中，卡片上列了 22 个类别的体育项目，被访者可以从中选择答案。但是这个项目名单不一定包括了适合每一个被访者的所有项目。例如，被访者可能对乒乓球感兴趣，但名单上没有列出，因此调查员就要把"乒乓球"记录在"其他"类别内。由于这样的答案没有事先规定的代码，因此在数据录入前编码员要做事后编码的工作。

对于开放式的问答题，事后编码的工作量就更大。这是因为研究人员一般无法事先告诉编码员会出现多少新的代码和答案；而且还有一些答案是类似的，必须决定是将它们合并为一类，还是要分成几类。

事后编码通常可遵循以下要点：

① 提供编码员一份空白的"参照问卷"；
② 提供每一个需要事后编码的项目一份编码表或编码名单；
③ 对每一个项目做一份编码本，内含一页或几张单页；
④ 让所有的编码员都在同一地点、使用同一编码本进行工作；
⑤ 提供编码指南，说明什么时候及怎样设立一个新的代码或合并答案；
⑥ 设立较多较窄的类别要优于设立较少较宽的类别；
⑦ 保持编码册的整洁和清晰。

类似资料的检查工作，也需要一份空白的"参照问卷"，用于指示需要考察和编码的项目。将这些项目用红笔圈出，以避免编码员遗漏。

每个需要事后编码的项目都必须有一份编码表。通常最好还做一份编码本，内含一页或几张单页，将项目号码或问答题的位置清楚地标在每页的顶端。由于研究人员事先不知道会有多少新的代码或答案出现，所以要预备足够的空间来添加新码，以便所有的问卷都能编完。

如果只有一个编码员工作，那么事后编码是相对简单而且容易的。如果有多个编码员工作，那么所有的编码员应该在不同的时间工作；或同时在同一地点工作，使用同一编码本。因为如果两个或多个编码员同时在不同地点工作，他们就无法知道其他编码员在编码册中设立了什么新码，因此很有可能同一个代码会对应两个不同的答案，而编码的目的是让每一个可接受的答案对应一个唯一的代码。缺乏经验的研究人员为了"省时省事"，往往会低估潜在的困难而不听劝告。经验说明，允许编码员在分隔的地点用不同的编码本独立地工作是极端危险的，几乎肯定会出现严重的错误数据问题。

研究人员应当规定具体的准则，指导编码员如何识别答案，如何将其归入一定的类别内，如何为其分配代码等。编码指南应该尽可能地具体些。例如在上述的例子中，要说明如何具体处理诸如"太极拳"、"迪斯科"、"健身操"、"晨舞"等的答案。很多人可能认为这些都是健身的体育运动，那么是应该设立"锻炼操"类从而将四种答案合并为一组，还是分成两类而再设立一个"舞蹈"类别？在缺乏非常具体的编码指南时，不是特别有经验的编码员或对调查过程不熟悉的编码员可能有两种倾向：给每一个和已编码的答案不那么相似的新答案一个新码，结果代码过多；或是为了简化工作，将许多甚至不那么相似的答案都归入同一个大类，结果是丢弃了数据中有意义的差异，而这些差异可能是对研究人员有用的。因此，一定要给编码员一个具体的指南，并要进行监督检查，特别是在开始的时候要确保编码员能正确地工作。

有时编码员自己很难决定是再设立一个新代码，还是将其合并到已有的一类中去。如果很难决定，大多数有经验的研究人员会宁愿多设立一个新代码，因为以后分析时将数据再合并成大些的类别是很容易通过计算机实现的；可是一旦已合并成了大类，失去的差异是无法找回来的，除非去参考原始文件。

确保编码本中的字迹整洁地和清楚地书写是十分重要的。如果一页纸写满时，编码员一般都会在纸边上记录，而不会去添加一张新纸。这样一来，其他编码员可能就注意不到最后的代码，而将同样的代码分给了其他不同的答案。所以，编码本的整洁不但是为了美观。如果编码名单的编号顺序乱了或看不清楚了，费些时间和精力重新抄写一遍，以得到更有条理的编码本，是十分值得的。

事前编码和事后编码所用的编码本最后将合并为一个编码本。一般来说，编码本不但是编码人员的工作指南，同时也提供了数据集中变量的必要信息。编码本一般包含变量的以下几方面的信息：

① 所在列的位置（列数）；

② 变量的顺序编号；

③ 变量名称及变量说明（变量及变量标识）；

④ 问答题编号；

⑤ 编码说明（变量值及变量值标识）。

表7-1给出了2007年度消费者寿险认知情况调查的部分内容。

表7-1 2007年度消费者寿险认知情况调查问卷编码表

变量名称及顺序	问卷题编号	变量标签	编码方案及说明	列数/栏位
ID1	—	地区编号	01—天津　02—北京　03—上海 04—广州　05—成都　06—杭州 07—南京　08—济南　09—青岛 10—沈阳　11—郑州　12—石家庄 13—西部乡镇　14—东部乡镇	1
ID2	—	问卷编号	—	2
VAa1	第一部分 第一1题	给父母赡养费	1—非常不同意　2—不同意 3—不好说　4—同意 5—非常同意　99—无回答	3
VAa2	第一部分 第一2题	想办法丰富父母的精神生活	同　　上	4
VAa3	第一部分 第一3题	做些让父母高兴的事	同　　上	5
VAa4	第一部分 第一4题	提高父母的物质生活水平	同　　上	6
VAa5	第一部分 第一5题	为孩子储备足够的钱是父母的责任	同　　上	7
VAa6	第一部分 第一6题	了解孩子精神世界	同　　上	8
VAa7	第一部分 第一7题	会为孩子接受良好教育而准备钱	同　　上	9
VAa8	第一部分 第一8题	不花时间与孩子沟通	同　　上	10

续表

变量名称及顺序	问卷题编号	变量标签	编码方案及说明	列数/栏位
VAa9	第一部分 第一9题	物质财富很重要	同　　上	11
VAa10	第一部分 第一10题	对配偶的付出心存感恩	同　　上	12
…	…	……	…	…
VCa1	第三部分 第一1题	养老没有保障	同　　上	38
VCa2	第三部分 第一2题	重大疾病的风险	同　　上	39
VCa3	第三部分 第一3题	疾病导致身故	同　　上	40
…	…	……	…	…

资料来源：2007年度消费者寿险认知情况调查课题组

7.2.3　数据录入

数据录入指的是将问卷或编码表中的每一项目对应的代码读到磁盘、磁带中，或通过键盘直接敲入计算机中。在发达国家，数据的收集常常是采用 CATI 或 CAPI 进行的，因此键盘录入就不再需要。此外，还可以利用特殊的 Mark Sense Forms、光学扫描等方法来读取数据。但是在我国，目前键盘录入的办法还是最常用的。采用键盘录入容易产生错误，为了将错误限制到最低水平，下面的几点提示可能是有帮助的。

① 提供每个录入员一份记录格式的清楚的说明文件；
② 开始录入前几个个案时，研究人员必须在场；
③ 决不能假定录入人员是懂得如何做数据录入的；
④ 如有可能，就对录入的数据进行全面的核查；
⑤ 如果全面的核查不可行，就采取抽查的方法。

对录入人员也要进行培训，明确任务的具体要求及注意事项。如果录入的格式没有事先印刷在问卷上，就必须向录入人员提供一份"记录格式"，用于明确每个记录包含的变量及其相对位置（如所在列的位置等）。在录入工作刚刚开始时，研究人员最好能在场，使录入人员得以提问题。缺乏经验的研究人员常常会犯对录入人员估计过高的错误。研究人员有时觉得这些录入人员对录入设备是很熟悉的，那么他们对计算机操作和数据处理也会是了解的，可能对手中的项目也是知道的。事实上，这种情况几乎从没有发生过。一般来说，录入人员虽然可以做得又快又准确，但他们对手中的数据或研究的最终目的几乎是一无所知的。

为了保证高度的准确性，有必要对录入的结果进行核查以发现是否有错误。全面的核查要求每一个个案都必须录入两次，采用一台核查机和两个录入人员。第二个录入人员将编码的问卷重新再录入一遍。两次录入的数据要进行逐个个案的比较，如稍有不同，录入的错误就会被检测出来。但是对整个数据集进行全面核查，时间和费用都要加倍，因此大多数研究人员都不采取这种全面核查的方式，除非是需要特别高精确度的情况。根据时间和费用的限制，以及有经验的录入人员其准确度一般都相当高的事实，通常只抽查 25% 或稍多一些就足够了。如果只找出很少的错误，就没有必须变更数据文件；如果查出大量的错误，就有必要进行全面的核查，或使用更准确的录入人员重新录入一份文件。

7.2.4 数据净化

数据净化主要是尽可能地处理错误的或不合理的数据及进行一致性检查。虽然在数据的校订阶段已经进行了初步的检查，但是因为这个阶段采用的是计算机，因此检查更彻底、更广泛。

数据净化通常可采用统计软件进行。例如，用 SAS、SPSS、BMDP 等软件，可以很简单、方便地寻找超出范围、有极端值或逻辑上不一致的数据。通常的做法首先是做一张所有非连续变量的频数表，以及计算连续变量的均值、标准差、最小值、最大值等统计量，那么超出范围的数据或极端值就可以检查出来。例如，假定"收入"的编码应该是从 1～6，分别对应 6 种不同收入水平的被访者。假定用 0 表示缺失的数据，那么频数表中出现的大于 6 的数据就是超出范围的。根据对应的被访者编号、变量编码、记录号码、列号码及超范围的变量值等，就可以找到原始的问卷和数据文件的对应位置，进行必要的修改。

逻辑上不一致的数据也可以通过 SAS、SPSS、BMDP 软件找出来。方法之一是作出交叉表（表7-2），从中很方便地发现逻辑上不合理的数据。例如，在一张"产品使用频度"和"熟悉程度"的交叉表中，有两个"从未听说过"该产品，但是却"经常使用"这种产品的被访者。根据这两个被访者的编号、变量编码、记录号码、列号码及变量值等，就可以进行必要的修改。

表 7-2　用交叉表寻找逻辑上的不一致

	经常使用	有时使用	很少使用	根本不使用
非常熟悉	51	45	18	12
比较熟悉	43	32	46	63
有点熟悉			44	151
听说过但完全不熟悉				208
从未听说过	2			120

7.3　市场调查资料的统计分析

统计分析是指运用一定的数据处理技术对事物数量特征的分析，从而揭示出事物的特征及其规律性的分析方法。市场调查资料的统计分析可以分为确定性数据分析和不确定性现象的定量分析两大类。其中，确定性数据分析又包括描述性统计分析，亦称为常用或初级统计；确定性数据分析中较为复杂的分析和多元变量的推论性（检验性）分析及常用的不确定性分析方法，如模糊分析等，又称为高级统计。现代市场调查统计分析的操作程序为：依据调查目的列出初步的统计清单，运用各种专用的计算机统计程序处理数据，分析计算机输出的统计结果，并提出对其中一些项目重新统计分析的要求，再分析重新输出的结果，直到比较满意为止。

7.3.1　制定统计清单

统计清单是以统计项目、统计方式、统计分组、统计指标、统计结果等形式组成的一套具体明确的规定和要求。它的实质内容是按照调查目的的要求将调查问卷或访谈记录的信息（数据库中的信息），分门别类地指出、简化、汇总和交互分析的表现形式，用以指导数据处理过程的指令。因此，也可以说，统计清单是用统计语言表述的调查目的。在现代市场调查中，统计清单是计算机操作人员进行数据处理的依据。没有它，计算机操作人员则无从入手。因为只要稍具规模的数据库，如 30 个变量 30 个样本单位，都可以得到几乎是无限统计的结果，因而制定统计清单是分析的首要环节。下面举例说明统计清单的格式与要求。

例如，某调查目标是验证广告和其他促销手段的经济效果。在调查中分别对两种商品的广告费、促销费、销售额，在 10 个商场进行了定比尺度的测量，并将调查数据转换成可供计算机识别的数据库文件。根据上述条件和要求，统计清单如表 7 - 3 所示。

表 7 - 3　广告和促销的经济效果统计清单

序号	统 计 项 目	分 组 要 求	输 出 格 式
1	每种商品的广告费	—	汇总表
2	每种商品的促销费	—	汇总表
3	每种商品的销售额	—	汇总表
4	每种商品广告费与销售额之比	—	汇总表
5	每种商品促销费与销售额之比	—	汇总表
6	每种商品广告、促销费总和	—	汇总表
7	每种商品广告、促销费总和与销售额之比	—	汇总表
8	各类商场在各种商品销售额与广告费比例上的差别分析	商场按大、中、小 3 类分组	交互分析表
9	各类商场在每种销售额与广告和促销总额比例上有无差别	商场按大、中、小 3 类分组	交互分析表

以上是统计清单中较简要的格式。当然，如果研究人员直接操作计算机，该统计清单还可简化为只保留"统计项目"一项。因为，研究人员将会根据计算统计的结果随时调整分类和输出形式。如果计算机操作人员与研究人员不同，那么该统计清单应该更详尽些。例如，明确指出每种统计结果都要求输出平均数和标准差；商场分类的具体标志，如面积大于 500 m²，或 100～500 m²，或小于 100 m²。总之，一份统计清单，至少要完整列出需要统计的项目，其繁简程度应视实际情况而定。

7.3.2　数据处理的方法与技术

计算机处理调查数据资料是借助运行应用软件完成的。这些软件可以自己编制，也可以购买现成的软件商品。伴随着计算机技术的日益发展，市场上提供了许多功能强大的统计软件，例如 SPSS、STAT、SAS 等。在此，以 SPSS For Windows 为例，介绍基本的操作方法和技术，即最常用的命令和程序。

SPSS for Windows 是在 Windows 环境下运行的"社会科学统计程序"，是一种帮助人们进行数据处理的统计工具。具体功能包括：汇总数据、创造合适的统计表格和图表、检验变量之间的关系、执行基于给定数据的假设检验、构造合适的模型。由于现代计算机运行的速度很快，使研究人员能够采用各种方法去检验数据及变量间的关系。因此，如果用户想透彻地明白所要研究的问题，那么计算机程序 SPSS 就能帮助用户处理大量的数据、检验假设和发掘模式。

1. SPSS 系统运行管理方式

SPSS for Windows 启动后即在屏幕上显示出主界面、统计结果输出窗口和新数据窗口。

主界面的最上行由 10 个菜单项组成：①File（文件操作）；②View（观看/选择窗口）；③Edit（文件编辑）；④Data（数据建立）；⑤Transform（数据转换）；⑥Statistics（统计分析）；⑦ Graphs（统计图表）；⑧Utilities（实用程序）；⑨Window（窗口控制）；⑩Help（帮助）。

在主界面的左下角有两个观看/选择按钮：①Data View（观看数据结构）；②Variable View（观看变量结构）。

2. 建立 SPSS 数据文件的方法

（1）定义变量。即在清楚数据文件结构基础上，在打开的 SPSS for Windows 上定义变量。如表 7-4 所示，数据结构包括 8 个变量。首先定义 VAR00001＝商店名称；VAR00002＝营业面积；VAR00003＝A 商品销售额；VAR00004＝A 商品广告费；VAR00005＝A 商品促销费；VAR00006＝B 商品销售额；VAR00007＝B 商品广告费；VAR00008＝B 商品促销费。然后在进入 SPSS 后，单击 Variable View，在 name 处分别输入 VAR00001 至 VAR00008。例如 VAR00002，在对应的 Lable 处输入其所代表的"B 商品促销费"；若答案需要定义则再在 Values 处输入答案类型与定义，此例没有分组（而是连续的）就无需再定义。

表 7-4 问卷调查数据结构

商品广告与促销效果问卷（节选）
商店名称：_____ 营业面积：_____（平方米）
A 商品：销售额_____（百元），广告费_____（百元），促销费_____（百元）；
B 商品：销售额_____（百元），广告费_____（百元），促销费_____（百元）。

（2）录入变量值。当上述变量定义完成时，单击左下角的 Data View，就会看到表 7-4 最上一行变量名。此时，就可以按照问卷填答的实际数据分别敲入对应每一个变量的变量值，例如第一份问卷的变量值分别为 1，350，6 500，100，90，2 500，25 和 30（见表 7-5 第一行数据），其他类推，直到完成所有问卷数据录入。表 7-5 所示就是最初格式的 SPSS 数据文件（只选用 10 份问卷）。将它保存，起名为"gc0. say"文件（使用 File 中的 Save as ……）。

表 7 − 5　最初格式的 SPSS 数据文件

VAR00001	VAR00002	VAR00003	VAR00004	VAR00005	VAR00006	VAR00007	VAR00008
1	350	6 500	100	90	2 500	25	30
2	700	11 000	300	160	7 200	90	30
3	180	2 600	8	26	3 000	5	10
4	400	8 000	120	110	3 600	15	31
5	95	2 000	3	18	2 050	2	9
6	550	10 700	26	103	8 340	92	75
7	270	2 800	15	37	5 400	20	27
8	85	1 900	2	10	3 020	7	15
9	300	5 300	51	35	5 400	73	26
10	200	300	30	36	5 000	17	30

3. 数据库文件的整理、检查及错误的纠正

1）数据库文件的整理

对 SPSS 数据库文件的整理，主要学习对个案的排序方法。可以根据需要按照某个变量值（如问卷编号、性别、年龄等）重新排列所有的个案，以利于检查、纠正或分析数据。下面以"营业面积"为例，介绍排序的方法。操作方法为：在主菜单中找到并且单击 Data（数据），展开下拉子菜单（下文用→表示）；在其中找到 Sort Cases（个案排序）项，单击打开对话框。在对话框左边的变量清单中找到并且单击"营业面积"或变量代号如 Var00002（这时该变量颜色突出），然后单击对话框中间的"箭头转移按钮"。这时该选定变量就会转移到对话框中间的两个方框之一的上边方框中，即由该变量为标志排序（Sort by）。然后，在另一个方框中选定排序的方向（Sort Order），可以是升序——由小到大（Ascending），也可以是降序——由大到小（Descending），如图 7 − 1 所示。最后单击对话框右边的 OK 按钮，计算机就进行排序了，并且将结果显示在"数据框"中。（注：Reset 按钮为重新选择变量；Cancel按钮为取消排序操作；Help 为帮助）

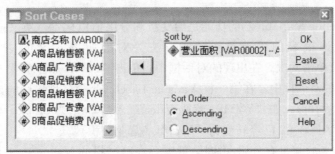

图 7 − 1　按变量排序对话框

2）数据库文件的检查

对数据库文件的检查可以用 Frequencies（频数统计）方法执行。

功能：以一变量的类别/全距为基础，查看所有变量（单独或部分或全部）的数据录入是否正确。

操作：单击主菜单中 Analyze（分析）→ Descriptive Statistics（描述性统计）→ Frequencies；在"对话框"中，从左侧的"变量清单栏"中选定要查看的变量，按"→"键，使其进入右侧的"选定变量栏"，如图7-2所示，然后按 OK 按钮。计算机运行后，在 SPSSOUT（输出）文件中，出现"变量频数统计表/汇总描述统计表"，可以依据编码手册检查录入是否有超出规定范围的值及其个数。

Frequencies 方法对于检查大规模的样本数据库文件的正确性是很有效的方法。

3）输入数据的纠正

对于数据输入错误的纠正，其操作方法为：在 SPSS 数据库文件中，单击选定的变量名，然后单击主菜单中 Edit（编辑）→Find（寻找数据）……单击右键，打开对话框。在"对话框"中，键入要查找的（错误）数值，然后单击 Find Next，如图7-3所示，计算机运行后，就会发现光标已经停在了所要查找的数值上，单击"Cancel（取消）"键。键入正确数值，然后按"Enter（回车）"键，错误数据就被纠正了。重复上述操作，直到将错误全部纠正完毕。

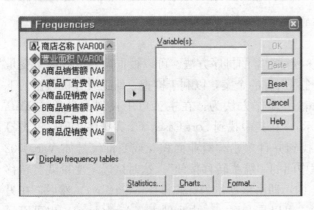

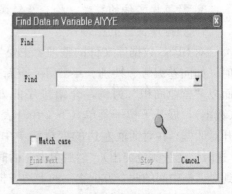

图7-2　统计变量频数对话框　　　　　图7-3　查找变量中数据的对话框

4. 数据统计分析的基本准备工作

数据统计分析的基本准备工作是定义变量、新增加变量的计算及变量重新分组。

1）定义变量

定义变量（Define Variable）的功能是给变量和分组值以标签（英文或中文的名称和说明等），以增加统计报表的可读性。操作方法为对准所要定义的一个变量名（例如 VAL00002）上连续单击两次。在出现的对话框中，单击"Labels（名称）"栏，就会出现一个新的对话框，在新的对话框中，在第一栏 Variable Label（变量名称）后的方框里键入"变量名称"（中文或英文均可），如"YYMJ（营业面积）"。然后单击"Continue（继续）"键，就会在数据窗中看到 VAL00002 已经转变为"YYMJ（营业面积）"。

如果这个被定义的变量有分组/类时，就需要在第二栏的 Values（分类/组值名称）中，在 Value 行后面的方框里键入第一个分类（组）值，如"1"，然后在接下来的 Value Label 后面的方框里键入该类的名称，如"男"；再单击下面的 Add（加入）：第一个分类"值"和"名称"就会进入并且显示在 Add 右侧的方框中。然后，输入第二个分类（组）值"2"和在接下来的 Value Label 后面的方框里键入该类的名称，如"女"；再单击下面的 Add（加入），第二个分类"值"和"名称"就会进入并且显示在 Add 右侧的方框中。最后，单击"Continue（继续）"

键。如果该变量有多个分类（组）（例如 VAR00001/商店名称），则重复在 Valuables 栏中的操作，直到将每个类（组）值的名称都定义完成，最后单击"Continue（继续）"键，准备定义下一个变量，如图 7-4 所示。例如，对上面"gc0. sav"文件中的 8 个变量进行逐一定义以后，可以得到如表 7-6 所示格式的数据文件。

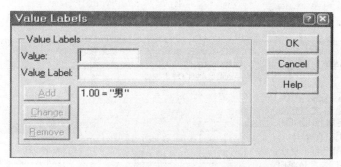

图 7-4　定义分类/组值名称对话框

表 7-6　8 个变量的数据文件

SHDMCH	YYMJ	AIYYE	A2GGF	A3CXF	B1YYE	B2GGF	B3CXF
商店名称	营业面积	商品 A 营业额	商品 A 广告费	商品 A 促销费	商品 B 营业额	商品 B 广告费	商品 B 促销费
2	700	11 000	300	160	7 200	90	30
6	550	10 700	206	103	8 340	92	75
4	400	8 000	120	110	3 600	15	31
1	350	6 500	100	90	2 500	25	30
9	300	5 300	51	35	5 400	73	26
7	270	2 800	15	37	5 400	20	27
10	200	300	30	36	5 000	17	30
3	180	2 600	8	26	300	5	10
5	95	2 000	3	18	2 050	2	9
8	85	1 900	2	10	3 020	7	15

2）新增变量的计算

建立新增变量（Compute）的功能是根据已经有的原始数据之间的逻辑关系，可计算出许多新变量，以满足统计分析的需要。操作方法为单击主菜单中的 Transform（数据转换)→Compute（计算），就打开了 Compute Variable（计算变量）主对话框。在 Target Variable（目标变量名称，即需要新增加的变量名称）中，可以为这个新变量取个名称（与已经有的变量名不同），如"V10"，并且输入方框中。等号（＝）右边的方框中要求输入数学表达式（Numeric Expression）。利用计算器板（Calculator Pad）输入表达式，即依次在左下边的已有变量方框中选定需要相加的变量，通过单击对话框中间的"箭头转移按钮"，将其放入"数学表达式方框"中，然后在计算器中找到并且单击数学符号。依次进行直到满足要求。最后单击"OK"。计算机运行后的结果为：在数据窗中就可以看到每个个案都在末尾增加了一个名称为 V10 的新变量。例如，对上面"gc0. Sav"文件中的"商品 A 的广告费与营业额之比例"进行计算：在 Target Variable 中，可以为这个新变量取个名称，如"Asyb"，并且输入在方框中。等号（＝）右边的方框中的数学表达式为："商品 A 的广告费（或 A2GGF)/商品 A 营业额（或 A1YYE)"；最后单击"OK"。计算机运行后的结果为：在数据窗中可以看到每个个案都在末尾增加了一个名称为 Agyb 的新变量。新增变量对话框如图 7-5 所示。

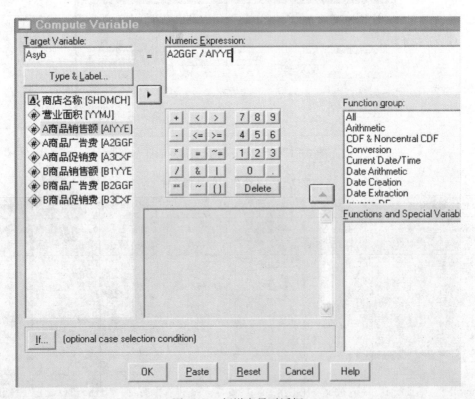

图 7-5　新增变量对话框

在计算器板下面有一个标有Ⅱ的长方形框，这是"条件表达式对话框"，用来对新增加的变量进行条件限制，即只对那些符合选定条件的个案计算出新增加的变量。

3）变量的重新分组

变量的重新分组（Recode）的功能为根据研究目的和统计清单的要求，对变量重新分组（类）。如将"商场面积"分为：1 小型（小于或等于 99）、2 中型（100～499 m^2）、3 大型（500 m^2 或以上）3 类。操作方法为：Transform→Recode→Into different variable……，在出现的"选择变量"对话框中，在左侧的"变量清单栏"内，单击所要重新分组的变量名，如"YYMJ（或营业面积）"，然后单击中间的"箭头转移按钮"，"YYMJ（或营业面积）"变量就会出现在右侧的选定栏内。这时要求为重新分组后的变量给予一个新变量名称，如"YYMJFZ（或营业面积分组）"，然后单击 change（转变）键。接着再单击 Old and New Values（原有值和新建值）。在左侧出现的"Old Value（原来值）"对话框中，根据编码手册，对变量进行重新分组：首先，单击 Range Lowest Through)（从最小值到指定值），并且在方格内键入指定的数值，如 99；单击右边 New Value（新组/类值）方框，键入指定的数值如"1"，然后单击 Add（加入），就会在 Old→New 方框内看到重新分组的情况。重复上述步骤，在 "Old Value（原来值）" 对话框中，单击 Range（间距），如输入 100 在第一个格内，输入 499 在第二个格内；单击右边 New Value（新组/类值）方框，键入指定的数值如 "2"，然后单击 Add（加入）（注：如果有多个区间值，则重复这个步骤，直到完成）。这时返回到 "选择变量" 主对话框，最后单击 Continue（继续）单击 OK 按钮。计算机运行后在数据窗中就可以看到每个个案都在末尾增加了一个名为 "YYMJFZ（或营业面积分组）" 的新变量。变量分组对话框如图 7 - 6 所示。

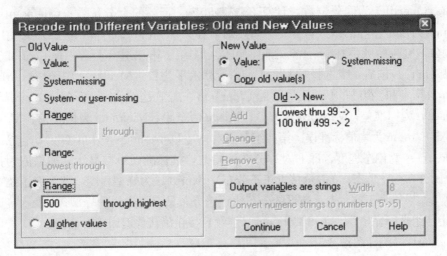

图 7 - 6　变量分组对话框

以上三项基本准备工作（定义变量、新增加变量的计算、变量重新分组）完成以后，一般都要新建立一个文件名称，如 "gcl. say" 来保存数据文件，以与原始数据相互区别。需要特别注意的是，操作方法为 Transform→Recode→Into same variable 时，该变量被重新分组/类后，原始的数据已经被转换。因此，这时要特别注意新起一个文件名称来保存重新分组/类的数据库文件，以防止原始数据的丢失。

5. 基本统计分析

SPSS For Windows 的数值分析程序在主菜单的 Analyze（统计）中，其下拉子菜单中主要有 7 个统计分析程序，即：Descriptive Statistics（描述性统计分析）、Compare Mean（平均值比较）、Classify（聚类分析）、Correlate（相关分析）、Regression（回归分析）、Data Reduction（数据降维分析）和 Survival（生存分析）等。下面着重介绍 Summarize（汇总统计）中初级和常用的一些内容。

在 Statistics（描述性统计分析）的子菜单中，包括的基本统计程序有：Frequencies（频数统计）、Descriptive（描述分析）、Explore（探索分析）和 Crosstabs（交互分类表），以及 Ratio（比率分析）。

1）Frequencies 与单变量频数分布表

此分析的目的是进行数据的分类或分组的归类整理，形成各个变量频数分布和百分比分布表，从而对变量的内部结构有概括的认识。操作步骤为：单击主菜单中 Analyze（分析）→Descriptive Statistics（描述性统计分析）→Frequencies（频数统计）；在出现的主对话框中，从左侧的"变量清单栏"中选定要统计分析的变量，然后单击中间的"→"按钮，使其进入右侧的"选定变量栏"（Variable/s/）；根据需要选择以下相应的选择项。

（1）Display frequency tables

选择此项将"输出频数分布表"。

（2）Statistics（统计量）

按此键，则打开了统计量选择的对话框，包括4组可选择的统计量，每组中的统计量可以同时选择，如图7-7所示。第一组（上左）是Percentile Values（百分位数），包括3个选择项目：Quartiles为四分位数，计算25%、50%、75%的百分位数；Cut points for _ equal groups为设定相等的组数，如键入6，则平分为6等份；Percentile（s）为使用者定义的百分位数，键入的数值在0～100之间，可以有多组。第二组（上右）是Central Tendency（集中趋势分析），包括4个选择项目：Mean为算术平均数；Median为中位数；Mode为众数；Sum为算术和。第三组（下左）是Dipersion（离散趋势分析），包括6个选择项目：Std. deviation为标准差；Variance为方差；Range为全距；Minimum为最小值；Maximum为最大值；S. E. mean为均值标准误。第四组（下右）是Distribution（分布参数），包括两个选择项目：Skewness为偏态程度，即非对称分布的指数，其标准误也被显示（如果值为正数，则表示数据的分布为正偏态；0表示接近正态分布）；Kurtosis为峰型程度，即个案围绕中心点的扩展程度（如果值为正数，表示数据的分布比正态分布具有更尖锐的峰型；0表示接近正态分布）。以上4组选择完毕后，单击Continue（继续）按钮确认并返回主对话框。

（3）Charts（统计图形）

选择按钮，单击此按钮/NU打开统计图形对话框，如图7-8所示对图形的类别和坐标轴等进行设置。第一组是Chart Type（图形类别）选择，只能选择一项：None（不输出图形），这是系统默认状态；Barcharts（条形图），选择此项，要求输出条形图；Pie charts（方形图），选择此项，要求输出方形图；Histogram（直方图），仅仅适用于数值型变量，选择此项，还可以选择是否"With normal curve"（带有正态曲线）。第二组是Chart Values，此选项只对条形图有效。选Frequencies（频数），垂直轴表示的是频数；选Percentage（百分比），垂直轴表示的是百分比。以上两组图形选择完毕后，单击Continue（继续）按钮确认并返回主对话框。

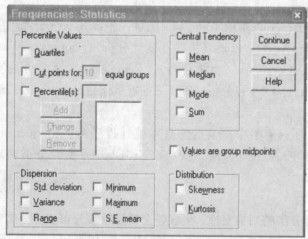
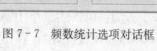

图7-7 频数统计选项对话框　　　　图7-8 频数统计图表选项对话框

（4）Format ……（输出格式设定）

单击此按钮，就打开了频数统计输出格式设定对话框，包括 4 个选择项目。如图7-9所示第一个设定选择是 Order By（排序设定），有 4 种方式可供选择：Ascending values，按照变量值的升序排列，这是系统默认的选择；Descending values，按照变量值的降序排列；Ascending Counts，按照频数的升序排列；Descending counts，按照频数的降序排列。第二个设定选择是 Multiple Variables（多变量输出表格），从以下两种中选择一种：Compare variables，所有变量的频数表集中输出；Organize output by variables ，每一个变量单独输出一个频数变。第三个设定选择是 Suppress tables with more than n categories 复选项，控制频数表的分类数。以上三组页面设定选择完毕后，单击 Continue（继续）返回主对话框。提交运行：所有选择和设定完成后，单击主对话框的 OK 按钮，提交运行频数分布分析。在 OK 按钮下面还有 4 个按钮，它们的功能分别是：Paste（粘贴）按钮，在 Syntax（统计命令语言）窗口粘贴并且查看选定的统计命令；Reset（重新设定）按钮，单击此按钮，则进行重新选择统计变量和设定；Cancel（取消）按钮，单击此按钮，则取消选择设定并且关闭对话框；Hdp（帮助）按钮，获得帮助信息。

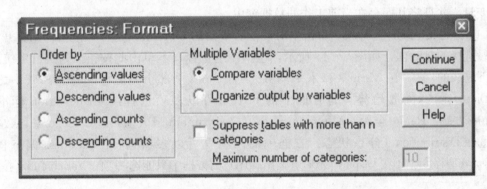

图 7-9　频数统计输出格式选项对话框

例如，对"商品 A 广告费"的频数统计结果为（不输出频率表）：

Mean（平均值）83.500 Std en（标准误）31.783 Std dev（标准差）100.508

Range（全距）298.000 Minimum（最小值）2.000 Maximum（最大值）300.000

Valid cases（有效问卷）10 Missing cases（丢弃问卷）0

2）Descriptives 与多个描述统计量的计算

描述统计量有平均数、标准差、标准误、方差、全距、最大值和最小值等，与频数分布统计基本一致。但是，如果只要求计算多个变量的描述统计量并且将它们集中在一起输出来，用 Descriptives（描述统计）的程序就方便多了。

具体操作步骤如下。

（1）单击主菜单中 Analyze（分析）→ Descriptive Statistics （描述性统计分析）→ Descriptives（描述统计）。

（2）在出现的主对话框中，从左侧的"变量清单栏"中选定（单击）要分析的变量名（一个或多个），然后单击中间的"→"按钮，使其进入右侧的"选定变量栏"（Variable/s/），如图 7-10 所示。

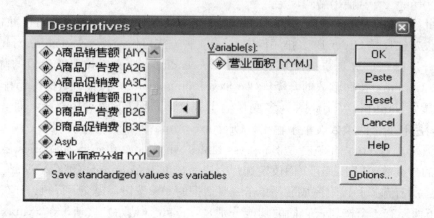

图 7－10　描述统计对话框

（3）根据需要选择相应的选择项：Save Standardized Values as Variables（将标准分作为一个新变量保存在数据窗中），对每个个案选定的变量计算出标准分，产生一个由 Z 开头的新变量，并且将其保存在当前工作的数据窗中。

（4）指定其他统计选择项。单击主对话框右下角的 Options（选择）按钮，则打开一个统计量选择的对话框，如图 7－11 所示，包括 4 组选择（不单击此按钮，则执行系统默认值，下划线的）：①在 Mean（算术平均数）与 Sum（全部个案之总和）选择其中之一。②在Dispersion（离散趋势）的方框中的 6 项里可以多项选择：Std. deviation 标准差，Variance方差，Range 全距，Minimum 最小值，Maximum 最大值，S. E. mean 平均数标准误。③在 Distribution（分布状态）方框中的两项里可以多项选择：Skewness 偏态程度，Kurtosis峰型程度。④在 Display Order（输出顺序）的方框中只能选一项：Variable List 按数据

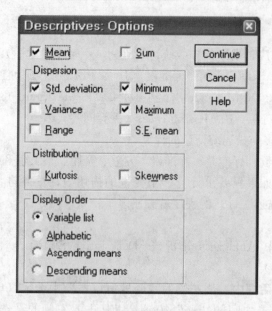

图 7－11　描述统计选择选项对话框

文件中变量的排列顺序输出；Alphabetical 按变量名称中的字母顺序排列；Ascendingmeans 以平均数的升序排列输出顺序；Descending means 以平均数的降序排列输出顺序。以上 4 组选择完毕后，单击 Continue（继续）按钮确认并返回主对话框。

（5）提交运行。在主对话框，单击 OK 按钮，提交运行描述统计分析。

3）Crosstabs 与交互分类分布表

此分析的目的是直观地查看和检验不同统计群体（如性别、年龄、职业、收入水平等）及在调查分析项目上的分布状态与相互关系。

操作步骤如下。

单击主菜单中 Analyze（分析）→Descriptive Statistics（描述性统计分析）→Crosstabs（交互分类表），在出现的主对话框中，从左侧的"变量清单栏"中选定（单击）要分析的变量名（一个或多个），然后单击中间上方的"→"按钮，使其进入右侧的"行列变量栏"（Row/s/），再从左侧的"变量清单栏"中选定要分析的自变量名（一个或多个），然后单击中间下方的"→"按钮，使其进入右侧的"纵列变量栏"（Column/s/），如图 7 - 12 所示。此时可以单击右上方的"OK"按钮，提交运行，就可以得到一个或多个两元的交互分类分布表。

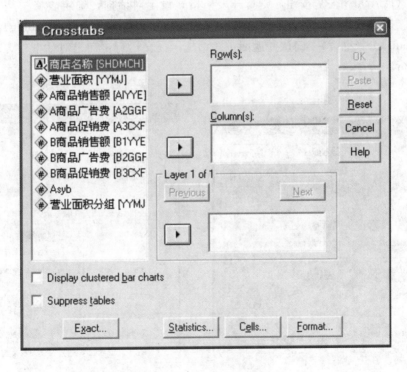

图 7 - 12　交互表对话框

但是，如果要求输出更多的内容，则应根据需要选择相应的选择项：可以选择控制变量进入 Layer（层次）方框中，单击选定变量，然后单击第三个方向按钮，使其进入到 Layer 的方框之中；Next（下一个）按钮，要求再增加一个控制变量时，单击该按钮；Previous（之前）按钮，单击它可以重新查看或重新选择以前选定的控制变量；左下角的 Display clustered bar charts，选此项则会显示各组中个变量的分类条形图（见图 7 - 13）。图 7 - 12

中的 Suppress Tables（取消表格），选择此按钮则在输出报告中没有交互分类表；Statistics（统计量），单击该按钮则打开选择统计量的对话框，可以设定计算卡方（Chi-square）、皮尔逊相关系数（Correlation）、定类尺度（Nominal）数据之间的、定序尺度（Ordinal）数据之间的以及定类与定距尺度数据之间（Nominal by Inter）的各种相关系数。选定后，单击右上角的 Continue（继续），确认并返回主对话框。单击图 7 - 12 中 Cell……按钮，则打开表格内容设定对话框（见图 7 - 14），包括 4 组选择：第一组为频数（Count）设定，Observed（观测值/个案）的频数，为默认选择，或 Expected（预期）的频数；第二组是百分比（Percentages）设定，Row（横行%），Colunm（列%），Total（总数%）；第三组是残差值（Residual）设定，Unstandardized（非标准化残差值），Standardized（标准化残差值），Adjusted startdardized（调节标准化残差值）；第四组是选择非整数权重处理方法（Noninteger Weights），Round cell counts，（照常使用观测量权重，但是单元格中积累权重要在计算统计量之前四舍五入），Truncate cell counts（照常使用观测量权重，但是单元格中积累权重要在计算统计量之前截取整数部分）；Round case weights（在加权计算之前对权重置四舍五入）；Truncate case weight（在加权计算之前对权重值四舍五入）；No adjustments（不对单元个数值进行调整）。最后单击右上角的 Continue（继续），确认并返回主对话框。单击（Format……）按钮，则打开表格格式设定对话框，确定表格中从左到右频数的排列顺序。排列顺序可以是升序（Ascending），也可以是降序（Descending）。最后单击右上角的 Continue（继续），确认并返回主对话框。提交运行：在主对话框中，单击 OK 按钮，提交运行。

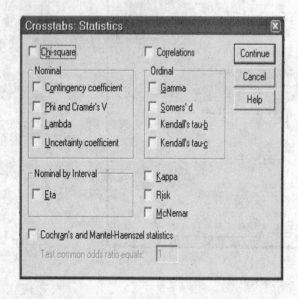

图 7 - 13　交互表统计选项对话框

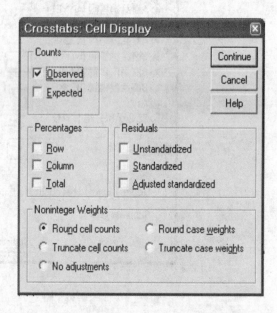

图 7 - 14　交互表显示单元格选项对话框

6. 统计图表的绘制

SPSS 制图功能很强，能够生成和编辑多种统计图形。除了在各种数值统计分析过程中产生设定图形外（例如频数统计中产生直方图），还特别在主菜单中有一个 Graphs（图形）

项，将制图作为一个单独分析项目。

在主菜单 Graphs（图形）中可制作的图形包括（即下拉菜单的内容）：Bar…（条形图），3 - D Bar（三维条形图）Line（线形图），Area…（面积图），Pie…（圆瓣图），High - low（高低图），Pareto（排列图），Control（控制图），Boxplot（箱线图），Error Bar（误差条图），Population Pyramid（金字塔图），Scatter（散点图），Histogram（直方图），Normal P - P（累计比图），NormalQ - Q（百分位图），Sequence（时间序列图），Time Series（相关图）等。

在条形图中有两个选择项：图格式和图的统计内容。

图格式中有 3 个种类：简单（Simple），聚类（Clustered）和分段（Stacked）。图中的统计内容选择（Data in Chart Are）也有 3 项：单一变量的分组统计（Summaries for Groups of Cases）；对一组（多个）变量的分别描述（Summaries of Separate Variables）；对每个个案值的统计（Values of lndividual Cases）。这样在条形图里就有 9 个可供选择的统计图模式。

常用的 Pie（圆瓣图）有三种类型，如图 7 - 15 所示。

（1）单一变量的分组统计（Summaries for Groups of Cases），即该变量各分组值比例之和为 100%。

操作：单击 Pie，打开如图 7 - 15 所示的对话框，然后设定第一个选择项；单击确定（Define）按钮；在打开的对话框（见图 7 - 16）里，从变量清单中将该变量移入"指定扇面分类变量"（Define Slices by）方框中；然后在

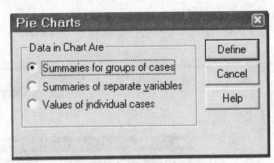

图 7 - 15 圆瓣图对话框

"扇面内容设定"（Slices Represent）方框中指定一项计算内容，频数（N of cases）为系统默认值，个案百分比（% of Cases），累计频数（Cum of Cases），累计百分比（Cum % of Cases），选择圆瓣图的分类变量（Define Slices by），以及圆瓣图中的行（Rows）和列（Columns）；最后单击 OK 按钮，提交运行。

（2）对一组变量的分别描述（Summaries of Separate Variables），即这一组变量值比例之和为 100%。

操作：单击 Pie，打开如图 7 - 15 所示的对话框，然后设定第二个选择项；单击确定（Define）按钮；在打开的对话框（见图 7 - 17）里，从变量清单中将该组变量移入"扇面内容设定"（Slices Represent）方框中，系统默认值是各变量的总和（Sum）之间的比例关系；如果需要改变内容，可以单击紧连着的"改变汇总"（Change Summary）按钮，并且在打开的对话框中指定一项计算的内容，然后单击"继续"（Continue）按钮，回到主对话框；最后单击 OK，提交运行。

（3）以每个值作为一个类型分别描述（Values of individual cases），以选中变量中的每一个值为一个类型进行分类，画出圆瓣图，如图 7 - 18 所示。

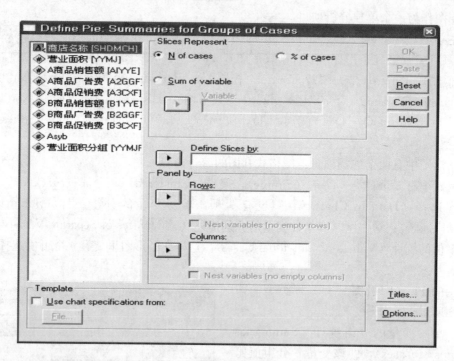

图 7-16   单一变量的分组统计对话框

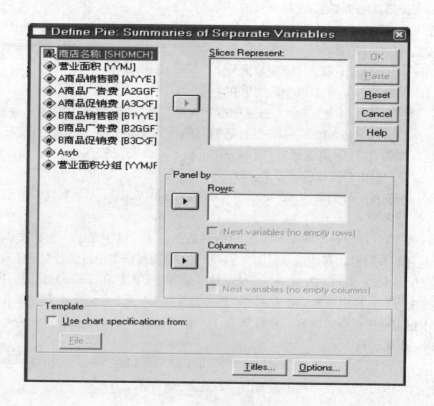

图 7-17   一组变量的分别描述对话框

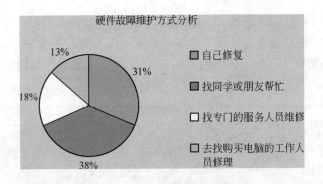

图 7-18　圆瓣图示例

7.4　市场调查资料的理论分析

市场调查资料的理论分析并不是一个完全独立的阶段，它与统计分析有着密切联系。首先，它对统计分析起指导作用，即指明要分析哪些项目及分析的目的，如对某项资料如何分组，这里就包含了大量的理论分析成分。其次，理论分析是对统计结果的判读和解释。揭示统计指标的意义，寻求市场现象的因果关系或相互联系的特点。对任何一组市场资料的解释方法都不是一个，这就要求从多种角度对数据进行多次处理。例如，以分组为例，某次分组后的结果并没有得到预期效果，或没有发现什么规律性，但这并不意味着该项就没有规律性，应该换几种分组的方式检查一下。对于更为复杂的多因素之间的关系，更需要借助理论分析的指导，借助计算机快速处理数据的能力，去发现隐藏在事物内部的联系。最后，理论分析是对某个调查结果的综合性的把握，即不仅分析其本身的特征，而且将其放到现实的总体范围内，考察分析研究对象对周围其他方面的影响，以及估计其他没有调查的因素对研究因素的影响。这种综合性的总体分析是其他环节所不能代替的。下面将从方法论的角度介绍市场调查数据理论分析的基本方式和技术要求。

理论分析的重点是揭示市场现象，即变量之间的相互关系，指出各种现象是如何联系的。总的来说，在市场调查中有两类现象之间的关系。

1. 相关关系

相关关系是指两个（或更多）变量之间存在着一种共变关系，即两个现象的变化是联系在一起的，现象 A 变化了，现象 B 或现象 C 等也同时发生变化。相关关系并不要求分辨何种现象先变化，何种现象后变化，即可能是现象 A 先变，也可能是现象 B 先变。相关关系所强调的是，相关的方向和强度，即现象之间的变化是同一方向还是相反方向；两者之间变化的量是一一对应还是部分对应。例如，销售量与广告费的关系是一种相关关系。研究这种关系，就可以通过控制某一方面的途径达到控制另一现象的目的。统计学上的相关系数的分析，就是帮助人们认识相关关系的，当相关系数的符号为正号时，说明两个变量之间变化的方向相同；负号时，说明变化方向相反；绝对值越大，说明相互之间的关系越密切，越接近一一对应变化；绝对值越接近零，说明相互之间的关系越不明显。

2. 因果关系

因果关系是在相关关系的基础上，进一步指出哪个现象变化在先，即何者为起因，哪个现象变化在后，即何者为结果，并且要能够证明这种相关关系不是由于其他现象所引起的。为了更好地说明这种因果关系，必须满足的三个条件，还以广告与销量来解释（假设的数据），如表7-7所示。

表7-7　广告与销量交互分析表

销　量	广告费多	广告费少	合　计
销量大	62	38	100
销量小	38	62	100
合　计	100	100	200

这些数字表明，广告与销售量有很强的正相关。但当我们要指出广告与销售量有因果关系时，就必须能够证明这种关系在任何情况下都是真的。因为，销量可能还受其他因素的影响，而该影响销量的因素也可能同时对广告费的支出量有影响，如"商场的态度"因素，商场的态度好，张贴的宣传品就多，因而影响广告费支出；商场的态度好，销售的人员热情，因而销售量就大。针对这种情况，检验广告销量的关系就需控制"商场的态度"因素，即在同样服务态度的情况下，查看广告与销量的关系是否还存在。假定将商场态度分成两类，得到如表7-8所示的数据。

表7-8　商场态度与销量关系

在服务态度好的条件下				在服务态度不好的条件下			
销　量	广告费多	广告费少	合　计	销　量	广告费多	广告费少	合　计
销量小	56	24	80	销量小	6	14	20
销量大	14	6	20	销量大	24	56	80
	70	30	100		30	70	200

首先可以看到，表7-7内同类项相加则完全等于原来的总表，即在控制服务态度的情况下，把原来的总表一分为二。其次，也是最值得注意的是，在表7-8中原来所具有的广告与销售量的关系消失了。这是因为，在服务态度好的情况下，不管广告费用多或少，销售大的占80%；而在服务态度不好的情况下，不管广告费的多少，销量大的只占20%。

怎样理解这种现象？或者说，出现这种现象的原因是什么？这里可能有不同的理解，或说造成这种情况的因素有很多。

（1）广告与销量的关系是虚假的，它们之间的关系是由于服务态度的不同而造成的（见图7-19）。

这种情况是说，服务态度一方面影响广告行为，同时在另一方面也影响销量，因此统计上将 Z 控制住（使其相对不变）时，原来的 X 与 Y 之间的关系就没有了。

（2）广告与销售量之间的关系是有的，但要以服务态度为中介。即 $X \rightarrow Z \rightarrow Y$。分析者可以假定这种解释：由于广告支出的不同。引起商场服务态度的不同，然后服务态度的不同直接导致销量的不同。在这里，广告的效果要通过服务态度这个中间环节才能对销量发生影响。例如，在现实生活中，人们走进商场想买某种商品，但不知在何处才能买到，问售货员时又得不到满意的回答，因此只好放弃购买。相反的常识为：广告会引起商场对服务措施的重视，使消费者都买到满意的商品。另外的情况是，商场可能服务措施好，对顾客的问题有问必答，因此尽管广告支出不是很多，销售量也很大。这些情况都可能造成，当区分态度类型去考察广告与销量的关系时，这两者的关系趋于消失。因此，这也是一种对上述表7-8所反映现象的解释。

（3）上述表7-8中的现象，可能还有一个（除了态度因素）或几个因素在同时对广告和销量分别有较大影响，例如商场的规模因素（见图7-20）。

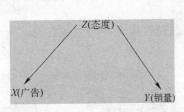

图7-19　广告与销量的关系

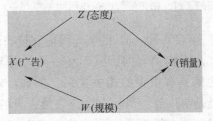

图7-20　商场的规模因素

图7-20说明商场的规模越大，广告张贴得越多；规模越大，柜台越多，销量也就越大。因此，要解释清楚 X 与 Y 之间是否为因果关系，或证明它们之间不是虚伪关系，就同时要控制住 Z 和 W 两个变量。假定把商场的规模也分成大型和非大型两类。那么，这时有四种情况下考察 X 与 Y 的关系，即：①在态度好的大型商场的条件下，X 与 Y 关系；②在态度好的小型商场的条件下，X 与 Y 关系；③在态度非好的大型商场条件下，X 与 Y 关系；④在态度非好的非大型商场条件下，X 与 Y 关系。

当把 Z 和 W 同时控制住时，如果每一个情况表现出的关系都极明显地小于原来的关系，并且趋近于零，那么，可以说 X 与 Y 由于同时受到 Z 和 W 影响，其原来的关系可能是虚伪关系，或者在 Z 条件下是传递关系，在 W 条件下是虚伪关系。如果还存在一定的关系（X 与 Y 之间），那么从理论分析的角度看，还需分析出可能同时影响 X 与 Y 的因素并把它控制住，这将是很复杂的过程，其中的统计手段也不仅仅是分组方式，但基本道理是一样的，并需要较大的样本容量。这并非故弄玄虚，如果真实的情况是复杂的，分析也应该是复杂的。

（4）销量是与包括广告在内的许多因素影响的结果，其中广告与其他影响因素是一种相互影响关系，即广告效果的大小取决于其他因素的状态。例如，假设某一特定的销售量，广告（X）、态度（Z）、规模（W）都对其起作用，并且广告与商场态度有交互作用的结果（XZ），即：

$$Y=X+Z+W+XZ$$

现实生活中的例子是，顾客在一家商场门前看到了广告，有了购买的欲望，看到该商场较大就走了进去，当看到售货员态度很好时，很快就会决定购买；而服务人员的态度不好时则没有买。如果检查这种情况是否存在，同样需要检查 X 与 Y 在 4 种不同状态中的关系，这种分析可能很复杂，但其基本道理是清楚的：如果这些影响因素之间不存在相互作用，则 X 与 Y 的关系如图7-21所示；而存在相互作用时，假定 X 与 Z 有相互作用的影响，则会出现如图7-22所示的情形。

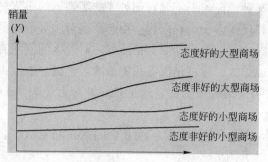

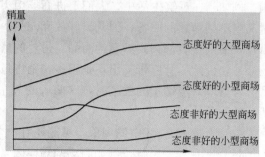

图 7-21 销售量与广告作用的关系（一）　　　图 7-22 销售量与广告作用的关系（二）

下面（5）和（6）的解释可能直接与调查设计和调查收集资料的质量有关。

（5）影响销售的因素不止一个，并且这些因素之间具有很强的相关关系。例如，较大的销售量是与广告、商场态度、售货人员的素质、商场坐落地点等有关，而这些影响因素之间又有密切关系，例如，坐落在中心地区的商场一般规模较大，两者分别影响着广告的状况，这三者分别与商场对服务态度的重视程度有关，这四者又分别与所招聘的售货人员标准或训练水平有关，如图 7-23 所示。

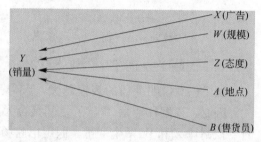

图 7-23 销量因素的相互关系

研究人员如何才能分别考察每个因素相对独立的影响呢？这在数据处理时很困难。因而，研究人员总是将这一组因素作为一个因素加以分析对待，即所谓的"因素分析"，即把这些因素综合在一起考察。如果不是这样，非要单独考虑每个因素的作用，则会产生净相关系数很不稳定，即忽高忽低的情况。因而，如果要考察其中某个因素的作用，最好的方法是进行"实验法"的调查设计，只有实验法才可能同时分别地控制这些相关联的影响因素。

（6）当控制了"态度"时，X 与 Y 的关系还存在，可能是由于收集资料过程的误差造成的，即可能是一种测量误差。例如，在收集资料过程中由于调查员的不负责任（当然也可能是问题设计本身有毛病，如仅凭售货员自我评价商场的服务态度），造成许多随机误差。如有时把那种过于"热情"的强迫式销售方式归于"态度好"，而同时有的人将其归于"态度非好"等。这种对 Z（态度）测量的随机误差，实际上是缺乏对 Z 的测量，因而在分析时就会出现这种即使控制了 Z，但 X 与 Y 的关系并没有完全消失的情况。这也是以上介绍方法、建立数据库等各调查环节时，强调严格进行复杂的等质量控制的理由。不解决测量误差，任何分析都无法得出正确结论。

总之，统计资料和数据本身并不能告诉人们市场现象是什么。如果说这些统计的数据在说话，那么也只能是像"婴儿的语言"，他本身也不知道自己在"说"些什么。这就是说，理论分析的任务是对这些可能的解释，通过分析和检验，指出其特定的含义，作出具有理论意义的选择。这是一种定性与定量相结合的分析过程，是人脑指挥电脑的过程，应该说，这种过程是电脑不能单独完成的，或者更准确地说，在充分运用计算机处理资料的现代市场调查中，理论分析的重要性比非电脑时代更重要。

某一专项市场调查的最后一项工作，是将搜集的资料和数据分析的结果转化成与调查问题有关的调查成果。这个调查成果的形式一般就是调查成果报告，简称调查报告。

7.5.1　市场调查报告的作用和种类

1. 市场调查报告的作用

市场调查的主要目的是为市场营销管理提供服务。具体来说，如果调查人员是从事独立的调查专业，那么研究目的就是指导其客户去解决市场营销问题；如果调查人员是被某公司雇用进行调查，那么调查人员的研究目的便是指导该公司市场营销经理去解决问题。只有让客户了解调查材料和结论，调查结果有一定的效果时，调查的服务性才具体落到实处。而要让客户很好地了解调查材料和结论，就必须有一个科学完整的调查报告。

调查报告是调查人员在工作中对某事务、某问题进行深入细致的调查后，经过认真分析研究，最终形成的成果和结论。调查报告的作用主要有三个方面。

（1）调查报告可使调查成果形成一种有条理的固定形式，使委托人或调查结果的使用者能既简洁又系统地了解所研究问题的基本情况、结论和建议；同时存档后，它还可以作为相关问题甚至相关行业调查时的基本参考。

（2）调查报告可以全面地反映调查工作的质量。因为调查报告在某种意义上就是对调查工作的总结，调查各个阶段的工作做得如何，这些最终都集中体现在报告中。对调查工作质量的评估也可能主要取决于对调查报告的评价。

（3）调查报告可以帮助人们采取合理的行动或对策。调查报告可以说是一份系统的调查记录，既有第一手资料又有第二手资料，同时还有系统的分析和结论。这些正是调查结果使用者所必需的。他们往往依据调查报告，加上自己的分析判断，就可以做出合理的决策，并采取有效的行动。

2. 市场调查报告的种类

要写出一份好的报告，最根本的是要安排好报告的内容，而形式是次要的。报告必须根据问题的特点、读者的思维习惯和偏好等来合理地安排报告的内容和形式。

从表达形式来看，调查报告有书面报告和口头报告。对小型调查活动或急需基本信息进行决策时，就没有必要或没有时间使用书面报告，因此口头报告也是一种必要的表达形式。在调查实践中也可能常常把两者结合起来，在提交书面报告的同时辅之以口头报告作为补充或解释说明。

从其使用者来看，调查报告分为基础报告、供出版用的报告、专题报告和供决策者使用的报告等。

（1）基础报告。基础报告（Basic Report）是调查人员撰写的供其自用的调研报告。它是为取得调查结果而准备的第一份报告。这类报告的内容包括工作文件和报告草稿。它是最后报告的基础，待最后报告完成后，它就成为档案保存起来。正因为如此，在调查实践中往往忽视这类报告。实际上，这类报告也是很有必要的。如果不做基础报告，将来需要参考其研究方法和资料时，或需要帮助其他项目研究时，就无法得到这类基础的完整的工作记录和研究成果。

（2）供出版用的报告。这类报告是指调查人员撰写的登载于专业期刊、杂志、会刊或专著等公开的调查报告。这类报告应根据刊物和读者的不同而有所差异。一般不能把简单的叙述当成报告，同时内容又不要过于啰嗦，只有很专门的期刊或专著才可能需要较多的细节或过程。出版者和读者一般都喜欢语言简练、条理清楚、观点鲜明、有启发性、有可读性的报告。

（3）专题报告。专题报告（Technical Report）是指供培训业务人员使用的调查报告。这类报告的特点是：包括报告产生过程的介绍；有推导结论的逻辑过程和统计上的细节，如假设检验；有复杂的专门附录，如使用的研究方法和完整的文献，为读者提供进一步的资料来源或证明。

（4）供决策者使用的报告。供决策者使用的调查报告（Report for Executive）是最常见的调查报告。由于决策者日常工作繁忙，因此他们只需要调查项目的核心内容，即主要的结论和建议，而不需要很多只适用于专题报告的细节。此时最好将研究方法等资料放在附录中，以备他们需要时参考。

7.5.2 市场调查报告的格式与内容

调查报告一般没有统一固定的格式与内容，尤其是对于口头报告、基础报告和专题报告更是如此。如何安排报告格式和内容，就要根据问题的性质和使用者的要求而定。

这里主要介绍供决策者阅读和使用的报告的基本格式和内容。一般来说，提供给决策者的调查报告应包括以下一些内容。

1. 函件

函件要指出该报告直接呈交给谁，进行该项工作的原因，以及这项调查的有关批示或批准事项等。

2. 扉页

在扉页上包括三项内容：一是调查报告的标题；二是调查人员姓名及所属单位或调查公司；三是完成和呈报报告的日期等。

一般情况下，扉页应放在报告的首页。但也有人喜欢把呈报函件放在首页，以突出表示他们要把报告呈交给函件所指之人。

3. 目录

如果报告较长，报告书就应该有一个目录。所谓目录，也就是报告中各章节内容索引和附录的顺序提要及其页码。附录可能包括各种表格、图表、图示或插图说明等，它们一般要排列在报告正文之后。目录一般最好不超过一页为宜。

4. 提要

提要是对调查报告基本内容的概括，是对所有主要事例和主要调查成果及结论的综述。

有的主管人员或决策人员往往对调查的复杂细节没有什么兴趣，有的则因工作繁忙，以至于他们只想知道主要结果、主要结论和如何行事的建议等。因此，提要是调查报告不可缺少的重要内容。

5. 导言

这一部分通常包括：进行这项调查工作的原因，工作范围，对研究问题的拟订，要达到的目标，以及调查所依据的一些假设等。此外，如果有必要，还可加进历史背景的简要描述。导言的目的是引导读者详细探讨面临的问题。

6. 研究方法

方法有助于使人们确信调查结果的可靠性，因此应对所用研究方法进行简短叙述，并说明为什么选用这些方法。这里所说的研究方法是指为达到调查目标所使用的程序，它包含着调查方法，但又不能将其简单地理解为调查方法。描述研究方法时至少应包括以下几个方面：①说明调查设计是探索性的、描述性的，还是结论性的或试验性的；②搜集、检查和使用各种资料的方法；③抽样设计和样本选择方法；④所使用的问卷类型及确定类型的依据；⑤分析和解释所使用的方法；⑥所使用的调查人员的数量和类型（如采访人员、操作人员和管理人员等）。

7. 调查成果

调查成果（Findings）是调查报告的核心内容，因此应是重点阐述的部分。这部分内容主要包括：①对于大量的原始资料进行整理概括的结果及其解释和说明，使读者一目了然；②使用的各种定性和定量分析方法的分析结果，包括使用统计分析方法的分析结果和详细的解释、综合概括和结论；③表达调查成果的其他手段，如图、表和曲线等。

报告所列调查成果的完全和详细程度，与调查者的水平和使用报告目的有关。一般地说，成果至少应有足够详细的解释，使读者对所研究的问题有充分的了解。有关详细的资料可以放在附录中，供有关人员在他们认为需进一步研究时加以使用。

8. 限制条件

某些限制条件（Limitations）的交代也是很有必要的。例如，完成调查工作的时间期限；调查回答误差及其可能的影响；调查成果的局限性、试用范围和可推广的程度；由于现场被调查对象不愿意作为抽样的对象，而使用代替的样本限制等。

9. 结论和建议

根据调查成果，用归纳法或演义法进行推理判断，可以合乎逻辑地得出某些结论。这些结论应该对调查的前提或假设进行证实或否定。如果是营销决策调查，结论的提出可采取列举几种可供选择的方案的形式，说明企业可以采取哪种步骤和行动，每种可能的开支和达到的结果。如果可能的话，调查人员应预测到企业采取了某种具体方案后，一定时间内应达到的经济效益。

紧接在结论之后应是有关行动的建议。建议的内容主要有：企业应当选择哪一种行动方案，其可行性如何；由谁做，做什么，何时何地做，等等。这些建议可能被决策者采纳，也可能被束之高阁。但是，无论调查人员的建议起不起作用，为了进一步研究 的需要，应当鼓励他们提出建议。

10. 附录

附录（Appendix）主要包括用来论证、说明或进一步阐述正文有关情况的补充或扩充资料。一般将其顺序编号，排列在正文之后。可能涉及的资料主要有：①已经在报告的正文汇总的统计表和统计数字列表及其详细计算；②第二手资料来源索引：第一手资料来源和联系对象的名称及地址、电话、电子邮件地址及网址一览表；③收集资料所使用的问卷和采访者指导说明书；④为抽样调查而选定样本的有关细节；⑤有关会议记录、书籍、手册等；⑥其他有必要列入的参考资料。

7.5.3 市场调查报告准备的原则

1. 基本原则

一个典型的完整的调查报告，应该有三种表达方式，即用文字和数据作为主要的表达方式，同时用图表补充或阐明。报告起草人应熟练使用这些表达方式，以将调查成果有效地、充分地展示给决策者。

准备调查报告，首先应符合两个基本原则。其一，调查报告必须真实、准确；其二，调查报告要满足决策者（读者）的需求或要求，这也是准备调查报告的重要原则。因为营销调查是为经营决策服务的，经营决策是由主要决策者依据调研成果做出的，而决策者必然要求有一个适合其阅读使用的最终报告。为此，报告起草人应尽量了解主要决策者的类型，了解他们的兴趣、偏好及思维模式，以使提交的报告最大程度地符合决策者的需求，使报告能一次通过。

2. 报告编写的原则

编写供决策者阅读使用的调查报告时，应遵循下列一些原则。

（1）应当使报告易于理解和阅读。这主要指逻辑严密、结构层次清楚，比如每个主题要有明确的标题，除了主标题以外，还可以使用副标题。为了易于理解，还应当尽量使用非专业性语言，当必须使用专门术语时，报告中应有简要的解释，并将这类解释放在附录部分。

（2）应当使报告内容明确。内容明确是评价报告的一个重要的质量指标。因为如果内容表达含糊不清往往会导致错误的决策或大量的失误。为此在起草报告时，应该反复推敲修改，不追求速度。也可以事先让两三个不熟悉专业的人阅读报告，提出不明确之处，再给予纠正。

（3）语句要简练流畅。语句结构是写作技巧的反映。要想写出好的报告，当然要注意语句结构技巧。首先应尽量使语句简洁，少使用长而晦涩的句子；其次应使语句尽量活泼流畅，以引起阅读兴趣。

（4）报告应尽可能简要。这主要是指报告的篇幅一般不宜过长，报告的长短应以能达到研究目的为准；把要点放在前面，并可用大号黑字体表示强调，然后针对论点简要阐述；既要具体又不能啰嗦。

（5）实用。实用原则是很重要的。它主要强调调查报告应有很强的针对性和目的性，即帮助决策者研究问题和解决问题。因此，它无须使用华丽的辞藻和进行过多的理论分析。

（6）报告编排形式多样化。调查报告的编排形式不是唯一的；相反，灵活多样的编排形式，更有利于引起读者注意，避免呆板，方便阅读。例如，可用黑体字强调中心思想或主要论点，用引号或底线强调关键词，用圆点表明重点等。报告整体的各部分的排列，根据情况，可顺序编号排列，也可主次排列，也可以分块列表，顺序排列等。

3. 表格展示的原则

列入报告中的部分统计资料，在其相对比较简单或描述它在上下文中的关系时，可以将其并入文字说明部分。

但是，当需要比较复杂的统计分析时，这些资料应放在与阅读资料分开的表格中。这类表格的设计应注意的问题主要有以下几个方面。

（1）标题。一般标题应安排在表上方正中间。标题必须简明准确地表述资料的性质、分类和时间（见表 7-9）。如果统计表较多，应给各表编号，以免混乱。

（2）数字。所有上下各行数字的位数都应对齐，同类数字应保持统一有效的位数，如准确到哪一位数字，都应一致；遇有相同的数字时，要重写一遍，不可用"同上"或"同左"之类的字样代替；有不同年份的应按年月顺序排列；对于与正文有关的数字，应当用有关的符号给以表示（如 8A、8B 等）。

（3）项目排列。项目应按资料的重要程度排列。例如，当资料与行政区域及位置关系密切时，可以按地理位置排列；当材料与时间有关时，应按适当的时期（如年季月等）排列；当大小次序最重要时，应按顺序排列，这种排列最常见；当项目位置在表中显得重要时，应该用阿拉伯数字或英文字母排列等。如果使用 SPSS 软件处理数据，其输出结果见表 7-9。

表 7-9　主要城市消费者人寿保险购买意向指数[1]

城市名称	样本量/人	$\alpha=0.05$		
		1	2	3
沈　阳	542	56.3284		
济　南	501	56.4271		
杭　州	530	56.4528		
北　京	498	57.5301		
上　海	459	58.9107	58.9107	
南　京	424		60.7823	60.7823
天　津	504		61.0913	61.0913
青　岛	520			62.4231
广　州	446			62.5785
成　都	538			63.2342
显 著 性		0.220	0.179	0.269

（4）纵标目和横标目。纵标目是位于垂直栏目之上的名称（如表 7-9 中的"样本量"），横标目是位于横行或水平数字行的左端（如表 7-9 中的"沈阳"、"济南"等），两者都应当简明扼要。横标目上的总标目（一般位于表的左上角，如表 7-9 中的"城市名称"）要能综合说明横标目的内容。若有小分类或小计时，要在横标目中一并表示出来，但小分类的横标目要缩进几格而又比小计凸出。当一个总的纵标目所表达的内容与表中两个以上的纵标目具有共同点时，则把总的纵标目放在这些共同的纵标目的上方。如果纵标目、横标目较多，最好编号。

（5）计量单位。表中的数字要注明计量单位。如表内数字都属同一计量单位，一般应将其标明在表的上方，以免在表内重复填写；如不属于同一计量单位应将其放在各纵标目上。

（6）资料来源和脚注。除第一手资料外，一般均应标明资料来源，以便需要时参考。对有些无法并入表格的解释性内容，如数据资料或计算方法的某些限制条件，可用脚注说明。脚注一般应放在表格的下面而在"资料来源"的上面。

（7）重点强调符号。有时需要强调一下重点或引起读者注意，可以使用必要的符号给以

---

[1]　资料来源：南开大学. 恒安标准寿险队知指数研究报告，2007.

标明。例如，在数字、横标目和纵标目中，利用字体对比，可达到强调重点的目的；利用细线、粗线或双线可表示强调或引起注意等。

4. 口头报告

多数调查报告可能仅以书面形式提交给调查委托者或主要决策者，这是十分必要的。然而，有时单用书面形式与决策人员交流，效果可能不是很好。所以，最理想的办法就是以书面报告为主，以口头报告进行补充。

口头报告的形式包括即兴讲解、按书面报告讲解和专门讲解等三种形式。

为了使报告更生动灵活，富有吸引力，提高报告效果，在时间和各种条件许可的情况下，应尽量调动现代技术作为辅助手段。在报告中可使用的技术主要是形象化的技术，包括投影仪、录像片和电视机、光盘和计算机投影等。

案例分析

你每天刷几次牙？

在你进行市场调查时有没有发现消费者言不由衷？

你每天刷几次牙？这是笔者在 2011 年为国内一家著名的牙膏制造厂家进行一次消费者研究时，在调查问卷中设置的一个问题。调查结果很出乎意料：在对回收的 800 份有效问卷的统计之后，竟然发现有超过 60％ 的青年人（35 岁以下）每天只刷一次牙，而且在这 60％ 的每天只刷一次牙的年轻人中，又有超过 60％ 的人是在每天早晨刷牙。也就是说，在年轻人中，有近 40％ 的人只在每天早晨刷牙。虽然结果出乎笔者本人的意料，但联想到笔者平时多数情况下也只在每天的晚上刷一次牙，对调研结果也就多了几分认同。

通过对整个调研结果的分析，发现其中又有许多现象值得探讨。在问卷中有一个问题：你为什么刷牙？答案居第一位的是：为预防牙齿疾病。居第二位的是：为了使口气清新。另一个问题是：你选择牙膏时最注意牙膏的哪些功能特点？答案中居第一位的又是：牙膏的防病治病效果。第二位是牙膏的口感。

通过以上两个问题的调查，读者不难理解为什么在 20 世纪 80 年代末至 90 年代初期，各种药物牙膏大行其道的原因。

但是如果将这两个问题的答案与第一个问题的答案对比之后，就会发现这其中的矛盾之处。

受过最基本的生理卫生教育的人都会懂得，如果要预防牙病，最好是每天刷牙两次以上，如果因为种种原因而不能保证每天刷牙两次，最起码也应在每天晚上刷牙而不是在口腔细菌猖狂作祟一夜之后的早晨刷牙。但这些十分关心牙膏防病治病功能、刷牙目的又多为防病治病且又受过良好卫生教育的现代年轻人，偏偏跟自己开了一个玩笑，在 60％ 的每天刷牙一次的人群中竟有 60％ 之多的人只在每天早晨刷牙！

是调研数据不准吗？恰在此后不久，又看到国外的一篇报道，结果竟和笔者这次调研惊人地相似，这使笔者不得不相信这其中定然另有原因。

在人类动机研究中，有三个著名人物，即弗洛伊德、马斯洛和赫茨伯格。其中马斯洛需要层次论和赫茨伯格的双因素理论被广泛地应用到消费者行为研究和企业管理理论中，但弗洛伊德的精神分析论却很少被人提及。弗洛伊德认为，在人类行为形成过程中的真正心理因素大多是无意识的，人在成长和接受社会规范的过程中有很多欲望受到抑制，这些欲望既无法消除也无法控制，在多数情况下，人不可能真正了解自己的动机。因此在进行消费者研究和市场调研时，真正理解消费者需求最不容易。消费者有时说出的话是需要加以"翻译"的。

在上例牙膏调研中，由于长时期受正统生理卫生的教育以及受到众多牙膏厂家近似恐吓性质的广告诱导影响，使得年轻的消费者不得不接受这样一个理论：牙病是令人恐惧的；为了摆脱这种恐怖结果，人应该使用具有防病治病效果的牙膏经常刷牙。因此如果仅从表面上询问"你为什么刷牙"时，多数人毫不犹豫地选择"防病治病"，如果你再询问"人应该每天刷几次牙？"相信绝大多数人也会回答你"应该刷两次以上"。

但是这只是消费者表面上说出来的需要，他内心深处潜藏的、没有说出来的答案可能会是多种多样的，令人惊讶的。他可能会说："如果我不刷牙，我的上司会不喜欢我。""如果我不刷牙，女孩子们会离我远远的！""如果我不刷牙，早饭会吃不香的。"等等，他还可能会说："去他的什么牙病，它现在离我还远着呢！"

由于对消费者这种潜藏的心理活动重视不够，众多的牙膏厂家盲目迷信"恐吓"广告的作用，在电视广告中上演了一系列的恐怖剧，将牙病的可怕之处淋漓尽致地演绎，这在很大程度上维持了各种药物牙膏的表面虚荣，但在年轻的消费者内心深处，却可能潜藏着对这类口感苦涩的牙膏的深恶痛绝。

于是，可以预见的结果出现了，就在许多牙膏厂家仍迷醉于研制药效更高、治病效果更强的药物牙膏的同时，曾经风靡大江南北的著名药物牙膏品牌"洁银"、"洗必太"、"康齿灵"等逐渐失宠了，进而从市场上消失了，而名不见经传的后起之秀"黑妹"却以清新爽净的广告风格一举跻进牙膏的销量三甲，老牌药物牙膏"两面针"虽然此后推出洁白牙膏，但也难以保往昔日的皇冠而将之拱手相让于"中华"。即使后来仍以防蛀牙作为主诉点的外来品牌"高露洁"和"佳洁士"，不仅广告风格清新高雅，颇讨年轻人的欢心，更重要的是牙膏的口感，丝毫不像老牌的中国药物牙膏般苦涩！

真希望中国的牙膏厂家能从中琢磨出点感觉，不要再试图开发"七必治"、"九必治"了。

还有一个例子。一家台湾的漱口水生产厂家，也在市场调研中发现，消费者基本上都认同每天应该刷两次牙，但相当一部分人在实际生活中却做不到。为此，不少消费者对此怀有一种负疚感，同时也对自己的口腔卫生状况感到担心，生怕口腔有不雅气味影响了自己的形象；于是这家企业在其广告中反复暗示，使用这种漱口水，就可以不必再遵守每天刷几次牙的教条，也不必为自己的懒惰行为而感愧疚了；结果，这种漱口水大受年轻消费者的欢迎，成为市场上的领导品牌。

类似的例子还有很多。所以，当营销工作者发现消费者言不由衷时，一定要认真琢磨一下消费者的话外音。

资料来源：李志亭. 销售与市场. 1998 (12).

思考题：

1. 案例中所使用的分析方法对你有什么启发？

2. 进行数据统计分析的准备工作主要有哪些？

思考题

1. 如何对市场调查资料进行检查？
2. 举例说明如何进行事前编码和事后编码。
3. 编码本一般包含变量的哪几方面信息？
4. 如何进行数据录入？
5. 结合实际练习说明如何建立 SPSS 数据文件。
6. 结合实际练习说明如何进行数据库文件的整理、检查和纠错。
7. 数据统计分析的基本准备工作主要有哪些？
8. 结合实际练习说明如何对数据进行基本统计分析。
9. 如何进行统计图表的绘制？
10. 市场调查报告有哪些类型？
11. 调查报告一般应包括哪些内容？

第 *8* 章

市场调查是收集资料，而市场预测则侧重于分析资料。市场分析有静态与动态之分。静态市场分析所用的方法多在统计学中已介绍过，本书此后部分仅就市场分析动态方法的概念、原理、原则及方法运用给予重点介绍。本章阐述市场预测的概念、市场预测的原则和程序、市场预测的基本原理和方法，其目的是着重思维角度的转变，探索市场未来的发展状态。

市场预测导论

8.1 市场预测的概念与内容

企业市场营销活动的根本宗旨在于最大限度地满足消费者的需求和欲望，获得最佳的经济效益。在以市场导向为特征的市场经济中，企业对市场需求状况的研究应具有超前性，不仅要着眼于现实，更重要的是把握和预测未来，即企业根据消费者过去和现在的需求状况，分析和研究需求变化的规律，并以此对一定时期的潜在的和未来的需求变化趋势进行科学的推断。特别是在科学技术日新月异、消费需求千变万化、市场竞争愈演愈烈的今天，市场预测已成为企业生存与发展的制胜法宝。

8.1.1 市场预测的定义和特点

1. 定义

在英文中有两个单词都可以翻译成"预测"。一个是 forecasting，是指对未来不确定事件的推断和测定；另一个是 prediction，它既包含对未来将要发生的事件给予推断和测定，也包含对现在已经发生但尚不明确的事物给予估计和推测。我们认为从概念上讲，作为市场营销体系中的"市场调查与市场预测"课程，其预测的含义应为后者——prediction，从而与西方市场营销体系中"市场研究"课程相对应。其方法论内容既应包括静态的市场分析也应包括动态的市场预测。当然，本书后几章方法论内容也同样着重动态预测即 forecasting，这是因为同样地考虑到静态的市场分析所用的方法在统计学课程中已有介绍。

市场预测学是阐述市场预测的基本概念、理论和方法的一门方法论科学。而市场预测作为一种实践活动，其定义是：在市场经济中，通过大量占有由诸多随机因素影响所形成的数据，采用统计、数学及定性分析等科学方法，对未来将要发生的或目前已经发生了但尚不明确的企业市场营销目标现象，给予带有一定可靠程度和准确程度的估计量。

2. 特点

1）依据数据的随机性

预测依据的数据本身是受诸多随机因素影响的。例如，国家的某个明确的计划对未来市场确定的影响，某个产品由地方政府认定后硬性向市场推广，以及确切的信息表明某个国际大财团将进军某个市场从而对该市场所导致的某种状态等，这些并不属于市场预测的问题，而属市场调查、公共关系、情报等其他学科的问题。从这一点来讲，市场预测是对大量的受诸多随机因素影响的数据，通过归纳推理或模拟延伸的方法进行估计。虽然市场预测也可以通过市场调查、情报学等方法进行资料搜集、监测和调整，以使预测结果更加准确。但是，市场预测与市场调查及市场情报有本质的不同。

2）预测方法的对象性

这是市场预测与统计预测的区别。市场预测根据企业市场营销目标现象的特征及预测条件，广泛地选择使用包括统计、数学及定性预测在内的各种预测方法进行预测，而不拘泥于一类。

3）市场预测主体的微观性

从预测对象和方法上来看，市场预测与经济预测有很多共同之处，甚至某些经济预测可以说成是市场预测，反之亦然。但是，两者的区别也是非常明显的。①市场预测的主体是企业，市场预测是为企业服务的，而经济预测的主体是国家、部门或行业；经济预测是为宏观管理而揭示或推测未来经济环境而进行的。②经济预测的对象是整体的、综合的市场现象；而市场预测的对象则是更具体、更明确的企业市场营销的目标现象。③由于企业对市场控制力的微薄，市场预测更注意"随机"，其结果的准确性更依赖于诸多随机因素的综合作用；而经济预测则相对更多地考虑国家的方针、政策及调控方向对市场的影响。正因为市场预测主体的微观性，所以在对市场预测结果进行修订时要考虑相应的经济预测。

8.1.2 市场预测的种类

市场预测可按不同的标准进行分类。

1. 按预测地域划分

按预测地域划分，可分为国际市场预测和国内市场预测。

(1) 国际市场预测。它是指企业对国际市场的某种商品的供求状况、价格趋势、经济政策、税收条件等进行的预测。国际市场包括国际统一市场，如欧洲统一市场、北美市场等，也包括个别国家的国内市场，如美国市场、英国市场等。

(2) 国内市场预测。它包括国内统一市场预测、地域性市场预测及地方性市场预测等。地域性市场预测如东北市场预测、西北市场预测、西南市场预测等。地方性市场预测如北京市场预测、天津市场预测等。

2. 按预测商品层次划分

按预测商品层次划分，可分为单项商品预测、同类商品预测和对象性商品预测。

(1) 单项商品预测。它是企业对某种商品的品牌、规格、价格、花色、质量、款式等市场需求进行的预测。如对空调、冰箱、彩电、计算机等单项产品的预测。

(2) 同类商品预测。它是企业对某一类商品按其不同的特征，如质量、产地、原料等预测市场需求。商品分类可依据决策、预测的具体要求来决定。通常分类的依据有商品的用途、生产方法、工艺水平、原材料、档次等。例如，根据商品档次可分为高档商品、中档商品、低档商品等；按商品的用途可分为日用品、纺织品、家电产品、小百货、五金产品等。

(3) 对象性商品预测。它主要是指企业对某一类消费对象进行的预测。如儿童类，包括儿童服装、儿童食品、玩具、儿童书刊等。客观地讲，这类预测还要以消费者的类别特征为预测中心。如男式服装包括老年、中年、青年等年龄特征。

3. 按预测时间层次划分

按预测时间层次划分，可分为近期预测、短期预测、中期预测和远期预测。

根据我国企业的普遍状况，一般地说，近期预测是指为期 1 年以内的预测，短期预测是指为期 1～2 年的预测；中期预测是指 2 年以上至 5 年的预测，远期预测是指 5 年以上的预测。近期、短期预测的内容比较详细具体，精确度要求较高。中期预测的内容要简要一些，它要为中期的经营战略、决策和中期计划提供依据，对精确度有一定的要求。远期预测只是粗略地描绘未来市场发展的远景。企业侧重近期、短期预测，也需要进行中期预测。经济管理部门侧重中期、远期预测。在实际工作中，近期、短期预测与中期、远期预测要密切结合。

4. 按预测的标志不同划分

按预测的标志不同划分，可分为定性预测和定量预测。

（1）定性预测。它是对事物未来发展变动方向进行的预测。它侧重于对事物的性质进行分析和预见，不在于精确估算数量，即便是对数量有所描述，也只是大概的、粗略的。

（2）定量预测。它是对未来市场商情变动的规模、水平、速度、比例等数量方面所做的预测。定量预测又可分为点值预测和区间值预测。点值预测，是指单个数值的预测。例如，某企业烟酒部预测 2014 年销售额将达 3 000 万元，较 2013 年增长 20%，这就是点值预测。区间值预测，是通过预测事物数量变化的上限和下限，来揭示其发展变化趋向。例如，某企业电器部预测 2014 年销售额将达 2 500 万～3 000 万元，这就是区间值预测。

在实际工作中，定量预测与定性预测是同一事物的两个立脚点，不能将二者截然割离开来，有时要有所偏重，彼此间互为补充。通常地，定量预测是定性预测的补充与完善，定性预测是定量预测的前提与基础，二者相辅相成。

8.1.3　市场预测的主要内容

在社会主义市场经济条件下，企业的市场预测内容有一些共性。

1. 预测企业经营地区范围内社会商品购买力发展趋势

由于社会商品购买力预测内容的牵涉面很广，企业一般只利用经济管理部门的有关购买力预测资料，不直接进行预测。某些大中型企业把旺季市场和节日市场的购买力趋向也往往列为市场预测的内容之一。

2. 预测企业生产经营商品的需求趋向

它包括一定时期内市场商品需求量及品种、规格、花色、型号、款式、质量、包装、需要时间等变动趋势的预测，是企业制定该产品生产、经营计划的依据。

3. 产品生命周期及新产品投入市场成功率的预测

产品都有一定的生命周期，通常包括试销、畅销、饱和、衰退 4 个阶段。产品处于生命周期的不同阶段，其经营侧重点不一样。只有对产品的生命周期进行科学的预测，企业才能制定、选择适当的经营计划，才能在市场竞争中处于主动地位。新产品的研制要花费大量资金，但每年只有大约 5% 的新产品投入市场得到认可，因此，预测新产品投入市场的成功率对企业发展是相当重要的。

4. 预测市场占有率

市场占有率，是指在一定时期、一定市场范围内，企业生产经营产品的销售额占当地市场同种产品销售总额的比例。企业市场占有率的预测公式为：

$$s_i = \frac{m_i}{\sum m_i} \times 100\%$$

式中：s_i 为 i 企业的市场占有率；m_i 为 i 企业某种产品的销售额；$\sum m_i$ 为某地区该种商品销售总额。

由于市场需求随着消费时尚、热潮的不同而发生变化，企业的市场占有率也会随着变化而处于波动之中，所以为了正确预测企业未来的市场占有率，所采用的预测公式也应该是动态公式。这一动态公式为：

$$s_i = \frac{m_i(1+p_i)^n}{\sum m_i(1+p)^n} \times 100\%$$

式中：s_i 为 i 企业 n 年后的市场占有率预测值；m_i 为 i 企业某年某产品销售量（额）；$\sum m_i$ 为某年当地市场同类商品销售总量（额）；p_i 为 i 企业商品销售量（额）的年平均增长率；p 为当地市场该商品销售量（额）的年平均增长率；n 为预测的未来时期数（年数）。

5. 预测市场需求

企业在预测市场需求时，必须预测企业的市场总潜力、地区市场潜力和市场占有情况。

1）预测市场总潜力

市场总潜力，是指在一定经营条件下、在一定时间一个企业所能获得的最大销售量。预测时，通常用下列公式进行估算：

$$Q = npq$$

式中：Q 为市场总潜力；n 为在假设条件下，某一产品购买者人数；p 为平均价格；q 为每一购买者的平均购买数量。

如果每年购买图书的顾客有 1 千万人，平均每人每年购 4 本书，平均单价是 20 元，则书的市场总潜力即为 8 亿元（$10\,000\,000 \times 4 \times 20$）。

2）预测地区市场潜力

企业预测时，要分析出与企业经营有密切联系的地区市场潜力。对地区市场潜力进行预测，通常采用的方法有市场组合法和多重因素指数法两种。

（1）市场组合法是指企业首先确定每个市场有哪些潜在的买主，并估算出这些潜在买主的潜在购买力，最后两者的乘积就是所要求的市场潜力。

（2）多重因素指数法是指企业在估算市场潜力时，由于顾客群人数众多，无法逐一列出，就根据一定规律赋予每个因素一定权数的一种计算方法。公式为：

$$B_i = 0.5y_i + 0.3r_i + 0.2p_i$$

式中：B_i 为 i 地区购买力占全国总购买力的百分比；y_i 为 i 地区可支配的个人收入与全国可支配个人收入的百分比；r_i 为 i 地区零售额占全国零售额的百分比；p_i 为 i 地区人口占全国人口的百分比。

例如，西安市的可支配的个人收入占全国的 2.00%，零售额为全国的 1.96%，人口为全国的 2.28%，那么，西安市的购买力指数是：

$$0.5 \times 2.00\% + 0.3 \times 1.96\% + 0.2 \times 2.28\% = 2.04\%$$

因此，可预测西安市的某种商品销售额可能占全国的 2.04%。

3）预测市场占有情况

市场占有情况包括市场占有率、市场扩大率和市场覆盖率。

（1）市场占有率是预测企业竞争能力和企业信誉高低的一项重要指标。市场占有率越高，企业产品的知名度和竞争力就越大。

将本企业某种产品市场占有率与主要竞争对手同类产品市场占有率相比，可预测产品竞争情况及本企业竞争能力。表 8-1 是某品牌的彩色电视机市场占有率预测表。

表 8-1   某品牌彩色电视机市场占有率预测表

项目 \ 年份	2005	2006	2007
本企业销售量/万台	20	25	30
本企业市场占有率/%	12.5	15.6	17.6
竞争对手销售量/万台	35	40	35
竞争对手市场占有率/%	21.9	25	20.6
全国总销量/万台	160	160	170

（2）市场扩大率是将本年产品市场占有率与上年占有率对比，可预测该产品市场地位是上升还是下降。市场扩大率计算公式为：

$$市场扩大率=\frac{本年度市场占有率}{上年度市场占有率}\times100\%$$

市场扩大率大于 1，表示产品的市场地位上升；市场扩大率小于 1，表示产品的市场地位下降了。表 8-2 是按表 8-1 的资料计算出的某品牌彩色电视机市场扩大率预测表。

表 8-2   某品牌彩色电视机市场扩大率预测表

项目 \ 年份	2005	2006	2007
本企业市场占有率/%	12.5	15.6	17.6
本企业市场扩大率/%		1.25	1.13
竞争对手市场占有率/%	21.9	25	20.6
竞争对手市场扩大率/%		1.14	0.82

（3）市场覆盖率是和市场占有率相关的一个指标。企业产品市场覆盖率越大，说明企业产品知名度越高，竞争力越强。计算公式为：

$$市场覆盖率=\frac{本企业该种产品投放点数}{全国（省）销售点数}\times100\%$$

表 8-3 是某企业及其竞争对手企业的市场覆盖率预测表。

表 8-3   某企业及其竞争对手企业的市场覆盖率预测表   个

项目 \ 年份	2005		2006		2007	
本企业	35	23.3%	38	25.3%	42	28%
竞争企业	50	33.3%	53	35.3%	55	36.6%
全省	150		150		150	

6. 市场营销组合预测

市场营销组合，是企业为了实现市场营销职能而从事的市场营销决策活动。市场营销组合，主要涉及 4 个方面的因素：产品、价格、销售渠道和促销活动等。因此，市场营销组合预测，是从策略角度对企业市场营销中的产品、价格、销售渠道和促销活动等进行的预测。

1）产品预测

这里的产品概念，是广义的。它不但包含了产品的实体，即产品能够满足消费者某种需要的本身；同时还包含了产品的形式，如厂牌、商标、包装等。此外，产品还包含了有形产品的服务，如安装、维修、咨询等。人们把它们分别称为实体产品、形式产品和扩增产品。因此，产品策略包含了产品组合、商标、包装及售后服务等方面的内容。

（1）产品组合预测是对产品线组合的预测。产品线是使用功能相同但规格不同的一组产品项目，通常表现为产品系列或品种。企业产品线的数目称为产品线的宽度，而每一种产品线内所含产品花色或规格的多少称为产品线的深度。各产品线之间，在产品的生产条件、销售渠道和最终用途方面，可以是密切相关，也可以是毫不相干。这种产品线之间的关联程度称为产品线的关联性。所以，产品组合实际上就是由产品线的不同宽度、深度和关联程度决定的。对现代企业来说，一方面，要求企业提高专业化程度，组织大批量生产，不断强化产品线的深度；另一方面，要求企业实行多样化经营，以适应市场不断变化的需要，即不断扩大产品线的宽度。因此，产品组合是企业经营中的一项极其重要的决策活动。

一般来说，扩大产品线的宽度，有利于企业挖掘潜力，分散企业的投资风险，促进企业不断占领新的市场。强化产品线的深度，可以更加广泛地满足消费者的各种需求，甚至是消费者的特殊需求。这样，有利于占领更多的细分市场。加强产品线的关联性，可以增加企业在市场上的竞争地位，提高产品的市场占有率，同时也有利于发挥和提高企业在行业中的优势。因此，企业应当根据实际情况选择适合于企业特点的产品组合策略。

（2）产品形式服务。如前所述，商标、厂牌、包装及售后服务等属于产品的形式，形式是为内容服务的。合理地使用产品形式对促进产品销售是十分重要的。

（3）商标是商品的一种标志。例如，各种文字、名称、符号或图案等。商标的目的在于区别不同企业所生产的同类产品，以供购买者识别。

商标对于购买者识别产品非常有用。有时候，人们购买某类商品就是奔着某种商标而来的。这是因为人们购买到某种名牌商品时，总会认为产品的质量是信得过的，价格也是合理的，而且还可以享受到良好的服务。

企业使用商标，可以有两种策略：统一商标和专用商标。例如，在自行车制造厂，尤其是名牌自行车厂，一般采用统一商标；而在一些卷烟厂中，大多采用专用商标。在药品销售中，因为人们注意的是药品本身的功能，而对药品生产企业关心较少，因此在药品商标使用中，一般采用专用商标。

企业采用统一商标名称，有利于打开企业整个产品线的销路。而且由于采用统一商标，促进企业建立良好的信誉，以便有利于企业新产品的销售。

（4）包装和售后服务。产品包装有两类：产品本身包装和运输包装。从产品本身包装而言，又可分为工业品包装和消费品包装。对工业品包装，主要了解包装的储存、包装的拆封、包装内物品的识别、包装的重新利用等。对于消费品包装，主要在于了解包装的功能，如说明功能和推销功能等。同时，为了充分认识包装的功能作用，有时还要对市场环境进行调查预测，如为了使包装有效起到推销功能，应当调查预测典型商店的环境特征。此外，消费者的偏好、印刷条件等也是需要特别留意的。售后服务是产品的一个组成部分。搞好售后服务包括以下三方面的工作：一是确定服务项目即服务目标；二是确定服务水平即服务质量；三是服务形式。

总的来说，服务项目的确定，应当根据充分的调查研究，对用户需要的服务项目，依照其重要程度的大小进行安排。尽量使用户的要求得到满足，至少要使本行业的用户认为是重要的服务项目能够得到满足。

服务水平也一样，不能只局限于一个服务项目，也不可能是全部项目，需要根据用户要求与各种服务项目的质量决定。一般地说，较高的服务水平，能够使消费者得到较高的满足，从而促使消费者重复购买。应当强调的是，服务水平与产品销售质量之间并不是一种无条件的线性关系。

服务形式，取决于服务项目的内容和服务要素的价格；同时，还要根据消费者的要求和竞争策略分别处理、灵活运用。

2）价格预测

产品的价格，无论对购买者或是对生产者来说，都是与利益直接有关的事件，其作用的重要性不言而喻。因此，价格是市场营销组合中一个最为重要的组成部分。

企业在确定某一产品的价格时，往往需要进行一系列的调查预测活动，如对成本、竞争产品和需求量的调查预测；对产品需求曲线的调查预测；对竞争产品价格差异程度的调查与预测；产品定价效果的调查和预测等。

企业定价方法大致有三大类：第一类是以成本费用为中心的定价方法；第二类是以需求为中心的定价方法；第三类则是以竞争为中心的定价方法。成本是定价的基础。因此，以成本费用为中心的定价方法，如成本加成法、目标利润法等是企业定价的基本方法。以成本为中心拟订价格，方法简便，比较公平，但它忽略了供求关系，忽略了市场需求弹性，使价格的刚性十足。竞争价格则是以竞争为中心拟订的价格。相似产品的竞争价格，往往成为定价的上限。只有本企业的产品确实具有明显的优势，如质量优势、服务优势，企业产品价格才能高于竞争产品价格。这样，企业拟订产品价格时，需要了解或预测竞争企业或竞争产品的价格。此外，企业定价时，必须顾及市场对产品的需求量，不同价格条件下有着不同需求量。这是必须加以注意的。

企业定价以后，应当及时主动地进行定价效果调查预测，如企业所定的价格是否合理，偏高还是偏低；企业产品价格对消费者与经营者是否都有利；与竞争对手相比，企业产品价格水平如何，偏低或是偏高；产品价格变动情况怎样，等等。企业及时地了解这些信息，有利于企业及时采取措施，使产品定价效果取得满意的结果。

有条件的企业应当进行产品需求曲线的调查预测。当产品需求曲线呈非弹性时，提高产品价格可以增加企业收入；如果产品需求曲线呈弹性时，降低价格则可以增加企业收入。因此，进行产品需求曲线分析与预测对决定产品价格，增加企业收入是很有帮助的。

3）销售渠道预测

销售渠道预测是通过对现有销售渠道的分析，以确定销售渠道的选择策略。

（1）现有的销售渠道。我国企业产品的销售渠道，在相当长的时间内是由一级采购供应站、二级采购供应站、三级批发机构和零售店组成的。随着经济体制改革的深入，企业产品的销售渠道已经或正在受到不同程度的突破，但原有的模式仍在起作用，因此分析它们的形式和特点对企业仍有积极意义。一级采购供应站，通常按专业设置在有全国影响力的生产集中的城市口岸，负责收购当地产品，接受出口物资，在全国范围内组织调拨供应。二级采购供应站，通常设在省内生产集中的城市或交通枢纽城市，负责收购当地产品，并从一级站或产地二级站进货，在一个较大的经济区内组织调拨供应。三级批发机构，一般设置在市、县或农村重点集镇，从二级站进货，在市、县的一定范围对零售企业组织供应。四级站就是零售商店，零售商店的设置星罗棋布，但也是有规则的。在大中城市一般设有三个级别商业群，一级商业群是全市商业中心，一般在城市内最繁华的地段，如北京王府井大街、上海南京路等。它的特点是行业全、商品全、大店多、名店多、高档商品多。二级商业群是几个居民区相连地段的区域性商品中心，特点是大、中、小型商店都有，中小商店居多，以中档商品为主。三级商业群是几个居民区相连地段的小商业中心，最大的特点是方便，主要经营居民日常需要的消费品。

(2) 现有销售渠道的特点。二级站是地区一级的批发机构。资金雄厚，仓库位足，在相当的区域中起到商品流通的蓄水池作用，而且还担负非产地的货源供应调拨工作。通常各地的商品交换是通过二级站来实现的，所以它具有扩散强、调节强的功能。但二级站主要经营大众经常消费的商品且品种众多，往往对新产品销售积极性不高，加之它不直接与消费者见面，存在着信息反馈慢和官商习气重等弊病。

三级批发机构具备二级批发机构的功能，同样能起到蓄水池的功能，只是它局限于一个较小的区域，不能像二级站那样跨地区经营。但它直接与零售商店接触，因此，信息反馈相应快些，所以它比二级批发机构灵活，而在其他功能方面又比零售商店强。

零售商店最大的特点是与消费者直接接触，信息反馈快，能为新产品大力推销，是企业了解市场信息、推销新产品的最好伙伴。但由于我国的流通部门比较落后，大多数商店的规模都很小，即使是一级商业群中的名店，也很少有库房，它需要多批次、少批量地进货。所以企业单靠零售商店来开展销售活动就会感到许多方面的不方便和不经济。

(3) 销售渠道的选择。企业在选择渠道时，可以根据产品、市场及企业本身条件进行。

根据产品的生命周期特点进行选择。一般来说，投入期新产品选择零售店，最好选择某一商业群中大型市场和名牌商店；成长期产品一般选择二级站即二级批发机构较为合理，实际中也较为可能；成熟期产品最好选择三级站即三级批发机构较为有利。

根据市场特点选择销售渠道时，如果市场范围大，就需要充分发挥中间商的作用，多与批发商联系，以加速打通销售渠道；反之，只宜在产品当地销售或采用直接销售。从竞争情况看，与同类产品走同样的销售渠道，便于发挥竞争力，但是，当市场已被全部占领时，企业必须另辟蹊径。

根据企业本身的条件选择销售渠道，假如企业本身的条件较好，如资金雄厚、技术基础好、企业声誉好，尤其是销售能力强，并且还能提供使用户满意的售后服务，这样的企业生意必定好做，在选择销售渠道时就比较自由宽松，有些可以建立自己的销售系统，而完全不依靠中间商；反之，对中间商的依赖性就大，因此，必须与促销商建立良好关系。

4) 促销预测

同样，促销预测是通过对促销方式特点的分析，以确定促销策略的选择。

企业营销中的促销方式，也称作销售手段，是企业通过一定的方法或手段向消费者传递信息，从而促进消费者对产品或企业的了解，以影响消费者的购买行为，使它在市场竞争中产生有利于生产者的积极反应。促销方式的完善，其作用和任务在于：第一，提供信息；第二，增进了解；第三，扩大需求；第四，稳定销售。

促销主要由两种形式组成：人员促销和广告促销。

(1) 人员促销。这是市场营销中最为古老的售货方法，同时也是现代企业经营中最为重要的促销方式之一。这是因为，与其他促销方式相比较，人员促销具有以下优点：①可与消费者保持直接的接触，这就为双方的信息交流提供了极为有利的机会；②在促销过程中，容易促成实际的购买行动，这是由于人员促销不仅是提供产品信息，而且往往是可以直接签订供货、购货等各种协议，比其他形式的促销具有更多的功能特点；③人员促销过程中，推销人员可以兼任多种工作，如市场调查、产品维修、保养、咨询，等等。

但是，人员促销也存在着明显的缺点：第一，费用太大；第二，优秀的促销人才难得。尤其是当市场扩大而又相当分散时，上述两方面的缺点就更加明显。

（2）广告促销。利用广告促销产品，是另一种重要的促销方式。与人员促销相比较，广告促销的费用较少，但影响面却很广。当今，在日常的人们生活中，耳闻目睹，每天都要接触到大量的广告信息。可以说，广告已成为日常生活方式的一个组成部分，目前也是我国企业最重要的促销方式。

在广告促销中，企业根据需要和可能，决定广告的形式选择上是采用企业整体广告还是采用产品分类广告；广告采用的时间上是产品投入期即使用广告，还是到发展成熟期再使用广告，在同类产品中是率先使用广告，还是跟随使用；在广告媒体选择中，是选择广播、电视，还是报纸、杂志；在广告制作上是采用静态的图像广告，还是采用动态的实物甚至包括人体模特广告等。另外，必须结合实际效果采用有效的广告形式。

市场营销组合的预测，除了上述四项基础要素外，同时还要从整体上考虑，制定一个统一的、合理有效的整体预测，即结合企业产品、价格、销售渠道和促销手段在内的综合性预测。系统论告诉我们，单体优势并不能成为整体优势，其中还有一个整体优化问题。因此，在进行市场营销组合预测时，要努力做好整体预测。

8.2 市场预测的原则和程序

8.2.1 市场预测的原则

科学的市场预测不是随心所欲、杂乱无章，它是在一定原则的指导下，按一定的程序有组织进行的。

进行市场预测一般应遵循以下原则。

（1）连贯原则。市场发展变化同任何事件一样，都有其前因后果和来龙去脉，具有一定的历史连贯性；变化过程中的各个阶段，既有区别又有联系，甚至会有极大的相似性。现在的市场需求状况是过去市场需求历史的演进，未来市场的需求状况是今天市场需求发展的继续，因此掌握历史和现实的市场资料，分析其变化发展的规律，按照连贯原则的要求进行逻辑推理，就可预测出未来市场需求的状况。

（2）模拟原则。任何一个市场结构的变化和发展都有各自的特点和规律，即按照一定的模式进行，根据某一特定模式的特点和规律可将其抽象为一个简化模型，按照模拟原则进行定量分析，即可推断出未来市场发展变化的动态趋向。

（3）取样原则。任何一个市场状况都可通过样本（典型资料、指标、数据）表现出来的。进行预测时，样本越具有代表性，容量越大越全面，市场预测结果与未来市场状况越接近，误差越小，市场预测的结果越真实、可靠、准确、可信，从而可以有效地防止营销决策的失误。

（4）节约原则。市场预测是一项复杂的超前性研究工作，必然耗费一定的人力、物力、财力和时间。按照节约原则进行市场预测，就是在保证预测结果精确度的前提下，合理选择样本容量、计算方法和工具，恰当确定模型形式，以最低的费用和最短的时间，获得最佳的预测结果，切忌过于追求精确性，而不顾费用和时间的耗费。费用过大得不偿失，时间过长作用削弱。

（5）修正原则。影响市场变化的因素复杂多变，甚至有许多始料不及的因素，由此决定了市场预测精度是一个相对概念，允许其有合理的误差，这种误差随着时间的推移呈现扩大趋势。市场预测不是一次完成的，它需要随着市场规模、结构、需求变化的改变，及时对原预测结果进行修正和补充，以减少误差，增加预测的精确度。

市场预测是一项科学性极强的工作，搞好市场预测的基本要求是：目标明确、资料真实、方法得当、程序科学、结果准确、分析合理，要满足这些要求的关键在于有一支素质较高的专业预测队伍。这是现代市场营销的特种兵，必须具有经济学、市场学、统计学、会计学、计量经济学、消费经济学、货币银行学、经营管理学等经济学知识；必须具有社会学、心理学、人口学、数学、外语及自然科学等方面的知识；必须对具体的市场环境、产业结构、生产组织、经济体制、方针政策及人文地理、风俗习惯有所了解；还应具有一定的实践经验及分析、判断、解决问题的能力；必须身体健康、思维敏捷、责任心强、具有较强的应变能力。

8.2.2　市场预测的程序

市场预测的程序大体包括以下几个步骤。

（1）确定预测目标。预测目标规定了预测的内容、范围、要求、期限，是预测的主题，直接影响着预测结果。因此，确定预测目标要准确、清楚和具体。

（2）拟订预测方案。根据预测目标的内容和要求，编制预测计划和确定参加人员，为全面展开预测工作做好组织上、行动上的准备。

（3）搜集、整理资料。通过各种调查形式，搜集、整理、筛选、分析与主题有关的各种资料。包括调查访问获得的一手资料和经过有关单位分析简化的二手资料；国家政府部门的计划资料、统计资料和调查报告；工商企业的计划、报表、统计资料；科研单位、学术团体、大专院校的科研成果；报纸、杂志、学术专著、论文公布的资料；国外科技经济情报及统计资料。要去粗取精，去伪存真，由此及彼，由表及里，全面、真实、准确地整理有关资料。

（4）建立预测模型。在获得数据资料的基础上，根据有关市场理论、预测目标、预测要求及实际情况，选择适当的预测和评估方法，确定经济参数，分析各种变量间的关系，建立起反映实际的预测模型。

（5）进行分析评价。利用选定的预测模型和方法，对各种变量数据进行具体计算，并将获得的结果进行分析、检验和评价。若预测值和测算的实际值相差较小，在要求允许的范围之内，则预测效果好，可以采用；反之，则预测效果差，不能采用，应加以修正或重新预测。

（6）修正预测模型。当预测结果和预期值差异较大时，应具体分析产生误差的原因，并及时加以修正，重新测算和预测。常用的修正方法有：增加样本容量；增加解释变量个数；改变方程结构形式；根据平均误差的大小，调整方程截距；改变预测方法等。

（7）写出总结报告。全面、完整、系统地总结市场预测，提交总结报告。其主要内容有预测目标、主要内容、具体方法、预测时间、参加人员、参考资料、实行结果及分析评价意见，以供工商企业进行市场营销决策时参考。

8.3 市场预测的基本原理和方法

8.3.1 市场预测的基本原理

市场预测的基本原理是以马克思主义的唯物辩证法为指导，以预测理论和方法为基础，以市场商情为对象，阐明人们运用各种预测方法对市场商情发展趋势做出估测的理论基础，进而成为市场预测结果的科学性、合理性、可信性的理论依据。市场预测原理对市场预测行为具有十分重要的指导意义，其基本原理主要包括以下几方面的内容。

1. 可知性原理

辩证唯物主义的认识论认为，客观世界是可知的，客观事物发展变化的规律性是可以认识的。人类通过实践—认识—再实践—再认识这一无限反复的过程，可以解决主观与客观、认识与实际之间的矛盾，不断认识事物的本质，揭示客观事件发展变化的规律性，指导人们认识和改造客观世界的各种实践活动。可知性原理是市场预测的理论基础。如果客观事件发展变化的规律性是不可知和无法认识的，市场预测就毫无意义。人类能否科学预测客观事物未来发展变化的趋势，最基本的决定因素是能否发现和认识预测目标的演变规律。一种市场现象的发展变化和任何事物的发展变化一样，都是有规律性的，都有自己发生、发展和消亡的过程。虽然市场经济发展的规律和自然科学发展的规律不同，不会长期存在，但在一定历史时期和历史条件下，始终会发生作用。只要这种市场经济发展过程没有终结，没有出现新的经济条件，市场经济发展变化的规律就不会失去效力。在市场预测中，由于受市场供求、市场竞争、消费者行为、国家政策和国际市场等多种因素的影响使人们感到市场变幻莫测，增大了市场预测的难度，往往需要较长的反复认识过程，才能揭示预测目标的发展变化规律性。依据可知性原理，才能提示预测目标的发展变化规律性。依据可知性原理，只要我们勇于探索，善于分析，便可以逐步认识市场商情发展变化的规律性，提高市场预测的准确性。

2. 系统性原理

系统性原理将预测对象视为一个与其他事件存在普遍联系的系统，用系统性原理指导预测活动。系统论认为，事物是在普遍联系中存在和发展的，任何一种事物都是一个完整的系统，它不仅与其他事物之间存在相互联系、相互制约的关系，而且在其系统内部各个组成部分之间也存在相互联系，相互作用的关系，脱离系统的事物是根本不存在的，在系统性原理指导下，市场预测不能独立地、封闭地研究预测对象：一方面，它必须把预测对象放在社会经济的大系统中加以研究，将市场预测与人口预测、工业预测、农业预测、科技预测、国际市场预测等有机结合起来；另一方面，它必须把预测对象与其内部的各系统有机地结合起来，在不同层次上分析预测对象与供给预测、需求预测、商品资源预测、购买力预测和价格预测之间的相互关系。在市场预测中，对不同系统之间及各个系统的内部子系统之间的科学分析，必须运用定性分析和定量分析相结合、微观分析和宏观分析相结合、短期分析和长期分析相结合的方法。在普遍联系和相互制约的关系中，认识预测对象发展变化的规律性。防止市场预测中的顾此失彼和主观片面性，提高市场预测的准确度。

3. 连续性原理

用连续性原理指导市场预测行为，就是在认识客观事件的过去和现在的基础上预知未来。任何事物的发展都处于一个永不停止的变化更新过程中，其发展变化都具有合乎自身规律的连续性，只要规律发生作用的条件不变，合乎规律的现象必然重复出现，市场现象也和其他事物一样，其发展变化具有连续性，未来情况是过去和现在发展的结果，是过去和现在的继续。市场现象的发展有变异也有继承。变异是有根据的，发展是连贯的，依据连续性原理预测未来，必须以正确认识客观事物的过去和现在为基础，从大量的历史和现实资料中，找出其发展过程中固有的规律性，借以推断未来。运用连续性原理来指导市场预测有两个制约性条件：首先，预测目标的历史发展数据所显示的变动趋势具有明显规律性，如果预测目标的历史和现实的变化不规则，具有很大的随机性和偶然性，运用此原理指导市场预测，就很难保证预测的准确性和可靠性；其次，注意分析制约预测目标历史演变规律发生作用的客观条件在预测期内是否发生变化，支配客观事件发展变化的规律受客观条件制约。规律性只有在相同条件下才会发生作用，如果客观条件发生变化，支配客观事件发展变化的规律性也会随之变化，事件就会出现质变，其发展变化趋势就会中断、转折，不再按原有趋势继续发展。此时，不加分析地运用连续性原理进行预测就会造成预测的重大失误。

4. 类推性原理

客观事物之间在结构和发展模式上往往存在某种相似性，人们可以根据已知事物的某种相似结构和发展模式，类推某个预测目标未来的结构和发展模式。利用典型样本推断总体，并得出符合实际的结论，就是因典型样本同总体结构和发展模式上有相似性，这是市场预测类推性原理的基础。如果客观事物之间没有相似性，就无法以一种事件的发展变化来类推另一种事物的变化趋势。一般地说，客观事件之间愈相似，类推预测的效果愈好。运用类推性原理进行市场预测，既适用于同类事物之间的类推预测，也适用于不同事物之间的类推预测。在不同事物之间的类推预测，只是更加强调不同事物之间的结构、本质特征和发展模式上必须具有明显的相似性。例如，对未来家庭计算机的普及率发展趋向的预测，可以参考国内发达地区的家庭计算机普及率的发展趋势加以类推，还可以参考同家庭计算机的需求相似的电话家庭普及率发展趋势加以类推。尽管计算机与电话是两种不同的商品，但它们同是现代家庭的必备产品和信息传递的现代化手段，它们的经济寿命周期、本质特征、基本功能和发展模式具有相似之处，因此在预测家庭计算机的普及率发展趋势时，就可以参考电话的家庭普及率发展趋势加以类推。

5. 因果性原理

因果关系是客观世界各种事物、现象纵横交织而成的普遍联系网上的一个纽结。各种事物、现象的交织变化和更替运动存在于因果关系变化之中。作为原因的某种现象一旦发生，作为结果的另一种现象必然随之发生，有因必有果，有果必有因，没有无因之果，也没有无果之因。依据因果性原理，人们一旦准确把握某种事物和现象发展变化的原因，便可以从已知原因推测该事物或现象未来发展变化的结果。唯物辩证法认为，各种客观事件之间存在着一定的因果关系，因果关系在一定的条件下可以相互转化，互为因果，形成一因多果、一果多因、多因多果等错综复杂的情况，因此运用因果性原理进行市场预测时，要注意以下两方面问题：首先，必须重视对影响预测目标的各种因素进行具体分析，找出预测目标与影响因素之间的数量变动关系和因果关系；其次，必须对预测目标的因果关系实行全面具体的分析，在客观事物发展变化的因果链条中，分清对预测目标起作用的内部与外部原因、主要与次要原因，紧紧把握住影响预测目标的主要原因和内部原因，排除非主要原因的干扰，从而由因推果，预测出客观事物发展的必然趋势。

6. 可控性原理

任何事物的发展都具有不以人的意志为转移的客观规律性，人们不能改变规律和创造规律，只能按客观规律办理，因势利导，顺势而为，但这不等于人们在客观规律面前无能为力，当人们认识了客观事件发展变化的客观规律性后，可以预测各种事物未来发展的趋势和进程，努力创造条件，使预测对象在人的自觉控制下朝着人们希望的方向发展。对于那些原本不确定的经济现象，可以通过有意识的控制，将其不确定性降低到最低程度。依据可控性原理进行市场预测，应尽可能利用企业的可控因素，选择确定性较大的经济变量，重视研究国家的方针政策、国民经济发展计划对市场产生的影响，从而增强人们控制社会经济发展趋向和进程的能力。

总之，在市场预测中只要以马克思主义的理论为指导，依据上述市场预测的基本原理，重视实践经验，注重调查研究和市场分析，善于抓住市场经济的主要矛盾，充分利用现代化的计算手段和统计方法，自觉遵循市场经济运行的客观规律，就会减少市场预测的误差，提高市场预测的精度，保证市场经济优良、健康、有序的发展。

8.3.2　市场预测的方法

预测方法是指在取得有关信息的基础上，对预测目标实行定性、定量的分析、推断、测算的各种预测技术和手段的总称。预测方法很多，据西方国家某些研究机关统计，不下于一二百种。对不同的预测领域和不同的预测目标，可以有各种不同的预测方法。同一种预测方法，也可以适用于许多不同的预测目标，在市场预测中，常用的预测方法有二三十种。

预测方法按照不同的标准，可以有不同的分类，目前国内外尚无统一的分类法。有的按预测技术在预测中的不同作用，分为定性预测技术、定量预测技术、定时预测技术、定比预测技术、评价预测技术等 5 类[1]。有的按照预测者的主观意志，把市场预测分为主观性市场预测方法和客观性市场预测方法。前者是指主要依靠分析资料和经验进行预测的方法，后者是指主要依靠实际调查取得客观依据，建立预测模型进行预测的方法[2]。有的按照预测分析的不同途径，把预测方法分为直观型预测法、时间序列预测法、计量模型预测法[3]。或者分为经验判断分析法、时间序列分析法、因果分析法等三大类。在西方国家，也有按照是否使用经济计量模型，分为经济计量模型和判断法两大类；前者被视为是正规预测法，它包括因果关系模型 $[Y=f(x)]$、结构关系模型 $[Y \eqsim Y]$、时间关系模型 $[Y=f(t)]$ 等三种；后者被视为非正规预测法，主要是指靠直观经验判断的方法。预测方法发展远不止上述这些，

---

①　霍俊，蔡福元. 实用预测学. 预测创刊号，第 5 号.

②　黄良辅. 怎么搞市场预测. 北京：知识出版社，1982：55.

③　倪啸. 软件学. 北京：知识出版社，1982：123.

就不一一介绍。本书参考上述分类意见，结合我国预测实践的经验，把市场预测方法分为经验判断法和统计、数学方法两大类，下面就这两类预测方法的一般内容和评价作一简要说明。

1. 经验判断法

经验判断法，也称为直观判断法，是预测者凭着自己的知识、经验和综合分析能力，或者依靠集体的智慧和经验，进行预测的方法。这类方法主要用于定性预测。它是一种传统的预测方法，早在商品经济还很不发达的古代和中世纪，商人、小生产者主要依靠个人经验对市场未来行情做出预测。在现代商品经济十分发达、市场范围日益扩大的情况下，尽管统计、数学方法和电子计算机在预测中得到广泛的应用，但经验判断法在市场预测中仍然占有重要的地位。经验判断法，从个人的直观判断方法来说，主要有相关推断法、对比类推法、扩散指数法等；运用集体经验做出推断的方法，主要有专家会议法、头脑风暴法、德尔菲法等。

经验判断法具有以下一些特点。

(1) 经验是感性和理性的综合，它来自实践，实践出真知，经验判断具有一定的科学性。运用经验判断法，要求预测者凭借对客观现象规律性的认识，对未来事物做出推断。这种预测推断能否接近未来客观实际，在很大程度上取决于预测者的知识、业务水平和分析能力，以及是否掌握有关预测目标的丰富资料。具备了这些条件，就能取得较好的预测结果。

(2) 简便易行。一般地说，人们都可以依据各自的知识经验，运用经验判断法做出预测。在市场预测工作中运用经验判断法，有利于走群众路线，集中群众的智慧，打破预测的神秘感。市场预测是多层次的，各个层次密切联系，相互配合。例如，商业企业的经理层、职能管理层和营业柜组执行层，各自有不同的预测目标和要求。营业柜组所取得的市场商品信息及对未来商情趋势的估计对于企业高层次的预测和决策，显然具有相当重要的作用。处在市场第一线的执行层，可以运用经验判断法在市场预测中发挥其应有的作用。

(3) 经验判断法的运用有赖于人的智力活动。人的智力能够对客观事物进行分析和综合，并且能识别模糊现象，做出正确的判断和推理。市场商情变化错综复杂，有的难以计量，有的呈现模糊性，只有依靠直观判断，才能对它的发展趋向作出预测。所以，不论在运用统计、数学方法建立预测模型时，或者在对预测方案进行评价和选择时，都需要运用经验判断法。

经验判断法虽有上述优点，但也存在着一些不足之处，主要表现在以下三个方面。

(1) 用于定量往往欠精确。经验判断法，一般用于定性预测时效果较好。当然，它也可以用于定量预测，对预测值做出主观估计。但由于人脑记忆大量数字的能力一般较差，对复杂的数量变动关系直接凭经验较难掌握，如果不运用统计分析和数学模型，定量往往不能精确。

(2) 运用直观判断法易受心理、情绪影响，产生主观片面性。例如，当市场商品供不应求时，由于存在着紧张心理，往往对未来市场需求的估计偏高；反之，在商品供过于求、商品滞销时，则往往对未来市场需求估计偏低。决策者的个性和情绪，有时也会对经验判断法的运用带来不利影响：性格开朗、敢于冒风险的决策者，有时会对市场未来发展趋向做出过于乐观的估计；反之，具有稳重性格的决策者，有时会作过于保守的估计。

(3) 个人经验判断有一定的局限性。即使是集体判断，也难免有局限性，因为集体判断的基础仍然是个人经验判断。

2. 统计、数学方法

统计、数学方法是指依据数据资料，利用统计方法和数学模型近似地揭示出预测对象的数量变动关系，并据此对预测目标做出定量测算的预测方法。这类预测方法主要用于定量预测。它有两个明显的特点：一是重视数据的作用和定量分析；二是建立数学模型作为定量预测的依据。随着社会经济统计和数理统计的不断发展，以及数学方法和电子计算机技术在企业管理领域中的应用，统计、数学方法在我国市场预测中日益为人们所重视，它在定量预测中发挥着很重要的作用。这种预测方法可以分为两大类：一是依据连续性原理，以利用时间数列分析预测目标发展趋势为主的时间序列分析预测法；二是依据因果性原理，以分析预测目标同其他相关事物、现象之间的因果联系为主的因果分析预测法。前者主要包括平均法、指数平滑法、趋势外推法、季节指数预测法、自适应过滤法、自回归-移动平均法（博克斯-詹金斯法）、马尔可夫时序预测法、平稳时序预测法、非平稳时序预测法等；后者主要包括回归分析预测法、投入产出法、计量经济模型法等。

统计、数学方法具有以下一些优点。

（1）运用此方法所建立起来的数学模型，在一定条件下，能近似地反映客观事物数量变动的规律性。

（2）相对来说，运用统计、数学方法所测得的预测值，定量比较精确，而且在某种程度上，可以指明预测可能发生误差的范围。

（3）可以利用历史数据资料进行预测。为了及时提出预测方案，在没有充分时间进行调查的情况下，可以运用这个方法，直接以历史数据代入数学模型，得出预测值。如果数据可靠、客观情况又变化不大，往往也能获得较满意的预测结果。所以，这种预测方法被人称为办公室预测。意思是指在办公室里依据资料与预测模型，就可以得出预测结果。

但是，统计、数学方法也存在着不足之处。主要有以下三个方面。

（1）利用数学模型进行预测有一定局限性。社会经济现象错综复杂，不可能把所有变动因素都纳入模型。某些经济现象，如人的消费心理、时尚、爱好等又难以定量，因而它所模拟的预测对象的数量变动关系不一定精确。而且数学模型只在一定的客观条件下才能运用，如果影响预测目标的客观条件发生了较大变化，用原来的数学模型预测就会发生很大的误差。

（2）用统计、数学方法进行预测，需要完整、可靠的数据。获得有关市场商情各种数据的难度较大，工作量大。某些数学模型从经济分析角度来说，可以较好地反映客观事件的实际变动情况，但由于所需大量可靠的数据难以取得，或者取得数据的成本过高，以致无法应用。

（3）使用某些较复杂的统计、数学方法，要求预测人员有一定的数学修养，对于复杂的数学模型又必须应用电子计算机计算。如果企业的管理水平不具备这些条件，这个方法在实际工作中的应用就会受到一定的限制。

预测方法是完成预测任务的手段，各种方法都有它的适用性。经验判断法与统计、数学方法各有所长，在实际工作中两者往往结合起来使用，相互渗透。从国内外的预测实践经验来看，把这两种方法结合起来运用，能提高预测的质量，使预测结果更接近实际。

8.4　影响预测效果的原因及模型修正

8.4.1　市场预测的误差及其原因

市场预测对于生产经营的决策者来说，是一件不可缺少的、具有战略性指导意义的研究工作，对克服市场营销决策中的主观随意性和盲目性，减少因市场营销决策失误而造成的经济损失，从品种、质量、数量上生产适销对路的商品，最大限度地满足不同层次、不同要求的市场需求，具有十分重要的战略意义。

市场处在错综复杂的变化之中，由于供给能力受需求结构、人口及人口素质、价值观念、收入与价格水平、经济政策等因素变化的影响，市场预测值往往与市场实际结果在数量上出现一定的偏离，这就是市场预测的误差。市场预测是对未来市场发展变化趋势的一种推测，它本身就具有极大的不确定性，如未来预测目标作为一种不确定事物，它可能发生，也可能不发生；它可能在预测期中发生，也可能提前或错后发生；即使在预测期中发生了，也可能在范围、程度、数量上与预测值有出入。因此，对市场预测来说，预测结果的准确性是相对的，存在误差是绝对的，其准确性是在合理的误差区间的准确性；超过合理误差区间的"误差"则是一种不合实际的错误判断，应予推翻。

市场预测既要充分反映市场实际变化，保证其准确性，又要承认和允许一定程度的误差存在，绝不能因预测误差的存在而否认预测的重要性和实用性。对待市场预测误差的正确态度是分析产生误差的原因，并采取最适当的方法加以修正，努力缩小预测值与市场实际变动在空间、时间和数量上的差距。

影响市场预测效果的原因很多，既有主观原因，又有客观原因，其中主要有以下几个方面：①参加预测人员的数量、代表面、业务素质、实际经验、工作态度、互相配合的情况等都直接影响预测效果的准确性；②预测对象的复杂程度、结构变化与市场因素波动（如突发事件、消费者心理变化）等原因，也影响预测效果的准确性；③国家和地方的方针、政策和法规的变化，经济体制改革、国际市场行情、进出口贸易及社会文化意识潮流等，都会造成预测的误差；④预测模型的确定、变量的选取、样本容量的大小、统计资料的真实性和准确性、预测方法的选择、计算过程中的误差等，也是造成市场预测误差的重要原因。

8.4.2　修正误差的要求和标准

市场需求同其他事件一样，是一种具有连续性的客观存在，未来的市场是在过去和现在的市场基础上演变和发展起来的，它存在一种内在的、固有的、客观的规律性。市场预测就是依据对市场发展规律的认识程度，判断和推测未来市场变动的特点和趋势。一般地说，市场发展规律发生作用的条件不变，合乎规律的市场现象就会重复发生。然而，市场的内部条件和外部条件不是固定不变的，未来市场的发展也绝不是今日市场的简单重复，这就要求市场预测人员根据市场条件的变化，及时修正预测误差，为市场营销决策提供真实准确的依据。

做好预测误差的修正工作，除了选择配备一定数量的懂业务、工作态度好、具有预测经验、构成合理的预测队伍外，还应做好以下工作：首先核实已有的市场信息，并及时掌握近期有关的市场信息资料，建立市场信息档案，从各种所需资料对比中，分析其特性和成因；其次，根据资料的具体情况选择预测方法，在符合预测要求的前提下，力求省时、省力、方便、简单；最后，在真实准确的市场信息与合理预测方法基础上，进行实事求是的预见和推断，保证预测值的真实可靠程度。

查明较大误差的成因后，应对症下药，加以修正。纠正预测误差的重要内容之一是修正预测模型。本着简单实用的原则，下面仅对简单平均逐期调整模型作一简介。

（1）求出相邻两期预测误差的平均值，以此作为预测模型的修正值。其计算公式为：

$$D_1 = \frac{(\hat{Y}_1 - Y_1) + (\hat{Y}_2 - Y_2)}{2}$$

式中：D_1 为修正值；$\hat{Y}_1$、Y_1 分别为第一期预测值和实际值；$\hat{Y}_2$、Y_2 分别为第二期预测值和实际值。

（2）将 D_1（可正可负）加进模型的常数项，再用修正后的模型进行第三期预测，求出第二次修正值。其计算公式为：

$$D_2 = \frac{(\hat{Y}_2 - Y_2) + (\hat{Y}_3 - Y_3)}{2}$$

再用 D_2 对模型进行修正……用简单平均法逐期修正预测模型，实质上是边预测边修正，使结果有良好的跟踪性，为预测值的可靠性提供了保证。

案例分析

新产品市场预测不是预言家式的预言

痛定思痛：市场预测出了问题？

今年春天，张骏旅居美国的朋友聊起在美国颇受欢迎的一种血糖仪，这种家庭型仪器从手指取出一小点血，通过配套的试纸可以每天动态监测血糖指标状况，从而指导日常饮食。该血糖仪配套的试纸价格较贵（每天两条试纸，共人民币 8 元），但它比通过尿液来检测的同类仪器更为准确，还能给痛苦的糖尿病人解决科学、适度控制饮食的问题，是糖尿病人理想的家庭诊断仪器。我国的糖尿病人有 3 000 万，即使按万分之一的市场份额，其市场空间仍是可观。于是，张骏激动地把经销国外血糖仪的"点子"告诉了一位做医疗仪器的朋友，说服他们从日本进口了 100 台这种血糖仪，并窃喜赚钱的时候来了。

春去夏来，血糖仪的销路并不如所预测的乐观，寥寥几台的销售"业绩"，并没有给他的朋友带来预期的利润。于是张骏开始反思，难道是市场预测出了问题？

市场预测四大通病

中国是具有几千年模糊文化传统的国家，市场经济刚刚起步，市场预测工作呈现出主观与客观、科学与迷信多种方式并存的奇特现象。在中国，95％的新产品上市，在九个月的时间里就会失败，每天约有一千万以上的资本为新产品而损失。何谓预言家？按照魔鬼词典的定义，就是能够解释预言为什么没有发生的人。市场预测如果凭借预言家式的直觉，判断的错误会导致惨痛的结局。事后诸葛亮的预言家们即使能够解释又有何意义？

市场预测的主要目的，是要了解对未来的经营活动与决策有重要意义的各种不肯定因素和未知事件，为决策提供可靠的依据。就目前而言，我们国内的企业在市场预测中，存在以下四大通病。

1. 异想天开：某家著名的药品企业到江浙一带推广其公司新的补肾产品，其老总预测，当年的销售额不会低于 5 000 万元。预测的依据是"我以为应该能做到这么多"。其错误应属异想天开，结果天不遂人愿。

2. 简单类比：许多企业管理者、经营者，经常提到的说法是某企业投入 1 个亿做到了 3 个亿的销售，我投入 3 000 万元，应该能做到 1 个亿。这种简单类比虽然直观，易于操作，但是除了是否具有可比性的考虑外，还忽略了很多影响因素的变化，犯了刻舟求剑的错误，时过境迁，类比很多情况下没有意义。

3. 经验之谈：许多企业经理，经常把自己在以前某企业的做法提出来，并把结果作为这种做法的必然结果。如：我以前在某企业中进行了某形式的推广，三个月回款多少万元。许多成功的企业家，也在试图将自己当年的成功经验复制到新的产品上。因此，他们预测新的产品也将与老产品一样快速成长。

4. 数据粗测：随着企业的逐渐成熟，许多企业已经开始进行市场调研，收集二手数据作为预测的依据。但是，由于缺乏科学模型的指导，对于数据来源的真实性、条件性，以及数据的使用方法不了解，许多企业只是将数据进行简单组合，即提出预测。如简单地使用市场总量、销售曲线等进行一些比较，把一个动态的、实践性的问题，试图转化为简单的数学公式，这种预测是非常普遍的。比如，某种治疗心血管疾病药物的市场预测，最为常见的做法是将患病人数乘以每个病人每年平均用药剂量，再乘以一个可能获取的市场份额的系数（如万分之一），作为该项目的市场空间和生产规模的设计依据，并进行技术经济分析。这种方法的实质是把人口以外的因素对市场需求的影响全部融入这个系数之中，这个系数往往在十分之一到万分之一这样的区间范围内变动，变化的弹性和主观性较大，所以，容易使项目生产规模的确定有失全面和准确。

以上企业预测的四种通病，虽然从表面上看，形式、依据各不相同，而从本质上都属主观加赌博式的预测。第四种由于带有一定数字量化，算命披上科学的外衣，使其更具欺骗性。正如计算一道习题，如果一个数字或符号有问题，结果差之毫厘，谬之千里。

诊断：修正预测之谬

市场预测是投资项目分析中的关键内容，需要进行市场需求影响因素分析、市场预测方法选择和获取相关数据三个方面的工作。

市场预测的需求函数可以表示为 $Y = f(X_1, X_2, X_3, \cdots)$。其中 Y 代表市场需求，X_1、X_2、X_3、$\cdots$代表影响市场需求的各种因素，包括人口、收入、价格、气候、消费习惯、互补品和替代品的价格等多种因素。但是，人们往往将此需求函数简单化。

张骏的血糖仪市场预测是对市场需求的影响因素的分析不够全面，具体表现在没有看到中国作为一个发展中国家，其居民的收入结构、消费水平、保健消费习惯和文化背景上与发达国家的差异，从而对我国家庭保健诊断市场进行了非全面的判断。

近年来，家庭保健诊断逐步兴起，并在发达国家广泛应用，但发展中国家对家庭保健诊断尚处于"吆喝"阶段。原因是多方面的，具体如下。

从收入结构上，美国贫富如纺锤形分布，即大部分为中等收入的小康阶层，而特别富有和特别贫穷的人口仅占小部分。占美国人口大部分的小康阶层是美国的消费主流，他们具有接受家庭保健诊断的消费能力。而我国主流的消费阶层与美国主体消费的小康阶层的消费能力尚存距离。我国居民用于保健消费的费用较低，对于中国普通收入的大部分消费者来说，每天在试纸上花费8元钱来检测血糖的具体指标，该消费还不现实。

如果我们将产品的目标市场定位在高收入的糖尿病患者，是不是就可以争取到这部分消费者呢？不一定。中美在家庭保健诊断的消费习惯和文化背景还有不同之处：家庭保健诊断在美国已有时日，并已经为消费者所认同和习惯。美国的糖尿病患者乐于每天在家里检测血糖的指标，以动态指导饮食。中国还没有家庭保健诊断的意识，即使高收入的消费者也倾向于认为"每天检查有什么用？反正知道自己有糖尿病。"只要少吃或者不吃一些含糖丰富的食物，按医嘱吃药就行了，没有必要每天花8元钱买试纸和扎一小针来定量检测血糖的指标。

家庭保健诊断在我国尚处于引导阶段，还属于较为前卫的消费。一方面，其市场潜量大；另一方面，投资该类产品需要有充分的实力去引导消费者，说服消费者，需要有一流的销售队伍，有强大的实力在市场引导期大量投入去引导市场。

处方：目标条件优选

目前宝洁公司推出的产品成功率几乎达到100%，无论是什么产品，都可以在一定时间内成为市场的领导者。世界跨国公司带着美元来到中国之前就充分地分析了我国的消费结构和特点，他们对市场需求预测的影响因素的分析是全面且深刻的。

我们把这种预测方法归纳为目标条件优选法，即根据市场发展规律，确定若干种达到目标的方法，再依据企业的资源状况，选出最合适的一种方案。目标条件优选法的原理基于：消费者是理性的，并追求在交易中利益最大化的公理假设。也就是大多数消费者只会选择他们主观认为可以负担的性价比最高的产品。依据此假设，建立的数学模型为：

$$S = f(A, D, P, T, M_s)$$

式中：S 为销售额；A 为客户态度指数；D 为渠道指数；P 为性价指数；T 为销售时间；M_s 为市场总量。

此公式可近似为：

$$S = A \times D \times P \times S_u \times M_s \times (T/T_A)$$

式中：T_A 为1年；S_u 为转换系数。

下面我们用案例来说明一下。

某小食品企业要推出一个酸奶花生产品，上市第一年，决策层期望回款7 000万元，利润10%，以上这个目标可有几种方式实现：

	A	D	P	S_u	M_s	S
1	50	40	1	0.01%	3.5亿	7 000万
2	20	100	1	0.01%	3.5亿	7 000万
3	10	100	1	0.01%	3.5亿	7 000万

从三种方式来看，渠道指数 D 达到100几乎是不可能的，而 P 指数达到2基本利润将接近零。A 指数在上市一年内，正常值不会大于20，因此比较合理的选择是：

A	D	P	S_u	M_s	S
15	40	1.5	0.01%	3.5亿	3 150万

　　因此经过了综合考虑，企业第一年目标为 3 150 万元，再经财务核算，利润为 5% 左右，虽然看起来有点悲观，但这才是市场发展的现实状况。

　　以上公式具体值，目前是未知的，但存在经验指标。首先设定若干个销售额指标，如：1 亿元，5 000 万元，2 000 万元，根据指标推算各参数需要达到的数值，再根据各参数的数值与企业现有操作能力进行对比，找出与企业现状相匹配的销售指标，作为对市场发展的预测。

　　以上的模式在预测市场的同时，确定未来多项的目标。它的理论假设是，如果能达到各项工作的量化指标，就一定会达到销售的目标。这种模式要求在计划实施中不断地对各项工作指标进行监测，发现未达标的，要立刻解决，直至达标为止。因此，它不是一个算命式的预测，而是一个动态条件的预测。

　　资料来源：中国营销传播网，http://www.emkt.com.cn/cgi-bin/search.cgi? query，2005 - 07 - 25，作者：王磊，2013/8/8 搜索整理.

　　思考题：

　　1. 市场预测的基本原则有哪些？

　　2. 市场预测的方法有哪些？各种方法相应的优缺点是什么？

思考题

　　1. 如何理解市场预测？

　　2. 市场预测的条件有哪些？

　　3. 市场预测的要点有哪些？

　　4. 市场预测的理论依据是什么？

　　5. 结合实践市场预测可以有哪些方面？

第 9 章

经验判断预测法属于定性预测法，是市场预测方法体系的重要内容。尤其在市场经济条件不很完备、市场变量错综复杂的环境下，经验判断预测法多为市场营销决策者直接使用。

经验判断预测法分为两类：个人经验判断预测法和集体经验判断预测法。本章在对前者介绍的基础上强调的是其思维逻辑，而在对后者介绍的基础上强调的是其组织和信息的归纳。

经验判断预测法

9.1 个人经验预测法

9.1.1 个人经验预测法的特点和作用

1. 个人经验预测法的特点

（1）定性的主观推断。一般预测方法根据是否建立数学模型可分为定性和定量预测两大类。定性预测是根据直观材料，依靠预测者的经验和分析判断能力，对未来事物的发展做出的预测。个人经验预测法是定性直观判断预测法中的一种，其对事物未来发展状况的预测完全凭预测者主观判断能力，而不借用或很少借用数学模型，这就使得预测结果带有浓重的个人主观色彩。

（2）预测结果取决于预测者的知识经验。正因为个人经验预测法是一种主观判断的预测方法，故预测结果的取得与预测者的判断推测能力有极大关系，而预测者的判断推测能力又取决于预测者对事物的认识能力、分析能力、逻辑推理水平、工作经验等，甚至与气质、性格等人的基本素质也很有关联。不同的预测者，由于知识经验的不同，其预测结果差异较大。因此要取得较佳的预测结果，就要重视和尊重经验丰富、知识水平较高的专家的推测。

（3）预测过程简便。个人经验预测法是以预测者的个人判断推测为主的，由于预测者对所需要预测的目标及相关情况掌握比较透彻，不需专门去进行调查摸底，同时其分析判断也主要是依靠自己的思维，而不是数学模型等，故其预测过程较其他方法简便，其预测所需时间也相对较短。

鉴于个人经验预测法有上述三个方面的特点，故它仅仅适用于近期或短期的市场预测，尤其适用于那些急需对市场某一方面情况做出大致估计的预测分析。

2. 个人经验预测法的作用

（1）是市场快速预测必不可少的方法。现代企业所面临的市场是快速变幻的。企业要每时每刻注意市场的变化状况，并据之随时作出经营决策。面对频繁的市场变化，企业不可能也没有必要投入大量的时间、精力去详加分析预测；并且，在很多情况下，需经营管理人员或销售人员根据变化的情况随即预测，马上决断。这就难以采用复杂的预测方法，而只能根据自己的知识经验做出判断、预测。

（2）是其他预测方法的必要补充。尽管企业所能运用的预测方法种类繁多，且各有特长，但企业不仅在瞬息万变的市场环境中需要运用个人经验预测法"当机立断"，而且在对其他预测目标进行预测时，也离不开个人经验预测法。一方面，在现代复杂的市场环境中，一味将先进的科学设备和技术引进于预测工作是远远不够的，先进的设备仅仅是预测的工具，而真正要对预测结果做出明智的判断，仍然需要运用个人经验预测法；另一方面，将个人经验预测法与其他预测方法结合起来，能够取长补短，互为补充，使预测更有效，更符合客观实际。

9.1.2 个人经验预测法的种类及运用

1. 相关推断法

相关推断法是以事件的因果关系原理为依据，从已知相关事件的发展趋势，来推测目标的未来变化趋势。

在市场预测中，运用相关推断法，首先要依据理论分析或实践经验，找出同预测目标相关的各种因素，特别要抓住同预测目标有直接关系的主要因素；然后，再依据事件相关的内在因果关系进行推断。一般地，推断的方法有以下几种：

1) 根据时间上先行、后行关系和平行关系进行推断

某些社会经济现象在其他另一些社会经济现象出现变化之后，相隔若干时间才会随之发生相应的变化。这种相关的变化关系称为时间上先行与后行关系，它反映的因果关系有时间顺序性，原因在先，结果在后。先行的经济指标称为领先指标，后行的经济指标称为滞后指标，两者相隔的时间称为滞后时间。例如，原料价格的上涨，先于制成品价格的上涨；石油价格的提高，先于化工材料价格的提高。原材料价格与制成品价格、石油价格与化工材料价格之间存在着先行与后行的关系。

某些社会现象之间的原因与结果，先后相继出现的时间间隔很短，几乎可看成是同时出现，就称这两者具有时间的平行关系。例如，1990 年 8 月，伊拉克入侵科威特，国际上谴责伊拉克野蛮行径的同时，对其实行经济制裁和货物禁运。世界石油市场的价格立即上涨，我国也随之调整了石油出口策略，提高了石油价格，并向国外出口石油。这是成功地利用经济现象平行关系的范例。又如，婴儿用品销售量的多少直接与婴儿出生人数的多少有关，随着婴儿出生高峰的到来，以及婴儿用品向高档化、系列化、现代化方向发展，工商企业调整原先的生产经营策略，以适应新形势的需要。这也是一种平行关系推断的应用。

分析市场经济变量与某些经济指标之间的平行关系，也是运用相关推断的重要方面。这种平行关系的推断，往往同变动方向的推断结合起来运用。

2) 根据相关变动方向的顺相与逆相关系进行推断

社会经济现象之间的相关变动还有顺相与逆相的关系。两个经济指标相关，有的是同增同减。例如，录像机的销售量增加，录像带的销售量也会增加；反之，录像机的销量减少，录像带的销售量也会减少。许多有相互配套和连带关系的商品（也即互补品），在需求上往往有同增同减的关系。许多有相互代替关系的商品（即替补品），在需求上往往有此长彼消的关系。例如，圆珠笔的销售量增加，钢笔的销售量就会减少；反之，钢笔的销售量增加，圆珠笔的销售量就会减少。

凡是两个经济现象之间的相关变动方向，同增同减的称为顺相关系；此长彼消的称为逆相关系。根据经济现象之间的顺相或逆相关系，可以从一个已知相关的经济现象的变化方向来推断另一经济现象市场行情的变化趋势。

在进行市场预测时，还要考虑两个相关指标之间的数量变化关系。这种数量变化关系，不外乎有以下三种情况：一是两者同步增减，也就是两者增减的量大体相近；二是两者不同步增减，但增减的比率保持一定差距，也就是预测目标的变量增减比率总是高于或低于同预测目标相关的另一变量的增减比率，并保持大体相近的变动比率；三是两者的增减变化不规则，即有时同步增减，有时不同步增减，而且变化的差距也不一样。这表明，两者的变化关系在数量上没有规律可循。

对于前两种情况，在市场预测时，可通过近几年的历史统计资料分析，找出相关经济现象之间数量关系的变化规律，从而凭借预测者对今后市场形势的分析，做出预测与估计。对于第三种情况，预测者就需要经过长期的观察，运用大量的统计资料来进行分析，并考虑预

测期市场形势可能发生的变化状况，做出判断。

2. 对比类推法

对比类推法是根据市场及其环境因素之间的类似性，从一个市场发展变化的情况推测另一个市场未来趋势的判断预测方法。对比类推法根据预测者对预测目标市场范围的不同，至少可分为产品对比类推法、行业对比类推法、地区对比类推法和国际对比类推法4种。

1）产品对比类推法

产品对比类推法的依据是：由于产品之间在功能、构造、原材料、档次等方面的相似性，产品市场的发展可能出现某种相似性。例如，彩色电视机和黑白电视机的基本功能是相似的，因此可以根据黑白电视机的市场发展规律大致判断彩色电视机市场的发展趋势。又如，同一种布料做成的不同服装市场之间可能有某种相似性，这在个人经验预测法中常为预测者所重视。再如，档次相近的产品市场之间，如高级化妆品（或高级音响设备等）的市场之间可能存在相似的营销规律。总之，在市场预测中，可以根据产品市场之间的相似性，对产品的发展趋势进行判断预测。

2）行业对比类推法

有不少产品的发展是从某一个行业市场开始，逐步向其他行业推广，而且每进入一个新的行业市场，往往要对原来的产品做一些改进或创新，以便适合新的行业市场的需要。根据这一点，可以运用行业对比类推法对产品的行业市场加以判断预测。例如，预测者可以根据军工产品市场的发展预测民用品的市场。军工产品一般都是技术上领先的产品，军工行业市场的现在基本上就是民用市场的未来。所以，预测者应密切注视军工产品的发展动向，推测军工产品或技术在民用市场上发展的可能性。除了军工行业外，航天工业也是技术领先的行业之一。有些今天仅用于宇航的产品，可能在将来的民用市场上得到普及，羽绒服、浓缩速溶饮品就是范例。总之，预测者可以根据先行的行业市场类推滞后的行业市场，这就是行业对比类推法。

3）地区对比类推法

同类产品的市场不仅在不同行业之间存在领先滞后的时差，而且在不同的地区之间也存在这种时差。因而，预测者可以根据领先地区的市场情况类推滞后的市场。例如，就服装而言，上海、广州、大连、温州、石狮等城市市场可能是领先的，这些地区服装市场的发展情况，可以作为估计与推测其他地区和城市服装市场的发展依据。当然，在进行地区对比类推时，要考虑到不同地区消费者的消费行为、消费心理、消费水平、消费结构、习俗等方面的异同及程度；同时，应注意同一产品在不同的地区，其产品生命周期也可能有差异，这是与其他对比类推法相比有所不同的。

4）国际对比类推法

国际对比类推法的基本原理与地区对比类推法相似，就是根据市场发展领先国家的情况类推滞后国家的市场发展。显然，国际对比类推法较地区对比类推法更为复杂，它不仅要考虑不同国家之间消费心理、人口、风俗习惯、文化传统等因素，而且还要考虑不同国家之间在经济增长、经济结构、经济体制、国家政策和法规等方面的异同。例如，预测我国国内汽车市场时，可以参考国外工业发达国家汽车市场发展情况，并加以类推。但是，如果不注意我国的具体国情，如现时的道路交通状况、国家汽车市场政策、汽车市场的营销体制及汽车工业发展的基础产业等显然是不行的。又如，在预测某种产品国外市场的开拓时，需要参考这种产品在国内市场的发展情况，但如果不注意国内外市场的环境差异，肯定是不行的。

3. 扩散指数法

扩散指数法是依据综合性循环指标扩散指数所提供的预警信号进行经济循环波动的预警。该方法把整个经济循环波动过程区分为景气与不景气区，依据扩散指数来判断一定时间内经济活动所处的循环阶段。预见的时间较短，通常在半年以内；预见的精度较粗，只能预示市场经济活动何时进入景气区运行，何时由景气区步入不景气区。

扩散指标，简称 DI，是指某一定时间长度内循环指标呈上升（扩张）的指标占观察同类指标内全体指标的百分数。在预警分析中，通常要对先期、同步、落后三类指标分别计算扩散指数，即先行指标扩散指数、同步指标扩散指数和落后指标扩散指数。在实际应用中以先行指标扩散指数和落后指标扩散指数作为检验所定时间预警信号真伪的依据。

先行指标扩散指数计算要点为：预先选择一批先行指标，记下总数 C；分析这些先行指标在一定时间长度内的变化趋势，如果某指标在某个月与其前一个月（或前几个月）相比，增加记一个"＋"号，如果持平记 0.5 个"＋"号，否则不记"＋"号，求出相同时间呈上升和持平变化的"＋"号的总数为 A；把 A 数目除以 C 数目，并转换成百分数，就是先行指标扩散指数。

扩散指数的数值范围为 $0\sim100\%$。扩散指数为 50% 表示总体经济中扩张和收缩力量均等，无升降变化。扩散指数在 $50\%\sim100\%$ 为景气区，扩散指数在 $0\sim50\%$ 为非景气区。扩散指数与经济循环波动的关系如图 9-1 所示。

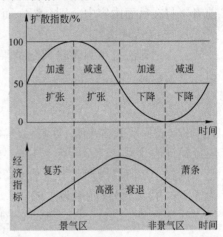

图 9-1　扩散指数与经济循环波动的关系

由图 9-1 可以看出，当我们持续计算各时期的扩散指数时，就形成一个扩散指数的时间序列。从扩散指数序列中，看到扩散指数从下向上变化穿过 50% 时，经济循环达到高峰；扩散指数从上向下变化穿过 50% 时，经济循环达到谷底。因此，通过扩散指数来判断一定时间上经济活动的发展方向。提供有关行情循环转折的信息是具有一定可行性的。其不足之处是用扩散指数反映总体经济循环波动时，各个指标在总体经济波动中的重要性应视为相同，如果此前提不能得到较好满足，会使预示转折点信息产生偏差。此外，它也不能反映循环波动的强度，不便于预测未来市场的繁荣或衰退程度。所以，宏观经济预警分析还可以采用综合指数景气法、景气警告指标法和短期计量经济模型法。

扩散指数法的优点是简单易行；缺点是把各种指标看作时间的函数，而没有分析指数之间的相互关系，对经济周期的分析并不深入，只是凭借经验进行的一种定性预测。扩散指数法用来预测经济周期转折与市场发展转折等，不能用来对经济指标进行定量预测。

9.2　集体经验预测法

9.2.1　集体经验预测法的含义及关键问题

集体经验预测法是相对于个人经验预测法而言的。鉴于个人经验预测法主要是依靠预测者个人（或个别人）的智慧和能力进行预测，其结果难免有失偏颇。对企业重大的市场预测目标来说，预测正确与否直接关系到企业的生死存亡，责任重大，需要集思广益，摸清市场发展趋势，具体研究与预测目标有关的各种问题，因此，企业就有必要征求较多专家的意见并请他们在一起讨论预测目标所涉及的各种因素、各种问题，澄清各自的观点，力求取得较为一致的结果，为企业正确决策提供良好的依据。

集体经验预测法主要有三种：一种是面对面的，称之为集体意见法，或者称之为专家会议法、意见交换法等；另一种是背对背的，名为德尔菲法或专家调查法；再一种是具有一定特色的面对面的集体经验预测法，叫作头脑风暴法。

集体经验预测法中共同的关键问题是组织及主持工作和预测结果的数值归纳问题。对于前者，将在后面内容中分别介绍，而对于后者，这里介绍三个方法。

1. 三点估计法

三点估计法是预测者将预测结果分为三种可能值来估计，即最低值、最高值、最可能值。其公式是：

$$E = \frac{a + 4m + b}{6}$$

式中：a 表示最低估计值；b 表示最高估计值；m 表示最可能估计值，且 $a < m < b$；E 表示三点估计值。

例如，某商场经理对下一季度商场销售额做出三点估计，最低值为 1 200 万元，最高值为 1 800 万元，最可能值为 1 600 万元。则三点估计值为：

$$E = \frac{1\,200 + 4 \times 1\,600 + 1\,800}{6} = 1\,567(\text{万元})$$

2. 相对重要度法

相对重要度法是将预测者按经验知识水平划分为不同的类型，确定各自的重要度，从而对不同预测者的结果加以推定平均的一种方法。其计算公式为：

$$E_p = \frac{\sum_{i=1}^{n} a_i x_i}{\sum_{i=1}^{n} a_i}$$

式中：a_i 为重度；x_i 为预测结果；i 为预测者序数（$i = 1, 2, \cdots, n$）；E_p 为估计值。

当 $a_1 = a_2 = \cdots = a_n$ 时，上式即为等同重要度（即平均数）公式。

例如，某服装公司甲、乙、丙、丁四个销售人员，对明年服装市场上 B 服装的销售状况作出如下估计：甲估计为 34 000 件，乙估计为 28 000 件，丙估计为 42 000 件，丁估计为 39 000 件。甲、乙、丙、丁相对重要度比为 1∶1.5∶2.5∶1，则估计值为：

$$E_p = \frac{1 \times 34\,000 + 1.5 \times 28\,000 + 2.5 \times 42\,000 + 1 \times 39\,000}{(1 + 1.5 + 2.5 + 1)} = 36\,667(\text{件})$$

3. 主观概率法

主观概率法是预测者通过对预测事件发生的可能性作出主观判断，然后进行预测值估计的一种方法。

人们在实际工作中，总会积累和总结出一些经验，因此人们对某些事件发生的可能性，都会持有个人的看法和信念。这些信念或看法常常可用一定的数量来衡量或表示，这也就是人们常说的"心中有数"。例如，某人对某事发生的可能性估计为 0.5，即这一事件发生的可能性为 50％，0.5（或 50％）就是主观概率。

在预测工作中，对同一预测目标，即使在完全相同的条件下，不同的人可能会对同一预测结果提出不同的概率，或者在相同概率的情况下提出不同的预测结果。也正因为每个人对预测结果及其发生的概率有不同的估计，就需要寻找对预测事件发生的可能性，并进行合理的或最优的估计。主观概率法就是在每个人对预测事件不同估计的基础上，寻找各种预测结果发生的可能性，进行合理判断得出预测值的一种有效方法。

主观概率法中所采用的概率是人们凭个人经验估计的主观概率，而不是客观概率或统计概率，但主观概率同样遵循概率论的基本原理，设主观概率为 P，则有以下两个结论。

（1）任何随机事件的概率都在 0（不可能事件）与 1（必然事件）之间出现。即：$0 \leqslant P \leqslant 1$。

（2）样本空间中所有事件的概率之和等于 1。即：

$$\sum_{i=1}^{n} P(E_i) = 1$$

式中：$E_i (i=1, 2, \cdots, n)$ 表示样本空间的各事件。

因此，若要预测某事件发生的可能性，可以将各预测者的主观概率相加，求其平均值，就是该事件发生的概率。即：

$$\overline{P} = \frac{\sum_{i=1}^{n} P_i}{n}$$

式中：$\overline{P}$ 为预测事件的平均概率；P_i 为各预测者的主观概率（$i=1, 2, \cdots, n$）；n 为预测者人数。

在进行推定平均预测时，可以利用预测者估计的主观概率及在各种状态下的预测值，求其预测期望值，也就是推定平均值，当预测人数较多时，可以结合相对重要度法，求出推定平均值。

例 9 - 1　某公司四个业务员，对明年该公司产品销售状况进行预测。其对销售额及各种状态下的概率估计如表 9 - 1 所示。现若确知甲、乙两个业务员的水平相当，他们的估计重要度同等重要；丙的业务水平较高，其估计重要度为甲或乙的 1.5；丁的业务水平最高，他的估计重要度为甲或乙的 2 倍。试求明年该公司销售额的判断推定平均值。

解　首先，计算各业务员的预测期望值：

$E_甲 = 1\ 100 \times 0.3 + 950 \times 0.4 + 850 \times 0.3 = 965$（万元）

$E_乙 = 1\ 200 \times 0.1 + 1\ 050 \times 0.7 + 980 \times 0.2 = 1\ 051$（万元）

$E_丙 = 1\ 150 \times 0.4 + 900 \times 0.4 + 700 \times 0.2 = 960$（万元）

$E_丁 = 1\ 100 \times 0.2 + 1\ 000 \times 0.5 + 850 \times 0.3 = 975$（万元）

其次，根据业务员的相对重要度，求出推定平均值：

$$E_p = \frac{965 \times 1 + 1\ 105 \times 1 + 960 \times 1.5 + 975 \times 2}{1 + 1 + 1.5 + 2}$$

$$= \frac{5\ 406}{5.5} = 983（万元）$$

181

表 9－1　某公司业务员销售额及概率估计

业务员	销售额/万元		主观概率	期望值
甲	高	1 100	0.3	330
	中	950	0.4	380
	低	850	0.3	255
	小 计		1.0	965
乙	高	1 200	0.1	120
	中	1 050	0.7	735
	低	980	0.2	196
	小 计		1.0	1 051
丙	高	1 150	0.4	460
	中	900	0.4	360
	低	700	0.2	140
	小 计		1.0	960
丁	高	1 100	0.2	220
	中	1 000	0.5	500
	低	850	0.3	255
	小 计		1.0	975

9.2.2　集体意见法

1. 集体意见法的意义和形式

集体意见法又称评判法、面对面的专家意见法。它是指围绕预测目标，通过会议的形式，邀请与预测目标有关的各方面专家，对收集的各种资料进行集体的分析判断，提出预测意见并进行评价，通过一次或多次会议，逐步统一认识以求得最佳的预测结果。

集体意见法的会议程序一般有以下两种形式。

（1）召集会议的企业（或其有关部门）先拿出一个预测意见，然后由会议参加人员加以评判，经过共同的商讨，统一认识，得出预测结论。

（2）参加会议的人员先拿出各自的预测意见，然后由会议组织讨论、分析、综合、评判，以达到统一认识，作出预测结论。

无论哪种形式，采用集体意见法都需通过会议的形式，经过反复讨论，拿出能达成统一认识（或大多数人认可）的预测结论。

2. 集体意见法的优点与局限性

（1）集体意见法参加的人数多，因而所拥有的信息量远远大于个人所拥有的信息量，所考虑的因素比个人所考虑的因素多得多。

（2）集体意见法有具体的预测方案，其预测结果比单纯的个人判断可靠、客观。

（3）集体意见法是在综合各预测者（或各方案）的意见后得出预测结果，可以避免个人判断的主观性、片面性。

（4）集体意见法虽然有时难以得到统一的预测结果，但这并不意味着预测失败，而恰恰说明这一预测方法考虑问题有多重性、多面性。其意见能更好地为决策及执行工作提供依据，企业经营管理人员若能充分注意到预测结果的不一致之处，常常能防微杜渐，保证事件的正常发展。

（5）集体意见法可以同时对几个预测目标进行分析、预测，这往往是个人判断法所难以做到的。

但是，集体意见法也有许多难以克服的缺点，主要是影响因素较多，具体有以下几个方面。

（1）感情因素。与会人员中可能有权威、上级、前辈、同学、同事等多种关系的出现，出于感情考虑，有不同意见者不好意思当面提出。

（2）个性因素。人的个性本身是复杂的，有的人善辩，有的人寡言；有的人谦虚，有的人傲慢；有的人"投机取巧"；有的人固执己见，这些都不利于会场上意见的充分发表及认识统一。

（3）时间因素。尽管集体意见法可以组织多次会议进行讨论、分析，但毕竟时间再长也有限度，会前准备再充分，也难免有不全面之处。所以，要在会议当场统一众人的意见，做出共同的估计，有时是不可能的，尤其是当会议意见分歧较大、各派人员互不相让时，常常使会议"无果而散"。

（4）利益因素。当与会人员的意见与其利益有关时，往往有些人员不轻易提出其观点，致使预测结果或缺乏新意，或难以达到预测目的。

9.2.3 头脑风暴法

1. 头脑风暴法的含义和特点

头脑风暴法（Brain Storming Method，BS 法）是通过专家之间的相互交流，在人头脑中进行智力碰撞，产生新的思维和观点，使专家的论点不断精化、集中，从而得到最优预测结果。它实际上是集体意见法的进一步发展，是吸收全体专家积极参加创造性思维过程的一种方法。

头脑风暴法作为一种创造性的思维方法，自 20 世纪 50 年代在国外诞生以来，在预测中的应用日趋广泛。

采用头脑风暴法组织专家会议有以下几个特点。①对会议就所论的问题提出一些具体要求，并严格规定提出设想时所用的术语，以便限制讨论问题的范围，使参加者把注意力集中于所论的问题；②与会者不能对别人的意见提出怀疑，不能放弃或中止讨论中的任何一个设想，要分析研究任何一种设想，而不管这种设想是否适当和可行；③会议主持人鼓励与会人员对已经提出的设想进行改进和综合，并为准备修改自己设想的人提供优先的发言权；④这种方法支持和鼓励参加预测的专家解除思想顾虑，创造一种自由的气氛，激发参加者的积极性；⑤与会专家的发言不能是事先经过准备的发言稿，且发言要求精练，不需要详细论述。

实践已经证明，利用头脑风暴法从事企业市场预测，通过专家之间直接交换信息，充分发挥每位专家的创造性思维，有可能在比较短的时间内得到富有成效的结果。

2. 头脑风暴法的类型与组织要求

1）直接头脑风暴法

直接头脑风暴法，就是通过对预测问题的共同讨论，直接鼓励专家进行创造性思维活动，提出专家集体预测结果的方法。在组织时，禁止评估已提出的设想，限制每一位专家的发言时间，允许一个人多次发言。会议在后续阶段将所有设想集中起来进行评价。

为了提供一个创造性的思维环境，必须决定参加预测会议小组的最佳人数和会议进行的时间。一般来说，小组规模以 10～15 人为宜，会议时间为 30～90 分钟。

其中，参加成员按如下原则选取：①如果参加者相互认识，要从同一职称和级别的人员中选取，领导人员不应参加，否则对下属人员会产生一定压力；②如果参加者相互不认识，要从不同职称和级别的人员中选取。此时，无论哪个成员的职称、级别如何，都应同等看待，并给每一成员一个编号，以便以后可按编号同参加者联系。

参加者中，专家的专业与所预测的问题是否相同或相近，不是成为能否参加的必要条件。头脑风暴法甚至鼓励一些与预测问题无关或关系不大的其他领域的学识渊博的专家参加，以更能激发专家的纵向和横向思维的创造。

预测的组织者要对预测的问题作如下说明：①问题产生的原因，原因的分析和可能的结果，最好把结果加以夸张描述，以便使参加者感到矛盾必须解决；②分析解决这类问题的经验，以及现存途径；③以中心问题和子问题为核心，形成需要解决问题的层次结构体系。问题的内部结构应简单，以助于发挥头脑风暴法的效果。

所有头脑风暴参加者都应具有发达的联想思维能力。在运用头脑风暴法进行预测时，应尽可能提供一个有助于把注意力高度集中于所论问题的创造性环境上。某个人提出的设想，可能是其他发言人已经思维过的设想。所以，头脑风暴法产生的结果，应当认为是全体专家共同创造的成果。往往最有价值的一些设想，是在从前提出的设想基础上发展起来的，或者是对两个或几个设想综合的结果。

头脑风暴法会议的组织者或主持人的发言应能激起参加者的心理灵感，促使参加者感到急需回答会议提出的问题。通常，在预测开始时，主持人必须采取强制询问，并激起参加者发言。因为会议在刚开始的几分钟内，很难创造一个自由交换意见的气氛。而当参加者被鼓励起来以后，新的设想就会不断涌现，此时，主持人只需根据头脑风暴法的规则适当加以引导就可以了。应当明确，专家的发言量越大，意见越多种多样，问题也越论越深，出现有价值设想的可能性也越大。这也是头脑风暴法与集体意见法的区别所在。

2）质疑头脑风暴法

质疑头脑风暴法，就是一种同时召开两个会议的集体产生设想的方法。第一个会议完全按照直接头脑风暴法的方式，第二个会议对第一个会议的设想进行质疑，实际上是对直接头脑风暴法提出的已系统化的设想进一步质疑，这也是头脑风暴法对设想现实化进行评估的一个专门程序。

质疑头脑风暴法进行的第一阶段是参加者对预测问题所提出的设想提出质疑，进行全面评论，评论的重点是研究有碍设想实现的问题。在质疑过程中，还可能会产生一些新的可行的设想。质疑头脑风暴法的第二阶段，是就每一组或其中每一个设想，编制成意见一览表和可行设想一览表。质疑头脑风暴法的第三阶段，是对质疑过程中提出的评价意见进行处理，以便形成一个对解决所论预测问题现实可行的最终设想一览表，意见处理与设想质疑一样重要。质疑过程一直进行到没有问题可以质疑为止。至此，总的预测结果也就产生了。

与直接头脑风暴法相比，质疑头脑风暴法的重点既放在会议提出的预测设想上，又放在对设想转化为现实的可行性质疑上。这可以避免直接头脑风暴法中重设想、不重实践的纯思维创造的做法，从而可以保证预测结果的可靠性，维护决策的可行性与正确性。因而，这一方法的实用价值更大。

3）其他头脑风暴法

除直接头脑风暴法和质疑头脑风暴法以外，还有一些头脑风暴法在市场预测中也经常使用。

（1）有控制的产生设想的方法。这种方法是利用定向智力活动作用于产生设想的过程。在企业市场预测中，常常用于市场开拓和新产品开发的预测方面。

（2）鼓励观察的方法。其目的是在一定的限制条件下，就所预测的问题寻找合理的方案。常常在企业市场预测中，用于现有产品销路的扩大、销售方式和销售渠道的改善等方面。

（3）对等创造方法。往往是针对竞争对手的状况，寻找一个可行的对策方案。在市场预测中，企业常常运用此法来对付竞争对手，根据对方采取市场营销策略的不同而相应改变自己的策略，以使自己在激烈的市场竞争中立于不败之地。

3. 头脑风暴法的作用及局限性

实践证明，头脑风暴法可以通过对人的思维进行创造性组合，排除中庸的折中性方案，可以对所预测的问题通过设想、质疑找到符合客观实际的结果，并为决策提供一组切实可行的方案，因而在企业市场预测中得以推广和应用。世界上许多著名的公司，如美国的洛克希德（Lockheed）公司、可口可乐（CoCa-Cola）公司、国际商用机器公司（IBM）等都积极应用头脑风暴法开展预测。我国近年来，也有不少企业开始运用头脑风暴法，并取得了良好的效益。

当然，对头脑风暴法所提出的设想，还不能完全按其重要度进行排队，寻找达到预测目标的最优结果。所以，在实际应用时，还应与集体意见法同时运用，并对其结果进行定量分析和处理，这也在一定程度上限制了头脑风暴法的应用范围。

上述的各种直观判断预测法，都是以预测者的判断思维能力为基础，运用一定的方式，对预测目标进行预测的方法。无论个人经验法，还是集体意见法、头脑风暴法，都各有优缺点，在实际预测中所需的条件也不同，预测结果的求得及正确性也有差别。现将这三种方法的特点、组织方式和运用要求、应用范围等归纳为表 9-2，以便于预测者选择。

表 9-2　经验判断预测法比较表

方法	特点	组织方式及要求	应用范围
个人经验预测法	运用个人的知识经验进行判断预测，主观性强，是传统的直观判断预测法	个人或个别人进行	适宜于近期或短期的市场预测目标，且误差要求不高
集体意见法	运用集体的智慧，力求得到共同的预测结果，是个人判断法的扩展	需组织会议面对面地讨论，对主持人要求较高	适用于短期或中期的较重要的市场预测目标
头脑风暴法	充分发挥支持人的创造性思维，更重视预测结果的可行性，是集体意见的进一步发展	需组织会议进行互相启发讨论，对会议组织者和主持人要求较高	适用于短期或中期的市场开拓、产品开发等方面的预测

9.3 德尔菲法

德尔菲法（Delphi Method），是专家集体意见预测方法的发展。它是以匿名方式通过多轮函询征集专家意见，通过定量处理，最终得出预测结果的一种经验判断法，是应用较广的定性预测方法之一。

德尔菲（Delphi）是古希腊的一座城市，地处费西斯境内，帕尔那索斯山南坡，是"神谕灵验"的阿波罗（希腊神话中的太阳神）神殿所在地，相传阿波罗神有很高的预卜未来的能力。后人就以德尔菲比喻神的高超预见能力，故将其引用。

德尔菲法是美国兰德公司奥拉夫·赫尔默（OlfHelmer）和诺曼·德尔基（Norman. Dekey）于20世纪中期首先提出来的，最早用于技术预测。由于这种方法适用面广，预测效果好，所以很快为各企业竞相采用，广泛应用于企业市场预测分析的各个方面。

9.3.1 德尔菲法的特点

德尔菲法和专家集体意见法一样，都是通过收集专家意见进行预测的方法。但是，两者的组织方法不同，专家意见法是主持者邀请有关方面的专家，通过会议的形式对某个问题的前景做出评价，在此基础上综合专家们的意见做出预测；德尔菲法的主持者不通过会议的形式邀请专家面对面地交换意见和进行讨论，而是在互不知悉的情况下，请专家用书面的形式独立地回答组织者提出的问题，并经过多次反馈后由组织者进行综合分析、归纳出预测结果。德尔菲法突破了传统的数量分析法的限制，是系统分析方法在意见和价值判断领域内的一种有益延伸，为更合理地制定决策开阔了思路。德尔菲法由于能够对未来发展中的各种可能出现的前景做出概率估价，为决策者提供了多方案选择的可行性。

具体来说，德尔菲法与专家集体意见法比较，具有以下的特点。

（1）匿名性。德尔菲法收集专家意见，是通过匿名函询方式，即通过邮寄函件背靠背式的方法征询意见。专家们只同组织者发生联系，专家之间不发生联系，组织者对专家的姓名也是保密的，尽量使参加预测的专家互不知情，以免产生交叉影响的情况。

（2）轮间反馈性。德尔菲法不同于民意测验式地一次征求专家意见，而是多次轮番，至少两轮，一般要经过三至四轮。组织者在下一轮发函时，应将上一轮专家意见进行汇总统计整理，并在此基础上，提出询问函。如此反复，直至专家意见大致统一或有较明确预测结果时为止。

（3）预测结果的定量处理。做定量处理是德尔菲法的一个重要特点。对预测的结果，主持者应做出统计分析；同时，逐渐按统计反映出来的收敛特征明确预测问题。对不同类型的预测问题，应采用不同的统计处理方法，以提高预测结果的科学性。

（4）组织者的作用十分突出。德尔菲法的整个过程都是依靠组织者的有效组织进行的，轮间预测问题的提出及结果的处理也都是在组织者主持下进行。一般地，德尔菲法的进行需要专门成立一个预测领导小组，负责组织整个预测活动。在预测过程中预测领导小组虽然不参与预测，但拟订预测主题，编制预测调查表，选择专家，对预测结果进行分析与处理，在预测中明显地起着核心和灵魂的作用。

9.3.2　德尔菲法的优缺点

德尔菲法之所以在预测分析中得到广泛的应用，其原因在于德尔菲法具有上述"匿名性"和"轮间反馈性"等特点，可以把专家意见法的不足变成优点，经过集思广益，使预测更精确。德尔菲法的优点，主要表现在以下几个方面。

（1）简便灵活。德尔菲法是采用函询方式收集专家意见的，这就有利于较广泛地征询各类专家意见，不受地区部门的限制，简便灵活；尤其是某些项目在缺乏历史统计资料的情况下，它能以具有广泛代表性的许多专家的丰富知识和实践经验的判断为基础，使预测结果具有一定的可靠性。而专家集体意见法，往往由于参加会议的人数有限，专业有限，影响代表性，从而影响预测结果的可靠性。

（2）便于征询对象的独立思考、独立判断。德尔菲法应邀参加预测的专家互不了解，可以克服专家集体意见法面对面开会讨论而受心理因素影响的缺点。诸如迷信权威或领导意见的倾向、少数服从多数、随大流的情况，以及有的专家出于自尊心不愿当场修改原来发表过的即使是根据不充分的意见，等等。德尔菲法中的专家可以参考前一轮的预测结果来修改自己的意见，无须作公开说明，无损自己的威望。

（3）有利于专家探索式地解决问题。德尔菲法是轮番多次地征询专家意见，而不是试图一次实现预测结果。每轮征询都是组织者把上一轮应答意见综合统计后反馈给每一个专家，使他们了解到全体意见的倾向，以及持不同意见者的理由。这样，可以使专家在集体意见反馈中得到启发，使他们能较好地克服自己意见的主观性和片面性，有助于提高预测结果的可靠性和全面性。

根据各国的实践经验，德尔菲法也还存在一些缺点，主要是以下几个方面。

（1）应用德尔菲法进行预测，容易忽视在开始时由于别人提出的并不为大家所理解的创造性预见。尤其是当真理在少数人手里时，所得出的预测结果，往往失败。

（2）采用德尔菲法进行预测，往往需要较长时间。国外一般把每轮反馈周期定为一个月左右，我国有的预测定为两个月左右，几轮反馈费时较长。而且，在轮番征询意见的过程中，有的专家可能因事或因病中途退出，影响预测结果的顺利得出。

（3）德尔菲法征询专家意见，缺乏专家之间的思想交锋和商讨，凭专家个人的知识和实践经验，难免要受到专家知识的深度与广度，占有资料的多少，以及对预测问题是否感兴趣等因素的影响，使有些意见带有一定的主观片面性。

9.3.3　德尔菲法的运用程序

1. 德尔菲法预测的过程与程序

德尔菲法预测一般要经三四轮反复，第一轮是组织者提出预测的主题，请专家提供预测的项目，经过综合整理，编制出一份预测项目表，制成调查表寄给专家。第二、三轮是根据专家回函的意见，经过统计处理，进一步就预测问题征询专家们的意见，也可以请专家们就自己的意见阐明理由，或就某一意见做出评价。一般地，进行到第四轮时专家们的意见就比较集中，预测组织者就可以据此整理出结果，写出预测报告书。其具体过程与程序如图 9 - 2 所示。

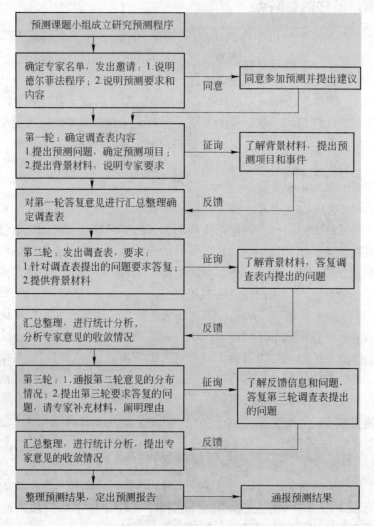

图 9-2　德尔菲法工作程序框图

2. 德尔菲法运用过程中需注意的几个问题

1）必须明确预测的总目标

任何预测问题的进行，首先都要明确预测的总目标。总目标是根据决策和计划的要求，通过对已掌握资料的分析提出来的，包括子目标及达到目标的手段。

例如

在预测计算机技术发展趋势时，明确的总目标是："当人类在所有活动领域内都通过计算机有效地解决问题时，计算机的技术发展趋向是什么？"其子目标包括：A. 解决人机联系问题；B. 提高计算机智能；C. 提高单台计算机效率；D. 提高全国总装机效率等。达到目标的手段为：A. 改善单元技术；B. 改善外围设备和通信技术；C. 发展信息处理方法；D. 改善程序编制手段；E. 改善计算机结构；F. 改善使用计算机的组织工作；G. 改善计算机的设计方法等。

经典的德尔菲法，第一轮发给专家们的函件，另有一张预测主题表，而具体的预测事件则由专家们自己确定和提出，以避免当事人先入为主。例如，1964 年美国兰德公司从事 50 年长期预测时，包括科学的突破、人口的增长、自动化技术、航天技术、战争的可能和防止及新的武器系统等六个预测主题。应邀参加预测的专家围绕预测主题，提出应预测事件，寄给预测小组。经预测小组对预测事件的筛选整理，形成 49 个预测事件。1983 年，国家科委预测局为实现我国 2000 年总目标，应用德尔菲法预测科学技术的优先发展领域和优先发展地区，在优先发展领域中指出九项总目标，要求专家填写优先顺序。每个总目标又指出每个子目标，如总目标中的能源一项包括煤、石油、天然气、水电、火电、节能技术、农村能源、核电等，也要求专家填写出优先顺序。又如，20 世纪 80 年代初，日本第三次大规模预测的主题有 13 个，包括：①能源、矿物资源和水资源；②农林、水产资源；③生活、教育；④环境、安全；⑤保健、医疗；⑥生命科学；⑦城市、土木、建筑；⑧交通运输；⑨通信、情报、电子；⑩宇宙；⑪海洋；⑫材料、元器件；⑬生产、劳动。根据专家提出的意见并经预测小组筛选整理成 797 个预测事件。预测事件提出后，预测领导小组就可以针对各个预测事件的预测内容和要求，编制成预测事件一览表，再发给专家。

2）制定预测事件一览表

第一轮给专家发一张预测主题表，可以避免当事人先入为主。但是，由于某些专家对德尔菲法不甚了解或其他原因，不知从何着手，在主题理解上千差万别，提供的预测事件杂乱纷繁，无法归纳。为了克服这一缺点，往往在第一轮征询时，预测小组根据已掌握的资料或征求有关专家意见，预先拟订一个预测事件一览表，同时寄发。在每一预测事件表上都留有供专家修正或补充的栏目，专家们可以对事件一览表进行补充和提出修改意见。

预测事件一览表的格式灵活多样，其基本要求是应使专家对预测事件理解，回答方式简便，主要的预测事件表有以下几种。

(1) 预测某事件实现的时间表。时间预测在德尔菲法预测中最常见，如表 9 - 3 所示。在预测事件一览表中应罗列各个预测事件及其实现的不同概率，概率一般取 10%、50%、90%。专家可根据自己的判断，分别填上不同概率的实现时间。

表 9 - 3　事件实现时间表

时间 事件	实现时间		
	10%的概率	50%的概率	90%的概率
事件 1			
事件 2			
⋮			

(2) 择优选择表。如表 9 - 4 所示预测时，可能面临很多方案可供选择，要求专家做出最佳方案的选择，在预测事件一览表中应罗列各种可能选择的方案或意见，专家只需打分 "√"（表示赞成）即可。

表9-4 择优选择表

专家 ＼ 方案	方案1	方案2	方案3	……
专家1				
专家2				
⋮				

（3）排序性选择表。如表9-5所示。排序性选择，也就是相对重要性选择，是比较各种方案的相对重要性，进行优劣排队，在预测事件一览表上应罗列这一系列事件，专家只需在表上分别填上序号，或专家对各方案要经主观判断分别给予某一分值。分值越高，方案越优。

表9-5 排序性选择表

专家 分值或等级 方案	方案1	方案2	方案3	……
专家1				
专家2				
⋮				

（4）预测事件的相对结构比重评判表。这是研究结构构成（如工业部门结构构成、行业结构构成、产品产量结构和品种结构构成等）常用的一种重要方法。在预测事件一览表上列出结构成分及其可能的结构比率数，专家只需对位打"√"（表示赞成）。表9-6是市场某类产品结构比重表。

表9-6 产品结构比重表

预测事件	0～9%	10%～19%	……	90%～100%
产品一				
产品二				
产品三				
⋮				

预测事件一览表的设计对德尔菲法的效果关系重大，因而设计事件一览表有许多应注意的地方。第一，预测事件必需含义明确，含义只有一种理解，而不能有丝毫含糊；第二，避免组合问题，尤其是对有附带条件的问题更是如此；第三，问题要有针对性，不要过于分散；第四，问题的数目不宜过多，一般的预测问题限制在20个左右，提问的顺序要讲究策略，先综合，后局部，同类问题先简单，后复杂；第五，表格要简化，便于专家应答。另外，对德尔菲法要作充分说明，包括德尔菲法的实质、特点、轮向反馈对评价的作用等。因为有的专家对德尔菲法不一定了解。

3) 专家的选择

专家的选择是德尔菲法预测中的一项关键工作，专家选择是否合适直接决定预测的质量。

所谓"专家"，在这里是行家的意思。专家是指那些精通业务，有真才实学，丰富实践经验和一定预见能力的人。从形式上看，从事预测活动所需要的专家，一般是在某一专业领域从事十年以上技术工作的专业干部或在专业部门担任主管领导职务的；从内容上看，主要是看其在学术上的建树、工作上的能力和成就。

通常认为选择专家是德尔菲法成败的关键，因为应用德尔菲法进行预测，是由预测小组组织有关专家进行集体预测，预测的主体实质上是专家。通过专家对预测目标未来的发展做出判断，经过预测小组对专家意见的汇集，找出事物的未来发展趋势。其预测的最终结果来自专家，如果选定的专家对预测主题不具备应有的知识，就很难提出正确的意见和有价值的判断。因此，选择专家是预测领导小组的一项重要工作，绝不能简单行事。

(1) 应首先征求专家本人愿意参加此项预测与否的意见，即必须经专家本人同意，所选的专家应是乐于参加预测工作的，只有这样才便于保证能坚持做完各轮的函询。预测小组不能事先不经征得同意就将调查表发给拟邀请的专家。实践证明，不事先征求同意就发调查表，应答率很低，难以得到较佳的预测结果。

(2) 一般所请的专家研究或从事专业应是与预测主题有关的学科，但涉猎领域要广一些，不仅要有本预测主题领域或部门的专家，而且要有一定数量其他领域的专家。选择专家要由预测的任务决定。在下列情况下，最好从本领域中选取专家，其一是预测任务要求比较深入地了解本领域或部门的历史情况和技术政策的；其二是预测任务牵涉到本领域或部门机密问题的。从本领域决定专家较简单，因为有案可查，又有熟悉人员的现实情况。如果不是上述情况，预测任务关系到具体发展技术，最好既从本领域选定专家，又从外领域选定专家。

从外领域选择专家比较困难，一般可以通过以下途径：①从本领域职工比较熟悉的专家名单中选择；②从有关报纸杂志上选择；③通过专家之间互相推荐；④通过有关组织推荐。

(3) 所选择的专家在各领域中要有一定的知名度，具有一定的代表性。同时，各领域面的分布应当合理，以便集思广益，进行有效的预测。不仅要注意选择精通技术的专家，同时还需要选择边缘学科、社会学和经济学方面的专家，以利多学科交叉研究。

例如，1982 年应用德尔菲法对我国机械工业自动化技术发展问题预测而成立的专家小组共 54 人，组成情况是：从技术职称看，总工程师、副总工程师、高级工程师、工程师 50 人，工龄 20 年以上的技术工人 2 个，技术员 2 人；从从事专业年限看，15 年以上的 52 人，其中 20 年以上的 27 人；从专业构成看，自动检测技术、自动化系统与装置 15 人，微机应用及计算机软件 10 人，机械手、液压技术及自动传送装置 10 人，综合技术 13 人，科研技术管理 6 人，这个结构较为合理科学，预测得到的结果也较满意。

(4) 要用足够的时间和力量选择专家，预测小组对选定的专家应有较全面的了解。在预测过程中不公布所选定的专家姓名，他们之间不发生横向联系和交流，所有的联系和交流，都通过预测小组来进行。这有利于专家在应答时独立思考，独立判断。

专家组人数多少要视课题大小和涉及面宽窄而定，问题大，涉及面广，人数可多一些；反之，人数可少一点。人数过少，限制了各学科的代表性；人数过多，难于组织，结果处理也比较复杂。一般来说，参加的专家愈多，则预测的精确度愈高。预测的精度与参加的人数呈函数关系，当人数增加到一定值时，进一步增加人数则对预测的精度影响不大。对企业市场预测来说，所选专家组的人数以 10～15 人为宜，对于一些重大问题，可增加到 100 多人。

在确定专家人数时还应注意一个问题，所选的专家应比预料参加的人数多一些，以便出现因有些专家出国考察、开会、出差、生病等原因不能及时应答的意外情况。

4）多轮函询调查

匿名函询调查是德尔菲法的特点之所在，但也给预测小组的组织工作带来许多问题。怎样集思广益，综合意见，及时发函收回，是函询工作成败的关键。一般第一轮预测时组织者将一份仅仅提出要预测主题的问题表函寄给专家。此问题表不带任何框框，要求专家就问题表上的预测主题提出他们认为应预测的有关事件。专家根据问题表的要求应答后寄回给预测组织者。

预测组织者根据各专家的应答结果进行汇总整理，归并同类事件，排除次要事件，制成要预测的事件表（即第二轮问题表）进行第二轮函询。

回收后，预测组织者进行统计归纳，制成一份汇总表，表中需统计专家第二轮对各个事件意见集中程度（大多数人的意见），以及专家意见的离散程度和协调程度，随同第三份问题表一起寄出。同时，要求那些处于极端意见者，除陈述判断的依据外，评论与自己不同的专家意见。

专家收到第三份表后，根据提供的材料及前几次有关的材料再次做出应答，函寄给预测组织者。预测组织者再做出统计处理及意见归纳，形成最终的预测结论。

多轮函询一般为三轮，其中主要在于第二轮。在实际运用中，并不一定必须要经过三轮。如果有的课题在第二轮对预测事件已形成比较一致的看法，也可得到预测结果；也有的预测，其第二轮、第三轮乃至第四轮进行完毕后尚难得到结果。每次轮次预测的时间节奏也要很好掌握，以节约时间为佳。这些都不能一概而论，需要预测小组根据意见集中程度及分歧之所在权衡进行，这也是预测的难度之所在。

另外，应明确的是，在制表发函过程中，预测组织者不能将自己的意见强加于人或有任何明显暗示，使专家接受某一意见。

5）结果分析与处理

德尔菲法对预测结果的分析与处理包括每轮函询后的意见分析处理。与其他定性方法不同，它采用较为科学的统计分析处理方法。

在德尔菲法的预测中，应用最广泛的是对预测事件发生或实现时间的预测，其次是方案择优的预测和相对重要性问题的预测。

（1）对事件发生或实现时间预测结果的处理。对于这类事件预测结果的处理，通常采用中位数——上下四分位法。如果将专家们预测的结果在水平轴上按顺序排列，并分成四等份，则中分点值称为中位数，这个结果说明专家中有一半人估计的时间早于它，而另一半人估计的时间晚于它。先于中分点的四分点为下四分点，后于中分点的四分点为上四分点，这样，用中位数代表专家们预测的集中结果，用上下四分位法代表专家们意见的分散程度。

例如，2009 年某企业邀请 11 位专家对家庭电冰箱普及率达到 95% 的年份这一事件进行预测。其预测结果的排列如表 9-7 所示，运用中位数——上下四分位法处理的结果为：中位数 2014 年，下四分点为 2012 年，上四分点为 2017 年。即我国家庭冰箱普及率达到 95% 的年份为 2014 年，专家意见分布值在 2012—2017 年。

表 9-7　时间预测表

2010	2012	2012	2013	2013	2014	2015	2016	2017	2018	2019
		下四分点			中位数			上四分点		

（2）对方案择优预测结果的处理。对这类预测结果的处理比较简单，通常以方案为横轴，以选择方案的专家人数或比重为纵轴描绘出相应的坐标图。

例如，某电视机厂请 15 位专家就我国家用彩电发展方向进行预测。请专家从以下六种方案中选择最优方案，即 14″、18″、20″、21″、24″、29″六种方案。专家的意见处理结果如表 9-8 所示。从表中可以明显地看出，21″彩电为最佳方案，其选择人数为 6 人，占总人数的 40%。

表 9-8　预测方案择优化比重选择表

方案	14″	18″	20″	21″	24″	29″
专家选择人数	0	2	4	6	1	2
各方案选择比重	0	13%	27%	40%	7%	13%

（3）对方案的相对重要性问题的处理和表达。专家对方案的相对重要性的判断后，给予某一分值（分值为 1~100 分），分值越高，方案越优。

假设有 4 位专家对某预测问题 5 个方案的相对重要性进行判断，其评分值如表 9-9 所示。

表 9-9　方案的相对重要性预测表

分值　方案　专家	方案 1	方案 2	方案 3	方案 4	方案 5
专家 1	60	90	80	100	50
专家 2	100	80	80	80	40
专家 3	80	70	100	80	60
专家 4	80	80	70	100	70

用表 9-9 可以求得每个方案的平均得分值：

$$M_1 = \frac{1}{4} \times (60+100+80+80) = 80$$

$$M_2 = \frac{1}{4} \times (90+80+70+80) = 80$$

$$M_3 = \frac{1}{4} \times (80+80+100+70) = 82.5$$

$$M_4 = \frac{1}{4} \times (100+80+80+100) = 90$$

$$M_5 = \frac{1}{4} \times (50+40+60+70) = 55$$

从平均得分值的高低可以判断方案 4 最优，方案 5 最差。

9.3.4 派生德尔菲法

派生德尔菲法是在经典德尔菲法的基础上，修正经典德尔菲法的缺点提出来的。派生德尔菲法大致上可以分为以下两大类。

1. 保持经典德尔菲法的基本特点，而对其中的某些部分予以修正的派生德尔菲法

（1）在第一轮函询时，发给专家的不只是一张预测主题表，而且列出预测事件一览表。这与经典的德尔菲法有所不同。1964 年，美国兰德公司首次采用德尔菲法从事 50 年长远预测时，第一轮发给专家的只有科学的突破、人口的增长等 6 个预测主题，而没有列出预测事件，由专家围绕预测主题提出应预测的事件。利用经典德尔菲法使各专家在收到调查表以后，不知如何下手，或者专家提供的预测事件可能杂乱无章，使组织者无法归纳，也有可能专家提供的预测事件不符合预测小组的要求。派生德尔菲法对经典德尔菲法进行修正后，在发给专家预测主题调查表的同时，根据现有掌握的资料或征求专家意见，事先拟订一个预测事件一览表发给专家，使专家从对事件一览表做出评价开始工作，这就有利于克服经典德尔菲法的缺点。当然，如果专家对预测小组提供的预测事件一览表有什么补充和修改，也可以在应答中说明。

（2）在第一轮函询时，预测领导小组在给专家函寄预测调查表的同时，向专家提供背景材料。这一修正有助于专家做出正确判断。因为在许多情况下，科学和技术的发展方向在很大程度上取决于技术政策和经济政策。参与预测的专家一般是某一科技领域的专家，不可能对技术政策和经济政策完全清楚，因此预测小组对专家提供背景材料是必要的，如对某类企业发展的预测，可向专家提供市场需求状况、产品销售行情、行业的技术政策等背景材料，可有助于专家分析判断。

（3）经典德尔菲法函询专家意见一般经过三至四轮，有时甚至更多，而派生德尔菲法尽量减少应答轮数，一系列短期实验表明，通过两轮应答的结果，意见已经相当协调。从现在的经验来看，一般三轮较为适宜。如果第一轮调查时，既提出预测主题又提出预测事件一览表，再加上提供背景材料，那么采用两轮也可以得到正确的预测结果。减少应答轮数，有利于缩短预测时间。

（4）对预测事件给出多重数。德尔菲法应用最广泛的是，要求专家对某事件发生的时间提出的评价。专家提供的日期一般是实现与否可能性相当的，也就是事件在这个日期之间或之后实现的可能性相等。派生德尔菲法在某些情况下，要求专家提供三个概率不同的日期，如，未必有可能实现概率为 10%；实现与否可能性相等概率为 50%；基本上可以实现概率为 90%。当然也可以选择其他的类似概率。如计算三类日期的中位数，得出专家应答的统计特性，然后预测小组计算各类日期的均值，作为预测的结果。

（5）为了提高德尔菲法的预测精度，有的派生德尔菲法，考虑专家对预测事件的权威程度，就是对专家的权威程度取权数，对各专家评价结果进行加权平均处理。

（6）在某些德尔菲法的运用中，对每个事件引用"置信因数"，这是对专家应答的另一种统计处理。这种处理只是根据做出肯定发生的概率计算的，即从 100% 中减去提出"从不

会发生"应答的比重，从而得到置信概率指标。

2. 改变德尔菲法基本特点的派生方法

经典德尔菲法的显著特点是匿名性和轮间反馈性。这一类派生德尔菲法却是部分改变匿名性和反馈性，具体方法如下。

1) 部分取消匿名性

经典德尔菲法与专家集体意见法相比，其特点之一是匿名性，即应邀参加预测的专家互不了解。匿名性的缺点是缺乏专家之间思想交锋与商讨。针对这一缺点，派生德尔菲法部分取消匿名性，其具体做法是：有的先采取匿名询问，而后公布结果并进行口头辩论，最后再进行匿名表达自己的意见。接着再进行口头辩论，也可伴随询问，得出最后评论。这样部分取消匿名性，也能保持德尔菲法的优点，有助于加快预测进程。

2) 部分取消反馈

轮间反馈性也是德尔菲法的特点之一，经典德尔菲法一般要经过三四轮，预测小组对每一轮的预测结果做出统计，作为反馈材料发给每一个专家，供下一轮预测时参考。派生德尔菲法部分取消反馈，具体做法大致有以下几种：一种是只向专家反馈四分点或十分点，而不提供中位数，这样做可以避免有些专家只是简单地向中位数靠拢，借以回避提出新的评价和论据的倾向；另一种是要求专家对事件给出三个概率日期，并分别计算出中位数。如某个专家的评价日期处在小组的 10% 和 90% 概率日期的中位数之间，则第三轮不再对其反馈，只对其评价未进入十分点之间或该领域的权威提出反馈，若权威专家意见得到证实，则可以权威专家的评价作为预测结果，否则以小组应答中位数给出预测结果。

9.3.5　德尔菲法的新发展

德尔菲法现在已成为广泛使用的预测方法。运用德尔菲法向专家反复征询，一般能使专家意见大体趋于一致，最终得出结论。但对于某些事件，如对未来 6 个月时的某一外汇汇率的预测，经过几轮向专家征询意见，被预测事件（如汇率）发生的日期（3 个月）逐步逼近，在这一逼近过程中，外汇市场上出现了一系列新的信息。在此情况下，专家们往往难于对未来事件达成集中的判断。为了保留德尔菲法的优点，又使之适应某些事件上（如汇率）预测的需要，中国人民大学的学者在 1988 年 1 月提出了准德尔菲法。准德尔菲法是一种类似德尔菲法的预测技术，所不同的在于：①它是一种动态滚动式咨询过程；②它所要求的集中程度是相对的。例如，如果要提前一个月给出下月某种外汇的汇率预测值，假定几轮征询所需要的时间是一个月，运用准德尔菲法就要求提前一个月由专家们独立地做出未来三个月各月初的外汇汇率的预测，从而形成一个滚动预测。准德尔菲法的反馈是动态反馈，也要求专家们独立地在动态中进行判断修正并做出新的预测。在每轮征询后，专家们又需要进行新一轮的预测，这时三个预测值中的一个已与实际汇率相对应，专家们可以验证自己的预测值和实际汇率的相符程度，有两个月预测值可以进一步修正。同时，还需加上一个新时点的外汇汇率预测。对最近一个月的预测值，一次征询不再修正。

准德尔菲法是对某些事件，如对外汇率变动预测的一种有用的预测方法，但也有缺陷，如在应用中需要依照一定原则进行适合实际的调整；在很大程度上仍需依靠专家们的判断，对于那些难以预测的突然事件的发生，也是无能为力的。

9.3.6　德尔菲法的应用条件

德尔菲法现已成为企业广泛使用的预测方法，无论哪一类德尔菲法都可广泛应用于企业市场预测的各个领域，尤其在下列情况下更为适用。

（1）过去没有足够信息的技术领域预测，以及需要很多相关因素影响做出判断的技术领域预测。企业在市场预测中由于没有历史资料或历史资料不完备，难以进行量的分析时，例如，市场上即将投放某种以新型材料、新工艺生产的新产品，由于过去没有经营过，所以既没有历史销售资料可借鉴，又对市场现实销售情况及其发展前景没有把握，无法下决心时，适宜用德尔菲法进行预测。

（2）科学发展在很大程度上取决于技术政策和主观能动性，而不是取决于技术自身可能性的技术领域预测。在市场预测中，当市场预测对受到诸如经济形式、政府政策、顾客心理和时尚爱好等非量化因素的影响时，企业也宜采用德尔菲法邀请有关方面的专家，如产品设计、产品推销方面的专家及该产品有代表性的消费者或使用部门有关人员进行预测。

正因为德尔菲法有广泛的应用领域，且效果较好，所以据预测方法论专家统计，预测技术方法多达 150～200 种，而德尔菲法在其中仍占有很重要的地位，甚至被某些专家推荐为最可靠的预测方法。

当然，企业在应用德尔菲法时也应注意以下 4 个方面。①不能将预测组织者领导小组的意见强加给专家，或通过表格明示、暗示其倾向。这样做会影响预测结果的可靠性。②合理确定每轮间的时间间隔，尽量缩短预测时间。③应给参与预测的专家适当的报酬，以鼓励专家参与预测的积极性。④当预测结果难以统一，或没有明确结果时，应检查所选主题是否可行，或者目标是否存在范围过大、过于笼统等问题。

9.4　其他经验预测法

9.4.1　市场因子推演法

市场因子是指市场中能引起对某种商品需要的相关因子。市场因子推演法是通过分析市场因子来推算某类商品的市场潜量，即推算某类产品的最大市场总需要量。为此，市场因子通常是指能决定商品的使用者的实际需要因素。例如，每年的结婚对数是家具、耐用家电商品的需求量的市场因子；人口结构的变化和人口增长速度是日用商品需要量的市场因子；婴儿出生率是婴儿用品需要的市场因子，等等。

例 9－2　某家用电器公司通过市场调查得知当地市场中，每 100 对新婚夫妇需要购买的成套家用电器（包括彩电、电冰箱、洗衣机、录像机、微波炉等）为 40 套。根据调查历年当地市场结婚对数资料推测下年度结婚对数为 8 000 对，则下年度用市场因子推演法预测新婚市场家用电器的市场潜量可用下式演算：

$$\hat{Y} = Q \cdot N$$

式中：$\hat{Y}$ 为预测期商品市场潜量；Q 为相关的单位市场因子购买商品数量；N 为预测期相关的市场因子总数量。

　　由上面调查资料可知当地市场用于单位新婚夫妇购买家用电器数量为 40/100＝0.4 套。这样下年度用市场因子推演法预测的家用电器市场潜量为：

$$\hat{Y}=0.4\times8\ 000=3\ 200(套)$$

　　企业再根据成套家用电器的平均价格的销售额，就可测算出 3 200 套市场潜量对应的总金额。

9.4.2　转导法

　　转导法是利用大类经济指标转导推算较小项目市场预测值的方法。

　　转导法所利用的大类经济指标，通常是预测指标，或者是实绩指标及预计增长率。这类指标往往由政府有关部门予以公布，或由大型市场研究机构发布。由于这些数据是宏观的广域数据，在预测时要经过一系列的中间比率的运用，才能转导出企业所需的市场预测值。

　　例 9－3　设本年上半年社会消费品零售总额达 11 439 亿元，从历年情况看，上半年零售额平均占全年零售额的 42％，预计明年零售总额在扣除物价上涨因素影响以后将比今年递增 19.3％；再依据去年资料，家用电器销售额占零售总额的 0.2％，小家电销售额占家用电器销售额的 15％，某企业小家电销售额占小家电销售总额的 2％，则该企业小家电明年销售预测值为：

$$
\begin{aligned}
预测值 &=(11\ 439\div42\%)\times(1+19.3\%)\times0.2\%\times15\%\times2\% \\
&=27\ 235.714\ 29\times1.193\times0.002\times0.15\times0.02 \\
&=32\ 492.207\ 14\times0.002\times0.15\times0.02 \\
&=64.984\ 414\ 28\times0.15\times0.02 \\
&=9.747\ 662\ 143\times0.02 \\
&=0.194\ 953\ 242(亿元)
\end{aligned}
$$

　　在这一预测值的转导计算中，企业掌握的广域数据是零售总额，但通过一系列的比率，在零售总额之间建立起了联系，从而能够据零售额而进行企业小家电销售额预测，其中：

　　(1) 27 235.714 29 亿元为本年全年零售额预计值；

　　(2) 32 492.207 14 亿元为明年零售总额预测值；

　　(3) 64.984 414 28 亿元为明年家用电器销售预计值，是明年零售总额预计值与家用电器行业占有率 0.2％的乘积；

　　(4) 9.747 662 143 亿元为明年小家电销售预计值，是明年家用电器预计值与小家电类商品市场占有率 15％的乘积；

　　(5) 0.194 953 242 亿元为明年某企业小家电销售预计值，是明年小家电销售预计值与此企业市场占有率 2％的乘积。

　　在上述一系列的比率中，除企业市场占有率的变化会稍微明显些外，其他比率的变动即使有也是甚微的，因此企业预测值有相当的可信度。不过，转导法是以广域预测值转导而求企业预测值的，除中间各比率的稳定性外，广域预测值是否正确对企业预测值的准确性影响也较大。

9.4.3　产品的经济寿命周期预测

　　产品的经济寿命周期，也称商品的经济寿命周期，或称产品生命周期，是指商品从进入市场一直到被市场淘汰的过程。其过程一般包括 4 个阶段：导入期（试销期）、成长期、成熟期和衰退期，如图 9-3 所示。

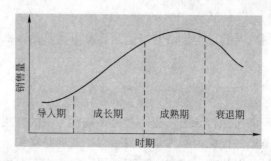

图 9-3　产品经济寿命周期图

（1）导入期是指商品进入市场的试销阶段或开拓阶段。该期的特点是：销量缓慢上升，促销费用高，利润率较低。造成这种状况的主要原因是消费者对产品不熟悉，需要一个了解过程。另外，某些因素使商品性能得不到发挥，也影响了销售量。例如，全自动洗衣机是同住房条件联系在一起的；私人汽车是同交通条件联系在一起的；计算机是同消费者的计算机知识联系在一起。只有这些条件改善了，商品销售量才会大幅度增长。

（2）成长期是指销售量迅速上升的时期。该期的特点是：生产规模扩大，成本降低，销量和利润迅速增加，竞争者增多。造成这种状况的主要原因是消费者对产品有了充分的了解，产品的设计和性能适合了消费者的需求，厂家已经有了成熟的营销战略。

（3）成熟期是指商品需求相对减弱，销量增势缓慢的时期。在这一阶段，供求达到平衡，利润率稳定或下降，营销费用增加。

（4）衰退期是指产品基本功能老化，被其他新产品代替，销售趋势下降，直到被淘汰出市场的时期。例如，在我国大城市中，双桶洗衣机、小屏幕彩电就是处于这一阶段。

由于产品生命周期的不同阶段需要不同的营销策略，因此正确预测每个阶段的延续时间及各个阶段之间的转折点就十分重要。实际上，要做到这一点就必须有一个复杂的调查分析工作。首先必须确定产品是否具有规则的寿命周期，然后确定各个时期是否按正常顺序排列，最后要确定每个阶段的持续时间。所有这些都可以通过同类产品或所预测产品的历史资料来研究。

下面介绍几种简单的经验预测方法。

1. 利用家庭普及率预测

这种方法适合于耐用消费品的预测。根据经验，一般认为，家庭普及率在 0～5％为导入期，5％～80％为成长期，80％～90％为成熟期，有些耐用品可超过 100％。这是由于许多家庭拥有两件以上此类耐用消费品，如电扇等商品。

例如，1983 年我国城镇居民彩电普及率为 2.57％，即平均每百户 2.57 台，这一年彩电的销售可以认为处于导入期。从 1985—1991 年彩电的普及率从 17.21％达到 68.41％，这一阶段普及率上升较快，可以认为处于成长期。

2. 利用销售年增长率预测

通过销售增长率由慢到快，又由快到慢直至负增长也可以大致判断出产品处于生命周期的哪个阶段。

一般认为，销售量（额）的年增长率处于 0～5％为导入期；10％以上为成长期；在成长期以后的成熟期，其增长率下降到生长期 10％以下；如果销售开始急剧下降，则证明进入衰退期。

例如，我国电视机的销售在经过飞速增长后，由 1990 年的 1 923 万台缓慢上升至 1991 年的 1 933 万台，其增长率为 0.5％，显然进入了成熟期。自行车销售量由 1990 年的 2 760.3 万辆降至 1991 年的 2 682.3 万辆，其增长率为－2.8％，处于衰退阶段。

案例分析

谈医疗改革的模式转变

随着医疗模式的不断转变以及社会文化的不断进步，住院患者对医疗护理服务模式及方法提出了越来越高的要求。但是，就目前医疗体制、医疗环境条件、医务人员的业务水平、素质等诸多因素参差不齐，使得医（护）患之间的关系无法真正和谐化发展。针对这一现状，某医院于 2006 年 5 月逐步在全院 36 个病区进行调查，进一步强化医疗护理安全，持续提高护理质量，收到了良好的效果。

一、成立质量改进领导小组及相应的基础护理、专科护理、护理文书、技术操作、病房管理及感染管理、病人服务满意度等护理质控督导组。

二、确定议题。根据护理部—科护士长—护士长三级护理管理体系的组织结构特点，找出护理部业务、行政查房及护士长夜查房、周末查房反馈的共性问题、热点问题等作为会议商讨议题，就现存的和潜在的护理风险因素，查找相关因素，对问题形成的原因进行分析及对策探讨。

三、护理部每月初将上月质量监控中反馈存在的问题列举出来，再次组织抽查，对反复存在的问题，护理部到病区现场调研，听取意见和建议，从不同角度、不同层次、不同方面分析护理差错缺陷出现的原因、应对方法及整改措施，临床护理及管理过程中的护理差错隐患，讨论改进措施与科室护士共同寻找解决办法，直到该问题解决。同时采取现场数码相机随机拍照，将不规范的现象曝光，图文并茂进行对比，将各病区数据指标量化排序，并制作成幻灯片，坚持每月 1 次全院护理质量通报反馈。

四、分级讨论研究。存在问题的科室利用晨会时间，由护士长将问题反馈到每一个护士，让每位护士充分发表自己的见解，找出发生问题的原因及解决问题的方法，由护士长记录备案，时间控制在 30 min 内。

护士长将备案的会议记录反馈到科护士长处，由科护士长召开片区会议，从各科护士长反馈的原因及解决问题的方法中再次筛选出共性问题，同时找出分析合理、可行性强的解决办法，进行讨论研究。

科护士长将各片区讨论研究的结果，在每周进行的护理部碰头会上进行反馈，由护理部根据医院相关规章制度，立足于各项护理工作的原则性，讨论研究各种方法的可操作性及有效性，最终将结果反馈到科护士长处或通过全院护士长例会进行反馈，同时给出相关建议及意见，由各科室根据护理部建议及意见结合自身实际情况，进行全面整改。

资料来源：http://wenku.baidu.com/view/2e6e056e27d3240c8447ef22.html，2013－5－4，作者：佚名，2013－7－28 搜索整理.

思考题：

1. 该医院采取的是什么样的预测方法？

2. 这个方法有什么优点和缺点？什么时候最适合采用此方法？

3. 此次预测中有没有可以改进的地方？是否可以达到预想的效果？

思考题

1. 何种情况下最适合使用经验判断预测法？

2. 个人主观判断法的预测原理有哪些？

3. 集体经验预测法的要点有哪些？

4. 假如你是家电产品生产商，你认为市场领先指标有哪些？

5. 自己拟定目标，设计一份集体经验预测法的调研方案。

第 *10* 章

传统时间数列预测法是动态预测思维的起点和定量预测法的基础。而且，虽然方法简单但其直接运用的效果在条件适合的情况下也不失准确。本章着重介绍传统时间数列预测法的意义、朴素模型预测法的应用条件和广泛使用的指数平滑预测法。

传统时间数列预测法

10.1 朴素模型预测

朴素模型指的是比较简单的模型，所用预测方法比较简单，有的模型用的就是直观预测法。这里介绍 7 种朴素模型预测法。

10.1.1 观察值预测

此法是用直观的方法，把最近期的观察值作为下一期的预测值使用，即假定下期值仍等于本期值，没有增减变动。用公式表示为：

$$\hat{X}_{t+1}=X_t$$

在没有明显升降变动趋势的时间数列中，这种预测可提供一个粗略的估计数字。

10.1.2 固定平均数预测

这种预测是把研究时期的全部观察值都考虑在内，求出一个总平均数，以作为下一期的预测值。其公式为：

$$\hat{X}_{t+k}=\frac{x_1+x_2+x_3+\cdots+X_t}{t}=\frac{\sum x}{t}$$

式中，$k=1$，2，3，…为向前预测时期数。

随着新的观察值的不断增加，t 值不断加大，平均的项数也越来越多。此法也只用于没有明显增减变动趋势的资料，结构长期稳定，这比只简单地用一个最近期观察值作预测值使用要可靠些。

下面举例说明使用观察值预测和固定平均值预测的方法。现有我国 1993—2012 年历年棉花播种面积资料如表 10-1 所示。

表 10-1 我国历年棉花播种面积 亩

年份	面积	年份	面积
1993	7 385	2004	8 743
1994	7 344	2005	9 116
1995	7 413	2006	10 385
1996	7 520	2007	7 711
1997	7 433	2008	6 459
1998	7 394	2009	7 266
1999	7 267	2010	8 302
2000	7 300	2011	7 805
2001	6 768	2012	8 382
2002	7 380		
2003	7 778	合计	155 151

按观察值法预测，2012 年的 8 382 万亩即可作为 2013 年的预测值。用固定平均数法预测，则 2013 年及以后各年预测值为 155.151÷20＝7 757.55 万亩。待有了 2013 年实际资料以后，再求全时期 21 年的总平均数，作为 2014 年及以后各年的预测值。以后各年份预测值，以此类推。

10.1.3　移动平均数预测

统计学中的移动平均数可直接作为预测值使用。移动平均数也可有简单平均与加权平均之别，在加权平均中可规定适当的权数，最简单的权数是用 1、2、3 等自然整数加权。加权的作用是加重近期观察值在平均数中的影响。简单移动平均预测公式是：

$$\hat{X}_{t+1}=\frac{X_t+X_{t-1}+\cdots+X_{t-n+1}}{n}$$

式中，n 为移动平均所取项数。设 $n＝5$，则加权移动平均预测公式可写成：

$$\hat{X}_{t+1}=\frac{5X_t+4X_{t-1}+3X_{t-2}+2X_{t-3}+X_{t-4}}{15}$$

移动平均是局部平均，有别于固定平均数的整体平均，反映的是短期的平均水平，作为预测值使用。此法适用于一个长期稳定，但短期有波动的资料。前面列举的棉花播种面积的例子，也可用移动平均法预测，现分别用简单移动平均法及加权移动平均法，按最后 5 年资料计算如下。

简单移动平均预测：

$$\frac{6\ 459+7\ 266+8\ 302+7\ 805+8\ 382}{5}=7\ 643(万亩)$$

加权移动平均预测：

$$\frac{6\ 459+2×7\ 266+3×8\ 302+4×7\ 805+5×8\ 382}{15}=7\ 935(万亩)$$

10.1.4　增减量预测

在一个时间数列中，可用本期与前期观察值的增减量调整本期观察值作为下期的预测值，其公式是：

$$\hat{X}_{t+1}=X_t+(X_t-X_{t-1})=2X_t-X_{t-1}$$

10.1.5　平均增减量预测

这种预测的假定是：下期与本期指标值的增减变动，与本期和前期的增减变动相同。

用一个时间数列的全时期平均增减量作为下期的增减量，比只使用本期一期增减量要具有较好的效果，其预测公式是：

$$\hat{X}_{t+1}=X_t+\frac{\sum(X_t-X_{t-1})}{n-1}=X_t+\frac{X_t-X_1}{n-1}$$

表 10-2 是我国 1993—2012 年发电总量资料，试用增减量和平均增减量预测 1991 年我国发电总量。

表 10-2 我国历年发电总量 亿千瓦时

年份	发电总量	逐年增长量
1993	1 384	—
1994	1 524	140
1995	1 668	144
1996	1 688	20
1997	1 985	270
1998	2 031	73
1999	2 234	203
2000	2 566	332
2001	2 820	254
2002	3 006	186
2003	3 093	87
2004	3 277	184
2005	3 514	237
2006	3 770	256
2007	4 107	337
2008	4 495	388
2009	4 973	478
2010	5 430	457
2011	5 820	390
2012	6 232	412
合计	—	4 848

增减量预测：

$$2013 年发电总量预测 = 6\ 232 + 412 = 6\ 644（亿千瓦时）$$

或

$$2 \times 6\ 232 - 5\ 820 = 6\ 644（亿千瓦时）$$

平均增减量预测：

$$2013 年发电总量预测 = 6\ 232 + \frac{4\ 848}{19} = 6\ 487（亿千瓦时）$$

或

$$6\ 232 + \frac{6\ 232 - 1\ 384}{19} = 6\ 487（亿千瓦时）$$

10.1.6 增减速度预测

增减速度预测是用本期比前期的增长速度调整本期数值，作为下期的预测值，其公式是：

$$\hat{X}_{t+1} = X_t \times \left(1 + \frac{X_t - X_{t-1}}{X_{t-1}}\right) = X_t \times \left(\frac{X_t}{X_{t-1}}\right)$$

这里的假定是：下期与本期指标值相比的发展速度，等于本期比前期的发展速度。

10.1.7 平均发展速度预测

用一个时间数列全时期的平均发展速度作为下期的发展速度，比只用本期一个环比发展速度预测，可取得较好的结果。其预测公式是：

$$\hat{X}_{t+1} = X_t b$$

式中，b 是水平法平均发展速度。表 10-3 是我国 1978—1990 年发电总量资料，试用增减速度预测法和平均发展速度预测我国 1991 年的发电总量。

增减速度预测：

$$2013 \text{ 年发电总量预测} = 6\ 232 \times \left(1 + \frac{6\ 232 - 5\ 820}{5\ 820}\right)$$

$$= 6\ 232 \times 1.071 = 6\ 674 (\text{亿千瓦时})$$

平均速度预测：

$$2013 \text{ 年发电总量预测} = 6\ 232 \times \left(\sqrt[12]{\frac{6\ 232}{2\ 566}}\right) = 6\ 232 \times 1.007 = 6\ 712 (\text{亿千瓦时})$$

表 10-3 我国发电总量　　　　　　亿千瓦时

年份	发电总量	环比速度/%	年份	发电总量	环比速度/%
2000	2 566	——	2007	4 107	108.9
2001	2 820	109.9	2008	4 495	109.4
2002	3 006	106.6	2009	4 973	110.6
2003	3 093	102.9	2010	5 430	109.2
2004	3 277	105.9	2011	5 820	107.2
2005	3 514	107.2	2012	6 232	107.1
2006	3 770	107.3			

10.2 指数平滑法

10.1 节介绍的各种平均法在预测时都要求具备较多的数据，在具体计算时计算量比较大，那么有没有简便的方法，既不需存储很多数据，计算量也不太大呢？回答是肯定的。1959 年美国学者布朗在《库存管理的统计预测》一书中，提出了指数平滑法。这种方法就具备这双重优点。

指数平滑法也称为指数移动平均法或指数修匀法，它是移动平均法的发展，实际上是一种特殊的加权移动平均法，分为常规指数平滑预测法和高次指数平滑预测法。

10.2.1 常规指数平滑预测法

常规指数平滑预测法是使用一次指数平滑值预测的方法，所以可称作一次指数平滑法，它是对第 t 期的预测值和观测值，用平滑系数加权，算出第 t 期的平滑值，并以此平滑值作为下期预测值的一种预测方法。

1. 基本公式

常规指数平滑预测法的计算公式为：

$$\hat{X}_{t+1}^{(1)}=S_t^{(1)}=\alpha^{(1)}X_t+(1-\alpha^{(1)})\hat{X}_t^{(1)}$$

式中，$S_t^{(1)}$ 为第 t 期一次指数平滑值；X_t 为第 t 期观测值（实际值）；$\hat{X}_t^{(1)}$ 为第 t 期常规指数平滑预测值；$\alpha^{(1)}$ 为一次指数平滑系数（$0\leqslant\alpha^{(1)}\leqslant1$）；$\hat{X}_{t+1}^{(1)}$ 为第 $t+1$ 期常规指数平滑预测值。

只要说明一次指数平滑值是移动平均数的改进形式，就可以说明指数平滑预测法是移动平均预测法的发展，证明如下。

简单移动平均法的公式：

$$\overline{X}_{t-1}^{(1)}=\frac{X_{t-1}+X_{t-2}+\cdots+X_{t-n}}{n}=\hat{X}_t^{(1)}$$

因为

$$\hat{X}_t^{(1)}=\overline{X}_{t-1}^{(1)}$$

所以

$$\hat{X}_{t+1}^{(1)}=\overline{X}_t^{(1)}=\hat{X}_t^{(1)}+\frac{X_t-X_{t-n}}{n}$$

可写成

$$\hat{X}_{t+1}^{(1)}=\overline{X}_{t-1}^{(1)}+\frac{X_t-X_{t-n}}{n}$$

由于 $\overline{X}_{t-1}^{(1)}$ 可近似代表 X_{t-n}（在没有储存历史资料情况下，远期的 X_{t-n} 值不知，$\overline{X}_{t-1}^{(1)}$ 是其最佳的估计值），所以上式可写为：

$$\hat{X}_{t+1}^{(1)}=\overline{X}_t^{(1)}=\overline{X}_{t-1}^{(1)}+\frac{X_t-\overline{X}_{t-1}^{(1)}}{n}$$

$$=\frac{1}{n}X_t+\left(1-\frac{1}{n}\right)\overline{X}_{t-1}^{(1)}$$

令 $\alpha^{(1)}=\frac{1}{n}$，则有：

$$\hat{X}_{t+1}^{(1)}=\overline{X}_t^{(1)}=\alpha^{(1)}X_t+(1-\alpha^{(1)})\overline{X}_{t-1}^{(1)}$$

因为把 $t-1$ 期的移动平均值作为第 t 期的预测值，所以上式就可写成：

$$\hat{X}_{t+1}^{(1)}=\overline{X}_t^{(1)}=\alpha^{(1)}X_t+(1-\alpha^{(1)})\hat{X}_t^{(1)}$$

当把 $\overline{X}_t^{(1)}$ 用一次指数平滑值 $S_t^{(1)}$ 来代替，则上式就成为：

$$\hat{X}_{t+1}^{(1)}=S_t^{(1)}=\alpha^{(1)}X_t+(1-\alpha^{(1)})\hat{X}_t^{(1)}$$

这个式子就是常规指数平滑预测法的公式，从这里可以看出常规指数平滑预测法确实是移动平均预测法的改进公式。

下面把它展开，以观察这种特殊的移动平均预测法——常规指数平滑预测法的权数特征。

因为：

$$\hat{X}_{t+1}^{(1)}=\alpha^{(1)}X_t+(1-\alpha^{(1)})\hat{X}_t^{(1)}=S_t^{(1)}$$

$$\hat{X}_t^{(1)}=\alpha^{(1)}X_{t-1}+(1-\alpha^{(1)})\hat{X}_{t-1}^{(1)}=S_{t-1}^{(1)}$$

$$\hat{X}_{t-1}^{(1)}=\alpha^{(1)}X_{t-2}+(1-\alpha^{(1)})\hat{X}_{t-2}^{(1)}=S_{t-2}^{(1)}$$

将 $\hat{X}_t^{(1)}\cdots$ 依次代入 $\hat{X}_{t+1}^{(1)}$ 的表达式，可得：

$$\hat{X}_{t+1}^{(1)}=\alpha^{(1)}X_t+(1-\alpha^{(1)})\big[\alpha^{(1)}X_{t-1}+(1-\alpha^{(1)})(\cdots(\alpha^{(1)}X_1+(1-\alpha^{(1)})\hat{X}_1^{(1)}))\big]$$

$$=\alpha^{(1)}X_t+\alpha^{(1)}(1-\alpha^{(1)})X_{t-1}+\alpha^{(1)}(1-\alpha^{(1)})^2X_{t-2}+\cdots+$$

$$\alpha^{(1)}(1-\alpha^{(1)})^{t-1}X_1+(1-\alpha^{(1)})^t\hat{X}_1^{(1)}$$

因为 $0\leqslant\alpha^{(1)}\leqslant1$，所以 $0\leqslant1-\alpha^{(1)}\leqslant1$

这样当 t 值很大时，$(1-\alpha^{(1)})^t\hat{X}_t^{(1)}$ 对 $\hat{X}_{t+1}^{(1)}$ 的影响就很小，从而可以省略。这时上式可写成：

$$\hat{X}_{t+1}^{(1)}=\alpha^{(1)}X_t+\alpha^{(1)}(1-\alpha^{(1)})X_{t-1}+\cdots+\alpha^{(1)}(1-\alpha^{(1)})^{t-1}X_1$$

因为 $0\leqslant\alpha^{(1)}\leqslant1$，$0\leqslant1-\alpha^{(1)}\leqslant1$

所以 $\alpha^{(1)}$，$\alpha^{(1)}(1-\alpha^{(1)})\cdots$ 依次递减。设其总和为 S，则当 t 很能大时（$1\to\infty$），就有：

$$S=\alpha^{(1)}+\alpha^{(1)}(1-\alpha^{(1)})+\cdots+\alpha^{(1)}(1-\alpha^{(1)})^{t-1}$$

$$=\alpha^{(1)}\big[1-(1-\alpha^{(1)})^t\big]/\big[1-(1-\alpha^{(1)})\big]$$

$$=1$$

从以上的推导可以看出，用指数平滑法求得的实际上是以整历史期（t）为平均期的加权移动平均数。其权数 $\alpha^{(1)}$，$\alpha^{(1)}(1-\alpha^{(1)})$ 是一个等数比例，是一种指数形式的权数，指数平滑法的名称即由此而来。

综上所述，指数平滑法与移动平均法其实并无本质区别，它只是用一种特殊的指数形式的权数来加权所有数据的移动平均法。不但满足了给近期观测值以较大权数、远期观测值以较小权数的要求，而且还克服了移动平均法完全不考虑平均期以前数据的缺点，而只需具备某期的实际值、预测值及由预测者确定的合适 α 值 3 个数据即可，大大减少了计算量。所以，它虽然是一种特殊形式的移动平均法，但由于本身具备的优良特性，使其成为一种改进的相对独立的移动平均法。

下面进一步分析它的基本公式：

$$\hat{X}_{t+1}^{(1)}=S_t^{(1)}=\alpha^{(1)}X_t+(1-\alpha^{(1)})\hat{X}_t^{(1)}=\hat{X}_t^{(1)}+\alpha^{(1)}(X_t-\hat{X}_t^{(1)})$$

因为 $(X_t-\hat{X}_t^{(1)})$ 是常规指数平滑预测法第 t 期的预测误差，所以可看出常规指数平滑预测法第 $t+1$ 期的预测值实际上是由两部分组成：第一部分是第 t 期的预测值，第二部分是用 $\alpha^{(1)}$ 调整的预测误差；当 $\alpha^{(1)}$ 越接近于 1 时，则下期的预测值中就包含对前次预测中发生的误差作越大的调整；当 $\alpha^{(1)}$ 越接近于 0 时，则下期预测值中对前期预测误差作越少的调整；若 $\alpha^{(1)}=0$，则本期预测值就会成为下期预测值。所以 $\alpha^{(1)}$ 的值不同，预测结果就会不同。

对于 $\alpha^{(1)}$，还可以换个角度来看看它其中包含的意义。上面讨论过的 $\hat{X}_{t+1}^{(1)}$ 展开形式，其各项的和具有如下特征：$\alpha^{(1)}$ 越大，则赋予近期实际值的权重越大，近期实际值对预测结果的影响越大；$\alpha^{(1)}$ 越小，则赋予近期实际值的权重越小，近期实际值对预测结果的影响越小，而远期实际值的影响却相应变大。

这一性质通过后面的例子就可以证明，这里不进行数学推导。

207

2. 一次指数平滑法的应用

在这一部分首先讨论初始预测值和平滑系数的确定，然后给出一次指数平滑法的一般步骤，最后以一个例子做具体说明。

1）初始预测值的确定

初始预测值是指整个指数平滑期最初那一期的预测值（$\hat{X}_1^{(1)}$）。它不能从基本公式求得。即由于：

$$S_t^{(1)} = \alpha^{(1)} X_t + (1 - \alpha^{(1)}) \hat{X}_t^{(1)}$$

所以，当 $t = 1$ 时，有

$$S_1^{(1)} = \alpha^{(1)} X_1 + (1 - \alpha^{(1)}) \hat{X}_1^{(1)}$$

要想求 $S_1^{(1)}$ 作为 $\hat{X}_2^{(1)}$，则必须先求出 $\hat{X}_1^{(1)} = S_0^{(1)}$，而：

$$S_0^{(1)} = \alpha^{(1)} X_0 + (1 - \alpha^{(1)}) \hat{X}_0^{(1)}$$

上述公式中的 X_0 和 $\hat{X}_0^{(1)}$ 是未知，若这样下去，必然用尽所有数据也算不出 $S_0^{(1)}$，所以采用其他方法得到 $S_0^{(1)}$ 即 $\hat{X}_1^{(1)}$。

下面分两种情况介绍估计 $\hat{X}_1^{(1)}$ 的方法。

第一种：如果在平滑开始时，预测者有过去的数据，则可用这些数据或其中部分数据的算术平均数做 $\hat{X}_1^{(1)}$。

第二种：若没有上述的数据可用来估计 $\hat{X}_1^{(1)}$ 时，可采用专家评估法进行估计。评估时可参照下述原则。

（1）若样本容量 $t \geqslant 50$ 时，由于初始预测值对预测结果影响很小（从 $\hat{X}_{t+1}^{(1)}$ 的展开式可以看到 $\hat{X}_1^{(1)}$ 的权数为 $(1 - \alpha^{(1)})^t$，t 很大时，$(1 - \alpha^{(1)})^t$ 很小，所以对预测结果影响不大），所以可直接选第一期的观测值为初始预测值。

（2）当 $30 \leqslant t \leqslant 50$ 时，由于初始预测值的影响不再很小，所以需另行估计，比较简单的方法是选第一期观测值或最初几期的观测值的平均数作初始预测值。

（3）当 $t < 30$ 时，初始预测值对预测结果会有较大影响，不过仍可简便地以最初几期的观测值的平均数作为初始预测值。

2）平滑系数 $\alpha^{(1)}$ 的确定

平滑系数 $\alpha^{(1)}$ 的确定是直接影响预测结果的关键。布朗认为 $\alpha^{(1)}$ 在 $0.01 \sim 0.3$ 范围内，是可以接受的值域，在许多著作中也不加论证地引用了这一观点；然而在现有的著作中，甚至在预测布朗用于举例说明的数列时，取 $\alpha^{(1)} = 0.9$ 得到的结果最好。前苏联卢卡顺在从事经济预测时，采用任意 $\alpha^{(1)}$ 值都可得到最好的预测精度。那么，究竟 $\alpha^{(1)}$ 的确定是否有章可循呢？回答是肯定的。

下面介绍确定 $\alpha^{(1)}$ 值的两种方法。

（1）经验判断法。

在实际中，$\alpha^{(1)}$ 的确定常常还是依靠经验的，根据具体情况加以选择，现给出几条原则以供参考。

① 如对初始预测值的正确性有疑问时，应取较大的 $\alpha^{(1)}$ 值，以便加大近期数据权数，减少初始预测值的影响；反之，则相反。

② 当时间序列呈现较稳定的水平趋势时，应选较小的 $\alpha^{(1)}$ 值。一般可在 $0.05 \sim 0.20$ 之间取值，从而使各期观测值对预测结果有相似的影响。

③ 当时间序列有波动，但长期趋势变化不大时，可选稍大的 $\alpha^{(1)}$ 值，如在 $0.1 \sim 0.4$ 之间取值。

④ 当时间序列波动很大，长期趋势变化幅度较大时，宜选较大 $\alpha^{(1)}$ 值，可在 $0.3 \sim 0.5$ 之间取值。

⑤ 当时间序列变化很大，呈忽然上升或忽然下降趋势时，$\alpha^{(1)}$ 的取值越小越好，以修匀波动。若时间序列具有明显上升或下降趋势时，则 $\alpha^{(1)}$ 应取较大的值，一般取值大到 $0.6 \sim 0.9$。

(2) 试算法。

试算法是根据具体时间序列情况，参照上面几条原则，由经验判断来大致决定的取值范围，然后取几个 $\alpha^{(1)}$ 值进行试算，选取 MAE 最小的 $\alpha^{(1)}$。

需要说明的是，若 $\alpha^{(1)}$ 的值选取的较大，虽然给近期观测值以较大的重视，比较符合实际情况，但同时近期观测值中的随机波动也较大地影响预测结果，使之预测精度不高。还应注意，预测灵敏度和预测精度是互相矛盾的，必须都给予二者一定的考虑，采用折中的 $\alpha^{(1)}$。

3. 常规指数平滑预测法的步骤

下面简单介绍指数平滑法的使用步骤：①选取平滑系数（方法同上）；②确定初始预测值（方法同上）；③计算各期的一次指数平滑值；④进行预测；⑤误差分析并对预测结果进行调整。

举例说明一次指数平滑法的具体使用方法。如表 $10 - 4$ 所示。

表 10 - 4　一次指数平滑预测计算表　　　　　　　　　　　　　　吨

年度	需求量 X_t/吨	$\alpha^{(1)}=0.5$		$\alpha^{(1)}=0.7$		$\alpha^{(1)}=0.9$		
		$\hat{X}_t^{(1)}$	$|X_t-\hat{X}_t^{(1)}|$	$\hat{X}_t^{(1)}$	$|X_t-\hat{X}_t^{(1)}|$	$\hat{X}_t^{(1)}$	$|X_t-\hat{X}_t^{(1)}|$	$e_t=\dfrac{X_t}{\hat{X}_t^{(1)}}$
2004	8 745							
2005	11 211	10 330	881	10 330	881	10 330		1.085 3
2006	11 033	10 771	262	10 947	86	11 123	96	0.991 9
2007	10 852	10 902	50	11 007	155	11 042	190	0.982 8
2008	10 895	11 877	18	10 899	4	10 871	24	1.002 2
2009	11 240	10 886	354	10 896	344	10 893	347	1.039 1
2010	12 490	11 063	1 427	11 137	1 352	11 205	1 285	1.114 7
2011	15 019	11 777	3 242	12 084	2 935	12 362	2 657	1.214 9
2012	18 664	13 398	5 266	14 139	4 525	14 753	3 911	1.265 1
合计	—	—	—	—	10 283	—	9 385	8.688 8
平均	—	—	1 438	—	1 285	—	1 173	1.086 1
2013		16 031		17 307		18 273		
调整后 2007	—	—	—	—	—	19 846	—	—

解 由于数列具有上升趋势，所以应选取较大的 $\alpha^{(1)}$ 值，以增强灵敏度，现选取 $\alpha^{(1)}=0.5$，0.7，0.9 三个值进行试算。

由于样本容量较小，所以选取最初 3 期观测值的平均值作初始预测值，即

$$\hat{X}_1^{(1)} = \frac{X_{2004}+X_{2005}+X_{2006}}{3} = \frac{8\ 745+1\ 121+11\ 033}{3} = 10\ 330（吨）$$

当 $\alpha^{(1)}=0.5$，$\hat{X}_{2005}^{(1)}=10\ 330$ 吨时：

$$\hat{X}_{2006}^{(1)} = \alpha^{(1)} \times X_{2005}+(1-\alpha^{(1)})\hat{X}_{2005}^{(1)}$$
$$= 0.5 \times 11\ 211+0.5 \times 10\ 330$$
$$= 10\ 771（吨）$$

$$\hat{X}_{2007}^{(1)} = 0.5 \times X_{2006}+0.5 \times \hat{X}_{2006}^{(1)}$$
$$= 0.5 \times 11\ 033+0.5 \times 10\ 771$$
$$= 10\ 902（吨）$$

$$\hat{X}_{2013}^{(1)} = 0.5 \times X_{2013}+0.5 \times \hat{X}_{2013}^{(1)}$$
$$= 16\ 031（吨）$$

类似地，可算出 $\alpha^{(1)}=0.7$，0.9 时，各年度的预测值，结果如表 10 - 4 所示。

进而求出平均绝对误差，结果如表 10 - 4 所示。

从表 10 - 4 中不难看出，$\alpha^{(1)}$ 取 0.9 时，平均绝对误差最小（注意它不一定是最佳平滑系数）。所以下面取 $\alpha^{(1)}=0.9$ 进行一次指数平滑预测。从表 10 - 4 中数据可看出预测结果仍然滞后，所以用下式进行调整：

$$\bar{e} = \frac{1}{8}\sum e_t = 1.086\ 1$$

$$\hat{X}_{2013}^{(1)} = 1.086\ 1 \times 18\ 273 = 19\ 146（吨）$$

注意：一次指数平滑法也只能用于下期预测。

10.2.2 常规指数平滑预测法的优缺点

作为直接用于动态外推预测的指数平滑法，其主要优点如下。

（1）需要储存的数据被精简到最小限度，即只储存上期对本期的预测值一个数就够了，以前各期的观察值都可不用。

（2）在不断延伸的固定平均数中，对各历史时期的观察值进行了合理的加权，对近期值比对远期值给以较大的权数是符合外推预测要求的。

（3）通过对平滑系数 α 的控制，可适当控制预测结果的准确性。

常规指数平滑预测法的主要缺点如下。

（1）只局限于一个时间数列本身的外推预测，而没有考虑到影响该数列变动的其他因素。其实，这个缺点是所有时间数列外推预测所共有的，只有在回归预测中才能克服。

（2）只适宜作逐期预测，不能作远期预测。因为递推只能一期一期地进行，不能跳越。

当然，如果把指数平滑法与其他方法结合运用（后面将要介绍），也可以作远期预测。

（3）没有充分考虑到存在于时间数列中的长期趋势和季节变动，需要调整计算。

（4）与移动平均法相似，常造成预测值落后于观察值的现象。$t+1$ 期的预测值 $\hat{X}_{t+1}$ 是用 t 期及以前各期观察值的平均数计算的，它没有考虑到 $t+1$ 期的实际情况。严格地说，它不过是以 t 期的调整预测值来代替 $t+1$ 期的真实预测值而已，这就是其落后的根源。

（5）要使用指数平滑法进行预测，必须预先解决好两个问题：平滑系数 α 的取值和初始值 $\hat{X}_1$ 的确定。这两个问题不易妥善解决，特别是 α 问题。在原数列波动不大时，α 可取小值（如 $0.1\sim0.4$），以加重旧预测值的权数；反之，如果原数列波动较大，则 α 宜取大值（$0.6\sim0.9$），以加重新观察值的权数。在不能做出很好的判断时，可分别用几个不同的 α 值加以计算比较，取其预测误差小者用之。α 值如选择不当，就有可能造成过分加重近期观察值，以影响预测结果。关于初始值问题，如资料总项数 n 大于 30，经过长期平滑链的推算，初始值的影响变得很小了，为了简便起见，可用第一期水平 X_1 作为初始值，即 $X_1=\hat{X}_1$。但是，如果 n 小到 30 以下，则初始值的影响较大，可利用研究时期以前一段时间的资料，用适当的方法求其平均数作为初始值。这样，就必须掌握更多的资料。

常规指数平滑预测法的缺点有些可以通过与其他预测方法结合使用而加以克服，因此它仍不失为一种有效的预测方法。

10.2.3　常规指数平滑法的修正——高次指数平滑预测法

1. 二次指数平滑预测法

二次指数平滑预测法适用于呈线性增长的时间序列，对应于高次指数平滑预测法，前面介绍的常规指数平滑预测法可称为常规一次指数平滑法。令 $S_t^{(1)}$ 为一次指数平滑值，即：

$$S_t^{(1)}=\alpha Y_t+(1-\alpha)S_{t-1}^{(1)}$$

对 $S_t^{(1)}$ 再作指数平滑，得二次指数平滑值，用 $S_t^{(2)}$ 表示：

$$S_t^{(2)}=\alpha S_t^{(1)}+(1-\alpha)S_{t-1}^{(2)}$$

所谓二次指数平滑预测法的公式，是：

$$\hat{Y}_{t+k}=a_t+b_t k$$

其中：

$$a_t=2S_t^{(1)}-S_t^{(2)}$$

$$b_t=\frac{\alpha}{1-\alpha}(S_t^{(1)}-S_t^{(2)})$$

模型 $\hat{Y}_{t+k}=a_t+b_t k$ 的意义是，发展以线性变化增长，每期增长量用 b_t 描述，所以可以用当前期的平滑估计值 a_t 加上 k 个线性增量 b_t 作为向前预测第 k 期的预测值。

因为：

$$\alpha_t = 2S_t^{(1)} - S_t^{(2)} = S_t^{(1)} + (S_t^{(1)} - S_t^{(2)})$$

而当一次指数平滑值 $S_t^{(1)}$ 对原来序列值 Y_t 有滞后差时，二次指数平滑值 $S_t^{(2)}$ 对一次指数平滑值 $S_t^{(1)}$ 同样会产生滞后差。可以认为，这两个滞后的幅度相当，这样 α_t 就表示一次指数平滑值 $S_t^{(1)}$ 加上滞后差（$S_t^{(1)} - S_t^{(2)}$）作为当前期的估计值。

又因为：

$$S_t^{(2)} = \alpha S_t^{(1)} + (1-\alpha) S_{t-1}^{(2)}$$

对上式左右移项，并在右边加一项减一项，得：

$$-(1-\alpha) S_{t-1}^{(2)} = \alpha S_t^{(1)} - S_t^{(2)} + \alpha S_t^{(2)} - \alpha S_t^{(2)}$$

$$= \alpha(S_t^{(1)} - S_t^{(2)}) - (1-\alpha) S_t^{(2)}$$

移项归并：$(1-\alpha)(S_t^{(2)} - S_{t-1}^{(2)}) = \alpha(S_t^{(1)} - S_t^{(2)})$

所以相隔一期的增长量为：

$$b_t = S_t^{(2)} - S_{t-1}^{(2)} = \frac{\alpha}{1-\alpha}(S_t^{(1)} - S_t^{(2)})$$

由于经过了二次指数平滑，用二次指数平滑值的逐期增长量来定义 b_t 就可减轻随机波动对 b_t 的影响。

例如，某商场有一种商品的 25 期销售量资料，如表 10-5 第 2 栏表所示，现用二次指数平滑法预测后一期销售量。

取平滑系数 $\alpha = 0.3$，初始值取最前三期的平均数：

$$S_1^{(1)} = S_1^{(2)} = \frac{137 + 139 + 143}{3} = 139.67$$

则有：

$S_1^{(1)} = 139.67$

$S_2^{(1)} = 0.3 \times 139 + (1-0.3) \times 139.67 = 139.47$

$S_3^{(1)} = 0.3 \times 143 + (1-0.3) \times 139.47 = 140.53$

$\vdots$

$S_1^{(2)} = 139.67$

$S_2^{(2)} = 0.3 \times 139.47 + (1-0.3) \times 139.67 = 139.61$

$S_3^{(2)} = 0.3 \times 140.53 + (1-0.3) \times 139.61 = 139.89$

$\vdots$

有关计算结果如表 10-5 所示，表中最右一栏是一期预测值，二次指数平滑法可跨期预测，本例若要预测第 28 期的销售量。则将 $k=3$ 代入 $\hat{Y}_{25+k} = \alpha_{25} + k b_{25}$ 得：

$$\hat{Y}_{25+k} = 265.14 + 3 \times 7.30 = 287.40（万打）$$

表 10 - 5　二次指数平滑预测计算表（$\alpha=0.3$）

时间 t	销售量 Y_t/万打	$S_t^{(1)}$	$S_t^{(2)}$	a_t	b_t	$\hat{Y}_{t+k}=a_t+b_t$
1	137	139.67	139.67	—	—	—
2	139	139.47	139.61	139.33	−0.06	—
3	143	140.53	139.89	141.17	0.28	139.27
4	142	140.97	140.21	141.73	0.32	141.45
5	150	143.68	141.25	146.11	1.04	142.05
6	161	148.88	143.54	154.22	2.29	147.15
7	162	152.82	146.32	159.32	2.78	156.51
8	167	157.07	149.55	164.59	3.23	162.10
9	165	159.45	152.52	166.38	2.97	167.82
10	170	162.62	155.55	169.69	3.03	169.35
11	174	166.03	158.69	173.37	3.14	172.72
12	180	170.22	162.15	178.29	3.46	176.51
13	171	170.45	164.64	176.26	2.49	181.75
14	183	174.22	167.51	180.93	2.87	178.75
15	190	178.95	170.94	186.96	3.43	183.80
16	206	187.07	175.78	198.36	4.84	190.39
17	204	192.15	180.69	203.61	4.91	203.20
18	218	199.91	186.46	213.36	5.77	208.52
19	225	207.44	192.75	222.13	6.20	219.13
20	227	213.31	198.92	227.70	6.17	228.42
21	223	216.22	204.11	228.33	5.19	233.87
22	242	223.95	210.06	237.84	5.94	233.52
23	251	232.07	216.66	247.48	6.60	243.79
24	260	240.45	223.80	257.10	7.14	254.08
25	266	248.12	231.10	265.14	7.30	264.24
26	—	—	—	—	—	272.44

2. 三次指数平滑预测法

三次指数平滑预测法适用于趋势变化为非线性增长的情况。以 $S_t^{(1)}$、$S_t^{(2)}$ 和 $S_t^{(3)}$ 分别表示一次、二次和三次指数平滑值，$S_t^{(1)}$、$S_t^{(2)}$ 的计算如前所示，$S_t^{(3)}$ 的计算式为：

$$S_t^{(3)}=\alpha S_t^{(2)}+(1-\alpha)S_{t-1}^{(3)}$$

三次指数平滑预测法的公式为：

$$\hat{Y}_{t+k}=a_t+b_t k+c_t k^2$$

其中 $k=1$，2，$\cdots$，为向前预测的期数；a_t、b_t、c_t 为参数，计算公式为：

$$a_t=3S_t^{(1)}-3S_t^{(2)}+S_t^{(3)}$$

$$b_t=\frac{\alpha}{2(1-\alpha)^2}\left[(6-5a)S_t^{(1)}-2(5-4a)S_t^{(2)}+(4-3a)S_t^{(3)}\right]$$

$$c_t=\frac{\alpha^2}{2(1-\alpha)^2}\left[S_t^{(1)}-2S_t^{(2)}+S_t^{(3)}\right]$$

由 $\hat{X}_{t+1}=S_t^{(1)}=\alpha^{(1)}X_t+(1-\alpha^{(1)})\hat{X}_t$、$\hat{Y}_{t+k}=a_t+b_tk$ 和 $\hat{Y}_{t+k}=a_t+b_tk+c_tk^2$ 三个公式可看出，常规指数平滑法是用一次指数平滑值来进行预测；而高次指数平滑法是用平滑值的滞后偏差的演变规律，建立数学模型进行预测，它实际上是以当前期为起点的趋势预测法，只是趋势方程中的参数借助于指数平滑方法递推计算。因此，高次指数平滑法既有克服常规指数平滑预测的滞后偏差的好处，又有趋势线预测法可跨期预测的优点，还吸收了平滑预测法对参数递推延续的长处。但它仍有指数平滑法固有的平滑系数和初始值难以确定的问题。

案例分析

加权移动平均法应用于高校教师的考核业绩

当前，在高校薪酬分配中，一般对教师通过简单统计年度业绩考核结果来确定岗位津贴标准进行分配。笔者认为，这种办法存在着很大的弊端，如年度科研业绩的大起大落自然会造成教师收入水平的巨大波动，由此引起教师情绪上的波动及其工作情境的变化，影响到工作效率，影响师资队伍的稳定。为稳定教师的业绩水平与收入水平，从而有助于吸引人才与稳定现有教师队伍，更加合理地对教师的岗位津贴进行分配，尽可能有效地消除年度考核业绩的"大年"与"小年"的现象，本文尝试着将加权移动平均法的"修匀"或"平滑"作用，应用于高校的年度业绩考核，使不规则的序列数据能够平滑起来，利用经过修匀的年度考核数据作为有关津贴和奖金发放的依据，能够使教师的收入水平保持相对的稳定。

一、模型的讨论

加权移动平均法常用于进行趋势的预测，用这种办法可以得到一个光滑的修正序列，即所谓的"修匀"。把修匀的功能应用于整理高校教师年度考核的序列数据应该同样有效。

1. 加权移动平均模型

加权移动平均模型是对移动平均模型的改进。采用加权移动平均，既可以做到按数据点的顺序逐点推移，逐段平均，使不规则的数据点形成比较平滑的排列规则，又可以通过权数的设定使离考核期距离不同的数据所起的作用不同。

加权移动平均法的统计模型为：

$$M_t=a_1Y_t-1+a_2Y_t-2+a_nY_t-n \tag{1}$$

式中：t 为时间序列下标；M_t 为第 t 期的移动平均数；Y_t 为第 t 期的观察数据；n 为移动步长；a 为权数，$n=1，2，3\cdots$

2. 数据的选取

(1) Y_t 的选取

选取某大学商学院中某位教师的业绩考核数据作为样本，因该学院对按业绩决定教师报酬的做法执行得比较早且比较彻底，该教师从刚到学院工作至今有 13 个年头，所以，所选取的数据样本基本满足作移动平均的要求，可以用来阐明用移动平均法来计算年度考核业绩的合理性。

(2) n 的选取

移动步长 n 的大小对移动平滑结果起决定性作用，选好 n 是加权移动平均法的关键。n 值取得太小，模型灵敏度高，能较灵敏地反映近期的变化趋势，但也可能对随机干扰反映得过度灵敏，据此得到的考核数据起伏剧烈，从而可能造成对被考核对象的误判；n 取得大时，对时间序列中包含的随机变动的敏感性过低，以致不能敏锐地反映近期的变化趋势，甚至会造成被考核对象在一段时间范围内不努力但考核结果依然好的现象，如此也会造成对被考核对象的误判。所以，在 n 的选取上，必须结合教师的教学尤其是科研工作的特点和业绩考核的要求，以及各高校在考核方面的综合实践。这里，将 n 设定为 3。

(3) a_1，a_2，a_3 的选取

为了使考核能够更好地发挥激励作用，在选取权数的时候，应使离考核期越近的权数越大。权数的选取，听取了一些教育专家的建议，在综合各方面的建议后，将分别 a_1，a_2，a_3 分别设定为 0.5、0.3 和 0.2。

这样，用来计算考核业绩的加权移动平均模型为：

$$M_t = 0.5Y_t-1 + 0.3Y_t-2 + 0.2Y_t-3 \tag{2}$$

二、模拟计算及分析

1. 利用加权移动平均计算的结果及分析

将各年度考核数据与根据公式（2）算得的加权移动平均数列入表 1 中。

表 1　改进的移动平均年度考核数据

时间	分数（Y_1）	移动平均数（M_1）
1	28.6	
2	32.8	
3	25.8	
4	49.40	28.46
5	63.9	39
6	81.7	51.93
7	45.1	69.9
8	46.3	59.84
9	111	53.02
10	86	78.41
11	94.58	85.56
12	45.4	95.29

2. 改进的加权移动平均模型

改进的加权移动平均模型的目的，是使在考核中应用该模型时，能够继续保持修匀与平滑的作用，又能够避免滞后现象的发生。实际上，在使用模型的目的仅仅是为了考核的特定情况下，只是对加权移动平均模型（2）稍加调整就可以满足需要了。

在移动步长仍取 3 的情况下，将根据模型（2）算得的移动平均值向前移动一年，这样，从第 3 年就有了移动平均得分，将滞后三年的情况改为滞后两年。这样改进后的加权移动平均公式就变为：

$$M_t = 0.5Y_t - 0 + 0.3Y_t - 1 + 0.2Y_t - 2 \tag{3}$$

根据改进的移动平均模型（3）算得的加权移动平均值如表2。

由于考核期总是处在移动的三年当中的第3年，加之第3年的权数在三年当中最大，故可以有效地避免出现移动平均的考核成绩与实际的年度成绩严重背离的情况发生，即经过稍加改进以后，保留了原来的修匀与平滑的功能，而且消除了滞后的缺点。

改进后的数据（表2）基本合理，只是存在最初有两年的空白期问题。但是，在基本趋势相同的情况下，可以取第1年与第2年年末的实际得分作为来年津贴与奖金发放的依据，然后从第3年开始就可以接上改进的加权移动平均的考核分数了。如果考虑到新进青年博士教师科研启动等的时间性问题，因而在最初的两年当中只是作年度考核，但不与津贴与奖金挂钩，到第三年以后再与津贴与奖金挂钩的话，也许两年空白期的矛盾就不存在了。

表2　改进的移动平均年度考核数据

时间	分数（Y_1）	移动平均数（M_1）
1	28.6	
2	32.8	
3	25.8	28.46
4	49.40	39
5	63.9	51.93
6	81.7	69.9
7	45.1	59.84
8	46.3	53.02
9	111	78.41
10	86	85.56
11	94.58	95.29
12	45.4	68.27

资料来源：百度文库（经修改），http://wenku.baidu.com/view/46b77ad149649b6648d74731.html，2011-03-22，作者：佚名，2013-7-28搜索整理.

思考题：

1. 文中采用的两种方法各有什么优缺点？

2. 这两种方式哪一个更合理？为什么？有什么需要改进的地方？

思考题

1. 观察值预测的准确性条件是什么？

2. 在本书中寻找一个时间数列，做加权移动平均预测法的练习。

3. 请评论指数平滑预测法。

4. 请做一次完整的常规指数平滑法的预测练习。

5. 文字介绍二次指数平滑法的预测公式及其参数公式。

第11章

第 10 章所讲的时间数列预测法是对历史数据不加分析而直接根据其实际数值，建立模型外推预测。本章所介绍的时间数列预测法是基于一种传统的统计分析方法——时间数列因素分析法，即时间数列的每一个观察值 Y_i 可以看作是各种不同因子共同作用的结果。各种不同作用的因子按它们的效果可归结为 4 种因素：长期趋势（L）、季节变动（S）、循环变动（C）和不规则变动（I）。通过因素分析建立模型反映其规律用以外推预测。

时间数列因素分析预测法

11.1 长期趋势分析预测法

趋势分析预测法是遵循事物连续原则，分析预测目标时间序列资料呈现的长期趋势变动轨迹的规律性，用数学方法找出拟合趋势变动轨迹的数学模型，据此进行预测的方法。

应用趋势分析预测法有两个假设前提：①决定过去预测目标发展的因素，在很大程度上仍将决定其未来的发展；②预测目标发展过程一般是渐进变化，而不是跳跃式变化。在满足上述假设前提后去掌握时间序列长期趋势发展的变化轨迹，最常见的轨迹有直线、二次曲线、指数曲线、生长曲线等，如图 11-1 所示，然后建立对应的函数模型来描述，据此进行外推预测。

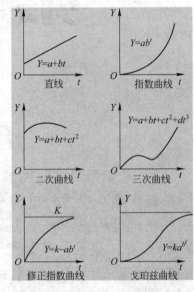

正确掌握时间序列长期趋势发展的规律性变化轨迹，是正确选择模型的关键。简捷的方法是画时间序列的直角坐标散点图，通过目估判断而定。此外，从数学分析角度，可利用时间序列的差分变化情况作出判断。判断认识预测目标时间序列趋势线的数学模型后，要设法确定数学模型中的参数，才能进行外推预测。下面介绍常用的直线趋势延伸法、曲线趋势延伸法、指数曲线延伸法和戈珀兹曲线趋势延伸法。

图 11-1 常见的趋势线

11.1.1 直线趋势延伸法

预测目标的时间序列资料逐期增（减）量大体相等时，长期趋势基本呈现线性趋势，此时便可选用直线趋势延伸法进行预测。当遇到时间序列大多数数据点变化呈现线性、个别点有异常现象时，可经过指数分析，作数据处理（删除或作调整）后再利用线性趋势进行预测。

直线趋势延伸法的预测模型为：

$$\hat{Y}_t = a + bt$$

式中：t 为已知时间序列 Y_t 的时间变量；$\hat{Y}_t$ 为时间序列 Y_t 的线性趋势估计值；a，b 为待定参数，a 为截距，b 为直线斜率，代表单位时间周期观察值的增（减）量估计值。

直线趋势延伸法的关键是为已知时间序列找到一条最佳拟合其长期线性发展规律的直线。正确地推算出直线的 a 和 b 参数，最常用的方法是最小二乘法。

最小二乘法的基本原理是：已知时间序列各数值 Y_t 与拟合趋势线估计值 $\hat{Y}_t$ 的离差平方和为最小。它的数学表达式为：

$$\sum (Y_t - \hat{Y}_t)^2 = 最小$$

将预测模型代入上式，利用极值定理，最佳拟合条件可以转换为下面联立方程：

$$\begin{cases} \sum Y = na + b\sum t \\ \sum tY = a\sum t + b\sum t^2 \end{cases}$$

式中：t——时间序列的时序变量。

也就是说，最佳拟合直线的 a 和 b 参数，可利用已知时间序列预测目标 Y_t 和时间变量 t 的 n 个资料，经统计计算出 $\sum Y$，$\sum t$，$\sum tY$，$\sum t^2$，代入上面联立方程组后便可求得。即：

$$b = \frac{n\sum tY - \sum t\sum Y}{n\sum t^2 - (\sum t)^2}$$

$$a = \frac{\sum Y}{n} - b\frac{\sum t}{n}$$

在预测中通常按时间顺序给时间变量 t 分配序号。经常采用的分配序号方法有：①以零开始顺序编号，若包含 n 个观察值，则 t 的序号为 $0\sim(n-1)$；②从 1 开始以自然数编序号，若包含 n 个观察值，则 t 为 $1\sim n$；③为了简化计算，使 $\sum t = 0$，当时间序列中数据点数目 n 为奇数，如 $n=7$，则取 -3，-2，-1，0，1，2，3 为序号；若 n 为偶数，如 $n=8$，则取 -7，-5，-3，-1，$+1$，$+3$，$+5$，$+7$ 为序号，此时，a 和 b 计算式为：

$$a = \frac{\sum Y}{n} \qquad b = \frac{\sum tY}{\sum t^2}$$

例 11-1　设某经济区 2002—2012 年市场鸡蛋销售量如表 11-1 所示，求趋势线，预测 2013 年销售量。

解　（1）把变数 Y 和变数 t 画在分析图上（图 11-2）。由图可见，观察值的时间序列是一条接近直线的趋势线，因而宜采用直线趋势法进行预测。

（2）求直线趋势线预测模型参数。在此，给时间变量 t 分配序号，且使 $\sum t = 0$。

如表 11-1 第三栏所列，进而计算求解联立方程或利用 a，b 计算公式所需要的有关数据；$\sum t^2$，$\sum tY$，$\sum Y$ 等，计算结果如表 11-1 所示。这样，将表中有关数据代入公式，便可得：

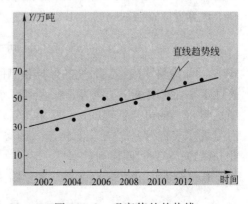

图 11-2　观察值的趋势线

$$a = \frac{\sum Y}{n} = \frac{475}{11} = 43.18$$

$$b = \frac{\sum tY}{\sum t^2} = \frac{263}{110} = 2.39$$

表 11－1 某经济区市场鸡蛋销售量预测表

观察期	实际销售量/万吨 Y	t	t^2	tY	$\hat{Y}_t=a+bt$	误差 $e=(Y-\hat{Y}_t)$	e^2
2002	36	-5	25	-180	31.23	$+4.77$	22.75
2003	26	-4	16	-104	33.62	-7.62	58.06
2004	32	-3	9	-96	36.01	-4.01	16.08
2005	40	-2	4	-80	38.40	$+1.60$	2.56
2006	50	-1	1	-50	40.79	$+9.21$	84.82
2007	45	0	0	0	43.18	$+1.82$	3.31
2008	42	1	1	42	45.57	-3.57	12.74
2009	48	2	4	96	47.96	0.04	0.00
2010	45	3	9	135	50.35	-5.35	28.62
2011	55	4	16	220	52.74	$+2.26$	5.11
2012	56	5	25	280	55.13	$+0.87$	0.76
$n=11$	$\sum Y=475$	$\sum t=0$	$\sum t^2=110$	$\sum tY=263$			$\sum e^2=234.81$

预测模型为 $\hat{Y}_t=43.18+2.39t$。该模型说明以时间序列平均值 43.18 万吨为起始点 2002 年（$t=0$）的销售量，随着时间的推进，每推进一年，销售量平均增加量为 2.39 万吨。

（3）利用已知时间序列 t 变量值，代入预测模型便可得出该时间序列各年的预测值（即拟合误差），如表 11－2 所示。同时，也可计算出预测值的离差平方和 $\sum e^2=234.81$，标准误差 $S=4.62$（万吨），从而可了解到模型精确程度。

（4）依据预测模型延伸外推，确定预测值。按时间序列时间变量 t 推进，2013 年的 t 值为 6，则 2013 年此经济区鸡蛋销售预测值为

$$\hat{Y}_6=43.18+2.39t=43.18+2.39\times6=57.52（万吨）$$

（5）2013 年预测值 57.52 万吨是预测模型 $\hat{Y}_t=43.18+2.39t$ 直线的延伸外推结果，实际销售量恰好落在此直线上的情况很少。通常，人们要以这一信息选择一个置信范围（也称置信区间），使未来每一个可能的实际值落在置信区间内的可靠性达到需要的水平。这里有一个计算近似置信区间的常用公式：

$$置信区间=\hat{Y}_0\pm t_a S\sqrt{n/(n-2)}$$

式中：Y_0 为预测模型某时期的外推预测值；S 为预测模型对时间序列预测标准误差；α 为显著性水平（它取决于预测时要求达到的可靠性程度，因为 $1-\alpha$ 为可靠性程度，比如要求预测达到 90％的可靠性程度，α 即为 10％）；t_a 为显著水平为 α 时的 t 统计分布表中数值，它由附录 C 表查得；$n-2$ 为自由度（即查 t 统计分布表时的 $n-m-1$，m 为自变量个数，在此 $m=1$）；n 为时间序列数据量。

若可靠性程度要求为 90％，则由附录 C 表查得 $t_{10\%}=1.860$，故有

$$置信区间=57.52\pm1.860\times4.62\times\sqrt{10/8}$$

$$=57.52\pm9.61=[47.91,67.13]$$

从而，此经济区鸡蛋销售量 2013 年在置信区间 [47.91～67.13] 万吨的近似概率为 90%。

上面预测是某经济区的市场销售预测，若经济区内包括 6 个地方市场，各个地方市场的销售预测值可按各地方市场在经济区整体市场中所占比重进行下分法测算，假设 6 个地方市场的比重 M_i 如表 11-2 所示，则各地方市场 2013 年鸡蛋销售预测为 57.52，计算结果如表 11-2 所示。

表 11-2　某经济区 6 个地方市场 2013 年鸡蛋销售预测表

市　　场	市场比重 M_i	2013 年预测值
1	0.20	11.504
2	0.15	8.628
3	0.10	5.752
4	0.25	14.380
5	0.25	14.380
6	0.05	2.876
合　　计	1.00	57.520

运用最小二乘法建立的直线趋势延伸预测模型进行预测，与运用平滑技术（二次移动平均法或二次指数平滑法）建立直线预测模型进行预测，它们之间的相同点为：都遵循事物发展连续原则，预测目标时间序列资料呈现单位时间增（减）量大体相同的长期趋势变动为适宜条件。它们之间的区别有 4 个方面。①预测模型的参数计算方法不同。直线趋势延伸法模型参数来自最小二乘法数学推导；平滑技术主要来自经验判断决定 α。②线性预测模型中时间变化的取值不同。直线趋势延伸法中时间变量取值决定未来时间在时间序列的时序；平滑技术模型中时间变量的取值决定于未来时间相距建模时点的时间周期数。③模型适应市场的灵活性不同。直线趋势延伸预测模型参数对时间序列资料一律同等看待，在拟合中消除了季节、不规则、循环三类变动因子的影响，反映时间序列资料长期趋势的平均变动水平；平滑技术预测模型参数对时间序列资料则采用重近轻远原则，在拟合中能较灵敏地反映市场变动的总体水平。④随着时间的推进，建模参数计算的简便性不同。随着时间的推进，时间序列资料随之增加，直线趋势延伸预测模型参数要重新计算，且与前面预测时点的参数计算无关；平滑技术模型参数同样要重新计算，但与前面预测时点的参数计算是有关系的。

正因为上述四点不同，直线趋势延伸模型较适合趋势发展平稳的预测对象的近期、中期预测；平滑技术建立的线性模型更适合趋势发展中有波动的预测目标的短期、近期预测。在很多场合二者相互配合，使用效果更好。

11.1.2　曲线趋势延伸法

市场经济活动受多种因素的综合作用，市场经济变量，如商品供应、市场需要、价格水平、商品库存等，其长期趋势变动轨迹有时会呈现不同形式的曲线。在市场预测中，时间序列资料呈现的曲线形态很多，这里主要介绍时间序列资料呈现指数曲线、二次曲线、三次曲线和戈珀兹曲线的预测模型的建立及应用。

1. 指数曲线趋势法

应用指数曲线趋势法的条件是：时间序列反映预测目标的发展趋势变动基本上表现为大体稳定的按一定比例增长的趋势。用算术尺度图示法显示，将不是直线，而为一条曲线，但是，如果将观察值绘在比例尺度（半对数）图纸上，则会表现为近似于一条直线。故又称为对数趋势法。

经济活动中最典型的指数曲线乃是计算复利使用的本利和公式，即：

$$Y_t = a(1+k)^t$$

式中：Y_t 表示不同时期 t 的本利和；用 a 表示本金；用 k 表示利率；t 表示存入时期数。

如果用 b 表示 $1+k$，则公式可写成

$$Y_t = ab^t$$

为此，当我们分析某时间序列资料 $Y_t (t=1, 2, \cdots, n)$，发现资料长期趋势变动几乎按同一比例增长的趋势发展，于是便可用下面的数学模型拟合长期趋势：

$$\hat{Y} = ab^t$$

式中：$\hat{Y}_t$ 为 t 时期模型预测值；a 为时间序列初期水平；b 为时间序列的平均发展速度；t 为时间序列时间周期顺序量。

数学模型两边取对数，则得：

$$\lg \hat{Y}_t = \lg a + t \lg b$$

令 $Y'_t = \lg \hat{Y}_t$，$A = \lg a$，$B = \lg b$，故有：

$$Y'_t = A + B \cdot t$$

利用最小二乘法求参数 A 和 B，即解下面联立方程组得到：

$$\begin{cases} \sum Y' = nA + B \sum t \\ \sum TY' = A \sum t + B \sum t^2 \end{cases}$$

然后，对解出的参数 A 和 B 取反对数就可求到 a 和 b。

例 11 - 2 某市近 6 年灯具商品销售量资料如表 11 - 3 所列。试预测 2013 年的销售量。

表 11 - 3 某市灯具销售量趋势线计算表

年份	时序 t	销售量 Y	逐期增长率/%	$Y' = \lg Y$	tY'	t^2	预测值 $\hat{Y}$
2007	-5	8.7	—	0.939 5	$-4.697 5$	25	8.59
2008	-3	10.6	0.22	1.025 3	$-3.075 9$	9	10.70
2009	-1	13.3	0.25	1.123 9	$-1.123 9$	1	13.33
2010	1	16.5	0.24	1.217 5	1.217 5	1	16.60
2011	3	20.6	0.25	1.313 8	3.941 4	9	20.68
2012	5	26.0	0.28	1.415 0	7.075 0	25	25.75
合计	0	95.7	—	7.035 0	3.336 6	70	—

解 (1) 根据资料画出散点图,如图 11-3 所示。利用此图计算逐期增长率。增长率计算式为 $(Y_t - Y_{t-1})/Y_{t-1}$。计算结果如表 11-3 所示。因为符合指数曲线趋势预测法应用条件,故采用指数曲线预测模型。

(2) 采用使 $\sum t = 0$ 方法分配时序。将实际资料取对数 $Y_t' = \lg Y$ 计算 $\sum Y'$,$\sum t^2$,$\sum tY'$,如表 11-4 各列所示。由最小二乘法可求参数 A 和 B。

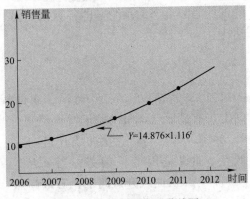

图 11-3 灯具销售量曲线图

$$A = \frac{\sum Y'}{n} = \frac{7.035\ 0}{6} = 1.172\ 5$$

$$B = \frac{\sum tY'}{\sum t^2} = \frac{3.336\ 6}{70} = 0.047\ 67$$

即得指数曲线的对数形式模型为

$$\lg Y_t = A + Bt = 1.172\ 5 + 0.047\ 67t$$

或对 A 和 B 取反对数,求 a 和 b,$a = 14.876$,$b = 1.116$,得指数曲线预测模型:

$$\hat{Y}_t = 14.876 \times 1.116^t$$

(3) 预测 2013 年灯具销售量,将 $t = 7$ 代入预测模型,可得:

$$\hat{Y}_{2013} = 32.08 (万架)$$

由例 11-2 可知,该例也可选用平均发展速度预测法。在实际应用过程中,通常选用平均发展速度预测法,其优点是直观、易于理解,但平均发展速度预测法在计算几何平均数过程中不能反映时间序列中间变量的变动,其结果可能出现偏高或偏低情况,往往需要利用统计方法进行调整,而指数曲线趋势预测法是求时间序列的最佳拟合线,预测目标未来发展只要持续这一趋势,预测计算值就较为可靠;否则,要结合定性判断进行调整。

2. 多次曲线趋势法

由微积分的知识可知,广泛的多次曲线可以用多项式去逼近。如果观察时间 t 和观察值 Y 是非线性关系,则多次曲线的预测模型为多项式:

$$\hat{Y}_t = a + bt + ct^2 + \cdots + Qt^m$$

实际预测中最常见的是二次和三次曲线,在此仅介绍二次曲线的趋势法。只要根据已知的观察值资料求出系统 a,b 和 c 就可以建立二次曲线的预测模型,其他高次曲线的预测模型可以类推。

二次曲线趋势法,适用于时间序列资料的变动属于由高到低再升高,或由低到高再降低的趋势形态的预测，即各数据点分布呈抛物线轨迹形态。若将二次曲线预测模型表达为：

$$\hat{Y}_t = a + bt + ct^2$$

当 $a > 0$，$b > 0$，$c > 0$ 时，二次曲线开口向上，有最低点，曲线呈正增长趋势；当 $a > 0$，$b < 0$，$c > 0$ 时，二次曲线开口向上，有最低点，曲线呈负增长趋势；当 $a > 0$，$b > 0$，$c < 0$ 时，二次曲线开口向下，有最高点，曲线呈正增长趋势；当 $a > 0$，$b < 0$，$c < 0$ 时，二次曲线开口向下，有最高点，曲线呈负增长趋势。4 种形式的二次曲线轨迹如图 11 - 4 所示。

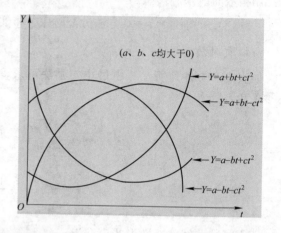

图 11 - 4　二次曲线方程图

从理论上说，二次曲线的二阶差分为一个常数。在实际预测中，时间序列数据的二阶差分几乎接近同一常数，或时间序列的移动平均值的二阶差分几乎接近同一常数，即可用二次曲线模型拟合时间序列长期发展。当然，也可将时间序列数据绘图，判断其变动形态是否基本接近于上述 4 种形式中的一种变动形态，答案为肯定时，同样可用二次曲线趋势延伸法预测。

预测模型中参数 a，b，c 通常利用最小二乘法求最佳拟合线得到。利用最小二乘法可以推导出计算 a，b，c 三参数的联立方程为：

$$\begin{cases} \sum Y = na + b\sum t + c\sum t^2 \\ \sum tY = a\sum t + b\sum t^2 + c\sum t^3 \\ \sum t^2 Y = a\sum t^2 + b\sum t^3 + c\sum t^4 \end{cases}$$

若采用给时间变量分配序号，且满足 $\sum t = 0$，方程组便可简化为：

$$\begin{cases} \sum Y = na + c\sum t^2 \\ \sum tY = b\sum t^2 \\ \sum t^2 Y = a\sum t^2 + c\sum t^4 \end{cases}$$

利用时间序列数据，统计计算出 $\sum t^2$，$\sum t^4$，$\sum Y$，$\sum tY$，$\sum t^2 Y$，连同 n 代入联立方程（上式）求解，即可求到 a、b、c，因而可建立预测模型。

例 11 - 3　设某纺织品批发公司近 7 年的实际销售额资料如表 11 - 4 所示，预测 2013 年和 2014 年的市场销售额。

表 11－4 纺织品批发公司销售额预算表

观察期	实际销售值 Y	t	t^2	t^4	tY	t^2Y	$\hat{Y}_t=a+bt+ct^2$（内插值）
2006	350	-3	9	81	$-1\,050$	3 150	334.52
2007	300	-2	4	16	-600	1 200	303.57
2008	250	-1	1	1	-250	250	300.00
2009	350	0	0	0	0	0	323.81
2010	400	1	1	1	400	400	375.00
2011	450	2	4	16	900	1 800	453.57
2012	550	3	9	81	1 650	4 950	559.52
	$\sum Y=2\,650$	0	$\sum t^2=28$	$\sum t^4=196$	$\sum tY=1\,050$	$\sum t^2Y=11\,750$	

解 （1）绘制 7 年观察值分布图，判断其变动形态。如图 11－5 所示，观察值的变动趋势为二次曲线形态，即由高到低再升高，所以应运用二次曲线法进行预测。其方程式为：

$$\hat{Y}_t=a+bt+ct^2$$

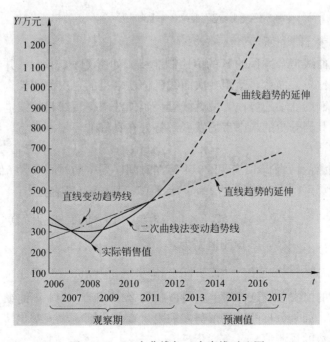

图 11－5 二次曲线与一次直线对比图

（2）计算求解参数 a，b，c 的有关数据。根据上列方程组，求解的有关数据是：$\sum t^2$，$\sum t^4$，$\sum Y$，$\sum tY$，$\sum t^2Y$，计算结果如表 11－4 所示。

（3）解联立方程，求得趋势曲线。在这一步骤中，需要进行以下工作。

第一，把表11-5所计算的数据代入方程组，求 a，b，c 值。即

$$\begin{cases} 7a+28c=2\ 650 \\ 28b=1\ 050 \\ 28a+196c=11\ 750 \end{cases}$$

解联立方程，得：

$$a=323.81,\ b=37.5,\ c=13.69$$

这样，二次曲线拟合方程为：

$$\hat{Y}_t=323.81+37.5t+13.69t^2$$

第二，将时间序列各观察期的 t 值和 t^2 值代入二次曲线方程，分别计算2006年至2012年的 Y 值预测值，求得趋势曲线。如：

$$\hat{Y}_{2006}=323.81+37.5\times(-3)+13.69\times9=334.52$$

$$\hat{Y}_{2007}=323.81+37.5\times(-2)+13.69\times4=303.57$$

$$\vdots$$

$$\hat{Y}_{2012}=323.81+37.5\times3+13.69\times9=559.52$$

其计算结果如表11-4所示。

第三，将二次曲线拟合方程的 Y 的值绘制曲线，如图11-5所示，并与实际销售额分布趋势和直线趋势线比较。显然，运用二次曲线延伸法求得的二次曲线拟合方程的趋势线较好地反映了实际销售额的变动趋势；若用直线趋势延伸法求得直线趋势线进行预测，则可能存在较大的误差。尤其当分析的未来市场发展形势处在良好的环境条件下，则采用二次曲线延伸法进行预测更为适宜。

第四，确定预测值。将2013年和2014年在时间序列中的时间变量 t 值和 t^2 值代入二次曲线拟合方程，计算可得：2013年的 $t=4$，$t^2=16$，其预测值则为：

$$\hat{Y}_{2013}=323.81+37.5\times4+13.69\times16=692.85（万元）$$

2014年的 $t=5$，$t^2=25$，其预测值则为：

$$\hat{Y}_{2014}=323.81+37.5\times5+13.69\times25=853.56（万元）$$

从图11-5中的二次曲线延伸线上也可以找到2013年到2014年的纵坐标值，据此作为预测值。必须指出，如果分析的市场形势发展发生变化，则要根据变化情况进行调整，以确定符合市场发展趋势的预测值。

3. 戈珀兹曲线法

商品是作为满足人类需要的多种手段中的一种而存在的。人类的任何一种需要，不同时期都会借助某种技术提供相应商品而获得满足。比如，人类对"计算效率"的需要，最初借助手算，然后是算盘，再接着是计算尺、机械计算器，最后是电子计算机。每种新技术都有

一个需求-技术生命周期。而某个需求-技术生命周期内，又会涌现出一系列产品形式满足某个时期某种特定的需求，这样，每种产品同样存在产品生命周期。企业营销管理常要研究产品生命周期，试图区分产品销售历史上不同的阶段，可通过确定产品所处的阶段或将要进入的阶段制定更好的营销计划。有关产品生命周期的论述大都认为一般商品的销售历史表现为一条 S 形增长曲线，如图 11 - 6 所示。该曲线一般分为 4 个阶段，即萌芽期、成长期、成熟期和衰退期。

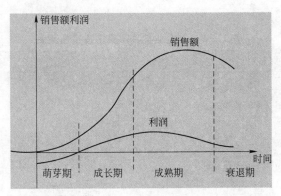

图 11 - 6　产品生命周期图

市场预测中，遇到预测目标销售额历史资料发展趋势变动呈 S 形增长曲线，必须考虑发展过程极限值（市场潜量或最大销售量）的影响时，就必须采用反映 S 形曲线的预测模型。常见的有逻辑曲线方程（亦称皮尔模型）和戈珀兹曲线模型。这里只介绍戈珀兹曲线模型预测法。

戈珀兹曲线模型，是以英国统计学家 B. Gompartz 命名的，其模型为：

$$Y_t = ka^{b^t}, \quad (k>0,\ a>0,\ b>0)$$

上式两边取对数，模型可写为：

$$\lg Y_t = \lg k + b^t \lg a$$

式中：Y_t 为历史发展 t 时期产品销售额（量）；t 为观察期的某时间周期；k，a，b 为戈珀兹曲线的参数，k 表示产品发展过程市场的极限值。k，a，b 三参数在掌握产品销售历史资料情况下，通常利用三段和数学方法计算。三段和数学计算方法的过程如下。

（1）设产品销售历史资料有 $n=3r$ 个（即数据个数能被 3 整除），r 为任意正整数。时间序列时间变量 t 从 0 开始依次计数，分别为 0，1，2，…，$n-1$。对应的历史观察值分别为 Y_0，Y_1，Y_2，…，Y_{n-1}。我们将时间序列数据分为三组，每组 r 个数据。即：

第一组：Y_0，Y_1，…，Y_{r-1}

第二组：Y_r，Y_{r+1}，…，Y_{2r-1}

第三组：Y_{2r}，Y_{2r+1}，…，Y_{3r-1}

（2）时间序列每个数据取对数，分别计算各组 r 个对数数据的和。令：

$$U_1 = \sum_{t=0}^{r-1} \lg Y_t \qquad U_2 = \sum_{t=r}^{2r-1} \lg Y_t \qquad U_3 = \sum_{t=2r}^{3r-1} \lg Y_t$$

（3）按下面公式计算参数 k，a，b。

$$b = \sqrt[r]{\frac{U_3 - U_2}{U_2 - U_1}}$$

$$\lg a = \frac{b-1}{(b^r-1)^2} \quad (U_2 - U_1)$$

$$\lg k = \frac{1}{r} \left(U_1 - \frac{b^r-1}{b-1} \cdot \lg a \right)$$

（4）求预测模型对数式。若对 $\lg a$，$\lg k$ 取反对数得 a 和 k，于是可得预测模型。

例 11-4 已知某企业一种家具 2001—2012 年各年的销售量，如表 11-5 所示。试预测 2013 年的销售量。

表 11-5 某企业某种家具销售量预测表

年份	时序 t	实际销售量 Y_t	$\lg Y_t$	三段对数和
2001	0	2	0.301 0	
2002	1	5	0.699 0	$U_1 = \sum \lg Y_t = 3.225\ 3$
2003	2	12	1.079 2	
2004	3	14	1.146 1	
2005	4	21	1.322 2	
2006	5	30	1.477 1	$U_2 = \sum \lg Y_t = 6.111\ 1$
2007	6	41	1.612 8	
2008	7	50	1.699 0	
2009	8	60	1.778 2	
2010	9	62	1.792 4	$U_3 = \sum \lg Y_t = 7.209\ 3$
2011	10	64	1.806 2	
2012	11	68	1.832 5	

解 （1）根据企业 2001—2012 年 12 年的销售量资料画出散点图（略）。分析其发展变化趋势，开始增长速度较缓慢，随后加快，而后又变得缓慢，基本上呈现 S 形增长趋势，故可选用戈珀兹曲线预测法。

（2）将时间序列分成三组，每组有 4 个数据，即 $r = \frac{12}{3}$。时序变量 t 取 0，1，2，…，11；销售量 Y 取对数 $\lg Y$；分组计算各组的对数和 $U_1 \sim U_2 \sim U_3$。如表 11-5 所示。

（3）计算 k，a，b。即：

$$b = \sqrt[4]{\frac{U_3 - U_2}{U_2 - U_1}} = \sqrt[4]{\frac{7.209\ 3 - 6.111\ 1}{6.111\ 1 - 3.225\ 3}} = \sqrt[4]{0.380\ 6} = 0.785\ 4$$

$$\lg a = (U_2 - U_1) \frac{b-1}{(b^r-1)^2}$$

$$= (6.111\ 1 - 3.225\ 3) \times \frac{0.785\ 4 - 1}{(0.785\ 4^4 - 1)^2}$$

$$= 2.885\ 8 \times \frac{-0.214\ 6}{0.383\ 7} = -1.614\ 0$$

$$\lg k = \frac{1}{r} \left(U_1 - \frac{b^r-1}{b-1} \lg a \right)$$

$$=\frac{1}{4}\left[3.225\ 3-\frac{0.785\ 4^4-1}{0.785\ 4-1}\times(-1.614\ 0)\right]$$

$$=\frac{1}{4}\left[3.225\ 3+\frac{0.619\ 5}{0.214\ 6}\times1.614\ 0\right]=1.971\ 1$$

（4）建立预测模型求预测值。戈珀兹曲线预测模型中：

$$\lg Y_t=\lg k+b^t\lg a=1.971\ 1-0.785\ 4^t\times1.614\ 0$$

2013 年，$t=12$，则：

$$\lg Y_{12}=1.971\ 1-0.785\ 4^{12}\times1.614\ 0=1.882\ 2$$

查反对数表得 $Y_{12}=76.23$（万套）。即企业这种家具 2013 年的销售量预测值为 76.23 万套。

此外，我们还可依据 $\lg k=1.971\ 1$，查反对数表得 $k=93.56$。说明该企业家具按其历史销售量发展过程的 S 形增长曲线来看，市场若无特殊的突变，最高销售量估计为 93.56 万套。目前销售量已占产品最高销售量水平的 81.5%。企业应积极主动地提高产品质量，开发新一代产品，或者开拓新的目标市场，或实行多角化经营等营销对策。

必须指出，并非所有产品都显现出 S 形的产品生命周期。因此，预测对象产品的生命周期确实存在 S 形增长趋势时，才能选用戈珀兹曲线法进行预测。

11.1.3　折扣最小平方法

用最小平方法虽可给历史资料配合最适线，但它把近期误差与远期误差的重要性等同起来了。实际上，近期误差比远期误差重要，因而在预测中，合理的方法是使用加权的方法，对近期误差比对远期误差给以较大的权数。在可以使用的各种加权法中，以指数折扣加权法最为重要。其方法是：对最近期的误差平方规定其权数为 $\alpha^0=1$（α 是 0 与 1 之间的系数，称折扣系数），最远期误差平方的权数是 α^{t-1}，影响最小，做了很大的折扣，所以称为折扣最小平方法。折扣的程度视 α 取值大小而异，α 值如等于 1，则就成为不折扣的最小平方法了。用公式表示折扣最小平方为：

$$S=\sum_{r=0}^{t-1}\alpha^r e_{t-r}^2=\text{最小值}$$

式中：e 为预测误差；α 是折扣系数。

现用一个简单的例子说明折扣最小平方的算法，并用 $\alpha=0.8$，$\alpha=0.9$ 及 $\alpha=1$ 分别计算，加以比较。

当 $\alpha=1$ 时，就是不折扣的最小平方法，此时直线方程 $\hat{X}_t=a+bt$ 的一对标准方程式是：

$$\sum X_t=na+b\sum t$$

$$\sum tX_t=a\sum t+b\sum t^2$$

用折扣最小平方法时，标准方程式中的每一项都要用 α^r 加权，得：

$$\sum \alpha^r X_t = a \sum \alpha^r + b \sum \alpha^r t$$

$$\sum \alpha^r t X = a \sum \alpha^r t + b \sum \alpha^r t^2$$

设有 5 个时期的资料，其值由远到近为 5、6、7、8、9、10，有上升趋势，用通常不加权的最小平方方法求得直线方程为 $\hat{X}_t = 3.9 \times 1.1t$，这里实际上是用折扣系数 $\alpha = 1$ 算的。用 $t = 1，2，3，4，5$ 代入此式，得出 5 个对应的预测值 5、6.1、7.2、8.3、9.4，将其也列入下面用小于 1 的折扣系统进行计算的计算表（表 11 - 6）中，以便作一比较。

表 11 - 6　折扣最小平方方法算例

T	X_t	t^2	r	$\alpha = 0.8$					
				α^r	$\alpha^r X_t$	$\alpha^r t$	$\alpha^r t X_t$	$\alpha^r t^2$	$\hat{X}_t$
1	5	1	4	0.409 6	2.048	0.409 6	2.048	0.409 6	4.832
2	7	4	3	0.512	3.584	1.024	7.168	2.048	6.007
3	6	9	2	0.64	3.84	1.92	11.52	5.76	7.183
4	8	16	1	0.8	6.4	3.2	25.6	12.8	8.358
5	10	25	0	1	10	5	50	25	9.534
合计	—	—	—	3.361 6	25.872	11.553 6	96.336	46.017 6	—

t	X_t	t^2	r	$\alpha = 0.9$						$\alpha = 1$
				α^r	$\alpha^r X_t$	$\alpha^r t$	$\alpha^r t X_t$	$\alpha^r t^2$	$\hat{X}_t$	$\hat{X}_t$
1	5	1	4	0.656 1	3.280 5	0.656 1	3.280	0.656 1	4.929	5
2	7	4	3	0.729	5.103	1.458	10.206	2.916	6.063	6.1
3	6	9	2	0.81	4.86	2.43	14.58	7.29	7.196	7.2
4	8	16	1	0.9	7.2	3.6	28.8	14.4	8.330	8.3
5	10	25	0	1	10	5	50	25	9.464	9.4
合计	—	—	—	4.095 1	30.443 5	13.144 1	106.866 5	50.262 1	—	—

$\alpha = 0.8$ 的方程组：

$$25.872 = 3.361 6a + 11.553 6b$$

$$96.336 = 11.553 6a + 46.017 6b$$

联立解出：
$$a = 3.656 311 791$$
$$b = 1.175 472 778$$

直线预测方程为：$\hat{X}_t = 3.656 311 791 + 1.175 472 778t$

用此预测方程得出的 5 个预测值已列入表 11 - 6。

$\alpha = 0.9$ 的方程组：

$$30.443 4 = 4.095 1a + 13.144 1b$$

$$106.866 5 = 13.144 1a + 50.262 1b$$

联立解出：
$$a = 3.795\ 723\ 879$$
$$b = 1.133\ 560\ 392$$

直线预测方程为：$\hat{X}_t = 3.795\ 723\ 879 + 1.133\ 560\ 392t$

用此方程得出的 5 个预测值也已列入表 11-6。在表 11-6 中的末栏是用 $\alpha=1$ 算出的不加权的最小平方法预测值。从表中最后三栏的三种预测值中可以明显地看出，$\alpha=1$ 时，$t=5$ 期的预测值是 11.4；当 $\alpha=0.9$ 时，为 9.464；当 $\alpha=0.8$ 时，又上升到 9.534，越来越接近最近期的观察值 $X_5=10$。这就是折扣最小平方法的作用。

需要指出的是，实际资料要复杂得多，项数也多得多，直接联立求解方程组就十分困难，这时可用较简便的计算方法，本书从略。

11.2　季节变动分析预测法

季节变动预测法，就是根据预测变量各年度按月或按季编制的时间序列资料，以统计方法测定出反映季节变动规律的季节变动指数，并利用它们进行短期预测的一种预测方法。这种方法一般要求预测者掌握至少三年以上的按月（季）编制的预测变量的时间序列资料，因为仅依靠一年或两年的统计资料来测定季节变动规律，可能会由于偶然因素的影响而造成较大误差，所以以保证预测精度，一般需要多年的统计资料。

根据是否考虑预测对象的长期趋势，可以将季节变动预测法分为两类：一类是不考虑长期趋势的季节变动预测法；另一类是考虑长期趋势的季节变动预测法。下面分别加以介绍。

11.2.1　不考虑长期趋势的季节变动预测法

这种方法的特征就是不考虑长期趋势，直接利用预测变量的时间序列资料来测定季节变动，然后再直接用于预测，它适用于预测变量没有明显的长期趋势的情况。

1. 测定季节变动指数

目的就是掌握预测变量的季节变动规律，以便预测。下面介绍两种常用的季节指数测定法。

1) 月（季）平均法

月（季）平均法是以观测期的各同月（季）平均数同全期月（季）平均数相比的结果作为季节变动指数的方法。

它的一般操作步骤为：首先，计算观测期内各同月（季）的简单算术平均数，即计算观测期内不同年度同一月（季）的平均水平，然后计算观测期全期的月（季）平均数。最后，计算观测期内各个月（季）的季节变动指数。计算公式为：

某月（季）的季节变动指数＝各年同月（季）的平均数/全期月（季）平均数×100%

下面举例进行分析。

例 11-5　某公司 2008—2012 年的产品销售额资料，如表 11-7 所示。试用按月平均法计算各月的季节变动指数。

表 11-7　某公司产品销售季节变动指数计算表

年份	1月	2月	3月	4月	5月	6月	7月	8月	9月	10月	11月	12月	合计	年月平均
2008	204	226	428	810	960	3 246	5 516	2 164	884	410	260	196	15 304	1 275.33
2009	210	228	436	828	1 002	3 376	5 746	2 210	910	420	256	200	158 822	1 318.5
2010	196	218	426	820	996	3 402	5 610	2 198	902	416	262	198	15 644	1 303.67
2011	220	240	458	856	1 020	3 430	5 770	2 218	930	422	270	210	16 044	1 337
2012	206	234	466	848	1 030	3 604	5 630	2 230	966	402	260	214	16 090	1 340.83
合计	1 036	1 146	2 214	4 162	5 008	17 058	28 272	11 020	4 592	2 070	1 308	1 018	78 904	—
同月平均	207.2	229.2	442.8	832.8	1 001.6	3 411.6	5 654.4	2 204	918.4	414	261.6	203.6	1 315.067	—
季节变动指数/%	15.8	17.4	33.7	63.3	76.2	259.4	430	167.6	69.8	31.5	19.9	15.5	1 200.1	—
调整后季节变动指数/%	15.799	17.399	33.697	63.295	76.194	259.378	429.964	167.586	69.794	31.497	19.898	15.499	1 200	—

解　首先，计算不同的年度同一月份的平均水平。

例如：1 月的平均水平＝1 036/5＝207.2(万元)

2 月的平均水平＝1 146/5＝229.2(万元)

其余类推。计算结果见表 11-7。

然后计算观测期的全期月平均数：

$$全期平均数＝78 904/60＝1 315(万元)$$

最后计算各月的季节变动指数：

$$1 月的季节变动指数＝207/1 315×100\%＝15.8\%$$

$$2 月的季节变动指数＝229/1 315×100\%＝17.4\%$$

其余类推，计算结果见表 11-7。

因为，月度季节变动指数和$＝\sum_{i=1}^{12} i$月的季节变动指数$＝12＝1 200\%$

即月度季节变动指数之和应该为 1 200%（同理可得出季度季节变动指数之和为 400%），但表 11-7 的计算结果并不如此（1 200.1%）所以需对表 11-7 的计算结果进行调整，调整的方法如下。

首先，计算调整系数，计算公式为

$$调整系数＝1 200\%/调整前季节指数之和$$

在本例中

$$调整系数＝1 200\%/1 200.1\%＝0.999 17$$

然后，就可进行调整。

调整后的季节变动指数＝调整系数×调整前的季节变动指数

在本例中，1 月份调整后的季节变动指数＝0.999 917×15.8％＝15.799％

其余类推，计算结果见表 11 - 7。

2）全年比率平均法

全年比率平均法是将各年各月（季）的数值同该全年的月（季）平均数之间的比率进行平均，求得季节变动指数的方法。

其一般操作步骤如下。

（1）求出各年各月（季）数值同该全年的月（季）平均数之间的比率，计算公式为：

各月（季）比率＝各月（季）的数值/该全年的月（季）平均值×100％

（2）将历年同月（季）的比率加以平均，求得该月（季）的季节变动指数，计算公式为：

某月（季）的季节变动指数＝各年同月（季）的比率相加之和/观测期的年数

仍以例 11 - 5 为例，说明这种方法的具体操作。

首先，计算出历年的全年月平均数，公式如下：

全年月平均数＝全年销售额之和/12

2008 年的全年月平均数＝15 304/12＝1 275.33（万元）

其余类推，计算结果见表 11 - 8 末栏。然后，计算历年各月的比率。

表 11 - 8　某公司产品销售季节变动指数计算表

年度	1月	2月	3月	4月	5月	6月	7月	8月	9月	10月	11月	12月	合计
2008	16.0	17.7	33.5	63.5	75.2	264.6	432.6	169.6	69.3	32.1	20.4	15.4	1 275.33
2009	15.9	17.3	33.1	62.8	76.0	256.1	436.0	167.7	69.0	31.9	19.4	15.2	1 318.50
2010	15.0	16.7	32.7	62.4	76.4	260.9	430.2	168.6	69.0	31.9	20.1	15.2	1 303.67
2011	16.5	17.9	34.2	64.2	76.2	256.1	431.2	165.8	69.5	31.5	20.2	15.7	1 337.00
2012	15.4	17.5	34.8	63.3	76.9	269.0	420.1	166.4	72.1	32.0	19.4	16.0	1 340.83
合计	78.8	87.1	168.3	316.5	380.7	1 307.0	2 149.8	838.1	349.1	157.4	99.5	77.5	6 575.33
季节变动指数/%	15.8	17.4	33.7	63.3	76.1	261.4	430.0	167.6	69.8	31.5	19.9	15.5	1 207.90
调整后的季节变动指数/%	15.7	17.4	33.6	63.2	76.0	261.0	429.3	167.3	69.7	31.4	19.9	15.5	1 200.00

如：

2008 年 1 月的比率＝204/1 275.33×100％＝15.996％≈16％

其余类推，结果见表 11-8。最后，求各月的季节变动指数。如：

1 月的季节变动指数＝（16.0％＋15.9％＋15.4％＋16.5％＋15.4％）/5＝15.8％

其余类推，结果见表 11 - 8。

由于季节变动指数之和不为 1 200％，所以需要进行调整，方法同前，在本例中

$$调整系数＝1 200％/1 207.9％＝0.998 42$$

调整后的季节变动指数值见表 11－8。

从上述两种方法的计算结果看，两者所求得的季节变动指数大体相同，但事实上，由于全年比率平均法计算时可使数值较高的年度和数值较低的年度对季节变动指数具有同等的影响，有利于消除随机干扰，所以预测精度要相对高一些。但从例 11－4 中也不难看出，它的计算量比较大，而月（季）平均法虽然不如前者精度高，但它的计算量却相对小些，所以在实际工作中也得到广泛应用。

现在，根据上述的计算结果绘制该商品销售的季节变动曲线图，如图 11－7 所示。

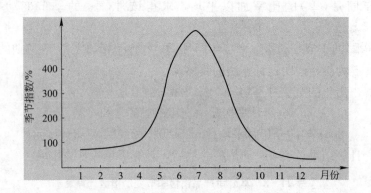

图 11－7　商品销售量季节变动曲线图

从图 11－7 中可以看到，该商品的销售情况具有明显的季节性，其销售旺季在6、7、8 月。

2. 利用季节变动指数进行预测

当测定出预测变量的季节变动指数后，便可以利用它及掌握的有关资料进行预测。根据掌握资料的不同，具体的预测方法之间也有一定差异。

1）已知年度预测值，求月（季）的预测值

当预测者掌握预测变量的年度预测值（也可表现为年度计划值）时，可通过以下步骤求得各月（季）的预测值：

首先，计算出预测年度的月（季）的平均值，计算公式为：

$$某月（季）平均值＝年预测值/12$$

然后，计算各月（季）的值，计算公式为：

$$某月（季）的预测值＝该月（季）的季节变动指数×月（季）的平均值$$

例 11－6　仍以例 11－5 为例，如果该公司预测 2013 年商品的销售额将达到 17 100 万元，那么，2013 年 6、7、8 月的商品销售额预计将多少？

解　首先计算 2013 年的月平均预测销售额

$$2013 年的月平均预测销售额＝17 100/12＝1 425(万元)$$

然后就可以计算各月的预测值

$$6 月的预测值＝1\ 425×261.0\%＝3\ 719.25(万元)$$

$$7 月的预测值＝1\ 425×429.3\%＝6\ 117.5(万元)$$

$$8 月的预测值＝1\ 425×167.3\%＝2\ 384.00(万元)$$

上面用的季节变动指数是用全年比率平均法计算的，若用月平均法计算的季节变动指数进行预测，则操作步骤基本相同，预测结果相差不大。

2）已知本年某月（季）的实际值，预测本年未来某月（季）的值或全年总值

若已知本年某月（季）的实际值，预测未来某月（季）的值，则可采用以下公式进行：

预测值＝已知实际值×（预测月（季）的季节变动的指数/已知月（季）的季节变动指数）

例 11-7　仍以例 11-5 为例，若已知该公司 2013 年 1 月的销售额为 220 万元，试用月平均法的季节变动指数，预测 2013 年 7、8 月销售额。

解　根据公式有关数据，有：

$$2013 年 7 月的预计销售额＝220×(429.964\%/15.799\%)＝5\ 987(万元)$$

$$2013 年 8 月的预计销售额＝220×(167.586\%/15.799\%)＝2\ 334(万元)$$

若已知本年某月（季）的实际值，要预测全年的总值，则可用以下公式：

全年预测值＝已知月（季）的实际值×（1 200%（400%）/已知月（季）的季节变动指数）

仍以例 11-4 为例，请预测 2013 年的全年销售额。

解　根据公式及有关数据，有：

$$2013 年全年预测销售额＝220×(1\ 200\%/15.799\%)＝16\ 710(万元)$$

11.2.2　考虑长期趋势的季节变动预测法

当时间序列中存在明显的长期趋势时，若忽略了它，用上面介绍的方法进行预测，则必然会造成很大误差，所以下面介绍几种常用的考虑长期趋势的季节变动预测法。

这几种方法在操作步骤上基本相同，主要不同之处在于季节变动指数的测定上。所以，为了避免重复，首先介绍考虑长期趋势时季节变动指数的常用测定方法，然后介绍利用得到的季节变动指数进行预测的方法。

1. 常用季节变动指数的测定方法

考虑长期趋势的季节变动指数的测定方法很多，现仅介绍移动平均趋势消除法。

移动平均趋势消除法，就是先将以 12 个月（如为季度资料，则以四季度）为期计算的移动平均数作为长期趋势予以消除，然后利用只包括季节变动、循环变动和随机变动的时间序列来测定季节变动指数的方法。

现结合一个例子来介绍其具体操作步骤。

例 11-8　某公司 2008—2012 年的产品销售额资料，如表 11-9 所示。试计算其季节变动指数。

表 11-9　某公司产品销售季节指数计算趋势剔除表达式　　　　千元

年度	月份 (1)	销售额 $X_{i,j}$ (2)	12个月移动总数 $S_{i,j}$ (3)	12个月移动平均数 $\overline{X}_{i,j}$ (4)	趋势值 $T_{i,j}$ (5)	包括趋势变动的季节指数 $\frac{X_{i,j}}{T_{i,j}} \times 100\%$
2008	1	7 450				
	2	5 900				
	3	3 800				
	4	7 310				
	5	600				
	6	6 400				
			96 280	8 020		
	7	9 400				115.6
			99 040	8 250		
	8	10 120			8 135	120.3
			102 870	8 570		
	9	16 520			8 740	189.0
			106 970	8 910		
	10	11 080			8 960	123.7
			108 080	9 010		
	11	6 300			9 030	69.8
			108 550	9 050		
	12	11 400			9 095	125.3
			109 650	9 140		
2009	1	10 210			9 225	110.7
			111 750	9 310		
	2	9 730			9 465	102.8
			115 410	9 620		
	3	7 900			9 675	81.7
			116 770	9 730		
	4	8 420			9 845	85.5
			119 540	9 960		
	5	1 070			10 125	10.6
			123 440	10 290		
	6	7 500			10 320	72.7
			124 190	10 350		
	7	11 500			10 680	107.7
			132 100	11 010		
	8	13 780			11 025	125.0
			132 450	11 040		
	9	17 880			11 045	161.9
			132 650	11 050		
	10	13 850			11 125	124.5
			134 340	11 200		
	11	10 200			11 200	91.1
			134 400	11 200		
	12	12 150			11 215	108.3
			134 700	11 230		
2010	1	18 120			11 200	161.8
			133 990	11 170		
	2	10 080			11 235	89.7
			135 550	11 300		
	3	8 100			12 390	65.4
			137 720	11 480		
	4	10 110			11 565	87.4
			139 810	11 650		
	5	1 130			12 015	9.4
			148 520	12 380		
	6	7 800			12 600	61.9
			153 780	12 382		
	7	10 790			12 920	83.5
			156 230	13 020		
	8	15 340			13 060	117.5
			157 240	13 100		
	9	20 050			13 170	152.3
			158 920	13 240		
	10	15 940			13 460	118.4
			164 210	13 680		
	11	18 910			13 740	137.6
			165 560	13 800		
	12	1 740			13 865	125.6

年度 (1)	月份 (1)	销售额 $X_{i,j}$(2)	12 个月移动总数 $S_{i,j}$(3)	12 个月移动平均数 $\overline{X}_{i,j}$(4)	趋势值 $T_{i,j}$(5)	包括趋势变动的季节指数 $\dfrac{X_{i,j}}{T_{i,j}}\times100\%$
2011	1	20 570	167 190	13 930	13 960	147.3
	2	11 090	167 880	13 990	14 180	78.2
	3	9 780	172 420	14 370	14 840	65.9
	4	15 400	183 730	15 310	15 825	97.3
	5	2 480	196 120	16 340	16 775	14.8
	6	9 430	206 550	17 210	17 585	53.6
	7	11 480	215 470	17 960	18 035	63.7
	8	19 920	217 290	18 110	18 150	109.8
	9	31 320	218 220	18 190	18 250	109.8
	10	28 330	219 700	18 310	18 345	154.4
	11	29 340	220 510	18 380	18 435	159.2
	12	26 330	221 820	18 490	18 540	142.0
2012	1	22 390	223 100	18 590	18 655	120.0
	2	12 020	224 630	18 720	18 795	64.0
	3	10 630	226 460	18 870	19 040	55.8
	4	16 840	230 520	19 210	19 415	86.7
	5	3 790	235 390	19 620	19 820	19.1
	6	10 710	240 230	20 020	20 275	52.8
	7	13 010	246 340	20 530		
	8	21 750				
	9	35 380				
	10	33 200				
	11	34 180				
	12	32 400				

解　(1) 计算以 12 个月为期产品销售额的移动总数和移动平均数。例如，2008 年 1—12 月的移动总数（指这 12 个月里的销售额的总和）为：

7 450＋5 900＋3 800＋7 310＋600＋6 400＋9 400＋10 120＋16 520＋11 080＋6 300＋11 400＝96 280（千元）

移动平均数（指移动总数比移动期的值）为：96 280/12＝8 020（千元）

将结果填在第三和第四栏，并使其位于移动期（12 个月）的中心，即 2008 年的 6、7 月之间。

其余类推，计算结果见表 11 - 9。

(2) 计算各月的趋势，将计算结果列入表 11 - 9 的第五栏相应月份一行。计算公式为：

$$T_{i,j}=\frac{\overline{X}_{i,j-0.5}+\overline{X}_{i,j+0.5}}{2}$$

其中，i＝2008，2009，2010，2011，2012；j＝1，2，3，…，12.

$T_{i,j}$ 表示第 i 年 j 月的趋势值；$\overline{X}_{i,j-0.5}$，$\overline{X}_{i,j+0.5}$ 表示位于 i 年 j 月位置上下的移动平均值例如：

$$T_{2008,7}=\frac{\overline{X}_{2008,6.5}+\overline{X}_{2008,7.5}}{2}$$

$$= \frac{8\ 020 + 8\ 250}{2}$$

$$= 8\ 135(千元)$$

$$T_{2010,1} = \frac{\overline{X}_{2009,12.5} + \overline{X}_{2010,1.5}}{2}$$

$$= \frac{11\ 230 + 11\ 170}{2}$$

$$= 11\ 200\ (千元)$$

其余类推，计算结果见表 11 - 9。

（3）根据消除长期趋势后的时间序列，求包括随机变动在内的季节变动指数。计算公式为

$$S_{i,j} = X_{i,j}/T_{i,j} \times 100\%$$

其中 $S_{i,j}$ 表示第 i 年 j 月的季节变动指数。

如：

$$S_{2008,7} = \frac{X_{2008,7}}{T_{2008,7}} \times 100\%$$

$$= \frac{9\ 400}{8\ 135} \times 100\%$$

$$= 115.6\%$$

其余类推，计算结果见表 11 - 9 第六栏的相应月份一行。

（4）将历年同月的季节变动指数加以平均，得出消除随机变动干扰的季节变动指数。计算公式为：

$$\overline{S}_j = \frac{\sum_{i=1}^{n} S_{i,j}}{n} \quad (j = 1,\ 2,\ \cdots,\ 12)$$

其中，$\overline{S}_j$ 表示平均季节变动指数；n 表示观测期包含的年数。

上述计算结果如表 11 - 10 所示。

表 11 - 10　某公司产品销售季节变动指数计算表

月份 年份	1月	2月	3月	4月	5月	6月	7月	8月	9月	10月	11月	12月	合计
2008	—	—	—	—	—	—	115.6	120.3	189.0	123.7	69.8	125.3	—
2009	110.7	102.8	81.7	85.5	10.6	72.7	107.1	125.0	161.9	124.5	91.1	108.3	
2010	161.8	89.7	65.4	87.4	9.4	61.9	83.5	117.5	152.3	1 181.1	137.6	125.6	—
2011	147.3	78.2	65.9	97.3	14.8	53.6	63.7	109.8	171.6	154.4	159.2	142.0	
2012	120.0	64.0	55.8	86.7	19.1	52.8	—	—	—	—	—	—	
合计	539.8	334.7	268.8	356.9	53.9	241.0	370.5	472.6	674.8	521.0	457.1	541.2	
平均季节变动指数	135.0	83.7	67.2	89.2	13.5	60.3	92.6	118.2	168.7	130.3	114.4	125.3	1 198.8
调整后的季节变动指数	135.2	83.8	67.3	89.3	13.5	60.4	92.7	118.4	169.9	130.5	114.5	125.5	1 200.00

从表 11 - 10 可以清楚地看出平均季节变动指数的计算过程，如一月份的平均季节变动

指数 $\overline{S}_1 = \sum\limits_{i=1}^{4} S_{i,j}/4$

$\quad = (110.17\% + 161.8\% + 147.3\% + 120.0\%)/4$

$\quad = 134.82\% \approx 135\%$

其余类推，计算结果见表 11 - 10。

与前述类似，平均季节变动指数之和应该为 1 200%，若不是则需要进行调整。在例 11 - 8 中，调整系数 = 1 200%/1 198.8% = 1.001 34，用它去乘各季节变动指数便可得到调整后的季节变动指数。

事实上，前面的整个叙述都是在已知序列存在长期趋势和季节变动的前提下进行的，而实际情况中，需要首先判断序列是由哪些变动因素综合而成，这时一种最简便的方法是：（类似于前面的趋势外推法中介绍的散点图法）通过作预测变量的散点图，来直观判断序列的有关特征。如例 11 - 7 中，只要做一下预测变量的散点图，便可以很直观地作出判断，如图 11 - 8 所示。

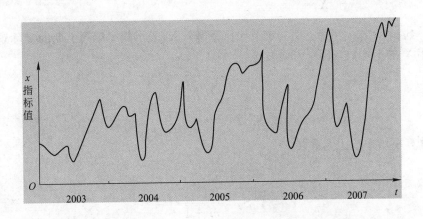

图 11 - 8　观察变量的散点图

从图 11 - 8 中可以看出，该序列具有明显的长期上升趋势和季节变动倾向。这样就可以运用上面介绍的方法进行季节变动指数的测定。

2. 预测

当预测变量的季节变动指数计算出来以后，就可以配合直线方程来进行预测。

具体操作步骤如下。

（1）利用前面建立的线性趋势模型计算出预测期的趋势值，计算公式为

$$\hat{X}_{i,j} = a + bt$$

式中：$\hat{X}_{i,j}$ 表示未来第 i 年第 j 期的趋势值；t 表示从第 1 期的预测的期数（月数或季数），即从第 1 期算起的预测期的序号。

（2）计算预测值即用已经测定出来的该期季节变动指数去乘以趋势值，计算公式为：

$$\hat{X}'_{i,j}=\hat{X}_{i,j} \cdot \overline{S}_j$$

其中，$\hat{X}'_{i,j}$表示第 i 年第 j 期的预测值。

当预测变量是季节变动和趋势变动的综合时，可以首先计算出季节变动指数，然后再利用趋势方程和季节变动指数进行预测，并且当未来年度各期预测值求出后，还可以求出全年的预测值，但是如果预测变量的变动并非是季节变动和趋势变动的综合，预测变量的历史资料表明该预测变量在前些年具有增长（下降）趋势，但预测年度的已知几期实际值却比前些年的同期值要低（高），那么就不能再应用前面介绍的方法进行预测（因为实际上预测变量是不具有变动趋势的），这时需要应用季节比例法进行预测。

季节比例法的具体操作步骤如下。

（1）收集并处理数据，画出散点图，根据散点图的变化规律来确定是否可以应用季节比例法进行预测。如果可行，则继续下面的步骤。

（2）计算季节比例系数，计算公式为：

$$S_{i,j}=\frac{X_{i,j}}{\overline{X}_i} \quad (i=1, \ 2, \ \cdots, \ m-1; \ j=1, \ 2, \ \cdots, \ n)$$

其中，$S_{i,j}$表示第 i 年第 j 期的季节比例系数；X_{ij}表示第 i 年第 j 期的实际观测值；$\overline{X}_i$表示第 i 年 X 的平均数，即：

$$\overline{X}_i=\frac{\sum\limits_{j=1}^{n} X_{i,j}}{n}$$

（3）计算平均季节比例系数：

$$\overline{S}_j=\frac{\sum\limits_{j=1}^{m-1} S_{i,j}}{m-1}$$

（4）计算前 L 期的平均季节比例系数之和，即 $\sum\limits_{j=1}^{L}\overline{S}_{i,j}$。其中 L 表示预测年度内有观测值的期数。

（5）计算预测年度（第 m 年）的第 k 期预测值 $\hat{X}_{m,k}$：

$$\hat{X}_{m,k}=\sum\limits_{j=1}^{L} X_{m,j} \cdot \frac{\overline{S}_k}{\sum\limits_{j=1}^{L}\overline{S}_j}$$

其实，这种方法就是假定虽然预测变量的趋势发生了变化，但是其季节变动规律没有发生变化，也就是说它的季节变动指数（季节比例系数）没有发生变化。这样，当利用数据求出季节变动指数后，就可以利用以下一个等式来推出预测值。

$$\frac{\hat{X}_{m,k}}{\overline{S}_k}=\frac{\sum\limits_{j=1}^{L} X_{m,j}}{\sum\limits_{j=1}^{L}\overline{S}_j}$$

或

$$\frac{\hat{X}_{m,k}}{\sum\limits_{j=1}^{L} X_{m,j}} = \frac{\overline{S}_k}{\sum\limits_{j=1}^{L} \overline{S}_j}$$

这样就有：

$$\hat{X}_{m,k} = \sum_{j=1}^{L} X_{m,j} \cdot \frac{\overline{S}_k}{\sum\limits_{j=1}^{L} \overline{S}_j}$$

（6）应用上面这个等式的原理求出全年总量的预测值：

$$\hat{X}_m = n \cdot \frac{\sum\limits_{j=1}^{L} X_{m,j}}{\sum\limits_{j=1}^{L} \overline{S}_j}$$

其中，n 为预测年度的期数（若以月为单位，$n=12$；若以季为单位，则 $n=4$）。

在前面证明过，月度季节变动指数之和为 1 200%，即 12 或表示为期数 n；季度季节变动指数之和为 400%，即 4 或可表示为期数 n。这样对于全年总量的预测值就有：

$$\frac{\hat{X}_m}{n} = \frac{\sum\limits_{j=1}^{L} X_{m,j}}{\sum\limits_{j=1}^{L} \overline{S}_j}$$

或

$$\frac{\hat{X}_m}{\sum\limits_{j=1}^{L} X_{m,j}} = \frac{n}{\sum\limits_{j=1}^{L} \overline{S}_j}$$

也就有：

$$\hat{X}_m = n \cdot \frac{\sum\limits_{j=1}^{L} X_{m,j}}{\sum\limits_{j=1}^{L} \overline{S}_j}$$

完成以上的全部预测工作后，还可以进行定性分析。时间序列预测法由于其本身的特点，使其只有和定性分析有机地结合，才能保证其精度。

11.3　循环变动分析预测法

11.3.1　循环变动

循环变动也称周期性变动，一般是指环绕着某一长期趋势曲线或直线上下周而复始的变动。与季节变动不同，这种周而复始的变动不以一年为周期，一般都超过一年，周期年数又大体相当。它是长期趋势之外独立存在并且重复出现的；这种循环变动的周期虽然不像季节变动在一年中周而复始那样严格，但仍旧是相互衔接的重复变动，在形式上也是非常规则的，我们可以依据这种规则性来进行预测。

11.3.2 循环变动的测定方法

关于时间数列的统计分析工作，世界上大多数国家是分析一个观察值在时间序列变动过程中所包括的各类影响因素，进而测定各影响要素的变化规律。影响观察值的要素可分为循环的和非循环的、周期性的或发展的、随机的或非随机的。这些影响数列变动的要素最普通的分类可分为长期趋势、季节变动、循环变动和不规则变动四类。任何一个时间数列的变动，不外乎这四类要素综合影响的结果，或是其中一部分要素影响的结果。时间数列分析就按照四类要素综合影响的这种假定，来分解和测定各类要素数量变动的方法。

循环变动的测定方法就是在这四类要素综合影响时间数列的基本假定的前提下进行测定的。关于长期趋势和季节变动的测定方法如前所述，不再重复，为了测定循环变动，假定四类要素的变动是按照某种数学关系综合变动的，其变动的结果就是观察值构成的时间数列。

设：$Y=$原有观察值时间数列；

$\qquad T=$长期限趋势；

$\qquad C=$循环变动；

$\qquad S=$季节变动指数；

$\qquad I=$不规则变动。

Y是观察值时间序列，且Y是T、C、S、I的函数，对于这一函数关系一般采用两种模式来进行分析，即加法模式和乘法模式。

1. 加法模式分析法

加法模式是指时间数列的各观察值是上述四类要素之和。一定时期的Y值与同时期各要素的关系是：

$$Y=T+S+C+I$$

按加法模式的假定，四类要素变动的原因是各不相关的，因而对Y的影响是相互独立的。

按加法模式来测定循环变动的传统方法是剩余法，其基本关键是假定T和C是相加关系。即假定在不包括不规则变动要素的情况下，观察值的时间数列的三个要素关系是Y（不包括I的实际数列）$=(T+C)S$；如无季节变动，则$Y=T+C$。换句话说，在观察值的时间数列Y之中的首先是长期趋势T，长期趋势T与循环变动C相加一起，又受季节变动S的影响，从而综合地形成观察值数列Y。应当指出，这三类要素的这种数量关系就是时间数列加法模式分析方法的基本假定，用剩余法测定循环变动就是根据这种基本假定。至于不规则变动则属于大量的不规则的偶然性变动，例如，地震、战争、水灾及无数小的意外事件等所产生的影响，而这些影响也是无时无地存在着的，与长期趋势、季节变动、循环变动交错一起影响观察数列的数值。所以，在假定上列关系中，通常不列入不规则变动这一要素，而假定这一要素随同T、C和S三个要素的变动一起影响着Y的全部变动。

测定循环变动的剩余法就是根据上述数量关系的假定，由已知的Y和已测定的T和S来测定C。原关系式为：

$$Y=(T+C)S$$

所以
$$C=\frac{Y}{S}-T$$

这里 Y/S 是用季节变动指数去除原来的观察数值，其作用在于消除季节变动的影响。Y/S 是调整季节变动后的统计数字。如观察值数列是以"年"为时间单位的，那就没有季节变动的问题，则循环变动 C 就用关系式 $C=Y-T$ 来测定。

从公式 $C=Y/S-T$ 来看，循环变动 C 实际上是由观察值数列中消除了季节变动的影响，再减去长期趋势之后的剩余变动。所以称之为剩余法。

欧美等国家的经济统计工作为了对不同的观察值数列的循环变动进行比较，常常需要计算循环变动数值对长期趋势数值的相对数。即：

$$C'=\frac{C}{T}=\frac{Y/S-T}{T}=\frac{Y}{ST}-1$$

如无季节变动则：

$$C'=\frac{Y-T}{T}=\frac{Y}{T}-1$$

这是因为循环变动 C 是用绝对差额来表示的，其大小不仅由循环变动波动程度来决定，还受观察值数列本身数值水平高低的影响。因而对于水平相差较大的不同数列，就不宜仅用循环变动 C 来比较其波动程度，而需要用循环变动 C 与其长期趋势 T 的对比来消除水平的影响之后，用 $C'=\dfrac{C}{T}$ 来比较两个数列循环变动的大小。

另外，从这种测定循环变动方法的基本假定来看，原来观察值数列 Y 中不仅包括长期趋势、季节变动和循环变动，而且还包括不规则变动 I，所以用剩余法计算的 C，既包括循环变动，又包括不规则变动，还需要用修匀法（例如移动平均法）来消除 C 这一数列中不规则变动 I 的影响。

2. 乘法模式分析法

乘法模式是假定四类要素 T、C、S、I 是彼此交叉、相互影响的，它们是用相乘的关系来形成观察值 Y 的，即：

$$Y=T\cdot C\cdot S\cdot I$$

然后从原资料 Y 中，陆续消除季节变动和长期趋势，剩下的只有循环变动和不规则（偶然性的）变动。再用加权平行移动的方法消除不规则变动，剩下的就只有循环变动的数值了。现在以某地木耳批发价格资料（见表 11 - 11）为例来说明按相乘关系测定循环变动的步骤。

（1）根据考虑长期趋势的季节指数测定法，测定出季节变动指数，然后将其消除，即消除季节性变动。

无季节性变动的资料为：

$$\frac{Y}{S}=\frac{T\cdot C\cdot S\cdot I}{S}=T\cdot C\cdot I$$

表 11 - 11 中，第三栏是根据上述公式计算的。例如，表中第三栏第一项数字是这样计算的：1 230÷110.2％＝1 116。这种算法的结果只包括趋势、循环和不规则变动三种混合成分的数列，即无季节性变动的资料。

表 11-11　某地木耳批发价格循环变动计算表　　　　元/25 千克

年份	月份	原资料 $T \cdot C \cdot S \cdot I$	季节比率 $S/\%$	无季节性资料 $T \cdot C \cdot I$	趋势值 T	循环及不规则变动 $C \cdot I/\%$	循环相对值/% 第五栏三个月加权移动平均
甲	乙	(1)	(2)	(1)÷(2)=(3)	(4)	(3)÷(4)=(5)	(6)
2008	1	1 230	110.2	1 116	1 144.7	97.5	—
	2	1 210	111.9	1 082	1 156.0	93.6	94.2
	3	1 190	111.0	1 072	1 166.8	91.9	92.1
	4	1 140	106.5	1 070	1 178.4	90.8	90.1
	5	1 060	102.6	1 032	1 189.8	86.7	88.3
	6	1 040	97.3	1 068	1 201.0	88.9	88.9
	7	1 040	94.0	1 106	1 212.2	91.2	90.4
	8	960	86.8	1 106	1 223.4	90.4	89.4
	9	880	83.5	1 054	1 234.6	85.4	85.8
	10	960	94.1	1 020	1 246.0	81.9	83.8
	11	1 080	99.8	1 082	1 257.2	86.1	85.5
	12	1 140	102.3	1 114	1 268.4	87.8	90.2
2009	1	1 400	111.9	1 270	1 279.6	99.2	97.2
	2	1 480	111.0	1 322	1 291.0	102.4	100.9
	3	1 440	111.0	1 298	1 302.2	99.7	101.0
	4	1 430	106.5	1 342	1 313.4	102.3	101.8
	5	1 420	102.6	1 364	1 324.8	103.0	103.6
	6	1 380	97.3	1 418	1 336.0	106.1	104.8
	7	1 320	94.0	1 404	1 347.2	104.2	105.8
	8	1 280	86.8	1 474	1 358.4	108.5	108.0
	9	1 270	83.5	1 520	1 369.6	111.0	112.6
	10	1 560	94.1	1 658	1 381.0	120.0	116.0
	11	1 600	99.8	1 604	1 392.2	115.2	116.7
	12	1 670	102.3	1 632	1 403.4	116.3	115.0
2010	1	1 750	110.2	1 588	1 414.8	112.2	113.3
	2	1 800	111.9	1 608	1 426.0	112.8	112.5
	3	1 790	111.0	1 612	1 437.2	112.2	111.5
	4	1 680	106.5	1 578	1 448.4	108.9	109.5
	5	1 620	102.6	1 578	1 439.8	108.1	108.0
	6	1 530	97.3	1 572	1 471.0	106.8	107.4
	7	1 500	94.0	1 596	1 482.2	107.7	107.0
	8	1 370	86.8	1 578	1 493.4	105.7	106.8
	9	1 300	83.5	1 628	1 505.6	108.2	107.5
	10	1 540	94.1	1 636	1 516.0	107.9	106.7
	11	1 570	99.8	1 572	1 527.2	102.9	103.8
	12	1 600	102.3	1 564	1 538.4	101.7	101.2

续表

年份	月份	原资料 $T \cdot C \cdot S \cdot I$	季节比率 $S/\%$	无季节性资料 $T \cdot C \cdot I$	趋势值 T	循环及不规则变动 $C \cdot I/\%$	循环相对值/% 第五栏三个月加权移动平均
甲	乙	(1)	(2)	(1)÷(2)=(3)	(4)	(3)÷(4)=(5)	(6)
2011	1	1 680	110.2	1 524	1 549.6	98.3	99.2
	2	1 720	111.9	1 536	1 561.0	98.4	99.0
	3	1 760	111.0	1 586	1 572.2	100.9	100.2
	4	1 700	106.5	1 596	1 583.4	100.8	100.8
	5	1 650	102.6	1 608	1 594.8	100.8	101.2
	6	1 600	97.3	1 644	1 606.0	102.4	102.7
	7	1 600	94.0	1 702	1 617.2	105.2	103.5
	8	1 430	86.8	1 648	1 628.4	101.2	103.7
	9	1 470	83.5	1 760	1 639.6	107.3	103.4
	10	1 520	94.1	1 616	1 651.0	97.9	99.3
	11	1 560	99.8	1 564	1 662.2	94.1	94.9
	12	1 600	102.3	1 564	1 673.4	93.5	93.5
2012	1	1 670	110.2	1 564	1 684.8	92.8	93.0
	2	1 760	111.9	1 572	1 696.0	92.7	92.8
	3	1 760	111.0	1 586	1 707.2	92.9	93.1
	4	1 720	106.5	1 616	1 718.4	94.0	93.9
	5	1 680	102.6	1 638	1 729.6	94.7	94.6
	6	1 610	97.3	1 654	1 741.0	95.0	94.5
	7	1 520	94.0	1 634	1 752.2	93.2	93.7
	8	1 430	86.8	1 648	1 763.4	93.4	93.6
	9	1 400	83.5	1 676	1 774.8	94.4	94.4
	10	1 600	94.1	1 700	1 786.0	95.2	97.4
	11	1 880	99.8	1 884	1 797.2	104.8	103.2
	12	1 980	102.3	1 936	1 808.4	107.8	—

（2）配合长期趋势直线方程 $Y_c = 1\,482.2 + 11.25t$，求出趋势值。第四栏趋势值是用直线方程：$Y_c = 1\,482.2 + 11.25t$，（舍去 2008 年 1 月的数据，用简捷法配合直线方程，原点在 2010 年 7 月中，t 以一个月为单位）计算的结果。

（3）消除长期趋势的影响。

第五栏是用百分数表示的循环变动及不规则变动的数值，是将无季节性资料数值（$T \cdot C \cdot I$）除以趋势值（T）所得结果。即：$\dfrac{T \cdot C \cdot I}{T} = C \times I$。

（4）消除不规则变动的影响。

第六栏是消除了不规则变动的循环相对值，是对第五栏进行三个月的加权平均结果。权数为 $\dfrac{1}{4}$、$\dfrac{2}{4}$、$\dfrac{1}{4}$ 的三个月加权移动平均值。

由表 11-11 中第六栏的循环相对数值数列可以看出，5 年中本地木耳价格的循环变动形态包括两个完整的循环：第一次是从 2008 年 10 月的波谷，经 2009 年 11 月的波峰，至 2011 年 2 月的波谷；第二次是从 2011 年 2 月的波谷，经 2011 年 8 月的波峰，至 2012 年 2

月的波谷，而 2008 年 1—10 月期间，是前一次循环的衰落时期，2012 年 2 月至 12 月为后一次循环的复元时期。现将其循环变动情况用图 11 - 9 来表示。

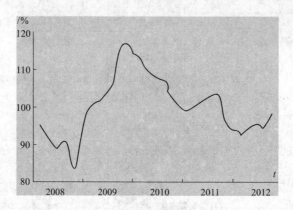

图 11 - 9　某地木耳批发价格循环波动图（月资料）

案例分析

洗衣机的销量预测

如表 1 所示是某国家 2003—2013 年间洗衣机的销量。

表 1　某国家 2003—2013 年间洗衣机的销量

时间	销量/万台
2003	789
2004	950
2005	809
2006	916
2007	1 062
2008	1 038
2009	1 146
2010	1 248
2011	1 285
2012	1 387
2013	1 450

资料来源：中国营销传播网，2003 - 12 - 30，作者：肖斯礼，2013 - 08 - 05 搜集整理.

思考题：

请根据案例资料求解洗衣机销量的趋势线，并预测 2014 年的销量。

思考题

1. 从时间数列变动原因的角度阐述时间数列因素分析预测法。

2. 时间数列因素分析预测的应用条件是什么？

3. 直线趋势预测公式中 b 值的经济含义是什么？

4. 使用多项式方程预测式进行趋势预测时，方程次数有无限制？为什么？

5. 对趋势预测的结果，除去计算预测误差修正以外，还应有哪些方法修正？

第 *12* 章

　　本章所介绍的自适应过滤法和温特斯模型预测法均产生于 20 世纪六七十年代，虽然当时被学术界公认但由于应用手段的限制很少被企业用于实践。20 世纪 90 年代以后计算机的逐渐普及才使这两个方法得以应用，其良好的预测效果被企业广泛重视。

　　由于目前市场上流行的统计软件缺少预测内容，所以本章在其方法、原理及运用阐述的基础上增加了其计算机应用程序以便于实践。

近代时间数列预测法

12.1 自适应过滤法

12.1.1 自适应过滤法及其原理

自适应过滤（Self-adaptive Filtering），这个名称来源于电信工程，原是指无线电话传输中滤除噪音的一种过程。

设 Y_1，Y_2，…，Y_t 是按某种时间单位记录下来的观察值序列，即时间序列，则用以下通式可以表示时序预测模型中的一个类别：

$$\hat{Y}_{t+1} = W_1 Y_t + W_2 Y_{t-1} + \cdots + W_N Y_{t-N+1}$$

$$= \sum_{i=1}^{N} W_i Y_{t-i+1} \tag{12-1}$$

式中：$\hat{Y}_{t+1}$ 为第 $t+1$ 期的预测值；W_i 为赋予第 $t-i+1$ 期观察值的权数；Y_{t-i+1} 为第 $t-i+1$ 期的观察值；N 为权数的个数。

在第 10 章传统时间序列预测方法中介绍的移动平均法和指数平滑法都能包括在以上这个通式中。因为用移动平均法预测可以写成：

$$Y_{t+1} = \frac{Y_t + Y_{t-1} + \cdots + Y_{t-N+1}}{N}$$

$$= \sum_{i=1}^{N} \alpha(1-\alpha)^{i-1} Y_{t-i+1}$$

其中，$\dfrac{1}{N}$ 就对应于式（12-1）中的 W_i。用指数平滑法预测可以写成：

$$Y_{t+1} = \sum_{i=0}^{t-1} \alpha(1-\alpha)^{i} Y_{t-i}$$

$$= \sum_{i=1}^{t} \alpha(1-\alpha)^{i-1} Y_{t-i+1}$$

因此，$\alpha(1-\alpha)^{i-1}$ 仍然对应于式（12-1）中的 W_i，只是这时式（12-1）中的 N 可能很大而已。

利用式（12-1）的通式作预测是基于这样的思想：过去的观察值中不仅包含着未来发展的基本信息，而且也包含着随机成分，通过加权平均处理可保留发展的基本信息，离析掉随机干扰。但是，式（12-1）是预测方法中的一个集合，按照不同的准则来决定权数，就可产生不同的预测方法。自适应过滤法是其中的一种，它用不断反馈迭代调整权数的方法，力求决定一组使预测误差最小的权数。

自适应过滤法的基本过程是先取一组给定的权数，按照式（12-1）计算预测值，然后再计算预测误差，再根据预测误差调整权数以减少误差。这样反复进行，可找到一组"最佳"权数，使误差减少到最低限度。

现在假定有 10 个历史观察值组成的序列可以使用，记为 Y_1，Y_2，…，Y_{10}，取 4 个权数的自适应过滤法来预测。步骤如下所述。

（1）假定当前期 $t=4$，对下一期 $t+1=5$ 时作预测。这样需要把前面 4 个观察值进行加权处理$\left(\text{一般权数的初始值可简单地取作 } W_i=\dfrac{1}{N}\right)$，按照式（12-1）计算第五期的预测值：

$$\hat{Y}_{t+1}=\hat{Y}_5=W_1Y_4+W_2Y_3+W_3Y_2+W_4Y_1$$

（2）计算预测值和实际值之间的误差：

$$e_{t+1}=e_5=Y_5-\hat{Y}_5$$

（3）预测误差 e_{t+1} 算出后，用下式来调整权数：

$$W_i'=W_i+2ke_{t+1}Y_{t-i+1}\quad(i=1,2,\cdots,N)\tag{12-2}$$

式中：N 为权数个数；W_i 为调整前的第 i 个权数；W_i' 为调整后的第 i 个权数；k 称为学习常数的常数项；e_{t+1} 为第 $t+1$ 期的预测误差，定义 $e_{t+1}=Y_{t+1}-\hat{Y}_{t+1}$；$Y_{t-i+1}$ 为第 $t-i+1$ 期的实际值。

需要注意的是，下标 t 表示作预测所用数据中的当前时期。当所用数据向前推移一期后，表示当前时期的 t 也就要跟着递增 1。由于应用式（12-1）作预测，t 要从 N 开始，而随着自适应过滤法迭代的进行，数据向前移动一期作预测后就要用式（12-2）调整一次权数。因此在整个自滤过程中，式（12-1）和式（12-2）中 t 的取值范围是：$t=N$，$N+1$，$N+2$，$\cdots$，M；M 为序列数据个数。例如，我们用 Y_1，Y_2，Y_3，Y_4，预测 Y_5，则当前时期就是 $t=4$，这时用式（12-1）预测和式（12-2）调整权数，下标的 t 都用 4 代入。

用式（12-2）的方法调整权数是依据数学中的最优化原理，以预测误差的平方最小为目标函数，按照最速下降法逼近。在继续阐述自适应过滤过程前，我们在此先插入一个简要的证明。

因为我们的目标是调整权数，使预测误差的平方 e_{t+1}^2 下降（或减少）最快，则按照最优化原理中的最速下降法，有：

$$W_i'=W_i-k\ \nabla e_{t+1}^2\tag{12-3}$$

式中：∇ 为多元函数的偏导数（梯度）；k 为步长因子，为了方便起见，k 一般取为常数，在自适应过滤法中就称作学习常数。但必须注意，k 取常数是有一定条件的，否则自适应过滤法就不一定向最小误差收敛[①]，美国加利福尼亚州斯坦大学的学者威屈罗（B.Widrow）证明按照式（12-2）调整权数的自适应过滤法收敛的充分条件是：

$$k\leqslant\dfrac{1}{\left[\sum\limits_{i=1}^{N}Y_i^2\right]_{\max}}\tag{12-4}$$

上式的分母表示取时间序列中最大的 N（N 为权数个数）个观察值的平方和。

现在的问题是要证明式（12-2）同式（12-3）是一致的。为此，我们先写出自适应过滤法中预测误差的关系式：

$$e_{t+1}=Y_{t+1}-\hat{Y}_{t+1}=Y_{t+1}-W_1Y_t-W_2Y_{t-1}-\cdots-W_NY_{t-N+1}\tag{12-5}$$

---

① 这个问题在国内一些翻译资料中没做交代，只指出要求 $k\leqslant\dfrac{1}{N}$，实际上只有序列经过特殊的数据变换处理后，$k\leqslant\dfrac{1}{N}$ 作为收敛条件才能成立。因此仅仅介绍按照 $k\leqslant\dfrac{1}{N}$ 的条件来调整权数极有可能使预测误差在迭代中发散，不是变小，而是越变越大。

把式（12-5）两边平方：

$$e_{t+1}^2 = (Y_{t+1} - W_1 Y_t - W_2 Y_{t-1} - \cdots - W_N Y_{t-N+1})^2 \quad (12-6)$$

对式（12-6）中的 $W_i (i=1, 2, \cdots, N)$ 求偏导：

$$\frac{\partial e_{t+1}^2}{\partial W_i} = 2e_{t+1} \frac{\partial e_{t+1}}{\partial W_i}$$

$$= 2e_{t+1}(-Y_{t-i+1})$$

$$= -2e_{t+1} Y_{t-i+1} \quad (12-7)$$

把式（12-7）代入式（12-3）中，就可得到用以调整权数的式（12-2）。

当在式（12-4）条件下按式（12-2）调整出一组新的权数后，就以 $t=5$ 用 2、3、4、5 期的观察值按式（12-1）计算第 6 期的预测值。在第 6 期的预测值计算出后再转入计算预测误差和调整权数的步骤。这样的过程继续进行下去，终于到了用第 7、8、9、10 期的观察值来作第 11 期的预测。但这时由于第 11 期的观察值还没有，也得不到 e_{t+1}，从而不能再按式（12-2）调整权数了。然而，可以把现有的 4 个权数作为一个初始组，重新开始以 1、2、3、4 期的观察值对第 5 期作预测的第二轮的迭代过程。通过利用这一观察值序列反复迭代循环，对权数进行调整，会进入预测误差将没有多大改进的阶段，过时就可认为获得了一组"最佳"权数，能用来决定第 11 期的预测值。

为了形象地说明这个过程，我们设有一个如表 12-1 所示的时间序列，用权数个数 $N=4$ 的自适应过滤法作预测。

表 12-1　一个假定的时间序列表

t	1	2	3	4	5	6	7	8	9	10
Y_i	2	4	6	8	10	12	14	16	18	20

在本例中：

$$k \leqslant \frac{1}{\left[\sum_{i=1}^{4} Y_i^2\right]_{max}} = \frac{1}{14^2 + 16^2 + 18^2 + 20^2} = 0.000\,85$$

取 $k=0.000\,8$，权数初始值取 $W_i = \frac{1}{N} = \frac{1}{4} = 0.25$，$t$ 的取值从 $N=4$ 开始。当 $t=4$ 时：

(1) $\hat{Y}_{t+1} = \hat{Y}_5 = W_1 Y_4 + W_2 Y_3 + W_3 Y_2 + W_4 Y_1$
$= 0.25 \times 8 + 0.25 \times 6 + 0.25 \times 4 + 0.25 \times 2$
$= 5$

(2) $e_{t+1} = e_5 = Y_5 - \hat{Y}_5 = 10 - 5 = 5$

(3) 根据 $W_i' = W_i + 2ke_{t+1} Y_{t-i+1}$ 调整权数：

$$W_1' = 0.25 + 2 \times 0.000\,8 \times 5 \times 8 = 0.314$$

$$W_2' = 0.25 + 2 \times 0.000\,8 \times 5 \times 6 = 0.298$$

$$W_3' = 0.25 + 2 \times 0.000\,8 \times 5 \times 4 = 0.282$$

$$W'_4 = 0.25 + 2 \times 0.000\ 8 \times 5 \times 2 = 0.266$$

（1）～（3）结束即完成了一次迭代（调整），然后 t 进 1 再重复以前的步骤。因此，当 $t=5$ 时：

（1）
$$\begin{aligned}\hat{Y}_{t+1} = \hat{Y}_6 &= W_1 Y_5 + W_2 Y_4 + W_3 Y_3 + W_4 Y_2 \\ &= 0.314 \times 10 + 0.298 \times 8 + 0.282 \times 6 + 0.266 \times 4 \\ &= 8.28\end{aligned}$$

（2）$e_{t+1} = e_6 = Y_6 - \hat{Y}_6 = 12 - 8.28 = 3.72$

（3）$W'_1 = 0.314 + 2 \times 0.000\ 8 \times 3.72 \times 10 = 0.374$

　　⋮

这样进行到 $t=10$ 时，$\hat{Y}_{t+1} = \hat{Y}_{11} = W_1 Y_{10} + W_2 Y_9 + W_3 Y_8 + W_4 Y_7$，但由于没有 $t=11$ 的观察值 Y_{11}，因此，$e_{t+1} = e_{11} = Y_{11} - \hat{Y}_{11}$ 无从计算，第一轮的迭代就此结束，转入现有的一组 W_1 作为初始权数，重新开始 $t=4$ 的过程。这样反复进行，到预测误差（指一轮预测的总误差）没多大改进时，就认为获得了一组最佳权数，能实际用来预测第 11 期限的取值：

$$\hat{Y}_{11} = W_1 Y_{10} + W_2 Y_9 + W_3 Y_8 + W_4 Y_7$$

有了一期的预测值，又可作二期的预测：

$$\hat{Y}_{12} = W_1 Y_{11} + W_2 Y_{10} + W_3 Y_9 + W_4 Y_8$$

以此类推，可根据需要作出任意期的预测。

需要指出，在以上说明性的示例中，为了简明起见，权数的个数取为 4；而在实际应用时，如果数据含有周期变动时，权数的个数应同周期数相当或整倍数，即月度的季度性数据取 12 个权数，季度的季节性数据取 4 个权数或 8 个权数。一般权数个数 N 较大可降低随机波动的影响，但要减慢调整权数的速度，因此在数据没有周期变动时，常取 2～6。也可试用几个不同的 N 值，最后选取产生平均误差最小的那个 N。

12.1.2　自适应过滤法的评价

自适应过滤法可以说是典型地代表了近代欧美统计学家发展时序模型时所用的方法。自适应过滤法只涉及观察序列的纯数量方面，对序列进行纯数学的处理，充分利用计算机的优势进行反复迭代，但在对权数的调整中不能联系序列的社会经济性质及其历史背景。因此，我们在运用自适应过滤法前要加强对数据的定性分析，对由于某种原因造成的异常数据要剔除或加以修正。

欧美统计学家把权数看成是可以任意确定的，在他们的文献中权数出现负数已不足为奇了，而一般还遵循权数之和等于 1 的定义。但在自适应过滤法中，尽管权数的起始值很多场合是取 $W_i = \dfrac{1}{N}(i=1,\ 2,\ \cdots,\ N)$，能满足 $\displaystyle\sum_{i=1}^{N} W_i = 1$ 的条件，然而调整权数后，就无法保证。因此，自适应过滤法对权数的处理可以突破一切约束，不但可以出现负数，而且还允许权数之和不等于1。所以，用自适应过滤法最后得到的结果已不再是加权平均数了，在欧美有关文献中就称之为加权和（Weighted Sum）。

自适应过滤法的名称来自于电信业，调整权数的方法是利用最优化理论中的最速下降法，而实际上权数又突破了任何约束条件。目前国外学者还在研究用数理统计的方法确定预测值的置信区间，虽然只从数学角度出发研制预测模型，我们不能赞同，但这种开拓精神是可取的。我们认为，权数的确定要符合所研究问题的经济意义，应有一定的规定性，因此自适应过滤法中的 W_i 实际上不是权数，而应看作是欲使一期预测的误差最小，而用数学方法解出的多项式方程的系数（参数）。这种原意作权数，结果演变成系数处理方法是有积极意义的，可以克服加权平均数存在滞后误差的弊病。自适应过滤法还有一些其他的优点，如形式上比较简单，比较容易编制成计算机程序实际应用，能用于较短的时间序列，用作季节性预测时显得特别方便，每当新数据出现后，权数（为了同国际上统一，仍称之为"权数"）可按规定的步骤调整，所以能"自适应"发展形式的变化等。

12.2　温特斯模型预测法

20世纪60年代初，由温特斯（R. R. Winters）提出的线性和季节性指数平滑法是一种把时间序列的因素分解和指数平滑法结合起来的季节预测法。这种方法有三个平滑方程式分别对长期趋势（a_t）、趋势的增量（b_t）、季节变动（S_t）作指数平滑，然后把三个平滑结果用一个参测方程式结合起来，进行外推预测。

三个平滑式是：

$$a_t = \alpha\left(\frac{Y_t}{S_{t-1}}\right) + (1-\alpha)(a_{t-1} + b_{t-1}) \tag{12-8}$$

$$b_t = \beta(a_t - a_{t-1}) + (1-\beta)b_{t-1} \tag{12-9}$$

$$S_t = \gamma\left(\frac{Y_t}{a_t}\right) + (1-\gamma)S_{t-L} \tag{12-10}$$

式中：L 为季节周期的长度，即每个季节周期内的 L 个数据，为平滑参数（指数），取值在 0 到 1 之间。

为叙述起见，先给出温特斯法的预测式然后再说明以上三个滑式的意义。温特斯法的预测式如下：

$$\hat{Y}_{t+k} = (a_t + kb_t)S_{t+k-L} \tag{12-11}$$

在式（12-8）中，将时间序列的一个观察值 Y_t 除以上个季节周期的同期季节比率 S_{t-L} 得到的 $\dfrac{Y_t}{S_{t-L}}$ 剔除了季节因素而含有长期趋势和不规则变动。理论上应该用 Y_t/S_t，但在计算这一步时，式（12-10）的现期季节比率 S_t 尚未得出，故只得借助于上期的季节比率。按照简单指数平滑原理，式（12-8）中的 $(1-\alpha)$ 后只要与 a_{t-1} 相乘就够了，但含有趋势因素的序列这样处理会产生滞后误差，因此式（12-8）给 a_{t-1} 添加了一个该趋势增量 b_{t-1}，这是为了克服滞后偏差而采取的一种措施。式（12-8）的意义是消除 Y_t/S_{t-L} 中不规则变动影响而保留长期趋势值，用来作为预测方程式（12-11）中的截距 a_t。

式（12-9）则是对趋势的增量作指数平滑，用来作预测方程式中的斜率 b_t（即线性增量）。

式（12-10）的 Y_t/a_t 剔除了趋势因素而含有季节变动和不规则变动，故与上一周期同期的季节比率 S_{t-1} 联系起来作季节比率的平滑，以消除不规则变动的影响。

因此，预测方程式（12-11）的含义是，现期趋势值 a_t 加上 k 个逐期增量 b_t 作为今后第 k 期的趋势值，然后乘以预测所在期对应的季节比率 S_{t+k-L}，得出季节性预测值。

温特斯法的三个平滑方程，意义在于当预测模型式（12-11）建立后，可根据不断得到的新数据对模型参数 $(a_t、b_t、S_t)$ 进行校正，以提高模型的自适应能力。

温特斯法的缺点是建模过程较烦琐，并且三个平滑系数的最佳取值不易确定。实际工作中决定 $\alpha、\beta、\gamma$ 取值的方法是反复实验，即把 $\alpha、\beta、\gamma$ 取值的各种组合应用于时间序列历史资料，作模拟预测并计算误差，然后选取模拟预测误差最小的一组 $\alpha、\beta、\gamma$ 值。下面介绍运用温特斯季节预测法的一个实例。

上海市某百货公司 2009—2012 年汗衫、背心销售额资料如表 12-2 所示，从中可以看出，该百货公司汗衫、汗背心销售额具有明显的季节性变化，又含有向上的长期趋势，所以适宜用温特斯法进行预测。

表 12-2　上海市某百货公司汗衫、汗背心销售额资料　　　　　千元

月份 年份	1	2	3	4	5	6	7	8	9	10	11	12
2009	171	183	285	540	633	2 138	3 633	1 422	580	273	183	135
2010	172	231	330	588	963	2 464	4 215	1 806	576	275	183	141
2011	218	315	468	780	1 026	2 808	4 686	2 073	722	373	195	168
2012	235	350	490	985	1 189	3 254	5 253	2 440	874	480	216	185

1. 计算 $a_t、b_t$ 和 S_t 的起始值

要运用三个平滑方程，先要求出 $a_t、b_t$ 和 S_t 的平滑起始值。可以将原始数据大致分为两部分，2009 年和 2010 年的数据为第 I 部分，2011 年和 2012 年的数据为第 II 部分。先运用第 I 部分数据估计 $a_t、b_t$ 和 S_t 的起始值，然后启动三个平滑式，用第 II 部分数据对 $a_t、b_t$ 和 S_t 作指数平滑。

表 12-3 是季节比率 S_t 起始值的计算表。第（3）栏"Y_t 的 12 月移动平均并移中"，是指对原始数据 Y_t 进行了二次移动平均，第一次的移动平均，移动跨距为 12，所得平均数据要对准被平均时期的正中。例如，用 2009 年 1 月到 12 月的数据计算出第一个移动平均数：

$$\overline{Y}_1=\frac{171+183+285+\cdots+135}{12}=848.00$$

255

表 12-3 温特斯法 S_t 的起始值计算

年月 (1)	销售额 Y_t (2)	Y_t 的 12 月移动 平均并移中 (3)	季节比率 $(4)=\dfrac{(2)}{(3)}$	调整后季节比率 S_t (5)=(4)×调整系数*
2009　1	171	—	—	—
2	183	—	—	—
3	285	—	—	—
4	540	—	—	—
5	633	—	—	—
6	2 138	—	—	—
7	3 633	848.04	4.28	4.25
8	1 422	850.08	1.67	1.66
9	580	853.96	0.68	0.67
10	273	857.83	0.32	0.32
11	183	873.58	0.21	0.21
12	135	900.92	0.15	0.15
2010　1	172	938.75	0.18	0.18
2	231	979.00	0.24	0.24
3	330	994.83	0.33	0.33
4	588	994.75	0.59	0.58
5	963	994.83	0.97	0.96
6	2 464	995.08	2.47	2.45
7	4 215	—	—	—
8	1 806	—	—	—
9	576	—	—	—
10	275	—	—	—
11	183	—	—	—
12	141	—	—	—

* 调整系数 $=\dfrac{12.0}{12.1}=0.992$。

作为 2009 年 6 月与 7 月间的数据；用 2009 年 2 月到 2010 年 1 月的数据计算出第二个移动平均数：

$$\overline{Y}_1=\frac{183+285+540+\cdots+135+172}{12}=848.08$$

$\overline{Y}_1$ 作为 2009 年 7 月与 8 月间的数据。以下各个移动平均数的计算类推，两年 24 个数据经 12 个月的移动平均共得 13 个移动平均数。由于第一次移动平均的跨距是偶数，移动平均数的定位皆位于相邻的两个月之间，为了同各月原始数据对准，就需要再作一次跨距为 2 的移动平均（即移中平均）。例如，对上述第一个和第二个 12 月移动平均数求平均：

$$\overline{Y}_1 = \frac{848 + 848.08}{2} = 848.04$$

其值可对准 2009 年 7 月份，即表 12-3 第（3）栏的第一个数据。这一栏的 8 月份数据 850.08，是第二个和第三个 12 月移动平均数的平均数，以下各项的计算类推，共可得到 12 个移动平均数。

因跨距是 12 个月，每次移动一个月，故相连的 12 个月恰好为一年，包含了一年中季节性高低不同的各月份，所以原始序列经 12 个月移动平均并移中后，能基本消除季节因素及不规则变动的影响，而仅保留趋势成分。用原始值除以第（3）栏的趋势值即为第（4）栏的季节比率。因第（4）栏各项之和为 1 210%，应加以调整$\left(\text{调整系数} = \frac{1\,200}{1\,210} = 0.992\right)$。调整后得第（5）栏的 S_t 就是我们需要的季节比率起始值。

表 12-4 是对 a_t 和 b_t 起始值的计算，其中第（3）栏的 S_t 来自表 12-3。为了得到 2010 年 12 月份的 a_t 和 b_t，在移动平均时还使用了 2011 年上半年的销售额资料，表 12-4 中最后算得的 2010 年 12 月 $a_t = 1\,086.79$ 和 $b_t = 8.58$ 就是我们所需要的起始平滑值。

表 12-4　温特斯法 a_t、b_t 起始值计算表

年月 (1)	Y_t (2)	S_t (3)	Y_t/S_t $(4) = \dfrac{(2)}{(3)}$	$a_t = Y_t/S_t$ 的 12 月 移动平均并移中 (5)	$b_t = a_t - a_{t-1}$ (6)
2010　1	172	0.18	955.56	—	—
2	231	0.24	962.50	—	—
3	330	0.33	1 000.00	—	—
4	588	0.58	1 013.79	—	—
5	963	0.96	1 003.13	—	—
6	2 464	2.45	1 005.71	—	—
7	4 215	4.25	991.76	973.22	—
8	1 806	1.66	1 087.95	998.46	25.23
9	576	0.67	859.70	1 030.46	32.00
10	275	0.32	859.38	1 061.68	31.22
11	183	0.21	871.43	1 078.21	16.53
12	141	0.15	940.00	1 086.79	8.58
2011　1	218	0.18	1 211.11	—	—
2	315	0.24	1 312.50	—	—
3	468	0.33	1 418.18	—	—
4	780	0.58	1 344.83	—	—
5	1 026	0.96	1 068.75	—	—
6	2 808	2.45	1 146.12	—	—

2. 对 a_t、b_t 和 S_t 作指数的平滑

有了 a_t、b_t 和 S_t 的平滑起始值后，就可运用式（12-8）、式（12-9）、式(12-10)作指数平滑了。取平滑系数 $\alpha_t=0.2$，$\beta=0.1$，$\gamma=0.4$ 以 2011 年 1 月为当前期"t"，则"$t-1$"是 2010 年 12 月，"$t-12$"是 2010 年 1 月，因此 $a_{t-1}=1\,086.79$，$b_{t-1}=8.58$，$S_{t-12}=0.18$。

由式（12-8）可得：

$$a(2011\text{年}1\text{月})=0.2\times\frac{218}{0.18}+(1-0.2)\times(1\,086.79+8.58)=1\,118.52$$

由式（12-9）可得：

$$b(2011\text{年}1\text{月})=0.1\times(1\,118.52-1\,086.79)+0.9\times8.58=10.89$$

由式（12-10）可得：

$$S(2011\text{年}1\text{月})=0.4\times\frac{218}{1\,118.52}+0.6\times0.18=0.186$$

以后各期的计算都按此递推，列成表 12-5。

表 12-5 a_t、b_t、S_t 的指数平滑值表

年月		t	Y_t	a_t	b_t	S_t
2011	1	1	218	1 118.52	10.89	0.186
	2	2	315	1 166.03	14.56	0.252
	3	3	468	1 228.11	19.31	0.350
	4	4	780	1 266.90	21.26	0.594
	5	5	1 026	1 244.27	16.87	0.905
	6	6	2 808	1 238.14	14.57	2.377
	7	7	4 686	1 222.68	11.57	4.083
	8	8	2 073	1 237.16	11.86	1.666
	9	9	722	1 214.73	8.43	0.639
	10	10	373	1 211.66	7.28	0.315
	11	11	195	1 160.86	1.47	0.193
	12	12	168	1 153.87	0.62	0.148
2012	1	13	235	1 176.33	2.81	0.191
	2	14	350	1 221.03	7.00	0.265
	3	15	490	1 262.08	10.40	0.365
	4	16	985	1 349.48	18.10	0.648
	5	17	1 189	1 356.59	17.00	0.894
	6	18	3 254	1 372.64	16.91	2.374
	7	19	5 253	1 368.95	14.85	3.984
	8	20	2 440	1 399.91	16.46	1.696
	9	21	874	1 406.33	15.46	0.632
	10	22	480	1 442.05	17.84	0.322
	11	23	216	1 391.24	10.65	0.178
	12	24	185	1 371.12	7.57	0.142

3. 预测

得到表 12-5 后，可运用式（12-11）预测该公司 2013 年各月的汗衫汗背心销售额，计算过程和预测结果列成表 12-6。

$$(\alpha_t=0.2,\ \beta=0.1,\ \gamma=0.4)$$

表 12-6　温特斯法预测法

年月		t	k	Kb_{24}	$S_{24+k-12}$	$\hat{Y}_{24+k}=(a_{24}+kb_{24})S_{24+k-12}$
2013	1	25	1	7.57	0.191	263.3
	2	26	2	15.14	0.265	367.4
	3	27	3	22.71	0.365	508.7
	4	28	4	30.28	0.648	908.1
	5	29	5	37.85	0.894	1 259.6
	6	30	6	45.42	2.374	3 362.9
	7	31	7	52.99	3.984	5 673.7
	8	32	8	60.56	1.696	2 428.1
	9	33	9	68.13	0.632	909.6
	10	34	10	75.70	0.322	465.9
	11	5	11	83.27	0.178	258.9
	12	36	12	90.84	0.142	207.6

① 根据表 12-5：$t=1$ 为 2011 年 1 月，$a_{24}=1371.12$，$b_{24}=7.57$。

案例分析

出租汽车保有量的自适应过滤法预测

现以北京市出租汽车的一些资料为例，说明自适应过滤法预测的全过程。北京市客运出租汽车统计资料如表 1 所示。

表 1　北京市 1997—2005 年出租车客运量统计资料

编号	1	2	3	4	5	6	7	8	9
年份/年	1997	1998	1999	2000	2001	2002	2003	2004	2005
客运量/10^4 人次	35 045	54 717	59 111	59 846	59 839	51 766	51 766	58 758	65 000

附注：资料来源于 1997—2005 年《北京市统计年鉴》.

首先采用自适应过滤法，以三个权数来求 2006、2010 年和 2020 年的预测值。选三个权数的原因是两个权数只反映样本最后两个数据的递增关系，而看不出整个样本随时间的客观波动（实际的计算中也反映了这一点），如 2002 年和 2003 年，北京市的出租汽车运量是下降的，而并不总是随时间上升的。另外，三个权数就能很好地刻画出样本的波动，使得预测更接近实际情况，故本例中取 $N=3$。

在此认为，接近预测值的资料对预测的影响较大。因此，适当地加大前两个权重的取值，取初始权数 $w_1=0.4$，$w_2=0.4$，$w_3=0.2$，并设 $k=(1E-13)$（由收敛的充分条件得），则 $N=3$。

当 $t=3$ 时：

259

（a）按预测式（1）求第 $t+1=4$ 期的预测值：

$y_{t+1}=y_4=w_1y_3+w_2y_2+w_3y_1=0.4×59\,111+0.4×54\,717+0.2×35\,045=52\,540.2(10^4人)$

（b）计算预测误差

$$e_{t+1}=e_4=y_4-\hat{y}_4=59\,846-52\,540.2=7\,305.8(10^4人)$$

（c）根据式（2）：

$$w_i'=w_i+2ke_{t+1}y_{t-i+1}$$

调整权数：

$$W_1'=w_1+2ke_4y_3=0.4+2×(1E-13)×7\,305.8×59\,111=0.401$$

$$W_2'=w_2+2ke_4y_2=0.4+2×(1E-13)×7\,305.8×54\,717=0.401$$

$$W_3'=w_3+2ke_4y_1=0.2+2×(1E-13)×7\,305.8×35\,045=0.201$$

步骤（a）～（c）结束后，即意味着完成了一次权数调整，然后取 $t+1$ 再重复上述步骤。

同理，当 $t=4$ 时：首先按照步骤（a）采用所得到的权数，计算第 $t+1=5$ 期的预测值，具体方法是：舍去最前面的一个观察值 y_1，增加一个新的观察值 y_4；然后按照步骤（b）所示的方法计算 e_5；最后，按照步骤（c）计算 w_1'、w_2' 和 w_3'。

依此递进，直到进行到 $t=9$ 时，$\hat{y}_{t+1}=\hat{y}_{10}=w_1'y_9+w_2'y_8+w_3'y_7$，但由于没有 $t=10$ 时的观测值 y_{10}，因此，$e_{t+1}=e_{10}=y_{10}-\hat{y}_{10}$ 无法计算。这时，第一轮的调整就此结束。

接着，将现有的新权数作为初始权数，重新开始 $t=3$ 的过程。如此反复下去，直到预测误差（指一轮预测的总误差）没有多大改进时，就认为获得了一组"最佳"权数，使其用来预测第10期的预测取值，以此类推直至算到预测年份的客运需求量。本例在调整过程中，可使误差降低到0，而权数达到稳定不变，最后得到的最佳权数、出租汽车客运需求量如表2所示。

表 2 预测年份权数值及出租车客运需求量

	W_1	W_2	W_3	k	客运需求量/10^4 人次
2006 年	0.412 3	0.405 8	0.204 3	1E-13	60 193
2010 年	0.402 4	0.401 7	0.201 5	1E-13	63 601
2020 年	0.410 7	0.406 4	0.205 5	1E-13	68 690

案例来源：沈士军，贾炜. 出租汽车保有量的自适应过滤法预测［J］. 产业经济与管理，2008（11，上）.

思考题：自适应过滤法的应用前提是什么？

思考题

1. 除本节介绍的方法以外，你还知道哪些属于现代时间数列预测法？
2. 自适应过滤法的优缺点有哪些？
3. 使用电脑做一个自适应过滤法预测练习。
4. 阐述温特斯模型预测法的优点。
5. 温特斯模型预测公式的经济含义是什么？

第 *13* 章

　　回归分析预测法是时间数列预测法以外的另一类动态预测法，它考虑了多种现象对预测目标未来变化的综合影响，并进行市场预测，是统计学方法的应用。

　　本章还着重介绍了在时间数列资料下运用回归分析方法进行预测的自回归预测，它既丰富了时间数列预测法，又展示了独特的优势。

回归分析预测法

13.1　静态回归预测法

13.1.1　回归预测和种类

现象之间的数量联系有相关关系与函数关系之别，统计中的回归法是研究相关关系的一种方法，某种或某些原因（自变量）的变动影响某一种结果（因变量）的变动，用回归方程进行预测，有一定误差，可用数理统计方法计算和分析预测。

回归模型所用变量资料可以是同一时间的（静态资料），作静态回归分析；也可以是随时间变动的（动态资料），作动态回归分析，即时间数列回归分析。统计学中讲的回归分析除自身回归外，均属静态回归的范畴。本章所讲的是预测常用的动态回归分析法，此法的特点是：在对因变量与自变量拟合一个动态回归模型后，先对各自变量作模型或非模型外推预测，然后再把自变量的预测值代入动态回归模型中，求出因变量的预测值。

在线性回归模型中有单元回归与多元回归之别，凡是一个自变量与一个因变量间的回归称单元回归，这是回归预测的基本形式。把单元回归推广到多元回归——增加自变量的数目，两个或两个以上自变量与一个因变量回归。自身回归预测也有单元与多元之别。一般来说，多元回归比单元回归的结果更可靠，但计算量大幅度增加。因此，在多元回归中要严格控制自变量的数据。

时间数列预测的一个最大缺点，是就一个事物本身的过去发展历史，来推测其未来，根本没有考虑其他因素的影响；而回归预测恰好在这点上弥补了时间数列预测的不足。但是，回归预测也有缺点，除上述资料的限制外，在预测方法上动态回归预测要根据所掌握的历史资料进行计算，因而必须储存大量资料，不便及时更新所用资料。因为每增加一个新的观察值，整个回归方程都要重新计算。然而，新观察值是外推预测的最重要信息，不把它包括在预测公式中就失去了最重要的预测依据。这也是为什么在时间数列预测中广泛使用的指数平滑法，在回归预测中却不能使用的原因所在。

13.1.2　一元线性回归预测法

经济变量之间的变化常存在着因果关系。例如，居民收入的增加是引起商品需求增加的原因，而商品需求量的增加是居民收入增加的结果。一元线性回归法是处理一个因变量同一个自变量的变化呈直线性状态的预测技术。

例 13-1　现有某地区人均收入与耐用消费品销售额资料（见表 13-1），要求根据人均收入的变化来预测耐用品的销售额。

表 13-1　一元线性回归方程计算表

年　份	序号 i	人均月收入/千元 X_i	销售额/千万元 Y_i	计算栏			
				X_iY_i	X_i^2	Y_i^2	$\hat{Y}_i$
2004	1	1.5	4.8	7.2	2.25	23.04	4.65
2005	2	1.8	5.7	10.26	3.24	32.49	5.53
2006	3	2.4	7.0	16.8	5.76	49.0	7.29
2007	4	3.0	8.3	24.9	9.0	68.89	9.05

续表

年　份	序号 i	人均月收入/千元 X_i	销售额/千万元 Y_i	计算栏			
				X_iY_i	X_i^2	Y_i^2	$\hat{Y}_i$
2008	5	3.5	10.9	38.15	12.25	118.81	10.51
2009	6	3.9	12.4	48.36	15.21	153.76	11.69
2010	7	4.4	13.1	57.64	19.36	171.61	13.15
2011	8	4.8	13.6	65.28	23.04	184.96	14.321
2012	9	5.0	15.3	76.5	25.0	234.09	14.91
$\sum$		30.3	91.1	345.09	115.11	1 036.65	91.10

用 Y 轴表示销售额，X 轴表示人均月收入，构成一个平面直角坐标。把表 13-1 中的数据点 $(X_1，Y_1)$，$(X_2，Y_2)$，…，$(X_9，Y_9)$ 画在这个坐标上成为图 13-1 的散点图。

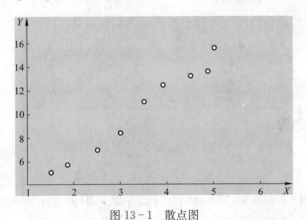

图 13-1　散点图

从图 13-1 上可以看出两者的变化近似于直线关系，因此可以用一元线性回归技术以人均月收入（自变量 X）的变化来预测销售额（因变量 Y）的变化。一元线性回归模型为：

$$Y_i = a + bX_i + u_i \quad (i=1, 2, …, n)$$

式中：n 是样本容量，即数据点个数；a、b 是回归参数；u_i 为回归剩余项，即不能由 X 和 Y 的线性关系来解释的那部分剩余量。在运用回归法预测时，要求满足一定的假定条件，其中最重要的是关于剩余项 u_i 须具有以下 5 个特性。

① u_i 是一个随机变量。

② u_i 的平均值为零，即 u_i 在回归线上方为正，下方为负，且 $E(u_i)=0$。

③ 每个 u_i 的分布差相同。

以上三个关于 u_i 性能的假定，可概括为下述表达式，即：

$$u_i \sim N(0, \sigma^2)$$

式中 u_i 是服从均值为 0、方差为 σ^2 的正态分布的随机变量。

④ 各个 u_i 间相互独立。

⑤ u_i 与自变量无关。

利用一元线性回归模型进行预测，需要估计出式中参数 a 和 b，建立以下的一元线性回归预测式（直线方程），即：

$$\hat{Y}_i = a + bX_i$$

应当注意的是，参数 a、b 的真实值与估计值是有区别的。为了方便起见，本章对这类参数的真实值和估计值都用相同的字母表示，但在上式中的 Y_i 上面，加了一个"ˆ"的记号，表示是实际值 Y_i 的估计值或预测值之意，该式中的 a、b 也是估计值。

求解 a 和 b 的最常用的方法是最小二乘法，其意义是使：

$$\sum_{i=1}^{n} u_i^2 = \sum_{i=1}^{n} (Y_i - \hat{Y}_i)^2 = \sum_{i=1}^{n} (Y_i - a - bX_i)^2$$

达到最小。为方便起见，本章以后不加特别说明，凡只写总和符号 $\sum$ 时都是指 $\sum_{i=1}^{n}$。

预测式中 $\sum u_i^2$ 这个量刻画了回归直线和散点的接近程度。回归直线不同（也就是 a、b 不同），其接近程度也不同。记为：

$$Q(a, b) = \sum (Y_i - a - bX_i)^2$$

根据微积分学中的求极值原理，对上式的 a 和 b 求偏导，可得下述方程组为：

$$\begin{cases} \dfrac{\partial Q}{\partial a} = -2 \sum (Y_i - a - bX_i) = 0 \\ \dfrac{\partial Q}{\partial b} = -2 \sum (Y_i - a - bX_i)X_i = 0 \end{cases}$$

简化成标准方程组为：

$$\begin{cases} \sum Y_i = na + b \sum X_i \\ \sum X_i Y_i = a \sum X_i + b \sum X_i^2 \end{cases}$$

联解上式方程组得 a 和 b 的方法就是最小二乘法，因为它保证在所有可能的直线方程中，用这种方法得到的方程能使剩余项的平方和 $\sum u^2$ 达到最小值。

把表 13-1 中的数据代入上式，得：

$$\begin{cases} 91.1 = 9a + 30.3b \\ 345.09 = 30.3a + 115.11b \end{cases}$$

解出这个方程组得 $b = 2.9303$，$a = 0.2568$。于是所求一元线性回归预测方程为：

$$\hat{Y}_i = 0.2568 + 2.9303X_i$$

用上述方程作预测前，还要先知道自变量的取值。现根据定性分析和时间序列预测到该地区 2013 年人均月收入为 5600 元（即 5.6 千元），则该地区 2013 年耐用消费品销售额的预测值（下标改为年份）为：

$$\hat{Y}_{2013} = 0.2568 + 2.9303 \times 5.6 = 16.67（千万元）$$

这里得到的 16.67 千元，或 16 670 元，是一个点预测值，实际值可能高于它，也可能低于它。而回归方法有一个最特殊的优点，就是能计算以回归预测式所得点预测值为中心的预测区间，也就是置信区间，并给出一定的置信度。为了计算点预测值的置信区间，就要计算点预测值误差的标准差。对于一元线性回归，其标准差的计算公式为：

$$S = \sqrt{\frac{1}{n-2} \sum (Y_i - \hat{Y}_i)^2} \times \sqrt{1 + \frac{1}{n} + \frac{(X_0 - \overline{X})^2}{\sum (X_i - \overline{X})^2}}$$

其中的 $\overline{X}=\dfrac{\sum X_i}{n}$，$X_0$ 为预测点的自变量值。

把例 13-1 有关数据代入标准差公式计算，得：

$$S=0.540\times\sqrt{1+\frac{1}{9}+\frac{(5.6-3.3667)^2}{13.10}}=0.659$$

置信概率可查 t 分布的检验表，取置信概率为 $1-\alpha=95\%$ 时，$t_{\alpha,n-2}=t_{0.5,7}=2.365$，则预测区间为：

$$\hat{Y}-2.365\times S=16.67-2.365\times0.659=15.111$$

$$\hat{Y}+2.365\times S=16.67+2.365\times0.659=18.228$$

即预测 2013 年耐用商品销售额在 15.111～18.228 千元的概率是 95%。预测区间的大小与置信概率的大小为同向关系，概率取得越高，预测区间就越大，但如果预测区间过宽，会使预测结果没有多大意义。预测区间的大小同预测点的远近也是正向关系，由标准差公式可知，当预测点 $\overline{X}_0$ 离 $\overline{X}$ 越远时，S 就越大，预测区间就越大。因此，如把不同 X_0 时的置信区间的上下限分别连成曲线，则当 $X_0=\overline{X}$ 时，置信区间最小；X_0 越远离 $\overline{X}$，区间就越大，呈喇叭状。

此外还需注意的是，用因果型回归方程预测，首先需确定自变量的取值。在某些情况下，自变量属于可控变量，如投资、税率等，可以人为地给定，这时的模型效果比较可靠。但在有的情况下，自变量 X 也是未知的，同样需要预测，这样只有当 X 的预测值比 Y 的预测值容易获得并且比较精确时，单方程因果型回归预测方法才有实际的应用意义。

13.1.3　多元线性回归预测法

当所需要预测的经济变量的变化是几个重要因素共同作用的结果，这时要选取几个自变量来建立回归方程，这就是多元回归问题。多元线性回归预测同一元线性回归预测的方法相似，但计算要烦琐得多。

如果两个自变量（用 X_1 和 X_2 表示）分别与一个因变量（用 Y 表示）呈线性相关时，可用二元线性回归模型描述：

$$Y_i=b_0+b_1X_{1i}+b_2X_{2i}+u_i$$

预测式为：

$$\hat{Y}_i=b_0+b_1X_{1i}+b_2X_{2i}$$

其中，回归参数（系数）b_0、b_1、b_2 由以下方程组解出：

$$\begin{cases}\sum Y_i=nb_0+b_1\sum X_{1i}+b_2\sum X_{2i}\\\sum X_{1i}Y_i=b_0\sum X_{1i}+b_1\sum X_{1i}^2+b_2\sum X_{1i}X_{2i}\\\sum X_{2i}Y_i=b_0\sum X_{2i}+b_1\sum X_{2i}X_{1i}+b_2\sum X_{2i}^2\end{cases}$$

三元线性回归模型是（以下有关于数据序号的下标 i 省写）：

$$Y=b_0+b_1X_1+b_2X_2+b_3X_3+u$$

预测式为：

$$\hat{Y} = b_0 + b_1 X_1 + b_2 X_2 + b_3 X_3$$

其中 b_0、b_1、b_2、b_3 由以下方程组解出：

$$\begin{cases} \sum Y = nb_0 + b_1 \sum X_1 + b_2 \sum X_2 + b_3 \sum X_3 \\ \sum X_1 Y = b_0 \sum X_1 + b_1 \sum X_1^2 + b_2 \sum X_1 X_2 + b_3 \sum X_1 X_3 \\ \sum X_2 Y = b_0 \sum X_2 + b_1 \sum X_2 X_1 + b_2 \sum X_2^2 + b_3 \sum X_2 X_3 \\ \sum X_3 Y = b_0 \sum X_3 + b_1 \sum X_3 X_1 + b_2 \sum X_3 X_2 + b_3 \sum X_3^2 \end{cases}$$

一般地，m 元自变量的回归模型是：

$$Y = b_0 + b_1 X_1 + b_2 X_2 + \cdots + b_m X_m + u$$

其中参数，b_0、b_1、b_2，$\cdots$，b_m 由以下方程组解出：

$$\begin{cases} \sum Y = nb_0 + b_1 \sum X_1 + b_2 \sum X_2 + \cdots + b_m \sum X_m \\ \sum X_1 Y = b_0 \sum X_1 + b_1 \sum X_1^2 + b_2 \sum X_1 X_2 + \cdots + b_m \sum X_1 X_m \\ \vdots \\ \sum X_m Y = b_0 \sum X_m + b_1 \sum X_m X_1 + b_2 \sum X_m X_2 + \cdots + b_m \sum X_m^2 \end{cases}$$

在自变量超过三个时，一般要用矩阵形式通过计算机才能解出参数。例 13 - 2 是二元线性回归预测方程的求解过程。

例 13 - 2 某地区 1987—2012 年的货运周转时 Y（单位：亿吨/公里）、工农业总产值 X_1（单位：亿元）和基建总投资 X_2（单位：亿元）的资料及有关计算见表 13 - 2。

表 13 - 2　二元线性回归方程计算表

年　份	Y	X_1	X_2	X_1^2	X_2^2	$X_1 X_2$	$X_1 Y$	$X_2 Y$
1987	0.90	0.50	0.04	0.25	0.001 6	0.02	0.45	0.04
1988	1.20	0.87	0.07	0.76	0.004 9	0.06	1.04	0.08
1989	1.40	1.20	0.10	1.44	0.01	0.12	1.68	0.14
1990	1.50	1.60	0.14	2.56	0.02	0.22	2.40	0.21
1991	1.70	1.90	0.55	3.61	0.30	1.05	3.23	0.94
1992	2.00	2.20	0.19	4.84	0.04	0.42	4.40	0.38
1993	2.05	2.50	0.20	6.25	0.04	0.50	5.13	0.41
1994	2.35	2.80	0.22	7.84	0.05	0.62	6.58	0.52
1995	3.00	3.60	0.35	12.96	0.12	1.26	10.80	1.05
1996	3.50	4.00	0.45	16.00	0.20	1.80	14.00	1.58
1997	3.20	4.10	0.36	16.81	0.13	1.48	13.12	1.15
1998	2.40	3.20	0.25	10.24	0.06	0.80	7.68	0.60
1999	2.80	3.40	0.24	11.56	0.06	0.82	9.52	0.67
2000	3.20	4.40	0.35	19.36	0.12	1.54	14.08	1.12
2001	3.40	4.70	0.38	22.09	0.14	1.79	15.93	1.29
2002	3.70	5.40	0.42	29.16	0.18	2.27	19.93	1.55

年　份	Y	X_1	X_2	X_1^2	X_2^2	X_1X_2	X_1Y	X_2Y
2003	4.00	5.65	0.45	31.92	0.20	2.54	22.60	1.80
2004	4.40	5.60	0.56	31.36	0.31	3.14	24.64	2.46
2005	4.35	5.70	0.57	32.49	0.32	3.25	24.80	2.48
2006	4.34	5.90	0.56	34.81	0.31	3.30	25.61	2.43
2007	4.35	6.30	0.52	39.69	0.27	3.28	27.41	2.26
2008	4.40	6.65	0.53	44.22	0.28	3.52	29.26	2.33
2009	4.55	6.70	0.54	44.89	0.29	3.62	30.49	2.46
2010	4.70	7.05	0.57	49.70	0.32	4.02	33.14	2.68
2011	4.60	7.06	0.58	49.84	0.34	4.09	32.48	2.67
2012	5.20	7.30	0.70	53.29	0.49	5.11	37.96	3.64
$\sum$	83.19	110.28	9.89	577.94	4.61	50.64	418.46	36.94

解　由公式和表 13 - 2，可得：

$$\begin{cases} 83.19 = 26b_0 + 110.28b_1 + 9.89b_2 \\ 418.46 = 110.28b_0 + 577.94b_1 + 50.64b_2 \\ 36.94 = 9.89b + 50.64b_1 + 4.61b_2 \end{cases}$$

解出：
$$\begin{cases} b_0 = 0.644 \\ b_1 = 0.534 \\ b_2 = 0.764 \end{cases}$$

因此预测式是：

$$\hat{Y}_i = 0.644 + 0.534X_{1i} + 0.764X_{2i}$$

13.1.4　非线性回归预测方法

在进行因果关系的回归预测时，常遇到的问题是因变量和自变量间的关系并不是线性关系，而是非线性关系。这时通常采用变量代换法将非线性关系线性化，再按照线性模型的方法处理。

例如，模式是指数型：

$$\hat{Y} = ab^X$$

可对方程两边取对数：

$$\lg \hat{Y} = \lg a + X\lg b$$

令 $\hat{Y}' = \lg \hat{Y}$，$a' = \lg a$，$b' = \lg b$，则得一元性模式：

$$\hat{Y}' = a' + b'X$$

又如模式是高次方程时：

$$\hat{Y}' = a + bX + cX^2 + dX^3 + \cdots$$

只要令 $X_1 = X$, $X_2 = X^2$, $X_3 = X^3$, …, 就可转化为多元线性模式:

$$\hat{Y} = a + bX_1 + cX_2 + dX_3 + \cdots$$

下面以双曲线回归预测为例, 说明非线性模式化为线性模式进行预测的方法。

例 13-3 某商店各个时期的商品流通费用水平和零售额资料如表 13-3 所示。

表 13-3 某商店商品零售额和流通费水平双曲线回归预测表

商品零售额 X/万元	商品流通费水平 Y/%	$X' = \dfrac{1}{X}$	$(X')^2$	YX'
9.5	6.0	0.105	0.011 03	0.63
11.5	4.6	0.087	0.007 56	0.40
13.5	4.0	0.074	0.005 49	0.30
15.5	3.2	0.065	0.004 16	0.21
17.5	2.8	0.057	0.003 27	0.16
19.5	2.5	0.051	0.002 63	0.13
21.5	2.4	0.047	0.002 16	0.11
23.5	2.3	0.043	0.001 81	0.10
25.5	2.2	0.039	0.001 54	0.09
27.5	2.1	0.036	0.001 32	0.08
$\sum$	32.1	0.604	0.040 97	2.21

如果绘制散点图, 可以观察到表 13-3 中的原始数据近似呈双曲线形状。因此, 可以用双曲线来描述商品零售额与流通费水平之间的数量变化规律, 并预测未来。

为了求得双曲线预测式 $\hat{Y} = a + b\dfrac{1}{X}$ 中 a 和 b 两个参数, 可以先将此式化为线性方程。令 $\dfrac{1}{X} = X'$, 则 $\hat{Y} = a + bX'$, 然后采用小二乘法解出参数。计算过程参照表 13-3, 将表列有关数据代入以下标准方程组:

$$\begin{cases} \sum Y = na + b\sum X' \\ \sum YX' = a\sum X' + b\sum (X')^2 \end{cases}$$

得:

$$\begin{cases} 32.1 = 10a + 0.604b \\ 2.21 = 0.604a + 0.040\ 97b \end{cases}$$

解出 $a = -0.437\ 7$, $b = 60.4$, $\hat{Y} = -0.437\ 7 + 60.4X'$

因 $X' = \dfrac{1}{X}$, 所以:

$$\hat{Y} = -0.437\ 7 + 60.4\frac{1}{X}$$

如该商店下期的商品零售额估计为 28 万元, 若这个估计数是符合实际的, 则可预测下期的流通费水平为:

$$\hat{Y} = -0.437\ 7 + 60.4 \times \frac{1}{28} = 1.72\%$$

13.1.5　回归模型的统计检验

回归技术是一种比较严格的数学方法，在对预测精度要求比较高的情况下，回归模型用于预测前，应做一些数理统计方面的检验。

1. 相关性检验

变量 Y 与 X 之间是否存在线性相关的问题，前面是通过散点图，用目测的方法来解决，但这样确定比较粗略并且不方便。现在给出一个数量化的指标——（线性）相关系数，能较精确地描述两变量之间线性相关的密切程度。通常用字母 r 表示相关系数。r 的计算式是：

$$r = \frac{n\sum X_i Y_i - \left(\sum X_i\right)\left(\sum Y_i\right)}{\sqrt{\left[n\sum X_i^2 - \left(\sum X_i\right)^2\right]\left[n\sum Y_i^2 - \left(\sum Y_i\right)^2\right]}}$$

相关系数 r 的数值介于 -1 和 $+1$ 之间，计算结果为正数表示正相关，负数表示负相关，计算结果为 0 表示不相关。r 的绝对值越接近于 1，说明相关性越强；越接近于 0，则相关性越弱。对于表 13-1 中 Y 与 X 间的相关系数，可用表 13-1 的有关数据代入上式算得：

$$r = \frac{9\times345.09 - 30.3\times91.1}{\sqrt{(9\times115.11 - 30.3^2)(9\times1\,036.65 - 91.1^2)}} = 0.991$$

对于多元回归问题，还可以计算复相关系数和偏相关系数。但一般来说，采用 F 检验法和 t 检验法来考察变量间的线性假设将更方便、更全面。

2. 显著性检验

1）相关系数的显著性检验

相关系数 r 的绝对值比较大时，用直线来近似地描述 Y 与 X 的相关关系，才有实用价值。那么，r 应该大到什么程度才表示两变量间的线性相关关系是显著的呢？这同数据点的个数即样本大小有关。下面用图 13-2 来突出地说明这个问题。如图 13-2(a) 所示，它只有 4 个点，即 $n=4$，这时似乎配以直线很合理，由此计算的线性相关系数可能大到 $r=0.90$。但是，若多取几个点子，则可能如图 13-2(b) 所示，它显示出 X 与 Y 不成直线相关，因此在 $n=4$ 的场合，虽然 $r=0.90$，还不能说明 X 和 Y 线性相关，这主要是因为 n 太小了。检验相关系数用显著的方法比较简便，统计学家已经按照有关理论编制出相关系数检验表（也称相关系数检验临界值表，见附录 A），其中在只有 X 和 Y 两个变量时，自由度为 $n-2$。表中的数值是相关系数显著的起码值，通常称其为临界值，记作 r_a。如果相关系数 r 在某个显著性水平 α（一般取 0.05）下超过了临界值，我们就认为 r 在这个显著性水平下同 0 显著不同；否则，就认为这个 r 同 0 无显著差异，这说明两变量间无线性相关。

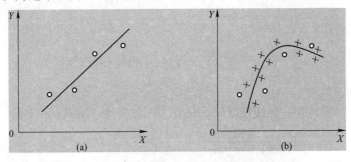

图 13-2　相关系数的显著性检验

例 13 - 4 若 $n=4$，$r=0.90$，问在 $\alpha=0.05$ 下，r 同 0 的差异是否显著?

查附录 A（相关系数检验临界值表），当 $\alpha=0.05$，$n-2=2$ 时，可得 $r_{0.05}=0.95$。由于 $r=0.90<0.95$，故在显著性水平 $\alpha=0.05$ 下认为 r 同 0 的差异不显著，即在 4 个数据点情况下，相关系数 $r=0.90$ 和表示两变量无线性相关的 $r=0$ 没有显著的不同。

例 13 - 5 检验表 13 - 1 中 X 与 Y 的直线相关性是否显著。

已知 $n=9$，$r=0.991$，$\alpha=0.05$ 及自由度数 $=9-2=7$，查表知得 $r_{0.05}=0.666$。由于 $r=0.991>0.666$，故在显著性水平 $\alpha=0.05$ 下认为，或者说以 $(1-\alpha)\times100\%=95\%$ 的置信概率认为，表 13 - 1 中两变量线性相关显著。

2）回归方程的显著性检验

用以判定回归的效果是否显著，即用所配合的回归方程来解释因变量的变化是否有效，可用 F 检验法。

（1）计算剩余平方和 $S_{剩}$。

$$S_{剩} = \sum_{i=1}^{n}(Y_i - \hat{Y}_i)^2$$

式中：Y_i 为观察值；$\hat{Y}_i$ 为拟合值；n 为样本容量（数据点个数）。

（2）计算回归平方和 $S_{回}$。

$$S_{回} = \sum_{i=1}^{n}(\hat{Y}_i - \overline{Y})^2$$

$$\overline{Y} = \frac{1}{n}\sum_{i=1}^{n}Y_i$$

（3）计算统计量 F 的值。

$$F = \frac{S_{回}/m}{S_{剩}/(n-m-1)}$$

式中，m 为回归方程中自变量个数。

（4）查表检验显著性。

按显著性水平 α 查 F 分布表（第一自由度为 m，第二自由度为 $n-m-1$），得到临界值 F_α。若统计量的值 $F>F_\alpha$，则认为回归效果显著；否则，即认为回归效果不显著。F 分布表见附录 B。

例 13 - 6 对表 13 - 1 的回归方程作 F 检验。

① 计算剩余平方和。

$$S_{剩} = \sum_{i=1}^{9}(Y_i - \hat{Y}_i)^2 = 2.041\,5$$

② 计算回归平方和。

$$S_{回} = \sum_{i=1}^{9}(\hat{Y}_i - \overline{Y})^2 = 112.493\,5$$

其中，$\overline{Y}=10.12$。

③ 计算 F 值，因为是一元线性回归，只有一个自变量，所以 $m=1$。

$$F = \frac{S_{回}/m}{S_{剩}/(n-m-1)} = \frac{112.493\,5}{2.041\,5/7} = 385.72$$

④ 查表检验显著性。

取显著水平 $\alpha=0.05$，第一自由度 $m=1$，第二自由度 $n-m-1=7$。查附表 B 的 F 分布表得临界值 $F_{0.05}=5.59$，因为 $F=385.72>5.59$，所以回归效果显著。

3）回归系数的显著性检验

用以判定回归方程中的系数（参数）作用是否显著，可用 t 检验法。

在多元回归中，如果某个自变量 X 对因变量 Y 的作用不显著，则该 X 前的系数就可看作 0。但需注意，回归系数同 0 的差异是否显著，不能根据系数绝对值的大小来判断，而要根据统计假设检验的理论进行检验，因为系数值的大小要受变量计量单位的影响。例 13-1 中得到的回归方程，自变量 X 前的系数是 2.930 3，倘若把 X 的单位由百元改为十元，则 X 前的系数就要缩小 10 倍，成了 0.293 03，但实际上它们的作用完全是等价的。

对于一元回归问题，回归系数的 t 检验和相关系数检验、回归方程检验的作用是一致的，只要检验其中之一就可以了。但在多元回归方程中就不同，要对各个 X 前的回归系数逐一进行统计检验，这时回归系数的检验就显得很重要，不能用前述两种检验取代。下面给出回归系数 t 检验的步骤。

（1）计算 σ。

$$\sigma=\sqrt{\frac{\sum\limits_{i=1}^{n}(Y_i-\hat{Y}_i)^2}{n-m-1}}$$

（2）计算 $\sqrt{C_{ij}}$，C_{ij} 是下列矩阵 $\boldsymbol{L}$ 的逆矩阵 $\boldsymbol{L}^{-1}$ 中 i 行 j 列元素（即逆矩阵 $\boldsymbol{L}^{-1}$ 主对角线上的第 j 个元素）。

$$\boldsymbol{L}=\begin{bmatrix} l_{11} & l_{12} & \cdots & l_{1m} \\ l_{21} & l_{22} & \cdots & l_{2m} \\ \vdots & \vdots & & \vdots \\ l_{m1} & l_{m2} & \cdots & l_{mn} \end{bmatrix}$$

这里，$l_{ij}=l_{ji}=\sum\limits_{i=1}^{n}(X_{it}-\overline{X}_i)(X_{jt}-\overline{X}_j)\quad(i,j=1,2,\cdots,m)$

式中：X_{it} 为第 i 个自变量的第 t 个观察值；$\overline{X}_i$ 为第 i 个自变量观察值的平均数，$\overline{X}_i=\frac{1}{n}\sum\limits_{t=1}^{n}X_{it}$；$X_{jt}$ 为第 j 个自变量的第 t 个观察值；$\overline{X}_j$ 为第 j 个自变量观察值的平均数，$\overline{X}_j=\frac{1}{n}\sum\limits_{t=1}^{n}X_{jt}$。

（3）计算统计量 t_j。

$$t_j=\frac{b_j}{\sigma\sqrt{C_{ij}}}\quad(j=1,2,\cdots,m)$$

b_j 为第 j 个自变量前的系数。

（4）查表检验显著性。

按显著性水平 α 查自由度 $f=n-m-1$ 的 t 的分布表（附录 C）得到临界值 t_α。若统计量的绝对值 $|t_j|>t_\alpha$，认为回归系数 b_j 与 0 有显著差异，相应的自变量 X_j 就保留在回归方程中；若 $|t_j|<t_\alpha$，认为回归系数 b_j 与 0 无显著差异，这时相应的自变量 X_j 就被判定在回归方程中不起什么作用，应从回归方程中剔除，重新建立更为简单的模型，在有些情况下，

一个多元回归方程中可能同时有几个回归系数的 t 检验通不过，一般应先剔除其中最小值 t 值对应的那个自变量后再作回归，然后再对新的回归系数逐个检验，这样反复进行到余下的回归系数都显著时为止。

3. 剩余项和自相关检验

运用回归法预测时，要求回归模型的剩余项 u_i 之间是相互独立的。如果满足这个条件，则各个 u_i 之间就没有相关关系，即不存在自相关或序列相关。检验剩余项是否存在自相关，可用 DW 检测法，或通过计算剩余项的自相关系数来考察。这里简要介绍 DW 检测法。

首先是计算 DW 统计量，公式为：

$$DW = \frac{\sum_{i=2}^{n} (u_i - u_{i-1})^2}{\sum_{i=1}^{n} u_i^2}$$

其中：

$$u_i = Y_i - \hat{Y}_i$$

然后将上式计算的 DW 值，与德宾-瓦逊（Durbin 和 Watson 是发明 DW 检验法的学者）给出的不同显著性水平 α 的 DW 值的上限 d_u 和下限 d_L（它们与样本容量 n 和自变量个数 m 有关）进行比较。DW 的取值域在 0～4 之间，在 DW 小于、等于 2 时，DW 检验法规定：如 DW$<d_L$，认为 u_i 存在正自相关；如 DW$>d_u$，认为 u_i 无自相关；如 $d_L<$DW$<d_u$，不能确定 u_i 是否有自相关。在 DW>2 时，DW 检验法规定：如 4$-$DW$<d_L$，认为 u_i 存在负自相关；如 4$-$DW$>d_u$，认为 u_i 无自相关；如 $d_L<4-$DW$<d_u$，不能确定 u_i 是否有自相关。

检验的临界域如图 13-3 所示。

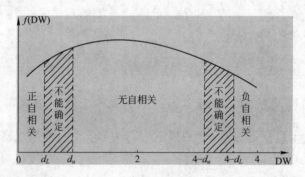

图 13-3 DW 检验临界域

由图 13-3 可看出，DW 值＝2 时最好。根据经验，若 DW 值为 1.5～2.5，一般可表示无明显的自相关问题。如果检验结果表明剩余项存在自相关，需要通过数据变换来取消它，这方面内容涉及比较深的经济计量理论，在此不加论述。

例 13-7 对例 13-1 的回归模型作 DW 检验。

根据表 13-1 的资料，可算得：

$$DW = \frac{\sum_{i=2}^{9} (u_i - u_{i-1})^2}{\sum_{i=1}^{9} u_i^2} = \frac{4.106}{2.045} = 2.01$$

因 DW 值很接近 2，可认为该模型不存在自相关或序列相关。

应当指出，以上所介绍的回归模型的数理检验，并不能取代对模型的逻辑检验。按照先后顺序，逻辑检验是一级检验，数理检验是二级检验。一般过程是，得出回归方程后先从逻辑上检查方程能否成立，特别是要检查变量前系数的符号是否合乎经济意义；要逻辑检验通过后再作数理统计的检验。如果自变量与因变量的关系在逻辑上具有同向关系（如人均收入与消费需求的关系），而得出的方程却表示它们呈反向关系（自变量前的符号为负），这时就应检查原因，加以纠正。在多元回归中，出现这种情况很可能是多重共线性（即自变量与自变量之间具有高度的线性相关）引起的，一般的做法是把系数符号不合逻辑意义的那个自变量剔除，再建立回归模型。

13.2　动态回归预测法

13.2.1　单元线性回归外推预测

单元回归有一次与高次（如二次、三次）之别。一元一次回归是直线性回归，一元高次回归是非线性回归。这里介绍的是一元一次线性回归外推预测法，一元一次线性外推预测方程为：

$$\hat{Y}_{t+T} = a_0 + b_1 \hat{X}_{t+T}$$

式中的 $\hat{Y}_{t+T}$ 是自变量 X 数列在 t 期向前预测 T 期的数值，其数值需要利用时间数列预测法对 X 数列选用适当的公式求得。在取得 a_0 和 b_1 两个参数的估计值后，就可将这个自变量预测值代入上式，推算出因变量的预测值 $\hat{Y}_{t+T}$ 来。

设某商店 10 个时期的商品零售额（X）与商品流通费水平（Y）资料如表 13-4 所示。

表 13-4　线性回归时间数列计算资料

时间顺序 t	商品零售额 X_t/万元	流通费用率/%	$1/Y_t$	$X_t(1/Y_t)$
0	3.14	3.15	0.314 6	0.996 824
1	3.09	2.31	0.432 90	1.337 661
2	3.22	2.07	0.483 09	1.555 550
3	3.40	2.98	0.335 57	1.140 938
4	3.44	2.38	0.420 17	1.445 385
5	3.41	3.20	0.312 50	1.065 625
6	4.74	2.23	0.448 43	2.125 558
7	5.86	2.08	0.480 77	2.817 312
8	8.23	1.96	0.510 20	4.198 946
9	10.03	1.63	0.613 497	6.153 375
合计	48.56	—	4.354 587	22.837 174

先求 Y 与 X 回归方程。本资料适宜用双曲线配合，使用最小平方法得双曲线方程为：

$$\frac{1}{Y_t} = a + bX_t$$

$$b = \frac{n \sum X_t \dfrac{1}{Y_t} - \sum X_t \sum \dfrac{1}{Y_t}}{n \sum X_t^2 - \left(\sum X_t\right)^2}$$

$$= \frac{10 \times 22.837\,174 - 48.56 \times 4.354\,587}{10 \times 289.938\,8 - 48.56^2}$$

$$= 0.031\,244\,3$$

$$a = \left(\frac{\overline{1}}{Y_t}\right) - b\overline{X}_t = 0.435\,458\,7 - 0.031\,244\,3 \times 4.856 = 0.283\,736\,4$$

方程：
$$\frac{1}{Y_t} = 0.283\,736\,4 + 0.031\,244\,3 X_t$$

预测公式：
$$\frac{1}{\hat{Y}_{t+T}} = 0.283\,736\,4 + 0.031\,244\,3 \hat{X}_{t+T}$$

为了求得 $\hat{X}_{t+T}$ 值，需要对 X 数列配合一个预测过程，本例根据 X 数列的特点，可配合一条指数增长曲线（水平法）：

$$\hat{X}_t = 3.14 \times 1.138^t$$

现有外推预测第 10 期及第 14 期数值如下。

先预测 X：

$$t = 10, \qquad \hat{X}_{10} = 3.14 \times 1.138^{10} = 11.44\,(\text{万元})$$

$$t = 14, \qquad \hat{X}_{14} = 3.14 \times 1.138^{14} = 19.18\,(\text{万元})$$

然后将 X 的预测值代入已求出的双曲线回归方程，求 Y 的预测值：

$$\frac{1}{\hat{Y}_{10}} = 0.283\,736\,4 + 0.031\,244\,3 \times 11.44 = 0.641\,171$$

$$\hat{Y}_{10} = 1.559\,646\,(\text{或} 1.56\%)$$

$$\frac{1}{\hat{Y}_{14}} = 0.283\,736\,4 + 0.031\,244\,3 \times 19.18 = 0.883\,002$$

$$\hat{Y}_{14} = 1.132\,500\,(\text{或} 1.13\%)$$

这种预测的可靠性有问题，后面再加以说明。

13.2.2　多元线性回归外推预测

多元线性回归预测公式的一般形式是：

$$\hat{Y}_{t+T} = a_0 + b_1 X_{1 \cdot t+T} + b_2 X_{2 \cdot t+T} + \cdots + b_n X_{n \cdot t+T}$$

自变量 X 的数目越多，求解方程式也越困难，在这种情况下，有必要预先用数理统计方法进行处理。例如，用相关系数在众多的自变量中进行筛选，剔除与因变量关系不大的自变量，或从两个有高度相关的自变量中取其一而舍掉另一个。经过这种反复淘汰，最后保留少数与因变量关系最密切的自变量，这样既可保证回归预测的可靠性，又不致使计算量过大。

下面举一个三元一次回归的例子。

例 13-8　设有某工厂 1—9 月份生产铸件的总成本与劳动消耗量、耗电量及生铁用量的资料，以劳动量、电耗及生铁用量作为影响总成本的三个因素，用回归法求方程，再进行外推预测。资料如表 13-5 所示。

表 13-5　三元一次线性回归资料

月　　份	1	2	3	4	5	6	7	8	9
总成本/万元 Y	5.1	5.5	4.8	4.6	5.2	5.0	4.3	4.9	5.7
劳动量/千时 X_1	4.1	4.5	3.7	3.6	5.4	5.1	3.2	3.9	4.5
耗电量/万千瓦时 X_2	2.6	2.8	2.4	2.4	2.7	2.5	2.0	2.6	2.8
生铁用量/百吨 X_3	3.8	4.0	3.6	3.3	3.8	3.7	3.0	3.7	4.2

用最小平方法求解的回归方程为：

$$\hat{Y}_{t+T}=0.668\,135+0.025\,548X_{1\cdot t+T}+0.069\,03X_{2\cdot t+T}+1.104\,055X_{3\cdot t+T}$$

为了进行外推回归预测，必须先设法求出三个自变量的预测值。本资料的特点是：时间短，只有 9 个时间数值，而且三个自变量都没有明显的趋势，不便配合趋势线外推预测。这里可用指数平滑法，一次平滑可外推预测一期。如果再往前推测几期，则可用非模型预测法，如调查研究预测，根据本厂的生产条件发展情况和市场对铸件的需求情况，预测今后几个月或更长时期劳动消耗量、电耗及生铁用量，将预测结果代入回归式中，预测总成本的变化。现在试用一次指数平滑法向前预测一期。设 $\alpha=0.7$，初始值用第一期值，求出自变量各月的预测值，如表 13-6 所示。

表 13-6　自变量指数平滑预测

月　份	2	3	4	5	6	7	8	9	10
$\hat{X}_{1\cdot t+1}$	4.1	4.4	3.9	3.7	4.9	5.0	3.7	3.8	4.3
$\hat{X}_{2\cdot t+1}$	2.6	2.7	2.5	2.4	2.6	2.5	2.2	2.5	2.7
$\hat{X}_{3\cdot t+1}$	3.8	3.9	3.7	3.4	3.7	3.7	3.2	3.6	4.0

将 10 月份的三个预测值代入回归式，得 10 月份总成本的预测值为：

$$Y_{10}=0.668\,135+0.255\,48\times4.3+0.069\,03\times2.7+1.104\,055\times4.0$$
$$=5.38（万元）$$

13.2.3　自身回归外推预测

关于自身回归的基本模型，统计学课程都有涉及，这里仅就外推预测方法加以叙述。在单元线性自身回归中，作为自变量使用的是一个时间数列的前一期或前 T 期的变量值，预测公式是：

错后 1 期回归：　　　　　　　　$\hat{X}_{t+1}=a+bX_t$

错后 T 期回归：　　　　　　　　$\hat{X}_{t+T}=a'+b'X_t$

在错后 1 期的自身回归中，只能从 t 期向前预测 1 期，即预测 $t+1$ 期值；在错后 T 期回归中，则只能从 t 期向前预测 T 期，即预测 $t+T$ 期值。在多元线性自身回归中，自变量有两个以上，即有从错后 1 期变量（X_{t-1}）开始，直到错后 n 期的变量（X_{t-n}）为止的所有 n 个自变量，它们都同时与因变量 X_t 回归。多元线性自身回归的预测公式为：

$$\hat{X}_t = a_0 + b_1 X_{t-1} + b_2 X_{t-2} + b_3 X_{t-3} + \cdots + b_n X_{t-n}$$

或写成：

$$\hat{X}_{t+1} = a_0 + b_1 X_t + b_2 X_{t-1} + b_3 X_{t-2} + \cdots + b_n X_{t-n+1}$$

实际上，超过二元以上的自身回归计算复杂，用途不大。下面举的例子是错后 1 期和错后 3 期的单元线性自身回归。

例 13 - 9   某地区 2002—2012 年按 2002 年不变价格计算的农业总产值资料，如表 13 - 7 所示。

表 13 - 7   错后 1 期和错后 3 期自身回归资料　　　　　　　　　　　　亿元

年　别	2002	2003	2004	2005	2006	2007	2008	2009	2010	2011	2012
农业总产值 X_t	109	108	118	123	129	132	134	146	158	163	172
错后 1 期 X_{t-1}	—	109	108	118	123	129	132	134	146	158	163
错后 3 期 X_{t-3}	—	—	—	109	108	118	123	129	132	134	146

从表 13 - 7 可见，一个 11 项的时间数列资料，用错开 1 期求自身回归，可有 10 对数值，而错后 3 期，就只剩 8 对了。得出的两个回归方程分别是：

错后 1 期：　　　　　　　　　　$\hat{X}_{t+1} = -3.97 + 1.077\,8 X_t$

错后 3 期：　　　　　　　　　　$\hat{X}_{t+3} = -19.848 + 1.317\,1 X_t$

本例 $X_t = 172$，用 $\hat{X}_{t+1}$ 预测：

2013 年预测：　　　　　　　$\hat{X}_{t+1} = -3.97 + 1.077\,8(172) = 181.4$（亿元）

用 $\hat{X}_{t+3}$ 预测：　　　　　　$\hat{X}_{t+3} = -19.848 + 1.317(172) = 206.7$（亿元）

本例根据错后 3 期自身回归预测的 2015 年农业总产值为 206.7 亿元，不如错后 1 期预测的 2013 年的 181.4 亿元可靠，这是由于一个时间数列的最近值（前 1 期）最重要，表明最近的水平也是进行预测的最重要根据。如果舍此而与 3 期前的值回归，如无特殊理由，是欠妥的。所以，单元线性自身回归一般以错后 1 期为宜，错后多期要慎重，只有存在着明显的周期性变动时，才可按周期数错后回归。

13.2.4　回归预测的一些实际问题

关于用回归模型进行动态外推预测，还有以下几个具体问题应当注意。

1. 关于回归预测的内插推算与外推推算问题

估计回归方程中参数值所根据的资料是有限的样本资料，由所估算的参数值求出回归方程只能有效地说明在样本资料范围内各变量之间的因果关系。这个问题在统计学中已加以说明。由于统计预测是一种动态外推预测，这个问题就更突出了。在没有明显升降变动趋势的资料中，动态外推预测问题不大；但社会经济统计资料大多有趋势的变动，因此动态外推预测的有效性是有问题的。关于没有明显变动趋势的，例在前面的三元一次线性回归预测例子

（见表 13－5）中，X_1 变量值最低是 3.2，最高是 5.4，而预测值是 4.3，未出此范围；X_2 变量值最低是 2.0，最高是 2.8，预测是 2.7，未出范围；X_3 最低是 3.0，最高是 4.2，预测是 4.0，也未出范围，这属内插回归预测性质，是一种有效的预测。关于有变动趋势的，例如：在一元一次回归算例（见表 13－4）中，自变量 X 的最低值是 3.09 万元，最高值是 10.03 万元，而外推预测是 13.02 万元及 21.83 万元，都远远超出了资料的数值范围。把这种外推预测值代入所求出的双曲线回归方程，用来推算流通费用率 Y，是靠不住的。这主要是因为延长了的样本资料的回归关系，常常会发生本质的变化，原来的回归方程不适用了。例如，对原给的资料配合一条直线回归线是合适的，但延长了的资料也许要改换为某种曲线回归模型，忽视这点是错误的。

2. 关于时间数列之间的回归问题

要进行动态外推预测，就必须使用时间数列，至少要有两个时间数列，探讨其间的因果变动关系。在选定什么时间数列与什么时间数列回归时，必须认真研究它们之间是否真正存在着因果变动关系，不要为表面假象所迷惑，算出虚假的回归。例如，我国钢铁产量是不断增长的，市场上啤酒的销售量也是不断增长的，这两个变量都明显地随时间而变。如果在它们之间计算一个回归方程，所反映的"因果关系"是没有意义的。

3. 关于时间数列的领先和落后问题

在有密切联系的时间数列中，常有自变量领先（因变量落后）的情况，可以在回归预测方程中加以反映。例如，在单元线性回归预测中，若自变量的变动领先 h 期，则回归方程可写成：

$$Y_t = a_0 + b_1 X_{t-h}$$

式中的 X_{t-h} 是领先变量 X 从 t 期后推 h 期的变值，以此值与 t 期的因变量值 Y_t 回归，要写成预测的形式，上式应改为：

$$\hat{Y}_t = a_0 + b_1 X_{t-h}$$

自变量领先对因变量所造成的影响，往往不局限于某一个时期，而是逐渐扩散到以后若干个时期内。例如，消费者往往不能立即完全适应新的物价水平，某种商品价格上升或下降的影响，可持续一个相当长的时间，形成自变量值落后的分布。这样，回归预测方程式可写为：

$$\hat{Y}_{t+1} = a_0 + b_1 X_t + b_2 X_{t-1} + \cdots + b_h X_{t-h+1}$$

这是多元线性回归的形式。

案例分析

公路客货运输量多元线性回归预测方法探讨

一、背景

公路客、货运输量的定量预测，近几年来在我国公路运输领域大面积广泛地开展起来，并有效地促进了公路运输经营决策的科学化和现代化。

关于公路客、货运输量的定量预测方法很多，本文主要介绍多元线性回归方法在公路客货运输量预测中的具体操作。多元线性回归方法是对公路客、货运输量预测的一种置信度较高的有效方法。

二、多元线性回归预测

线性回归分析法是以相关性原理为基础的。相关性原理是预测学中的基本原理之一。由于公路客、货运输量受社会经济有关因素的综合影响，所以多元线性回归预测首先是建立公路客、货运输量与其有关影响因素之间线性关系的数学模型。然后通过对各影响因素未来值的预测推算出公路客货运输量的预测值。

三、公路客、货运输量多元线性回归预测方法的实施步骤

1. 影响因素的确定

(1) 客运量影响因素

人口增长量及保有量、国民生产总值、国民收入、工农业总产值，基本建设投资额、城乡居民储蓄额、铁路和水运客运量等。

(2) 货运量影响因素

人均货车保有量（包括拖拉机），国民生产总值，国民收入、工农业总产值、基本建设投资额、主要工农业产品产量、社会商品购买力、社会商品零售总额、铁路和水运货运量等。

上述影响因素仅是对一般而言，在针对具体研究对象时会有所增减。因此，在建立模型时只须列入重要的影响因素，对于非重要因素可不列入模型中。若疏漏了某些重要的影响因素，则会造成预测结果的失真。另外，影响因素太少会造成模型的敏感性太强；反之，若将非重要影响因素列入模型，则会增加计算工作量，使模型的建立复杂化并增大随机误差。

影响因素的选择是建立预测模型首要的关键环节，可采取定性和定量相结合的方法进行。影响因素的确定可以通过专家调查法，其目的是为了充分发挥专家的聪明才智和经验。

具体做法就是通过对长期从事该地区公路运输企业和运输管理部门的领导干部、专家、工作人员和行家进行调查。可通过组织召开座谈会，也可以通过采访、填写调查表等方法进行，从中选出主要影响因素，为了避免影响因素确定的随意性，提高回归模型的精度和减少预测工作量，可通过查阅有关统计资料后，再对各影响因素进行相关度和共线性分析，从而再次筛选出最主要的影响因素。由于公路运输经济自身的特点，影响公路客、货运输量的诸多因素之间总是存在着一定的相关性，特别是与国民经济有关的一些价值型指标。

我们研究的不是有无相关性问题而是共线性的程度，如果影响因素之间的共线性程度很高，首先会降低参数估计值的精度。关于共线性程度的判定，在预测学上，一般认为当 $r_{ij} > R^2$ 时，共线性是严重的，其含义是，多元线性回归方程中所含的任意两个自变量 x_i，x_j 之间的相关系数 r_{ij} 大于或等于该方程的样本可决系数 R^2 时，说明自变量中存在着严重的共线性问题。

2. 建立经验线性回归方程利用最小二乘法原理寻求使误差平方和达到最小的经验线性回归方程：$y = a_0 + a_1 x_1 + a_2 x_2 + \cdots + a_n x_n$

式中：y 为预测的客、货运量，x 为各主要影响因素。

3. 数据整理

对收集的历年客、货运输量和各主要影响因素的统计资料进行审核和加工整理，是为了保证预测工作的质量。

资料整理主要包括下列内容：

(1) 资料的补缺和推算；

（2）对不可靠资料加以核实调整，对查明原因的异常值加以修正；

（3）对时间序列中不可比的资料加以调整和规范化，对按当年价格计算的价值指标应进行折算。

3. 多元线性回归模型的参数估计

在经验线性回归模型中，a_0，a_1，a_2，$\cdots$，a_n 是要估计的参数，可通过数理统计理论建立模型来确定。

对于估计的参数要进行检验，一般检验工作须从以下几方面来进行。

1）经济意义检验

关于经济预测的数学模型，首先要检验模型是否有经济意义，若参数估计值的符号和大小与公路运输经济发展以及经济判别不符合时，这时所估计的模型就不能或很难解释公路运输经济的一般发展规律，此时就应抛弃这个模型，需要重新构造模型或重新挑选影响因素。

2）统计检验

统计检验是数理统计理论的重要内容，用于检验模型估计值的可靠性。通常，在公路客、货运量预测中应采用的统计检验如下。

（1）拟合度检验

所谓拟合度，是指所建立的模型与观察的实际情况轨迹是否吻合、接近，接近到什么程度。统计学是通过构造统计量 R^2 来量度的，R^2 可由样本数据计算得出。若建立的模型愈接近于实际，则 R^2 愈接近于 1。

（2）回归方程的显著性检验

回归方程的显著性检验是通过方差分析构造统计量 F 来进行的，统计量 F 是通过样本数据计算得出的。当给定某一置信度后，可以通过查阅 F 表来确定回归模型从总体效果来看是否可以采纳。

（3）参数估计值的标准差检验

估计值的标准差是衡量估计值与真实参数值的离差的一种量度。参数的标准差越大，估计值的可靠性也就越小；反之，如果标准差越小，那么估计值的可靠性也就越大。参数值标准差的检验，可以通过构造统计量来进行量度。当给定某一置信度后，可以通过查表来确定模型中某个参数估计值的可靠性。

应当强调指出，统计检验相对于经济意义检验来说是第二位的。如果经济意义检验不合理，那么即使统计检验可以达到很高的置信度，也应当抛弃这种估计结果，因为用这样的结果来进行经济预测是没有意义的。

4. 最优回归方程的确定

经过上述的经济意义和统计检验后，挑选出的线性回归方程往往是好几个，为了从中优选出用于进行实际预测的方程，可以采用定性和定量相结合的办法。

从数理统计的原理来讲，应挑选方程的剩余均方和较小为好，但作为经济预测还必须尽量考虑到方程中的影响因素更切合实际和其未来值更易把握的原则来综合考虑。当然，有时也可以从中挑选出好几个较优的回归方程，通过预测后，分别作为不同的高、中、低方案以供决策人员选择。

5. 模型的实际预测检验

在获得模型参数估计值后，除了通过上述一系列检验选出的最优（或较优）回归方程，还必须对模型的预测能力加以检验。不难理解，最优回归方程对于样本之间来说是正确的，但是对用于实际预测是否合适呢？为此，还必须研究参数估计值的稳定性及相对于样本容量变化时的灵敏度，也必须研究确定估计出来的模型是否可以用于样本观察值以外的范围，其具体做法如下。

（1）将增大样本容量以后模型估计的结果与原来的估计结果进行比较，并检验其差异的显著性。

（2）把估计出来的模型用于样本以外某一时间的实际预测，并将这个预测值与实际的观察值作一比较，然后检验其差异的显著性。

6. 模型的应用

公路客、货运输量多元线性回归预测模型的研究目的主要有以下几个方面。

（1）进行结构分析，研究影响该地区的公路客、货运输量的主要因素和各影响因素影响程度的大小，进一步探讨该地区公路运输经济理论。

（2）预测该地区今后年份的公路客、货运输量的变化，以便为公路运输市场、公路运输政策及公路运输建设项目投资作出正确决策提供理论依据。另外，还可以通过公路客、货运输量与公路交通量作相关分析来对公路的饱和度发展趋势进行预测，从而为公路的新建、扩建项目的投资提供决策分析基础。

（3）模拟各种经济政策下的经济效果，以便对有关政策进行评价。

资料来源：马进. 公路客货运输量多元线性回归预测方法探讨. 汽车运输研究 [J]，1994（1）.

思考题：

1. 对回归模型的统计检验包含哪些方面？
2. 对于动态回归预测的结果如何做出修正？

思考题

1. 简述回归分析与相关分析的关系。
2. 简述静态回归预测与动态回归预测的关系。
3. 如何修正动态回归预测结果？
4. 直线趋势预测与一元线性回归静态预测的区别有哪些？
5. 静态回归预测资料收集采用哪种方法？如何进行？

附录 A

相关系数检验临界值表

自由度	自变量和因变量总数			
	2	3	4	5
	($\alpha = 0.05$)			
1	0.997	0.999	0.999	0.999
2	0.950	0.975	0.983	0.987
3	0.878	0.930	0.950	0.961
4	0.811	0.881	0.912	0.930
5	0.754	0.836	0.874	0.898
6	0.707	0.795	0.839	0.867
7	0.666	0.758	0.807	0.838
8	0.632	0.726	0.777	0.811
9	0.602	0.697	0.750	0.786
10	0.576	0.671	0.726	0.763
11	0.553	0.648	0.703	0.741
12	0.532	0.627	0.683	0.722
13	0.514	0.608	0.664	0.703
14	0.497	0.590	0.646	0.626
15	0.482	0.574	0.630	0.670
16	0.468	0.559	0.615	0.655
17	0.456	0.545	0.601	0.641
18	0.444	0.532	0.587	0.628
19	0.433	0.520	0.575	0.615
20	0.423	0.509	0.563	0.604
25	0.381	0.462	0.514	0.553
30	0.349	0.426	0.476	0.514
35	0.325	0.397	0.445	0.482
40	0.304	0.373	0.419	0.445
50	0.273	0.336	0.379	0.412
60	0.250	0.308	0.348	0.380
70	0.232	0.286	0.324	0.354
80	0.217	0.269	0.304	0.332
100	0.195	0.241	0.274	0.300

自由度	自变量和因变量总数			
	2	3	4	5
$(\alpha=0.01)$				
1	1.000	1.000	1.000	1.000
2	0.990	0.995	0.997	0.998
3	0.959	0.976	0.983	0.987
4	0.917	0.949	0.963	0.970
5	0.874	0.917	0.937	0.949
6	0.834	0.886	0.911	0.927
7	0.798	0.855	0.885	0.904
8	0.705	0.827	0.860	0.882
9	0.735	0.800	0.835	0.861
10	0.708	0.776	0.814	0.840
11	0.684	0.753	0.793	0.821
12	0.661	0.732	0.773	0.802
13	0.641	0.712	0.755	0.785
14	0.623	0.694	0.737	0.768
15	0.606	0.677	0.721	0.752
16	0.590	0.662	0.706	0.738
17	0.575	0.647	0.691	0.724
18	0.561	0.633	0.678	0.710
19	0.549	0.620	0.665	0.698
20	0.537	0.608	0.652	0.685
25	0.487	0.555	0.600	0.633
30	0.449	0.514	0.558	0.591
35	0.418	0.481	0.523	0.556
40	0.393	0.454	0.494	0.526
50	0.354	0.410	0.449	0.479
60	0.325	0.377	0.414	0.442
70	0.302	0.351	0.386	0.413
80	0.283	0.333	0.362	0.389
100	0.254	0.297	0.327	0.351

附录 B

F 检验临界值表

$\alpha = 0.01$

$n_2 \backslash n_1$	1	2	3	4	5	6	7	8	9	10	12	15	20	24	30	40	60	120	∞
1	4 052	5 000	5 403	5 625	5 764	5 859	5 928	5 982	6 022	6 056	6 106	6 157	6 209	6 235	6 261	6 287	6 313	6 339	6 366
2	98.5	99.0	99.2	99.2	99.3	99.3	99.4	99.4	99.4	99.4	99.4	99.4	99.4	99.5	99.5	99.5	99.5	99.5	99.5
3	34.1	30.8	29.5	28.7	28.2	27.9	27.7	27.5	27.3	27.2	27.1	26.9	26.7	26.6	26.5	26.4	26.3	26.2	26.1
4	21.2	18.0	16.7	16.0	15.5	15.2	15.0	14.8	14.7	14.5	14.4	14.2	14.0	13.9	13.8	13.7	13.7	13.6	13.5
5	16.3	13.3	12.1	11.4	11.0	10.7	10.5	10.3	10.2	10.1	9.89	9.72	9.55	9.47	9.38	9.29	9.20	9.11	9.02
6	13.7	10.9	9.78	9.15	8.75	8.47	8.26	8.10	7.98	7.87	7.72	7.56	7.40	7.31	7.23	7.14	7.06	6.97	6.88
7	12.2	9.55	8.45	7.85	7.46	7.19	6.99	6.84	6.72	6.62	6.47	6.31	6.16	6.07	5.99	5.91	5.82	5.74	5.65
8	11.3	8.65	7.59	7.01	6.63	6.37	6.18	6.03	5.91	5.81	5.67	5.52	5.36	5.28	5.20	5.12	5.03	4.95	4.86
9	10.6	8.02	6.99	6.42	6.06	5.80	5.61	5.47	5.35	5.26	5.11	4.96	4.81	4.73	4.65	4.57	4.48	4.40	4.31
10	10.0	7.56	6.55	5.99	5.64	5.39	5.20	5.06	4.94	4.85	4.71	4.56	4.41	4.33	4.25	4.17	4.08	4.00	3.91
11	9.65	7.21	6.22	5.67	5.32	5.07	4.89	4.74	4.63	4.54	4.40	4.25	4.10	4.02	3.94	3.86	3.78	3.69	3.60
12	9.33	6.93	5.95	5.41	5.06	4.82	4.64	4.50	4.39	4.30	4.16	4.01	3.86	3.78	3.70	3.62	3.54	3.45	3.36
13	9.07	6.70	5.74	5.21	4.86	4.62	4.44	4.30	4.19	4.10	3.96	3.82	3.66	3.59	3.51	3.43	3.34	3.25	3.17
14	8.86	6.51	5.56	5.04	4.69	4.46	4.28	4.14	4.03	3.94	3.80	3.66	3.51	3.43	3.35	3.27	3.18	3.09	3.00
15	8.68	6.36	5.42	4.89	4.56	4.32	4.14	4.00	3.89	3.80	3.67	3.52	3.37	3.29	3.21	3.13	3.05	2.96	2.87
16	8.53	6.23	5.29	4.77	4.44	4.20	4.03	3.89	3.78	3.69	3.55	3.41	3.26	3.18	3.10	3.02	2.93	2.84	2.75
17	8.40	6.11	5.18	4.67	4.34	4.10	3.93	3.79	3.68	3.59	3.46	3.31	3.16	3.08	3.00	2.92	2.83	2.75	2.65
18	8.29	6.01	5.09	4.58	4.25	4.01	3.84	3.71	3.60	3.51	3.37	3.23	3.08	3.00	2.92	2.84	2.75	2.66	2.57
19	8.18	5.93	5.01	4.50	4.17	3.94	3.77	3.63	3.52	3.43	3.30	3.15	3.00	2.92	2.84	2.76	2.67	2.58	2.49
20	8.10	5.85	4.94	4.43	4.10	3.87	3.70	3.56	3.46	3.37	3.23	3.09	2.94	2.86	2.78	2.69	2.61	2.52	2.42
21	8.02	5.78	4.87	4.37	4.04	3.81	3.64	3.51	3.40	3.31	3.17	3.03	2.88	2.80	2.72	2.64	2.55	2.46	2.36
22	7.95	5.72	4.82	4.31	3.99	3.76	3.59	3.45	3.35	3.26	3.12	2.98	2.83	2.75	2.67	2.58	2.50	2.40	2.31
23	7.88	5.66	4.76	4.26	3.94	3.71	3.54	3.41	3.30	3.21	3.07	2.93	2.78	2.70	2.62	2.54	2.45	2.35	2.26
24	7.82	5.61	4.72	4.22	3.90	3.67	3.50	3.36	3.26	3.17	3.03	2.89	2.74	2.66	2.58	2.49	2.40	2.31	2.21
25	7.77	5.57	4.68	4.18	3.85	3.63	3.46	3.32	3.22	3.13	2.99	2.85	2.70	2.62	2.54	2.45	2.36	2.27	2.17
30	7.56	5.39	4.51	4.02	3.70	3.47	3.30	3.17	3.07	2.98	2.84	2.70	2.55	2.47	2.39	2.30	2.21	2.11	2.01
40	7.31	5.18	4.31	3.83	3.51	3.29	3.12	2.99	2.89	2.80	2.66	2.52	2.37	2.29	2.20	2.11	2.02	1.92	1.80
60	7.08	4.98	4.13	3.65	3.34	3.12	2.95	2.82	2.72	2.63	2.50	2.35	2.20	2.12	2.03	1.94	1.84	1.73	1.60
120	6.85	4.79	3.95	3.48	3.17	2.96	2.79	2.66	2.56	2.47	2.34	2.19	2.03	1.95	1.86	1.76	1.66	1.53	1.38
∞	6.63	4.61	3.78	3.32	3.02	2.80	2.64	2.51	2.41	2.32	2.18	2.04	1.88	1.79	1.70	1.59	1.47	1.32	1.00

续表

$\alpha = 0.05$

n_1 \ n_2	1	2	3	4	5	6	7	8	9	10	12	15	20	24	30	40	60	120	∞
1	161	200	216	225	230	234	237	239	241	242	244	245	248	249	250	251	252	253	254
2	18.5	19.0	19.2	19.2	19.3	19.3	19.4	19.4	19.4	19.4	19.4	19.4	19.4	19.5	19.5	19.5	19.5	19.5	19.5
3	10.1	9.55	9.28	9.12	9.01	8.91	8.89	8.85	8.81	8.79	8.74	8.70	8.66	8.64	8.62	8.59	8.57	8.55	8.53
4	7.71	6.94	6.59	6.39	6.26	6.16	6.09	6.04	6.00	5.96	5.91	5.86	5.80	5.77	5.75	5.72	5.69	5.66	5.63
5	6.61	5.79	5.41	5.19	5.05	4.95	4.688	4.82	4.77	4.74	4.68	4.62	4.56	4.53	4.50	4.46	4.43	4.40	4.36
6	5.99	5.14	4.76	4.53	4.39	4.28	4.21	4.15	4.10	4.06	4.00	3.94	3.87	3.84	3.81	3.77	3.74	3.70	3.67
7	5.59	4.74	4.35	4.12	3.97	3.87	3.79	3.73	3.68	3.64	3.57	3.51	3.44	3.41	3.38	3.34	3.30	3.27	3.23
8	5.32	4.46	4.07	3.84	3.69	3.58	3.50	3.44	3.39	3.35	3.28	3.22	3.15	3.12	3.08	3.04	3.01	2.97	2.93
9	5.12	4.26	3.86	3.63	3.48	3.37	3.29	3.23	3.18	3.14	3.07	3.01	2.91	2.90	2.86	2.83	2.79	2.75	2.71
10	4.96	4.10	3.71	3.48	3.33	3.22	3.14	3.07	3.02	2.98	2.91	2.85	2.77	2.74	2.70	2.66	2.62	2.58	2.54
11	4.84	3.98	3.59	3.36	3.20	3.09	3.01	2.95	2.90	2.85	2.79	2.72	2.65	2.61	2.57	2.653	2.49	2.45	2.40
12	4.75	3.89	3.49	3.26	3.11	3.00	2.91	2.85	2.80	2.75	2.69	2.62	2.54	2.51	2.47	2.43	2.38	2.34	2.30
13	4.67	3.81	3.41	3.18	3.03	2.92	2.83	2.77	2.71	2.67	2.60	2.53	2.46	2.42	2.38	2.34	2.30	2.25	2.21
14	4.60	3.74	3.34	3.11	2.96	2.85	2.76	2.70	2.65	2.60	2.53	2.46	2.39	2.35	2.31	2.27	2.22	2.18	2.13
15	4.54	3.68	3.29	3.06	2.90	2.79	2.71	2.64	2.59	2.54	2.48	2.40	2.33	2.29	2.25	2.20	2.16	2.11	2.07
16	4.49	3.63	3.24	3.01	2.85	2.74	2.66	2.59	2.54	2.49	2.42	2.35	2.28	2.24	2.19	2.15	2.11	2.06	2.01
17	4.45	3.59	3.20	2.96	2.81	2.70	2.61	2.55	2.49	2.45	2.38	2.31	2.23	2.19	2.15	2.10	2.06	2.01	1.96
18	4.41	3.55	3.16	2.93	2.77	2.66	2.58	2.51	2.46	2.41	2.34	2.27	2.19	2.15	2.11	2.06	2.02	1.97	1.92
19	4.38	3.52	3.13	2.90	2.74	2.63	2.54	2.48	2.42	2.38	2.31	2.23	2.16	2.11	2.07	2.03	1.98	1.93	1.88
20	4.35	3.49	3.10	2.87	2.71	2.60	2.51	2.45	2.39	2.35	2.28	2.20	2.12	2.08	2.04	1.99	1.95	1.90	1.84
21	4.32	3.47	3.07	2.84	2.68	2.57	2.49	2.42	2.37	2.32	2.25	2.18	2.10	2.05	2.01	1.96	1.92	1.87	1.81
22	4.30	3.44	3.05	2.82	2.66	2.55	2.46	2.40	2.34	2.30	2.23	2.15	2.07	2.03	1.98	1.94	1.89	1.84	1.78
23	4.28	3.42	3.03	2.80	2.64	2.53	2.44	2.37	2.32	2.27	2.20	2.13	2.05	2.01	1.96	1.91	1.86	1.81	1.76
24	4.26	3.40	3.01	2.78	2.62	2.51	2.42	2.36	2.30	2.25	2.18	2.11	2.03	1.98	1.94	1.89	1.84	1.79	1.73
25	4.24	3.39	2.99	2.76	2.60	2.49	2.40	2.34	2.28	2.24	2.16	2.09	2.01	1.96	1.92	1.87	1.82	1.77	1.71
30	4.17	3.32	2.92	2.69	2.53	2.42	2.33	2.27	2.21	2.16	2.09	2.01	1.93	1.89	1.84	1.79	1.74	1.68	1.62
40	4.08	3.23	2.84	2.61	2.45	2.34	2.25	2.18	2.12	2.08	2.00	1.92	1.84	1.79	1.74	1.69	1.64	1.58	1.51
60	4.00	3.15	2.76	2.53	2.37	2.25	2.17	2.10	2.04	1.99	1.92	1.84	1.75	1.70	1.65	1.59	1.53	1.47	1.39
120	3.92	3.07	2.68	2.45	2.29	2.17	2.09	2.02	1.96	1.91	1.83	1.75	1.66	1.61	1.55	1.50	1.43	1.35	1.25
∞	3.84	3.00	2.60	2.37	2.21	2.10	2.01	1.94	1.88	1.83	1.75	1.67	1.57	1.52	1.46	1.39	1.32	1.22	1.00

附注：v_1 是第 1 自由度；v_2 是第 2 自由度。

附录 C

t 检验临界值表（双侧检验用）

$$P(\,|\,t\,|\,>t_\alpha=\alpha\,)$$

f \ α	0.9	0.8	0.7	0.6	0.5	0.4	0.3	0.2	0.1	0.05	0.02	0.01	0.001
1	0.158	0.325	0.510	0.727	1.000	1.376	1.963	3.078	6.314	12.706	31.821	63.657	636.619
2	0.142	0.289	0.445	0.617	0.816	1.061	1.386	1.886	2.920	4.303	6.965	9.925	31.598
3	0.137	0.277	0.424	0.584	0.765	0.978	1.250	1.638	2.353	3.182	4.541	5.841	12.924
4	0.134	0.271	0.414	0.569	0.741	0.941	1.190	1.533	2.132	2.776	3.747	4.604	8.610
5	0.132	0.267	0.408	0.559	0.727	0.920	1.156	1.476	2.015	2.571	3.365	4.032	6.859
6	0.131	0.265	0.404	0.553	0.718	0.906	1.134	1.440	1.943	2.447	3.143	3.707	5.959
7	0.130	0.263	0.402	0.549	0.711	0.896	1.119	1.415	1.895	2.365	2.998	3.499	5.405
8	0.130	0.262	0.399	0.546	0.706	0.889	1.108	1.397	1.860	2.306	2.896	3.355	5.041
9	0.129	0.261	0.398	0.543	0.703	0.883	1.100	1.383	1.833	2.262	2.821	3.250	4.781
10	0.129	0.260	0.397	0.542	0.700	0.879	1.093	1.372	1.812	2.228	2.764	3.169	4.587
11	0.129	0.260	0.396	0.540	0.697	0.876	1.088	1.363	1.796	2.201	2.718	3.106	4.437
12	0.128	0.259	0.395	0.539	0.695	0.873	1.083	1.356	1.782	2.179	2.681	3.055	4.318
13	0.128	0.259	0.394	0.538	0.694	0.870	1.079	1.350	1.771	2.160	2.650	3.012	4.221
14	0.128	0.258	0.393	0.537	0.692	0.868	1.076	1.345	1.761	2.145	2.624	2.977	4.140
15	0.128	0.258	0.393	0.536	0.691	0.866	1.074	1.341	1.753	2.131	2.602	2.947	4.073
16	0.128	0.258	0.392	0.535	0.690	0.865	1.071	1.337	1.746	2.120	2.583	2.921	4.015
17	0.128	0.257	0.392	0.534	0.689	0.863	1.069	1.333	1.740	2.110	2.567	2.898	3.965

续表

α / f	0.001	0.01	0.02	0.05	0.1	0.2	0.3	0.4	0.5	0.6	0.7	0.8	0.9
18	3.922	2.878	2.552	2.101	1.734	1.330	1.067	0.862	0.688	0.534	0.392	0.257	0.127
19	3.883	2.861	2.539	2.093	1.729	1.328	1.066	0.861	0.688	0.533	0.391	0.257	0.127
20	3.850	2.845	2.538	2.086	1.725	1.325	1.064	0.860	0.687	0.533	0.391	0.257	0.127
21	3.819	2.831	2.518	2.080	1.721	1.323	1.063	0.859	0.686	0.532	0.391	0.257	0.127
22	3.792	2.819	2.508	2.074	1.717	1.321	1.061	0.858	0.686	0.532	0.390	0.256	0.127
23	3.767	2.807	2.500	2.069	1.714	1.319	1.060	0.858	0.685	0.532	0.390	0.256	0.127
24	3.745	2.797	2.492	2.064	1.711	1.318	1.059	0.857	0.685	0.531	0.390	0.256	0.127
25	3.725	2.787	2.485	2.060	1.708	1.316	1.058	0.856	0.684	0.531	0.390	0.256	0.127
26	3.707	2.779	2.479	2.056	1.706	1.315	1.058	0.856	0.684	0.531	0.390	0.256	0.127
27	3.690	2.771	2.473	2.052	1.703	1.314	1.057	0.855	0.684	0.531	0.389	0.256	0.127
28	3.674	2.763	2.467	2.048	1.701	1.313	1.056	0.855	0.683	0.530	0.389	0.256	0.127
29	3.659	2.756	2.462	2.045	1.699	1.311	1.055	0.854	0.683	0.530	0.389	0.256	0.127
30	3.646	2.750	2.457	2.042	1.697	1.310	1.055	0.854	0.683	0.530	0.389	0.256	0.127
40	3.551	2.704	2.423	2.021	1.684	1.303	1.050	0.851	0.681	0.529	0.388	0.255	0.126
60	3.460	2.660	2.390	2.000	1.671	1.296	1.046	0.848	0.679	0.527	0.387	0.254	0.126
120	3.373	2.617	2.358	1.980	1.658	1.289	1.041	0.845	0.677	0.526	0.386	0.254	0.126
∞	3.291	2.576	2.326	1.960	1.645	1.282	1.036	0.842	0.674	0.524	0.385	0.253	0.126

附注：α—显著性水平；f—自由度。

参 考 文 献

[1] 边燕杰. 社会调查方法与技术：中国实践. 北京：社会科学文献出版社，2006.

[2] 黄国雄. 市场调查学. 北京：中国商业出版社，1991.

[3] 樊志育. 市场调查学. 上海：上海三联书店，1995.

[4] 贾怀勤. 商务调研策划与实施. 北京：对外经济贸易大学出版社，1997.

[5] 李桂华. 市场营销调查：理论·方法·案例. 北京：企业管理出版社，2002.

[6] 奇兹诺尔. 营销调研. 乔慧存，李新民，译. 北京：中信出版社，1998.

[7] 陈启杰. 现代市场调查与预测. 上海：复旦大学出版社，1995.

[8] 苏泽民. 市场调查和预测. 南京：江苏人民出版社，1981.

[9] 梅汝和. 市场调查和预测. 北京：中国财政经济出版社，1990.

[10] 沈扬华. 市场调查技巧. 上海：上海交通大学出版社，1986.

[11] 何国栋. 市场调查与预测. 北京：中国商业出版社，1991.

[12] 刘利兰. 市场调研与预测常用方法. 北京：中共中央党校出版社，1996.

[13] 王佐方. 市场调查预测与决策. 北京：中国财政经济出版社. 1997.

[14] 田志龙. 市场研究：基本方法. 应用与案例. 武汉：华中理工大学出版社，1993.

[15] 余序洲. 广告理论与实务. 北京：企业管理出版社，1996.

[16] 余序洲. 广告效果检验与费用控制. 经商之道，1992（5）.

[17] 韩德昌，郭大水，刘立雁. 市场调查与市场预测. 天津：天津大学出版社，2004.

[18] 王春利. 现代市场预测. 北京：北京经济学院出版社，1997.

[19] 胡玉立，李东贤. 市场预测与管理决策. 北京：中国人民大学出版社，1997.

[20] 周雄鹏. 统计预测与决策. 上海：立信会计出版社，1991.

[21] 季一智. 经济预测技术. 北京：清华大学出版社，1991.

[22] 吴世农. 高级管理统计方法. 北京：对外经济贸易出版社，1991.

[23] LUCK D J, WALES H G. Marketing research. 6th ed. Prentice-Hall，Inc. Englewood Cliffs，1979.

[24] HAIR J F, ORTINAU D J. Marketing research：a practical approach for the new millennium. New York：McGraw-Hill，2000.

[25] ZIKMUND W G. Exploring marketing research. 6th ed. The Dryden Press，1997.

[26] DANIEL C M, GATES R. Contemporary marketing research. 4th ed. South-West College Publishing，1999.

[27] LEVINSON J C. Guerrilla marketing. 3rd ed. New York：Houghton Miffilin company，1998.

[28] KOTLER, ARMSTRONG. Principle of marketing. 8th ed. New York：Prentice Hall，1999.

[29] KOTLER P. Marketing management：analysis, planning, imple-mantation and control. 9th ed. New York：Prentice Hall，1997.